現代名著譯叢

宗教的動力心理學

A Dynamic Psychology of Religion

保羅・普呂瑟◎原著
Paul W. Pruyser
宋文里◎譯注

國科會經典譯注計畫

向出版者致謝

在此向以下的幾個出版者致謝：

Dr. Albert C. Outler，爲的是從他的翻譯本中作了引述：*Augustine: Confessions and Enchiridion*, Vol. VII, Philadelphia: Westminster Press, 1955.

The University of Chicago Press，爲的是引述作者本人的文章 "Some Trends in the Psychology of Religion," *Journal of Religion*, 40: 113-129, April 1960.

The Westminster Press，爲的是從下書作了引述：*Western Asceticism*, Library of Christian Classics, Vol. XII, edited by Owen Chadwick, 1958.

Theology Today (New Jersey: Princeton)的編輯者們，爲的是引述了作者本人的文章 "Anxiety, Guilt and Shame in Atonemant," *Theology Today*, 21: 15-33, April 1964.

謹以此書紀念我的母親

Elizabeth Pruyser-van Dingstee

目次

譯者導讀

宋文里

一、前言

這本書是國科會「人文及社會科學經典譯注計畫」之下的一個成品。關於什麼是「經典」，作家卡爾維諾(Italo Calvino)曾給了十四個定義，但其中的第一個最爲巧詰：「經典是那些你經常聽人家說『我正在重讀……』，而不是『我正在讀……』的書。」[1] 然而我們對於這定義中的「重讀」也需要更進一步的定義：對我們的學界來說，當普呂瑟(Paul W. Pruyser)這本《宗教的動力心理學》出版之時，也就是1968年，我們可能根本不知此事。我們連碰面的機會都不曾發生過。到了2009年，也就是四十二年之後的今天，我們整個學界必須回過頭來，以很抱歉的「重讀」姿態來和此書相遇。但對譯者的我來說，有一點點不一樣的意思。我是在1970年進入大學的教育心理系讀書。第一年就開始發現我們的課程裡頭嗅不

1 Italo Calvino，黃燦然、李桂蜜譯，《爲什麼讀經典》(南京：譯林出版社)，頁1。

到一點點人文氣息。於是那年寒假裡，我自己找到了威廉・詹姆斯的《宗教經驗之種種》[2] 這樣的心理學(我的書上寫著：購於1971年3月24日)，一口氣讀完。開學後，想和一位教普通心理學的老師討論，結果竟被老師警告說：「你讀這種書啊，很危險的，要小心吶！」——不是語重心長，而是不屑的口氣，我記得很清楚。但我沒接受這種警告，就逕自往這方向一頭栽入。所以，我的「重讀」比較像是這樣的意思：「眾裡尋她千百度，驀然回首，那人卻在燈火闌珊處。」

我一開始找上的是一本宗教心理學著作。從此之後，它成爲我的第一本心理學經典——又是卡爾維諾的定義：「『你的』經典作品是這樣一本書：它使你不能對它保持不聞不問，它幫助你在與它的關係中，甚至在反對它的過程中，確立你自己。」[3] ——我讀完之後，就是一直不能「不聞不問」，而想要在那經典之後，再發現一種能夠確立自己的方式。直到1984年，我的博士學位將近結束時，進了中央研究院民族學研究所擔任一年的助理研究員，參加過人類學家李亦園先生等人的研究計畫，正式踏上我的宗教心理學研究的路子。不過，當時的心理學界還是不知道會有這種「宗教心理學」的學問之道已在我們自己學術圈子的某個角落暗地裡發生。

---

2 這就是William James 的那本*Varieties of Religious Experience*，唐鉞的譯本，由台北的環宇出版社出版，但書上找不到出版年份。後來才知道是1947年上海商務印書館的版本，在台灣重印的。

3 Italo Calvino，《爲什麼讀經典》，頁7。

二、一位「宗教心理學者」的產生

本書作者普呂瑟可以稱爲一位宗教心理學的專家。他的專業是由臨床心理學和宗教與文化研究所共同形成的。由於我們自己的學界景象太霧茫茫，所以，我們要從學術先進的國度裡找出一位值得參照的標竿人物來談起。

普呂瑟1916年誕生於荷蘭的阿姆斯特丹，1946年畢業於阿逢文理中學(Avon Gymnasium)[4]，之後進入阿姆斯特丹大學攻讀心理學。由於戰後歐洲社會情況殘敗，他們一家移民至美國。1953年他在波士頓大學拿到心理學的哲學博士學位。在波士頓期間，他已經開始在波士頓州立醫院以及波士頓兒童醫院擔任臨床心理師的工作。1954年受聘到堪薩斯州的托皮卡州立醫院(Topeka State Hospital)，兩年之後他成爲梅寧哲基金會(Menninger Foundation)[5]的成員，1962年前後則開始擔任該基金會教育部門的副主任，而主任就是卡爾・梅寧哲(Karl Menninger)本人[6]。後來他升任該基金會

4 文理中學(Gymnasium)也稱大學預科中學，這是屬於德語系統的一種中等教育，是相當具有博雅教育內容的菁英學校。

5 梅寧哲基金會(Menninger Foundation)是1919年由梅寧哲家族成立於托皮卡市，其中包括一所精神醫學院以及一所精神科醫院。這裡的精神醫學採取相當廣角的生理—心理—社會取徑(bio-psycho-social approach)。而此一取徑乃是整合了基礎醫學、動力心理學、發展心理學以及家族系統理論來對病患進行整體的治療，而不限於我們目前所知的精神醫學那樣狹隘。

6 卡爾・梅寧哲(Karl Menninger)的著作有幾本曾經出現漢語翻譯本，譬如：符傳孝譯，《生之掙扎：破壞自己的人》(*Man Against Himself*)(台北：志文)；施景弘譯，《生命良藥：愛包容恨》(*Love Against Hate*)(三重：新雨)；林克明譯，《精神分析術》(*Theory of*

的「科際整合研究學程」主任，並獲頒「精神醫學研究與教育」的Henry March Pfeiffer講座教授榮銜，直到1987年他逝世爲止。

除了臨床心理學的實務與教學訓練之外，他同時還在托皮卡市的第一長老教會擔任過幾年的長老，代表過該教會參加全國教會理事會的委員[7]。也擔任過一屆「宗教的科學研究學會」會長，以及*The Journal for the Scientific Study of Religion*和*Pastoral Psychology*兩種專業期刊的編輯諮詢委員。他曾得到美國心理學協會(APA)第36分組的Bier Award和美國教牧諮商協會的傑出貢獻獎[8]。

我們可以先概覽一下他一生最重要的一些成書的著作，然後再來談談一個「心理學家」怎樣會變成一個「宗教心理學的專家」。普呂瑟主要的成書著作如下：

1962 *Manual for Psychiatric Case Study* (revised edition by K.A. Menninger with M. Mayman & P.W. Pruyser). New York: Grune & Stratton.

1963 *The Vital Balance: The Life Process in Mental Health and Illness* (by K. A. Menninger with M. Mayman & P. W. Pruyser). New

(續)

Psychoanalytic Technique)(台北：志文)等。

7 普呂瑟的傳記作者曾說他在年輕時拒絕了他在荷蘭時期的家庭信仰，也就是喀爾文教派(Calvinist)的傳統，後來改信長老教派。但是在他生命的最後十五年，他都不再參加任何的教會儀式活動。參見*Religion in Psychodynamic Perspective*一書中所附的“An Appreciation of Paul Pruyser”一文，頁7。

8 以上兩段關於普呂瑟的傳記資料取自“The Man of the Month,” *Pastoral Psychology,* 13(1), 1962: 65-66以及*Religion in Psychodynamic Perspective: The Contributions of Paul W. Pruyser*一書的序言，以及編者所撰的“An Appreciation of Paul Pruyser”。

York: Viking Press.

1968 *A Dynamic Psychology of Religion*. New York: Harper & Row.

1974 *Between Belief and Unbelief*. New York: Harper & Row.

1976 *The Minister as Diagnostician: Personal Problems in Pastoral Perspective*. Philadelphia: Westminster Press.

1979 *The Psychological Examination: A Guide for Clinicians*. New York: International Universities Press.

1983 *The Play of the Imagination: Toward a Psychoanalysis of Culture*. New York: International Universitics Press.

1991 *Religion in Psychodynamic Perspective: The Contributions of Paul W. Pruyser* (ed. by H. Newton Malony & Bernard Spilka). New York: Oxford University Press.

除此之外，他還有百篇以上的期刊論文和收在書籍中的篇章，也曾經編輯過九本以上的專輯，內容除了宗教心理學和臨床心理學、精神醫學之外，還橫跨了哲學、文學、藝術、創造性、人格及心理病理學理論和教育。

他的完整著作目錄可以在1991年那本文集的附錄中看見。那是他過世四年之後，由他的門生選出他的十二篇未成書的宗教心理學文章編輯而成的。但就這些成書的作品來看，1968、1974、1976、1991年這四本都是完整的宗教心理學作品。1983年那本是他生前的最後一本書，他說是「文化的精神分析初論」，但這也是以動力心理學爲基礎而作的宗教、文學、藝術、音樂、科學等領域的整合之作。其他幾部作品(含兩本與他人的合著)則都是臨床心理學、精神醫學和心理病理學的專著。看完這些書單之後，我們要談的問題是：像普呂瑟這樣的學者，在我們的學術環境中是可以想像的嗎？

我們的大學中，心理系和宗教系是分屬於不同的學院。在宗教系中，宗教心理學是一門點綴性的課程；在心理系中，則在人格／社會心理學、發展心理學和臨床／諮商心理學這幾個次領域中會牽涉到一點點宗教議題，通常也是內含在社會／文化這個議題中的一小部分。從這樣的學院學術分工結構來看，任何人想在宗教系或心理系的養成課程中發展成爲一位「宗教心理學專家」，看起來就是希望渺茫。我在幾年前，一次偶然的機會，聽到心理學界的大老楊國樞教授對著一位博士生作了這樣的勸告(這次我聽出是語重心長的語氣)：「你作這題目很危險，將來你連個口試委員會都找不出來。」

我們的學術處境和普呂瑟這位傑出學者的學術生涯相比之下，相差得實在是迢遙無比，那麼，我們是不是只好繼續地無言以對？我想不是的。因爲我自己的學術經歷多少可以對於兩位說過「宗教心理學很危險」的教授們作個積極的回應——而我實在是因爲「不能不聞不問」的知識動力，才促使我去朝著那個「危險」的領域發展的。

我從1988年開始有宗教心理學的著作出現，一直到2001年一共出版了六篇正式的期刊論文，停頓了一陣子後，2006年之後再調整方向接續發展了一篇關於神話的重新詮釋，以及另一篇對於人文臨床的論述。我先列在底下，然後作個說明：

宋文里、李亦園(1988)。〈個人宗教性：台灣地區宗教信仰的另一種觀察〉，《清華學報》，18(1)，113-139。

宋文里(1993)。〈「迷信」與「空虛」：關於大學生超自然參與經驗之意義病理研究〉，《中央研究院民族學研究所集刊》，

73，53-108。

宋文里(1996)。〈以啓迪探究法重寫碟仙〉，《本土心理學研究》，6，61-143。

宋文里(1997)。〈不信之信：大學生對超自然物之情感意義叢結〉，《國科會研究彙刊：人文與社會科學》，8(1)，84-100。

宋文里(1999)。〈負顯化：觀看借竅儀式的一種方法〉，《台灣社會研究季刊》，35，163-201。

宋文里(2001)。〈物的意義：關於碟仙的符號學心理學初探〉，《應用心理研究》，9，189-214。

宋文里(2006)。〈孩子神：三太子作爲一種神話的原初意象〉，國立清華大學《人類學與精神分析的對話研討會》論文。

宋文里(2007)。〈臨床／本土／文化心理學：尋語路(錄)〉，《應用心理研究》，34，75-112。

宋文里(2009)。〈療遇時刻(三)〈從小巫大巫之辨到人文臨床論述的重新開啓〉，慈濟大學《人文臨床與療癒探索論壇》引言論文。

宋文里(2010)。〈寓言、詩意遐思，與教育的精神話語〉(Fable, Poetic Reverie and the Discourse of Spiritual Life)，台北：兒童哲學基金會國際研討會主題演講稿。

這些研究中有三篇(1988, 1993, 1997)是以心理學最被主流認定爲合法的調查研究以及統計分析作爲方法的主軸，但另外七篇(1996, 1999, 2001, 2006, 2007, 2009, 2010)則是偏離主流、另尋出路的一些努力。在所謂「另尋出路」、「調整方向接續發展」等等，聽起來似乎很輕鬆，但別忘了那一前一後的「很危險」的警告，事實上我是一直念茲在茲，不敢或忘的。

1993-1994年那一年，我有幸申請到一個機會到了哈佛大學的宗教學院(Divinity School)去作進修研究。這個學院有它自己的一個圖書館(叫做Andover Library)，我幾乎每天都進這圖書館去找資料研讀。那年冬天到隔年初春，哈佛所在地的坎布理治城(Cambridge, MA)陷入厚厚的大雪中，幾達半年之久，但我還是拉著小拖車，在雪堆中走上二十分鐘路程去借書。神學、哲學是我要研讀的重點，而我眞正的發現是以宗教現象學爲主的新教神學(譬如Rudolf Otto, Paul Tillich, Rudolf Bultmann, Friedrich Heiler, Mercai Eliade, G. van der Leevw)、女性主義神學、後現代神學(「反神學」a-theology)，以及當時幾乎成爲哈佛宗教學院核心思想的「世界宗教」(World Religions)研究。但是，其實更早以前，也就是1980-1985年之間，我在伊利諾大學娥百娜校區攻讀諮商心理學博士學位的時候，就已經天天以那所規模鉅大的圖書館爲家，在那裡搜尋主流心理學以外的其他(也就是「另類」)心理學。因爲圖書館藏書量驚人地豐富，我想要找的任何資料都幾乎不曾遺漏過，而我當時已經發現的「另類」，大抵上來說，是以詮釋學、精神分析、論述分析爲主的。於是，我試圖把所有這些在腦袋裡轉過一圈的大量知識統合起來，發現它們所構成的知識基礎實在已經夠堅固和踏實，一點也不再具有任何「危險」性了[9]。

9　對於要通過這種「危險」，還有一個具體的事實已經在台灣發生，那就是：像我這樣歪歪曲曲自尋發展之途，而至終能作出「宗教心理學」研究成果的學者至少已經有五、六位，加上能與此研究題目相關的宗教人類學、宗教社會學、宗教學研究等方面的人才，那就更多了。「口試委員會」的組成已經毫無問題。這意思是說：要檢驗心理學系所中是否能合格地養成一位「宗教心理學」博士，其審查與檢驗機制已經成熟了。

所以，雖然「另類」還是帶著受人排擠的意味，不過，那是他們那些不曾經歷這種知識發展的人所用的稱呼，如同把不太認識的人類稱爲「蠻、夷、戎、狄、番、鬼」的「異族」一樣。但是，別忘了一個被我們承襲已久的歷史盲點——我在伊利諾大學時認識的一位「匈奴」人後代(或比較可信的說法：「鞑靼人的後代」)的匈牙利同學，他是我最知心的音樂話題的話友。我們一個漢人、一個胡人，談的是貝多芬的晚期弦樂四重奏，一樣文明，可不是？

三、「宗教的動力心理學」這門學問

普呂瑟把他自己的宗教心理學冠上個「動力(論的)」(dynamic)形容詞，他自己在序言中解釋說那是「一種理論導向的簡稱：即臨床的、精神分析的心理學，其中也包括了一些自我心理學(ego psychology)的考量」[10]。但是，讀完全書，你會發現他的說法對於自己的理路還說得不盡完整——它事實上還包括了精神分析在自我心理學之外的發展(譬如：英國的對象關係理論)，再加上現象學的神學，以及社會／文化研究的基底。

我們可以把他的這套學問攤開來仔細瞧瞧，也許還可以進一步

10 「動力論的精神醫學」這字眼也出現在一本著名的精神分析學史上，就是Henri F. Ellenberger (1970). *The Discovery of the Unconscious: The History and Evolution of Dynamic Pshchiatry*. New York: Basic Books. (漢語譯本：《發現無意識：動力精神醫學的歷史與演進》(四冊)艾倫伯格(Henri F. Ellenberger)作，鄧惠文、劉絮愷譯，台北市：遠流，2004)本書作者從一開頭就使用「動力論的精神醫學」，似乎認定此詞不必特別作解釋，而從其史料涵蓋的範圍來說，就是以佛洛依德爲高峰，說明其來源以及預告其後的發展——現象學的精神醫學就是精神分析醫學的繼承者。

向我們的學界顯現一個事實——就是它到底可不可能融入我們的學院知識體系之中，變成可教可學的課程？

首先要談關於「精神分析」的問題。臨床／諮商心理學或更廣義的心理治療學(psychotherapy)，其根本的濫觴之處本來就是佛洛依德的精神分析。很多現有的心理治療理論和技法(technique)都是從佛洛依德那裡取得一些資源而後發展出來的。但在心理系的課程中，對於佛洛依德的討論實在太少——我們只要參看一種目前在網路上可以查閱的資料庫，叫做「精神分析電子出版物網頁」(Psychoanalytic Electronic Publishing, PEP Web)，就會發現從佛洛依德之後一世紀以來，精神分析在世界各地的知識界有極爲驚人的發展。但是包括美國和台灣的心理學教科書在內，我們的學科資訊和理解的落後程度簡直不是筆墨能夠形容。

美國曾經在1920年代開始歡迎佛洛依德，但是到了1950、60年代，受到各種保守主義(甚至包括「人本主義」)的影響而極力排斥精神分析。然而由於英文《佛洛依德心理學著作全集標準版》(*The Standard Edition of the Complete Psychological Works of Sigmund Freud*)(以下中文簡稱《全集》，英文簡稱S.E.)[11]在1970年代完全出齊，有些人開始認眞閱讀，到了1970年代末終於讀出很多心得，發展出幾種不同的「後佛洛依德」精神分析，譬如較早在英國發展的「對象關係理論」(object relations theory)、美國的「自我心理學」(ego psychology)和「自體心理學」(self psychology)，乃至更

11 S. Freud (1966-1974). *The Standard Edition of the Complete Psychological Works of Sigmund Freud,* trs. James Strachey & Alix Strachey. London: The Hogarth Press.

接近當代的「關係論精神分析」(relational psychoanalysis)[12]等等。這些人士在開始時曾公開呼籲要展開「重讀佛洛依德運動」。意思是要掃除1950、1960年代各種保守主義的誤讀、誤解。這個運動發生時，美國已經建立了許多在大學以外的精神分析研究機構(譬如普呂瑟加入的梅寧哲基金會就是其一)遍布於美國各地，還向南北美洲，乃至向歐洲倒傳回去——當然在歐洲是以英國爲基地向歐陸傳布的。在這一波運動中，大學的心理系基本上是缺席了。

除了佛洛依德傳統之外，還有榮格(Carl G. Jung)的分析心理學(analytical psychology)，也因爲英文版的《榮格全集》之發行，一樣產生了世界性的傳布[13]。再加上法國還產生了一種特別的「回到佛洛依德」運動，就是由拉岡(Jacque Lacan)爲首的另一種精神分析，其發展態勢在知識界稱之爲「如火如荼」毫不爲過。這些學問在心理學系過去的課程中都只有蜻蜓點水般地略略提及，卻幾乎毫無迎頭趕上之力。

普呂瑟所使用的精神分析理論，從本書以及1974年的那本*Between Belief and Unbelief*看來，除了仰賴古典的佛洛依德之外，他引用了其他幾位屬於佛洛依德傳統的作者，如普菲斯特(O. Pfister)、鍾斯(E. Jones)、賴克(T. Reik)等。他也很看重榮格和艾瑞克森(Erik Erikson)，在此之外還不得不借用了一點自我心理學，因爲當時美國的自我心理學在哈特曼(Heinz Hartmann)和拉帕波(David Rapaport)的領導之下幾乎構成了一種對於精神分析的壟

12 關係論精神分析(Relational Psychoanalysis)在美國的發展，請參閱S. A. Mitchell, and L. Aron, (eds.), *Relational Psychoanalysis: The Emergence of a Tradition*. Hillsdale(N.J.: The Analytic Press, 1999).

13 請見內文第一章注34。

斷態勢[14]。然後他表現了對於英國對象關係理論更高度的興趣[15]。如果我們以普呂瑟作爲一個標竿，那麼要養成一個像他所具有的精神分析知識，在心理治療學的課程中其實並不困難。從譯者本人近年來的教學經驗來說，把古典的佛洛依德串接到自我心理學、對象關係理論(Object Relations Theory)，乃至再接到1990-2000年代逐漸醞釀成形的關係論精神分析，在心理系的研究所課程中嘗試過幾次，都可以引發學生高度的興趣，所以，關於精神分析的問題，心理系的缺席確實不應再繼續了。

其次要談現象學的神學理論，或是宗教現象學的問題。在普呂瑟的傳記中，我們只知道他在基礎教育中學會了拉丁文和希臘文，因此他曾經自行翻譯過文藝復興時代人文主義作者以拉司穆斯(Erasmus)的拉丁文作品，並且會讀希臘文的聖經。但除此之外看不出他曾經特別受過神學教育或專業訓練。也許就是博雅教育的基礎使他能夠自行作哲學思考，並且加上他作爲基督徒的經驗，使他也會主動閱讀新教的神學思想。這可從他在年輕時寫過的幾篇哲學性的文章中看出，譬如：〈命運的觀念〉“The Idea of

---

14 「(自我心理學)在二戰之後由Heinz Hartmann及其許多合作者帶到百花齊放的地步，並且自茲而後有將近二十年之久成爲美國精神分析界的專賣霸權。」——引自R. S. Wallerstein(2002). “The Growth and Transformation of American Ego Psychology.” *Journal of American Psychoanalytic Association*, 50(2002), pp. 135-168.

15 在本書中確實還沒有眞正引用「對象關係理論」，但在*Between Belief and Unbelief*和*The Play of the Imagination*兩書中則明確引述了對象關係理論的幾位主要作者：Melanie Klein, Paul Heiman, Susan Issacs, Jean Riviere, W. R. D. Fairbairn, Harry Guntrip, Michael Balint, A. H. Modell, 和D. W. Winnicott。尤其在*The Play of the Imagination*一書中，D. W. Winnicott幾乎變成了他的理論主角。

Destiny”(1959)；〈現象學、存在主義心理學與精神分析的自我心理學〉“Phenomenology, Existential Psychology, and Psychoanalytical Ego Psychology”(1961)；〈道德、價值與心理健康〉“Morals, Values and Mental Health”(1963)；〈意志與意願的問題：選擇性的歷史概覽〉“Problems of Will and Willing: A Selective Historical Survey”(1967)等等。

在本書中，他引述的神學，除了對《聖經》的詮釋之外，還有中世紀到文藝復興時代諸多神學家的作品。而最重要的則是近當代新教神學——幾乎都是宗教現象學觀點的——有士萊馬赫、齊克果(Kierkegaard)、魯道夫・奧圖(Rudolf Otto)、保羅・田立克(Paul Tillich)等，還包括海德格(Heidegger)在內。他把這些宗教現象學的觀念拿來和動力心理學互相比較，或作交叉詮釋，使得他的心理學和宗教哲學之間互相發生了相當平衡而帶有高度啓發性的意義。

以上這樣的說明，目的是要讓讀者明白他的「宗教的動力心理學」，並不只是和精神分析有關的心理學，而是摻有相當深厚的宗教現象學知識在內。然後，這就把我們帶回到宗教心理學如何可能在我們的學術界或教育機構中發生的問題。

四、心理學人文化與心理學的「學科承諾」

宗教心理學是人文心理學的一個例子。「心理學」這個詞彙放在任何知識脈絡中都會讓人聯想起它和各種人文／社會學科的關係，譬如和哲學、藝術、人類學、社會學、教育學等等。這是「心理學」本該有的內涵，但是，我們的心理學裡爲什麼找不到這些東西？

2007年11月，我到河南大學參加「中國心理學會」之中的「理論心理學組」的討論，第一次在會上聽到好幾位報告者用到「學科承諾」這個字眼。他(她)們是在問道：「心理學的學科承諾到底是什麼？」——這樣的問題，在台灣竟從來沒有人提過。「心理學」被定義爲「科學心理學」，並且還是科學之中狹隘的實證主義把心理學知識完全綁架住，這就是我們的心理學在絕大多數的大學心理系中不證自明的前提。但是，這種綁住的狀態是知識界的共識嗎？我們的知識界，也就是知識分子們的活動場域裡，到底有沒有心理學家的參與？從前在楊國樞先生意氣風發的年代，他曾被視爲某種的「青年導師」，但奇怪的是，在作爲公共知識人的時候，他所發表的言論基本上是以政治的意見爲多，心理學則很少——或者說，不知道要如何拿心理學到知識場域來發揮。

我們把問題拉回到宗教心理學。台灣的宗教現象一直是生機躍動、潛力無窮的，但這個生命場域當然也就是難題叢生的知識領域。只是，在我們的知識界，能用心理學來談宗教議題的人實在少得不成比例(就是我在上文提到的五、六位而已)。我們確實需要以學科承諾的態度來回應整個社會對於心理學知識的需求。宗教心理學就是個很好的例子：我們需要發展這種迫切的知識，除了心理學本身之外，在宗教學、人類學、社會學以及在文史哲的相關學問中也都是如此，因爲我們必須以適當的知識學問來連接上自己所身處的社會脈動——我們每一個人和我們所置身的社會事實上就其「脈動」來說，只要我們是活著的，焉有不「共振」的道理？雅斯培(Karl Jaspers)曾說：宗教是每一個文化所擁有的**固定想像**。我們從小就應該接受它，到長大才會眞正意識到，它是**歷史的基礎**[16]。而

16 Karl Jaspers，杜意風譯，《雅斯培論教育》(台北：聯經，1983)，頁

在這當頭上，接受宗教知識，譬如閱讀某種的宗教心理學經典，就是必要條件之一了。我們現在談的是一本「宗教的動力心理學」。讓我們來爲這本書是否能列在「經典」的位置上，作個仔細的評價，以便知道我們是不是需要「重讀」它。

五、普呂瑟的《宗教的動力心理學》在宗教心理學上所占的地位

宗教研究在西方世界是人文學裡傳統最古老的一部分，所以在一般著名的綜合大學，特別是在歐洲，它都是不可或缺的學術部門。但是談到宗教心理學，以英語世界來說，卻發生了一次特殊的事件，那就是詹姆斯在1901年從美國被請到英國去發表他的《宗教經驗之種種》。這是因爲學院心理學的發展，美國領先了歐洲，因爲它是宗教研究裡最後發展出來的新領域[17]。

我們從詹姆斯的《種種》當中首先學到的就是宗教心理學要排開宗教史、教義研究、宗教組織等問題，而要專注於宗教在個人身上發生的體驗。所謂的「神聖」(the divine)可以完全不假手於外在的條件而在內心發生。這個重要的前提所引發的下一步當然是關於這種體驗如何得以被描述的問題。詹姆斯先把人分類成兩種類型，就是「健康人」和「病態人」，而他所鍾愛的宗教體驗事實上都是

(續)————————

51。

17 在詹姆斯同時但更專注於宗教心理學發展的始祖人物其實是霍爾(G. Stanley Hall)，他和詹姆斯一起指導過下文會提到的Starbuck。普呂瑟沒有特別提起霍爾，大概是因爲不太認同他企圖用生物發生學的方式來解釋宗教的這種知識取徑。

發生在後者，而他也特別稱這種人爲「二度降生者」。宗教是如何開始(這即是關於起信、改宗、皈依的問題)，以及它發展到最高境界——也就是在聖徒以及密契者(mystics)身上到底發生了什麼——則是詹姆斯所關切的問題高峰。這本經典以一種高昂的姿態完成了開路的第一步工作。

接下來，有些人要接續這個問題，但稍稍降低姿態，談談普通人的宗教經驗，普呂瑟提到的有J. H. Leuba (1912)[18]和G. A. Coe (1916)[19]，而普呂瑟沒提到另一個也算是早期的接續者E.D. Starbuck (1899)[20]，這些作者由於觀點比較狹窄，所以都不算很成功，無法接續扛住經典的地位。詹姆斯仍是唯一的經典。一直到了1950年，奧波特(Gordon Allport)以一本小書《個人及其宗教》(*The Individual and His Religion*)[21]，寫出了一個人一生的宗教經驗如何發展演變，並且在那之後也把這種生涯和社會現象結合起來，作了有關宗教人與社會偏見之間的關係研究。他所提出的「宗教人

---

18 J. H. Leuba, The Psychological Study of Religion: Its Origin, Its Function, Its Future (New York: Macmillan, 1912).

19 G. A. Coe, *The Psychology of Religion* (Chicago: University of Chicago Press, 1916).

20 E. D. Starbuck, *The Psychology of Religion* (London: Walter Scott, 1899). 有漢語譯本：楊宜音譯，《宗教心理學》(台北市：桂冠，1997)。

21 G. W. Allport, *The Individual and His Religion* (New York: Macmillan, 1951).這本書的篇幅只有170頁，但至今未見有漢語譯本出現。後來有人根據Allport的啓發，寫了一本堪稱至今爲止篇幅最大的宗教心理學教科書，就是Mary Jo Meadow & Richard D. Kahoe, *Psychology of Religion: Religion in Individual Lives* (New York: Harper & Row, 1984).有漢語譯本：陳麟書等譯，《宗教心理學：個人生活中的宗教》(成都：四川人民，1990)。漢語譯本的篇幅足足有810頁之多，可用作大學高年級一整學年用的教本。

比非宗教人帶有更多社會偏見」這一命題震撼了"In God We Trust"(唯神是信)的美國人社會[22]。後來奧波特把他對宗教人的定義精緻化，而產生了一種「內因—外因」(intrinsic-extrinsic)信仰的區分概念，把偏見歸給外因信仰者，從而拯救了內因信仰者的宗教[23]。所以，在這次的思想波動之中，奧波特這位心理學家也成了英雄，而他的那本書也就因此變成了一本小小的經典了。

在此同時，也就是從詹姆斯以來的半世紀，在歐洲剛好也是精神分析學術迅速茁長的時候。佛洛依德的宗教研究引起了波瀾壯闊的回響，不過，我們在上文已經提過，這是在學院心理學以外的發展。它出現了很多經典好書，但就是不屬於學院心理學的貢獻。所以，到了1960年代，一位從歐洲移民到美國的學者，以一個宗教人和臨床心理學專家的身分，重新接手詹姆斯到奧波特的宗教心理學發展大業，但是，他把精神分析帶了進來，只是仍以非常「心理學」的方式——用心理學所有解釋個人經驗的每一個重要範疇都拿來分別寫成一個章節：感知、智性、思維、情緒、運動以及人和世界可能發生的所有關係，包括和自己的關係，這樣寫下來，完成了一個重要的功能，就是把宗教體驗和臨床心理學完全結合起來，把健康的宗教人到病態的宗教人全部都作了一次完整的解釋[24]。

---

22 "In God We Trust"(唯神是信)這句話銘印在美國通貨的每一張鈔票和每一個硬幣上。

23 G. W. Allport, Religion and Prejudice是*Personality and Social Encouter* (Boston: Beacon Press, 1960)一書的第16章；G.W. Allport, The Religious Context of Prejudice, *Journal for the Scientific Study of Religion*, 5(1966), pp. 447-457.

24 特別值得注意的是，在本書中所使用的心理學解釋範疇被普呂瑟本人用來寫了一本關於心理診斷的專業著作，就是1979年那本*The Psychological Examination: A Guide for Clinicians*。讀者可以發現這兩本光從這種寫作的企圖來看，就知道這是要作爲一個整全理解的知識大業，而當它作出來之後，我們可以說，他把詹姆斯到奧波特的傳承已經很準確、很完備地接上手了。但是，唯一美中不足的是這本書寫的都是**宗教人**，而眼光尖銳的評論者告訴他：**不信者**的年代早已經降臨，你必須把眼界打得更開，讓宗教心理學能把所有的「非宗教人」也包括進來。於是，他旋即接納了評論者的意見，再接再厲地完成另一本書，就是在六年後(1974)出版的*Between Belief and Unbelief*(《在信仰與不信之間》)。

說到這裡，我們就可以把經典評價的問題拉回來，作一個結論：普呂瑟對宗教心理學的貢獻，如果是用兩本書，而不是一本，來作評價的話，他確實讓宗教心理學發展到了一個高峰。他自己曾謙虛地說，未來宗教心理學眞正的思想核心，應該仍是佛洛依德的動力理論和奧圖的現象學，他也預言這一趨勢即令是再加五十年也不會被打破。但我們用比較具體一點的方式來回顧的話，就是能把佛洛依德和奧圖結合起來並具體呈現的宗教心理學，到1960、70年代爲止，在英語世界中，仍只是普呂瑟一人。至於從他往後的五十年到底會有什麼發展，我們一方面可以相信他所說的那兩種「思想核心」具有顚撲不破的道理，但我們更可能看見的是，它將會以某種跨學科的形式而發展，譬如以「文化心理學」的方式，甚至以「文化研究」的方式，而我們目前所見的學術趨勢確實是如此的。譬如晚近的發展，有一波結合著文化心理學和詮釋學、動力心理學的宗教心理學新潮流正在發生中，主要的作者大抵是以歐洲學者爲

(續)————————————

書幾乎像是雙胞胎，只是後者完全沒有拿宗教人來作爲討論的對象罷了。

主，美國學者會加入的也比較不是心理系的人。這個潮流反應在J. A. Belzen 所 編 的 *Hermeneutical Approaches in Psychology of Religion*(《宗教心理學的詮釋學取徑》)一書中[25]。而在這些作者中也開始產生了很具有經典架式的作品，譬如比利時魯汶大學的Antoine Vergote就是一例[26]。我們大家還應睜大眼睛來觀察，或動手來加入這個運動。

從傳記的描述看來，普呂瑟確實是個謙恭為懷的人。他沒有自誇的習慣，反而在晚年時都還在為別人打抱不平。他認為有位和他同時代的人文學者古迪那夫(Erwin R. Goodenough)寫的一本宗教心理學[27]沒有受到應有的重視，實在是個遺憾。他說古迪那夫所具有的世界宗教那種深廣視野，是他自己所不及的[28]。雖然古迪那夫不是個心理學家，但他提出的解釋範疇可能是心理學有待學習的下一步。這個具體的預言，我們也應該配合著上述的發展趨勢來一併傾聽才是。

---

25 J. A. Belzen(ed.), *Hermeneutical Approaches in Psychology of Religion* (Amsterdam, Netherland: Editions Rodopi B.V., 1994).

26 Antoine Vergote兩本可觀的著作是：*Guilt and Desire: Religious Attitudes and Their Pathological Derivatives* (New Haven: Yale University Press, 1988); *Religion, Belief and Unbelief* (Amsterdam-Atlanta, G.A.: Rodopi, 1997).

27 E. R. Goodenough, *The Psychology of Religious Experiences* (New York: Basic Books, 1965).

28 Paul W. Pruyser, "Where Do We Go from Here? Scenarios for the Psychology of Religion." *Journal for the Scientific Study of Religion*, 26:2(1987), pp. 173-182.

六、結語

威廉・詹姆斯的宗教心理學是哈佛大學驕傲的產物。雖然自此之後，哈佛沒有在宗教心理學上更進一步的表現，但哈佛宗教學院在知識上的活躍程度，我在上文中已經提及。這個學院爲了讓「世界宗教」的理想能夠在研究和實踐上表現出來，就訂了學規，要求一個神學博士在入學時就能精通兩種以上的當代外國語文，然後在就學期間修習五種以上古代語文(通常是希臘文、拉丁文、希伯來文、梵文，或與此等同的其他古文，譬如古代漢語)到能夠閱讀經典的程度。我把這樣的學規提出來，是要說明所謂「世界宗教」的學習必須有其眞實的操作性的定義。而當我們知道這些之後，再看看他們如何認眞討論開設各種宗教通論課程的可能性[29]，我們就不能很簡單地說，這些「西方人」的宗教研究是如何的「西方中心」。

要這麼說，是因爲普呂瑟在他的導論結尾之處說了這樣一段話：

> 這本書是由一個美國的中產階級作者所寫的，他是個來自歐洲的移民，也和主流的新教教派有親近關係。所以本書的焦點無可避免的是作者自己的傳統，因爲他對此知道得最多。宗教事實上當然比白種西方人的主流之眼所能看見

---

29 John B. Carman & Steven P. Hopkins(eds), *Teaching Common Themes: Comparative Courses in the Study of Relogion* (Atlanta, Georgia: Scholar Press, 1991).

> 者要更爲無限和寬廣。最後，由於我無意假裝能包含所有的宗教，所以，如果某些信仰團體或教派覺得我輕忽了他們，我也就無法僅以致歉來了事了。

我會把這問題挑出來，自然是因爲咱們的讀者中可能有很多人會不假思索地批評這是一種西方中心的宗教心理學。我想爲此稍作點辯正。第一、這本書本來就是在西方世界的先進人文學和科學傳統之下的產品，我們來閱讀一本迻譯的書，當然只是要「參考」他們的思考經驗，而不是要拿別人的鞋子來套自己的腳，然後怪那鞋子怎麼不合腳。這樣的「參考」可不是一件小事——我們的整套大學知識體系都是經由現代化的歷程而這樣「參考」架構起來的。如果你覺得不合腳，除非你自己是個鞋匠，可以另外打造合腳的鞋子，否則你也只好套著這雙不夠好的鞋，去找別的好鞋——就是我們的俗話說的「騎驢找馬」。可是，在目前的學術發展狀況下，我們更常碰到的情況竟是：你一跳上去，就發現你已經騎上了一匹赤兔馬——要憑關雲長的本事才能駕馭它。

在這種騎虎難下的窘境中，我們實在不能輕易地說：我們有能力像哈佛宗教學院那樣，去思考宗教學如何能夠跳開西方中心(或基督宗教中心)的窠臼，而開展到可以討論「世界宗教」的地步。讀者只要能有機會翻看柏克萊—芝加哥—哈佛跨校團隊的合編的那本有關世界宗教學比較研究之中的第三篇文章“A Maga Theme for an Introductory Course in Religious Studies”(「宗教研究導論課程中的大主題」)[30]就會明白，在這種「世界宗教」的視野之中所包含

30 Frederick J. Streng, “A Maga Theme for an Introductory Course in Religious

的宗教學主題架構，並不必然會把東方宗教的可能性給遺漏：

(1)「個人對神聖臨在的體會」(這是談「靈」的問題)

(2)「透過神聖象徵而創造的社群」(這是談由「神」或與神等同的崇拜而形成的宗教團體)

(3)「在與宇宙法則和諧之中過生活」(這是談人法地、地法天、天法道、道法自然的問題)

(4)「透過精神修練而獲得的自由」(這幾乎不用解釋就自然合於東方宗教的經常性操作)

(5)「充實人(類)的關係」(這是宗教與社會的問題)

(6)「社會責任的宗教意義」(這是進一步談宗教與社會道德的關係)

用類似於以上的檢視方式，我也要請讀者檢視普呂瑟所提出的這整套心理學範疇(或主題)架構是不是也含有「世界心理學」般的知識意圖？並且想想：在此架構下，哪裡會遺漏了解釋東方宗教人與宗教體驗的可能性？我們目前所實驗中的「本土心理學」或「華人心理學」，也就是更準確地說，漢語的心理學，似乎還不能產生一個新的心理學「解釋範疇」，可用以爲宗教體驗這個議題添加新的討論方式，譬如常被當作「東方理論」而提及的「身—心—靈」這種範疇架構，無論在「西方知識體系」，或「現代知識體系」中，都早已不是什麼新論，甚至被我們認爲最具文化特色的「巫宗教」，也都已有無數的著作等在那兒讓我們參看[31]。如果我們敢於

(續)

Studies," in John B. Carman & Steven P. Hopkins (eds), *Teaching Common Themes: Comparative Courses in the Study of Relogion*, pp. 37-50.

31 本書中引用的大量參考文獻就是最好的證明。可惜的是，其中大多數都沒有現成的漢語譯本。譬如Mercia Eliade那本討論薩滿巫的大部頭作品

作這樣的檢視，並且敢於承認我們自己(這是泛指漢語的學術世界)現在所站的落後位置，那麼我們的參考閱讀就不但不會白費精神，還可進一步培養我們的能力，可憑此來尋找我們的「新範疇」，乃至是新的解釋架構。這確實很像Francis Bacon所說的"Natura non vincitur nisi parendo"(要征服自然只能靠服從方能贏得)——而我們只要把這句裡的Natura(自然)改成Occidensa(西方)[32]就對了。騎驢、騎馬或騎虎，反正這就是我們的整套學院體制知識對我們的給定條件，看你能不能夠先學會順服，然後馴服牠、駕馭牠了。

〔附錄：建議延伸閱讀〕

這份建議延伸閱讀書單大部分是取自本書所引用的重要文獻，但也包括一些和本書議題相關的較晚近發展。為了顧及讀者可能的不同背景，以下書單區分成三大類：第一類是為宗教學和哲學背景的學生而編，第二類是為心理學、社會學、人類學背景的學生而編，第三類則是建議非學院背景的讀者閱讀。

第一類

St. Augustin, *The Confessions* (New York: Vintage Books, 399/1998).
　　應楓譯，《懺悔錄》(台中：光啓，1963)。

(續)

Shamanism: Archaic Techniques of Ecstasy，出版於1951年，經過了五十幾年，還是不見有漢語譯本出現。在本書的注腳中，凡是能夠找到漢語譯本的著作，譯者都已盡量作了註明。

32 拉丁文裡本來沒有"Occidensa"這個字，只有"Occidens"(西方的)。在這裡譯者只是配合著"Natura"的詞性而自行用修辭法捏造的一個對等詞。

本書中引述了不少古代基督宗教的文獻，但只有這本寫於第四世紀末的奧古斯丁《懺悔錄》是值得當作一本「書」，而不只是「文獻」來閱讀的。經過現代翻譯之後，我們在此可以讀到一個如同活在眼前的古人之宗教情操與思想。

F. E. D. Schleiermacher, *The Christian Faith* (Edinburgh: T.T. Clark & Co., 1928). 謝扶雅譯，《宗教與敬虔》(香港九龍：基督教文藝出版社，1967)。

謝扶雅的譯本中除了有*The Christian Faith*（《基督教信仰論》)全文之外，還包括士萊馬赫的另兩種代表作，即《論宗教：對那些受教化的宗教蔑視者的講話》(*Über die Religion: Reden an die Gebildeten unter ihren Verächtern*)，以及《聖誕節座談》(*Weihnnachtsfeier, Ein Gespärch*)。士萊馬赫對於「敬虔」是以絕對依賴於神的情感來作定義的。這種討論成為宗教心理學的一種開頭，實在不言可喻。但是，當然，這也會和另一位談「依賴」的哲學家形成強烈的對比，那就是以下這本書：

Ludwig Feuerbach(1846), *The Essence of Religion.* 林伊文譯，《宗教本質講演錄》(台北市：臺灣商務，1969)。

在唯物主義觀點下，人對於神的力量之絕對順服，不是「情感」的問題，而是一種在自然中生存所需的奮鬥掙扎，及其在心理上附隨的表現。

Rudolf Otto, *The Idea of the Holy* (London: Oxford University Press, 1928). 成窮、周邦憲譯，《論“神聖”》(成都：四川人民出版社，1995)。

Rudolf Otto, *Mysticism East and West* (New York: Mendiaii, 1957).

奧圖對於「神聖」概念的定義幾乎可說是本書的骨幹。對於密契主義的論點也是引導本書論點的主軸之一。這種經典在宗教哲學裡早已經是所有學生的必讀作品，因此，在心理學、社會學、人類學之中的學習者也必須要跟上。

Fredrich Heiler, *Prayer* (New York: Oxford University Press, 1918/1932).

B. E. Benson and N. Wirzba(ds.), *The Phenomenology of Prayer* (New York: Fordham University Press, 2005).

從Heiler在20世紀初對於禱告主題的討論以來，沒有任何宗教研究可以不在此一問題上持續追索。在人與神的關係上，語言的中介就像嬰兒的臍帶連著母體一樣的必然。因此，這裡立刻也讓讀者看見一本21世紀出版的新書如何做這樣的接續。

Mercia Eliade, *Shamanism: Archaic Techniques of Ecstasy* (New York: Pantheon, 1951/1964).

Mercia Eliade, *The Sacred and the Profane* (New York: Harcourt, Brace, 1957/1959). 楊素娥譯，《聖與俗：宗教的本質》(台北市：桂冠，2000)。

Mircea Eliade, *Patterns in Comparative Religion* (New York, Sheed & Ward, New American Library, 1958). 晏可佳、姚蓓琴譯，《神聖的存在：比較宗教的範型》(桂林市：廣西師範大學出版社，2008)。

Mercia Eliade的現象學與宗教史探究作品甚多，也是進入宗教研究堂奧的必經之路。這裡列出的三本可以讓讀者略窺Eliade的廣博知識於其一斑。

G. van der Leeuw, *Sacred and Profane Beauty: The Holy in Art* (New

York: Holt, Rinehart & Winston, 1963).

G. van der Leeuw, *Religion in Essence and Manifestation* (Princeton: Princeton University Press 1933/1986).

作者引述了van der Leeuw那本關於宗教藝術的作品，但他的*Religion in Essence and Manifestation*一書才是他在宗教現象學的代表作。這本書幾乎是一本宗教現象的百科全書，但在內容上，關於宗教的主體、客體以及主客交融的種種關係作了非常精細的討論，是不可或缺的踏腳石，篇幅有七百多頁，但是耐心閱讀將使你每讀一頁都覺獲益不淺。

Paul Tillich, *Dynamics of Faith* (New York: Harper & Brothers, 1957).

漢語譯本有二：羅鶴年譯，《信仰的能力》(台南：東南亞神學院，1964)；魯燕萍譯，《信仰的動力》(台北：桂冠，1994)。

Paul Tillich, *The Courage To Be* (New Haven: Yale University Press, 1952). 漢語譯本：蔡伸章譯，《生之勇氣》(台南：東南亞神學院，1971)；成顯聰、王作虹譯，《存在的勇氣》(台北：遠流，1990)。

田立克的存在主義神學是在存在主義風潮中隱含的虛無主義之上，顯現了他能以無比堅定的勇氣來力挽狂瀾的信念。這種作品早已超越了宗教派別的界線而直指向人心中的超越性之所在。

Martin Heidegger, *Being and Time* (New York: Harper & Brothers, 1962). 陳嘉映、王慶節譯，《存在與時間》(台北：唐山，1989)。

Benjamin D. Crowe, *Heidegger's Religious Origin: Destruction and

Authenticity (Bloomington: Indiana University Press, 2006).

海德格的存有論即便不是有意要爲神學奠定基礎的，但是，他的基礎堅若磐石，讀者需在此發現他和佛洛依德之同時成爲基礎的可能性何在。

Erwin R. Goodenough, *The Psychology of Religious Experiences* (New York: Basic Books, 1965).

古迪那夫的這本天鵝之歌雖然以「宗教體驗的心理學」爲標題，但這是由一位猶太學研究專家執筆撰寫的書。他的訴求是透過對於宗教體驗的刻畫來達成和全人類共享的宗教感。

第二類

佛洛依德S. Freud有關宗教與宗教人格的著作，主要的是以下六種：(1)邵迎生譯，《圖騰與禁忌》，收在車文博主編，《弗洛伊德文集》卷8(遼寧：長春，2004)，頁1-113；(2)楊韶剛譯，《一個幻覺的未來》(《一個錯覺的未來》)，收在車文博主編，《弗洛伊德文集》卷8(遼寧：長春，2004)，頁115-158；(3)〈一個十七世紀的鬼邪神經症案例〉(A 17th-Century Demonological Neurosis) J. Strachey (ed.), *The Standard Edition of the Complete Psychological Works of Sigmund Freud,* Vol. XIX (London: Hogarth Press, 1961).(尚無漢譯本)；(4)熊哲宏等譯，《群體心理學與自我的分析》，載於車文博主編，《弗洛伊德文集》卷6(遼寧：長春)，頁49-105。(5)楊韶剛譯，《自我與本我》(《自我與「它」》，載於車文博主編，《弗洛伊德文集》卷6(遼寧：長春，2004)，頁107-155。(6)楊韶剛譯，《文明及其缺憾》，載於車文博主編，《弗洛伊德文集》

卷8(遼寧：長春，2004)，頁159-222。(7)楊韶剛譯，《摩西與一神教》，載於車文博主編，《弗洛伊德文集》卷8(遼寧：長春，2004)，頁235-331。

榮格(C. G. Jung)有關宗教與神秘象徵的著作也很多，在此只舉出本書中提及的幾種以及容易在坊間購得的漢譯本：蘇克譯，《尋求靈魂的現代人》(台北：遠流，1990)；龔卓軍譯，《人及其象徵：榮格思想精華的總結》(新北市：立緒，1999)；C. G. Jung, *Psychology and Religion* (New Haven: Yale University Press, 1938)；C. G. Jung, *Answer to Job*, trans. R. F. C. Hull (London: Routledge & Kegan Paul, 1954)；C. G. Jung, *Symbols of Transformation*, trans. R. F. C. Hull (Bollingen Series XX, Vol. V [New York: Pantheon Books, 1956])；C. G. Jung, *Aion: Researches into the Phenomenology of the Self*, trans. R. F. C. Hull (Bollingen Series XX, Vol. IX, II [New York: Pantheon Books, 1959]).

E. D. Starbuck, *The Psychology of Religion* (London: Walter Scott, 1899.) 有漢語譯本：楊宜音譯，《宗教心理學》(台北市：桂冠，1997)。

這是早期非精神分析的作品，也是英語世界第一本以「宗教心理學」爲題的著作，在詹姆斯和霍爾的指導下完成。討論的主題是皈依(或起信、改宗)經驗的調查和描述。

W. James(1902). *The Varieties of Religious Experience* (London: Longmans, Green & Co., 1945). 本書有兩種漢語譯本：唐鉞譯，《宗教經驗之種種》(上海：商務，1947)；蔡怡佳、劉信宏譯，《宗教經驗之種種：人性的探究》(台北：立緒，

2001)。這是詹姆斯在精神分析傳統之前就發展出來的描述心理學，也可說是宗教心理學的第一本經典之作。

Gordon W. Allport, *The Individual and His Religion* (New York: Macmillan, 1951). 奧波特是美國人格／社會心理學創立者之一。這本書雖然篇幅很小，但其中包含了比詹姆斯經典還要更廣的議題。後來有人根據他的啓發，寫了一本堪稱至今爲止篇幅最大的宗教心理學教科書，就是Mary Jo Meadow & Richard D. Kahoe, *Psychology of Religion: Religion in Individual Lives* (New York: Harper & Row, 1984). 有漢語譯本：陳麟書等譯，《宗教心理學：個人生活中的宗教》(成都：四川人民，1990)。

Theodore Reik, *Dogma and Compulsion: Psychoanalytic Studies of Religion and Myth* (New York: International Universities Press, 1951). 這是根據佛洛依德理論對於教條與強迫性神經症之關聯的進一步發揮。

Paul W. Pruyser, *Between Belief and Unbelief* (New York: Harper & Row, 1974); *The Play of the Imagination: Toward a Psychoanalysis of Culture* (New York: International Universities Press, 1983); *Religion in Psychodynamic Perspective: The Contributions of Paul W. Pruyser*. (ed. by H. Newton Malony & Bernard Spilka)(New York: Oxford University Press, 1991).

這三本書是本書作者普呂瑟在本書之外的另外三種宗教心理學著作，包括第三本的選輯，可以更完整地看出普呂瑟在宗教心理學研究中前後二十餘年所關切的問題廣度，以及在本書爲基礎之下的一生發展。

Henri F. Ellenberger, *The Discovery of the Unconscious: The History and Evolution of Dynamic Pshchiatry* (New York: Basic Books, 1970). 鄧惠文、劉絮愷譯，《發現無意識：動力精神醫學的歷史與演進》(四冊)(台北市：遠流，2004)。這是關於動力心理學(精神分析)史最完備的一本參考作品。對於精神分析學的起源有非常細緻的文獻回顧。

J. A. Belzen (ed.), *Hermeneutical Approaches in Psychology of Religion* (Amsterdam, Netherland: Editions Rodopi B.V., 1994). 宗教心理學的詮釋學取徑乃是在動力學取徑之後新近的發展。本書所收的文章很可以看出此一取徑發展的可能性，也預告了21世紀的宗教心理學在跨學科整合上必然的趨勢。

Antoine Vergote, *Guilt and Desire: Religious Attitudes and Their Pathological Derivatives* (New Haven: Yale University Press, 1978/1988); *Religion, Belief and Unbelief: A Psychological Study* (Amsterdam-Atlanta, G. A.: Rodopi, 1997).
Antoine Vergote是比利時魯汶大學的教授。他的宗教心理學作品大致反映了從精神分析到詮釋學的某種整合趨勢，尤其後一本著作，涵蓋了極廣的範圍，因此他的書名都不使用「精神分析」，而逕用了「心理學研究」。

Meissner W. William, *Psychoanalysis and Religious Experience* (New Haven: Yale University Press, 1984).

Joseph H. Smith, *Psychoanalysis and Religion* (Baltimore: Johns Hopkins University Press, 1990).

James W. Jones, *Contemorary Psychoanalysis and Religion: Transference and Transcendence* (New Haven: Yale University Press,

1991).

J. W. Jones and N. Goldenberg, *Transforming Psychoanalysis: Feminism and Religion*. Special issue of the *Journal of Pastoral Psychology*, 40(1992), No. 6.

James W. Jones, *Religion and Psychology in Transition: Psychoanalysis, Feminism and Theology* (New Haven: Yale University Press,1996).

Charles Spezzano and Gerald J. Gargiulo (eds.), *Soul on the Couch: Sporituality, Religion and Morality in Contemorary Psychoanalysis* (Hillsdale, N. J.: The Analytic Press, 1997).

James J. DiCenso, *The Other Freud: Religion, Culture and Psychoanalysis* (London: Routledge, 1999).

以上七本書例示了當代精神分析傳統之中的宗教研究成果。這裡不一一介紹，只是讓讀者看出它們和文化研究之間如何發展出更多的關聯。

第三類

D. M. Wulff, *Psychology of Religion: Classic and Contemporary* (New York: John Wiley, 1997).

B. Spilka and D. N. McIntosh (eds.), *The Psychology of Religion: Theoretical Approaches* (Boulder, Colorado: Westview Press, 1997).

以上是兩本較新、較完整的宗教心理學教科書，大抵上是為大學三、四年級學生編寫的，不限於心理系或宗教系學生閱讀。

鈴木大拙、佛洛姆合著，孟祥森譯，《禪與心理分析》(台北：志文，1971)。

佛洛姆有關宗教的著作有不少，也有許多都已有漢譯本。他的述說方式平白近人，他刻意選擇和一位日本的禪宗師父對談，是有心要融通東西文化的作品。

Rollo May(1991/2003). *The Cry for Myth.* 朱侃如譯，《哭喊神話》(台北：立緒)。

羅洛‧梅的作品也和其他人文心理學家的著作一樣，是對著所有的人侃侃而談的。這裡的起點還不是「宗教」，而是更屬於原初人性中的「神話」成分。但羅洛‧梅可是一位非常博學的學者，只是他的深入淺出功夫也很能令人馬上就被吸引。

河合隼雄(Hayao Kawai)(2004) *Buddhism and the Art of Psychotherapy.* 鄭福明、王求是譯，《佛教與心理治療的藝術》(台北：心靈工坊)。

河合隼雄是日本第一位受過榮格派分析心理學訓練的心理治療師，在他筆下，一樣是先討論了東西方文化脈絡的同異，然後使用了許多日本特有(也包含漢語語境)的某些面向來討論自我、意識和信念變化的可能。

Mercia Eliade(2001)吳靜宜、陳錦書譯，《世界宗教理念史》(三冊)(台北：商周出版)。

這雖是一位宗教史專家寫的大部頭作品，但那是由於其涵蓋範圍(從時間到空間上而言)非常廣的緣故。人類宗教之多元現象是眾所周知的，我們只是需要一點耐心來掃描這個廣闊的領域而已。這本書談的是「史」，所以不會有難懂的概念絆倒讀者的眼睛。

Lev N. Tolstoj(2000)白若雪譯，《托爾斯泰福音書》(台北：究竟出版)。

這是托爾斯泰從自己的一本大篇幅著作中摘錄出來的一部分，作爲他對基督信仰的信服與思想之見證。托爾斯泰畢竟是個文學家而不是個傳教者，所以，我們會在此看到的，就只能稱爲人的某種純眞而懇切的宗教性，而不是教條。

Ernest Renan(1863/1999)梁工譯，《耶穌的一生》(北京：商務印書館)。

這本書是我唯一推薦閱讀的創教者傳記。不管你是信仰(或不信仰)什麼宗教，像耶穌這樣的「人物」，能夠用非神話、非教條的方式來敘述其生平的著作，Ernest Renan應算是首開其風的作者之一。特別要強調的是：早在20世紀的去神話(demythologization)神學出現之前，就已經有人努力地讓耶穌這位被神蹟論述所包圍的人物得以回復其凡人的面貌，而在此同時，一個宗教性的召喚如何使他超凡入聖，這是值得我們密切關照的問題。

黎靖德(編)(1270/1987)，《朱子語類》(第一冊)卷三〈鬼神〉(台北：華世出版)。

宋代理學家朱熹和他的門人弟子之間的問答紀錄。在儒家的傳統，或說整個漢語思想史的語境，是不會討論「宗教」的，因爲根本沒有這樣的語彙和概念，但是，當他們在討論「鬼神」時，那就雖不中，不遠矣！這些紀錄不能當作經典來閱讀，但卻是可貴的讀物，讓我們知道13世紀的儒者們對於宗教的某一面向究竟是怎樣關切的。

余德慧，《台灣巫宗教的心靈療遇》(台北：心靈工坊，2006)。

在宗教研究和臨床心理學的交會之處所出現的現代漢語著作，

最值得推薦的就是我的老戰友余德慧教授的這本新作。從本書的書名(「療遇」[healing encounter]是我所鑄造的新詞)就可看出作者和我以及其他一些參與「人文臨床／本土療癒」運動者的一些討論痕跡。

宋文里，〈以啓迪探究法重寫碟仙〉，《本土心理學研究》，6(1996)，頁61-143。

宋文里，〈負顯化：觀看借竅儀式的一種方法〉，《台灣社會研究季刊》，35(1999)，頁163-201。

宋文里，〈臨床／本土／文化心理學：尋語路(錄)〉，《應用心理研究》，34(2007)，頁75-112。

我也毛遂自薦三篇文章，讓讀者知道，十多年來，我如何帶著大學生一起在課堂上以「宗教心理學」及其他類似的課程來「搬神弄鬼」。我們設法在理性至上的知識脈絡中闖出一些可以面對恐懼(偉鉅可怖)以及奧秘的方法。這些作品將會在不久的未來彙輯成書出版。目前只好請讀者循線去找到那幾種期刊來閱讀。

序

本書有一部分係1968年春在耶魯大學宗教學院黎曼・畢徹(Lyman Beecher)講座上的講稿。當Robert C. Johnson院長邀請我來擔任這個有名的講座，他告訴我說，這個講座目前所關懷的已經不只是布道而已。既然我在選擇講題時獲得如此充裕的空間，我就決定要把我多年來念念不忘的一個計畫給作出來：寫出一本「我自己的」宗教心理學。這個代名詞的所有格指出個人極高的投入、深刻的自我信念，以及我對這些題材具有獨特性的自覺，而目前它就要以一本書的形式呈現出來。把書奉獻給公共社會才能取消其中那種私人擁有的(所有格代名詞的)含意。

本書的寫作是基於如此的自我信念：宗教心理學曾經是某些最先進的心理學家所專注而值得尊重的議題，但最近許多年來，它卻變成知識上的死胡同。簡要地說，這個領域裡幾乎所有的經典文本都採用了宗教現象來作爲他們的編排原則，因此，他們的焦點就只限於禱告、密契主義(mysticism)、崇拜、起信(改宗)(conversion)、宇宙意識，或宗教性的發展。他們也傾向於忽視某些極爲重要的宗教產物，譬如教義上的陳述或神學的種種體系。更有甚者，他們之中只有很少人會把論述的對象設爲普通、簡單的凡夫俗子，這些常民信眾的腦灰質和聖徒或有名的懺悔者不同，他們從來沒有過起信的體驗、他們的禱告都平庸無比、對他們而言所謂「宇宙的」只不過是學院式的文言文罷了。

相對於這種取徑，我另形塑了一套宗教心理學的概念，讓我和學生們都能覺得有興味的，那就是採取心理學的諸範疇來編排我的素材，使用規範式的資料或臨床觀察，配以適當的連貫性，將神學命題視爲宗教概念形成之產品來評估，也把宗教生活中不明顯的或尋常的特色都放入解說的範圍。我在講題上用的「動力論的」(“dynamic”)一詞乃是一種理論導向的簡稱：即臨床的、精神分析的心理學，其中也包括了一些自我心理學(ego psychology)的考量，並且不會對它所遭逢的現象故意採取不予置評的姿態。

我的這個計畫曾受到許多朋友和同事的鼓勵，包括有心理學家、精神科醫師、神學家和著名的「有知識的外行人」，其中還有不少位是女性。有三位朋友，我要特別感謝，他們以充滿愛心的方式，花了不少精力來讀我的原稿，並對我提出有批判性且有價值的建議。這幾位就是：Seward Hiltner博士，他是普林斯頓大學神學講座的「神學與人格研究」教授；Kenneth R. Mitchell博士，他是梅寧哲基金會裡的「教牧照料與諮商訓練學程」主任；還有Phillip Wollcott博士，他是梅寧哲紀念醫院裡的精神科主治醫師。很多工作和頗有啓發性的做法都靠Kathleen Bryan女士作出來，她是我的秘書，也讓這本書愉快地完成。

但最有價值的支持，無論在情感上或實際上，都來自我的太太Jansje，還有我的孩子們：Henriette, Herman和Pauline。這本書沒獻給他們，而是用來紀念我的母親，那只是因爲我母親才是第一位引導我走向宗教世界的人。

除非有特別註明，我所引用的《聖經》章句都是取自「修訂標準版」(Revised Standard Version)[1]。

1 【譯注】這裡的「修訂標準版」(Revised Standard Version)是指*The Holy Bible* (National Council of Churches of Christ in America, 1952)。基督宗教《聖經》的漢語譯本也有很多。譯者主要的參考版本是《聖經・啓導本》(紅字版)(香港：海天書樓，1989)。

第一章　導論
Orientation

大約主曆一五八一年時，在德國一個叫阿登堡的地方，發生這樣一件事：有一個叫貝克的人，他畜養了一個乖僻的男孩，因爲受到嚴重的挑釁，他毫不憐惜地對那男孩飽以老拳，特別是打在他的頭上，於是那男孩倒地發起癲癇：他就此而有多次驚人的發作，也有十二天不能言語。然而過一陣子之後，那些發作緩和下來，也逐漸消失無蹤。但隨後代之而起的是出神狀態(ecstasies)[1]，他會持續著二、三、四個鐘頭，既無感知、也無動作。當他的癲癇一過，他會立刻唱起歌曲和讚美詩(雖然沒人知道他從哪學來)，音調相當優美。從這歌唱中，他偶爾會突然牽出一段段怪異的人際關係，但特別是和某某最近去世的人，而他曾在天堂中見過：之後他又會掉回他的歌唱中。當他完全清醒過來，也不再歌唱之時，他就會悲傷地、也很肯定地說：

1　【譯注】"Ecstasy"本是個宗教用語，在醫學上與此相當的說法是指一種精神迷狂(trance)狀態，但在宗教中，則都是和神靈附身(上身)的觀念有關。照原文的字面來看，可以譯成「出神」，但從當事人主體觀點來說，譯爲「靈入」更爲恰當。事實上，「神出靈入」本是同一回事。在本書中，會因語意脈絡之不同(宗教人觀點或醫學觀點)而分別譯爲「出神」、「靈入」或「迷狂」。

他曾經到了一個地方，不是在他床上(雖然當時在場的人都會要他相信他是)，而是到了天堂，與天父同在，天使帶他到那兒，把他放在最令人心曠神怡的綠地上，他在那兒享有超絕的幸福，也看過許多他自己無法形容的事物，等等。就是這個男孩，當他預見到自己又將有發作來臨，他就會說，天使已經準備要來帶他離開。他又會引出好幾段不同的關係，譬如說：我雖身在此處，但我剛到過約翰・寇波德斯(John Coboldus)那裡——這人是該鎮上的一名醫生……根據他的意見，男孩的行爲都是*symptomata morbi melancholici*(病態憂鬱的症狀)，起因於癲癇。對於有過癲癇發作的人來說，陷入憂鬱症是很自然的，而在他自己的行醫經驗之外，他也參照了希波克拉提斯(Hippocrates)的說法。但這男孩在他的靈視(visions)之外，還有人報導過，也很多人相信，他會對諸多事情作出預言(prophesie)；那醫生對此確有所知，但他的姿態是懷疑，並認爲：除了自然之外，還有魔鬼可能會和某些身體運作同時發生。不過，他後來對此似乎改變了意見，把一部分(出神和靈視)歸因於自然，另一部分(預言)則歸因於藝術手法和詐騙：不只因爲該男孩早已是個惡名昭彰的無賴(以他的年紀而言)，非常精明狡猾，而且因爲當他被移住到別家，受到仔細監視後，他的預言就消失無蹤。是的，他似乎作過此一暗示(過了一陣子)，之後他的出神也一樣不見了。[2]

---

2 M. Casaubon (1963). “A Treatise Concerning Enthusiasme; as It is an Effect

這段文字是由卡索邦(Meric Casaubon)寫於一篇精神醫學論文，出版於1655年的倫敦，而其篇名是：「關於宗教狂熱，作爲自然的一種效應，但常被誤解爲神靈啓示、惡魔附身的論文」。在此引述是因爲在短短一文中就包含了驚人的一大串宗教行爲。首先我們要談的是敘述者：他使用了相當虔誠的紀年法**主曆**，而通常只要用簡單的日期就夠了。接下來要考慮的是關於他的病人的所有宗教項目。這個男孩患有癲癇，而幾世紀以來這一直叫做**神聖的疾病**，而在本例中則被奇特地關聯到**出神狀態**，這也是眾所周知的宗教情緒。他會唱聖詩，其義是指他參與過許多宗教活動。文中甚至暗示說他對這些聖詩的知識可能來自**超自然的來源**，因爲他既是個惡名昭彰的無賴，那就是說，他根本沒有學過。報告中說他會有**對於死者的靈視**，曾經踏訪天堂，曾在**天上**四處張望，看見怡人的綠色(這故事可是德國的！)他曾與**天父**(一個基本的宗教對象)同在，而他是被**天使**帶到那兒。文中不清楚的是：這些究竟是眞的靈視(也就是幻覺[haulucinations])，或是虛構的想法(也就是妄想，但被肯定爲眞)。他似乎體驗了最精緻的宗教情緒：**極樂**。這個病患說自己有預兆的症狀乃顯示有天使來帶他離去，而他在爲此作證時，他**對他自己的發作使用了宗教的詮釋**。他在從事**預言**，這是古老的宗教習慣，但他的觀察者們用他們自己的宗教架構來想，就懷疑是不是有**魔鬼附身**。觀察者們也質疑那個男孩的宗教行爲是否眞實，並且將此歸之於藝術手法和詐騙。這無疑是說：一個無賴怎麼可能有

(續)————————

of Nature: But is Mistaken by Many for Either Divine Inspiration, or Diabolical Possession," in R. Hunter and I. Macalpine, *Three Hundred Years of Psychiatry*, 1535-1860 (London: Oxford University Press, 1963), pp. 145-146.

眞實的宗教信念！最後還有一個暗示：男孩的宗教行爲乃是爲了**順應**他的環境。

文中的兩位醫生爲了案例中一些有趣的問題而掙扎。這個男孩的宗教性(religiosity)究竟是健康的還是病態的？是不是瘋狂？究竟是出於眞誠還是出於戲弄？究竟是超自然還是自然？在腦部失調和宗教狂熱之間究竟有沒有關聯？他的預言究竟是來自於神的恩賜，還是出於鬼的造訪？

在關於那個男孩的症狀之超自然與自然之間的區分，乃是卡索邦自己所作的。他自己必定是個相當有宗教性的人，但也是他那時代科學思潮之子，因爲他自己在該論文的別處寫道：

> ……當這種疾病經過自然手段的醫治之後，其宗教狂熱就不見了。我不敢說一定是經由同樣的手段，但確是在同時……我們會發現，這在許多有名的聖徒身上也發生過。

你不可能比這要更謹愼了：「不……是經由同樣的手段，但確是在同時。」對於這樣的宗教行爲案例，從患者以及從醫師來看，你會怎麼說呢？說實在的，對於宗教你到底能說什麼？

其中有一種逼近回答之法，是求助於宗教的某種觀點，並對於它所顯現的方式做有系統的全面訪查。這就是任何宗教心理學都會建議從事的工作。但明確地說，宗教心理學並不是有系統地看待宗教的唯一方式。其他方式還有：史學的、社會學的、政治學的、哲學的，或透過藝術、建築，或經由文學與詩，乃至用藥理學的方式皆可。

本書是宗教心理學，是以它的位置是落在一長串相似的著作之間。由於寫作原意並非要成爲一本宗教心理學史，所以讀者若有歷史的興趣，我建議他可以去讀其他作品，譬如最佳的一本是《宗教心理學讀本》(*Readings in the Psychology of Religion*)，是由史壯克(O. Strunk)所編的[3]。只是，我仍覺得應該把宗教心理學的幾條主要趨勢做一番簡述，如此一來，心理學觀點之中有些很特別的成分從一開頭就可以釐清，而我本人的臨床觀點在整個心理學大觀點之內的位置也會容易了解[4]。

五十幾年前，美國有一位居於領導地位的學院心理學家受邀到愛丁堡作了一次吉福講座(Gifford Lectures)[5]，那就是詹姆斯(William James)，他在當時那個場合所講的，也許至今都還是關於宗教的最重要一本心理學著作。他提出幾個傑出的命題：(1)宗教現象和其他心理現象有連續關係；(2)在宗教中，如同在任何其他地方一樣，其崇偉者和其可笑者乃是一個連續體的兩極端，而在中間則是許多尋常而陳舊無聊的事情；(3)在宗教中，正如在人類努力從事的其他事情一樣，情感總是比思想重要；(4)宗教沒有單一的心理泉源，如特殊本能、情操或心理傾向；(5)宗教具有人文和神聖的面向，而心理學只能研究前者；(6)人並非只單純地**擁有**神，而毋寧是說他們會**利用**他們的神，宗教於是成爲行爲的結果。

3　O. Strunk, Jr. (ed.), *Readings in the Psychology of Religion* (New York: Abingdon Press, 1959).

4　以下資料大多取自作者本人的一篇文章：P. W. Pruyser, "Some Trends in the Psychology of Religion," *Journal of Religion*, XL (April, 1960), pp. 113-129，並經出版者的同意。

5　W. James, *The Varieties of Religious Experience* (London: Longmans, Green & Co., 1945). 譯按：本書有兩種漢語譯本：唐鉞譯，《宗教經驗之種種》(上海：商務，1947)；蔡怡佳、劉信宏譯，《宗教經驗之種種：人性的探究》(台北：立緒，2001)。

在不久之後，精神分析研究者會以更多的精力來重複這最後一個命題，並且也對於人之如何運用他們的神產生更精確的知識。詹姆斯講座的後面補增了一套簡易的類型學，並且對於宗教的醫學面向有極為敏銳的興趣，不只是在診斷的意義上，還在於心理衛生的面向上。這最後一項興趣到目前還在滋養著宗教心理學的頭腦。

我相信詹姆斯的第四個命題——就是說，宗教不可只歸因於一種特殊的心理功能——正具有主要的科學重要性。在他之前、之後，都有很多人在問說：宗教體驗的本質是否可發現於感覺、行動、態度、價值、認知狀態、驅力等等之中。他們是在尋找一種屬於宗教體驗的因素，一種*prima materia*(首要之物)。詹姆斯的回答是在宗教方面相當於破解一種老舊的燃素化學理論。心理歷程**所有**的各部分都會參與宗教體驗，而其中**無一**是宗教所特有的。與其提出一個特殊性的錯誤問題，不如去探究某些個人身上或某幾種宗教體系上較占優勢的各部歷程；換言之，我們要從探討**種種**宗教體驗來下手。

但是，當上述的探究已經開始做了之後，我們就必須提出下一個問題：宗教的意味(gist)是不是就在各部歷程中？或是我們該在別處尋找？有些宗教的發言人會說：宗教是在全人之中，那麼，果有此事的話，要達成這種全體、整合性質的歷程又是什麼？詹姆斯曾嘗試論道：這就會涉及一種能量中心的位移，但他無法在進一步的細節上探究此事。

有些理由讓我們想探問詹姆斯最恆久的遺產，也就是後來被稱為「詹姆斯傳統」的現象，在其基底上是否同時具有科學和政治上的貢獻。自從詹姆斯之後，「宗教體驗」(religious experience)一詞所表達的意思在宗教心理學的某些研究面向上已經變成一種牢籠般的處理方式。其前提似乎是這樣的：(1)有些人會有某種的主體體驗，可叫做「宗教的」；(2)心理學作爲一種經驗科學(empirical science)就是要處理人的體驗；因此，(3)宗教心理學既是經驗的，就是要處理人的所謂「宗教的」主體體驗[6]。

這樣的結論不算什麼錯誤，除了它是奠基於太過狹窄的前提之外。對於詹姆斯來說，主體的體驗意指情感，而其最佳的經驗資料就在於充滿情感的口語表達。對於情感和主體性的過分強調會切斷認知狀態、決斷以及行動的重要性，而後面這些才是系統神學和道德神學所在乎的問題。緣此之故，詹姆斯和他的追隨者們的作品在神學之中就沒被認眞看待。總之，這種宗教心理學只處理太主觀、太人文的面相——它畢竟沒處理神、教義以及救贖性社群的本質問題。它甚至也沒處理信仰的性質爲何，因爲詹姆斯在他自己的「過度相信」之下曾用過比較自然主義的用語。說得更明確一點，它碰觸到人的本性，但由於過於輕薄、過於人文，以致對於常上教會的人所想到的神以及神人關係都沒有激起任何改變。甚且，就算詹姆斯的實用主義對當時盛行的神學風氣來說還算可口，但也無法避免他所引起的一些熱烈衝突。

本書的主要論點是說：詹姆斯對於宗教心理學這個領域所劃定的界限過於狹窄，而他的許多後繼者也沒有對此限制多加思考。也許他們是發現這些限制有其戰術上的便利。有些例外須在此一提，但他們事實上沒有影響力。譬如兩位魏曼氏(Wieman and Wieman)

---

6 【譯注】請讀者注意，「體驗」(experience)和「經驗的」(empirical)兩詞的區別。在過去的許多文獻中，「體驗」(experience)也常被譯爲「經驗」，正如前揭兩本詹姆斯那部經典的漢語譯本，都是譯爲「經驗」。

就曾經抨擊這些限制[7]。詹姆斯同時代的人之中有人在此論點上比較大膽，較著名的是柯以(G. A. Coe)[8]和柳巴(J. H. Leuba)[9]，但後來的學生們都不太參閱他們那些具有原創性的作品。柳巴的貢獻是曾經面對神的存在以及神的本質問題；他的觀點是說：宗教要處理的乃是眞實的錯覺(illusion)。後來的佛洛依德對此就有更多的話說。

宗教生活包含著關於神的形像、直覺、概念，以及人類歷史中涉及於此的一切。但在此之上，它還包含著和神之間的對象關係(object relation with God)[10]，而心理學必定會有興趣於所有的這些面向。我不太確定心理學是否可以免除本體論的問題，正如某些神學系統所做的那樣，但我敢說心理學不能不談人如何想神，以及如何形成並獲得神的形象。對於宗教情感作充滿感情的表現之外，也還有宗教思想如何在深思之下表現。日記的散頁，正如詹姆斯所用的那樣，也許可以使我們獲知情感，但在我看來，神學論文也是要獲知宗教思想時的恰當資源。精神分析在進行夢的詮釋時會區分思想的初級歷程和次級歷程，也會區分潛隱的夢思想(latent dream thoughts)和外顯的夢內容(manifest dream content)，因此研究宗教

---

7 H. N. Wieman and R.W. Wieman, *Normative Psychology of Religion* (New York: Thomas Y. Crowell Co., 1935).

8 G. A. Coe, *The Psychology of Religion* (Chicago: University of Chicago Press, 1916).

9 J. H. Leuba, The Psychological Study of Religion: Its Origin, Its Function, Its Future (New York: Macmillan, 1912).

10 【譯注】對象關係(object relations)理論是精神分析理論在後佛洛依德時代的發展上重要的課題，在譯者導言中已經述及。一般常譯爲「客體關係」，但譯者認爲譯作「對象關係」比較可以達意，也避免了「客體」這個哲學語彙中傾向於指涉某種物件的語意。

的學生也要面對宗教現象如同夢一樣有階層化的問題。他們可以把類比的區分用在某些他們興趣所在的素材上，譬如禱告的活動。

詹姆斯傳統所使用的方法主要的(乃至排外的)是非實驗事實的發現與描述。其法就是用傳記資料、問卷，和簡單或複雜的(但大多是簡單的)統計相關技術。多半的作品會把起信或改宗(conversion)[11]、禱告頻率、對父母所屬的宗教之忠誠等等和整全的人格特質之間求出相關。在詹姆斯之外當然還有其他人。一位有意思的宗教心理學家是穆勒—傅來恩菲爾(R. Müller-Freinfels)，他在1920年出版了兩冊的德文小書[12]。他的作品有寬廣性，也有系統性，但不一定夠深度。其中最重要的是他對於這個研究領域的描述：把宗教的個體形式和體制形式並列，其注意焦點放在神話、禮拜儀式，以及諸如禱告和獻祭等宗教活動。他沒使用特別的研究方法，除了就是像許多宗教研究者一樣，在書桌上順手取用了一些康德式的範疇模式，強調了情感、意願和思維。在「思維」範疇中所包含的乃是宗教所有可能的認知面向：知識的獲取、沉思、邏輯機能的運用、象徵(symbols)的使用等等。我相信最後這個強調有其重要性[13]。

穆勒—傅來恩菲爾的貢獻也包括他把宗教心理學史上的研究趨

11　【譯注】"Conversion"一詞是指對宗教之開始信仰(起信)，或從一種信仰改變爲另一種信仰(改宗)。在佛教對此有一特定的名詞叫做「皈依」。

12　R. Müller-Freienfels, *Psychologie der Religion*, 2 vols. (Berlin: Sammlung Goeschen, 1920).

13　【譯注】作者說到「最後這個強調」是指「象徵」(symbols)。在當代的著作中，此詞也常被譯爲「符號」，但在現代漢語中，「象徵」與「符號」並非兩個可以隨意互換的字眼。在本書中，作者所要前強調的意思就是「象徵」，而非「符號」，特此註明。

勢做了有助於理解的模式分類。他考慮過的包括以下六個思想流派：

1.神學的學派，就是試圖把既有的神學體系找出些心理學的支架，其一例就是士萊馬赫(Friedrich D.E. Schleiermacher)，他對宗教作出了主體面向上的定義，就是絕對依賴的情感。

2.民族心理學學派，是在英、法實證主義之下而所產生的，其顯例爲馮德(Wilhelm M. Wundt)。

3.在美國特別發達的分類心理學學派，其傳統的興趣焦點是個別差異，例子有：柳巴、詹姆斯、史塔巴克(Starbuck)。

4.心理病理學派，特別發達的是法國，其例爲：德拉克羅瓦(Henri Delacroix)、 弗盧努瓦(Henri Flournoy)。

5.分析學派，是企圖對傳統宗教作出獨立的分析，並有這樣的認知：其中的心理根源總是被有意地隱藏，以避免受到檢視。這樣的例子有：費爾巴赫(Ludwig Feuerbach)以及可能是尼采(Friedrich Nietzsche)。

6.精神分析學派，強調的是無意識動機、驅力以及超我的功能。

我們在下文中會回到這些學派，而現在第一個要考慮的是精神分析。精神分析的宗教研究在20世紀初就已開始。在佛洛依德的最初幾個個案研究中，有一個是「狼人」[14]，其中包含一些有趣的註記，談到宗教在心理病理中的角色。在佛洛依德的《圖騰與禁忌》[15]

14 S. Freud, "From the History of an Infantile Neurosis," in J. Strachey (ed.), *The Standard Edition of the Complete Psychological Works of Sigmund Freud*, Vol. XVII (London: Hogarth Press, 1955).

15 Freud, "Totem and Taboo," in J. Strachey (ed.), *The Standard Edition of the Complete Psychological Works of Sigmund Freud*, Vol. XIII (London: Hogarth Press, 1955). 譯按：漢語譯本有：邵迎生譯，《圖騰與禁忌》，收

和《一個錯覺的未來》[16]兩書之外，值得在此一提的是普菲斯特(Pfister)[17]和鍾斯[18]的著作。由於20世紀初期對於精神分析的普遍敵意，分析師的觀察和理論起初很少保持在宗教研究的主幹之中，而賴克(T. Reik)那本關於儀式的研究則似乎是少見的例外[19]。

精神分析的宗教研究在概念上和方法上都帶有一種特殊的性格。它們基本上都在研究進入宗教的動機，而個人的一套信念和實踐則都以下述的觀點來作爲進路：願望的實現、驅力的控制、初級與次級歷程的思維、對象關係、良心與自我理想(ego-ideal)[20]的起

(續)

在車文博主編，《弗洛伊德文集》卷8(遼寧：長春，2004)，頁1-113。

16 S. Freud, "The Future of an Illusion," in J. Strachey (ed.), *The Standard Edition of the Complete Psychological Works of Sigmund Freud*, Vol. XXI (London: Hogarth Press, 1961). 譯按：漢語譯本有：楊韶剛譯，《一個幻覺的未來》，收在車文博主編，《弗洛伊德文集》卷8(遼寧：長春，2004)，頁115-158。在本文中將此書的書名改譯爲《一個錯覺的未來》，是因爲佛洛依德本人就解釋過："illusion"是「錯覺」而不是「幻覺」。見下文(原著頁7)。

17 O. Pfister, *Christianity and Fear* (London: George Alien & Unwin, 1948). O. Pfister, *Some Applications of Psychoanalysis* (London: George Alien & Unwin, 1923).

18 E. Jones, "The Psychology of Religion," in *Essays in Applied Psychoanalysis*, Vol. II (London: Hogarth Press, 1951); E. Jones, "A Psychoanalytic Study of the Holy Ghost Concept," *Essays in Applied Psychoanalysis*; E. Jones, "Psychoanalysis and the Christian Religion," *Essays in Applied Psychoanalysis*.

19 T. Reik, *Ritual* (New York: W. W. Norton & Co., 1931).

20 【譯注】「自我理想」(ego-ideal)是佛洛依德在《論自戀》(1914)和《自我與本我》(1923)等作品中使用的詞彙，後來被「超我」一詞所取代。但在對象關係理論中，此詞被重新提出，用以指超我之前的一種結構，比較接近正向認同的意思。本書作者對此詞的用法就不能等同於「超我」的意思。

因、欲力(libido)[21]和攻擊衝動的經濟(economic)平衡[22]。因爲精神分析的「症狀」這個字眼攜帶有近乎無限的意思，以致宗教就可以視爲症狀來理解。比起詹姆斯早先說過的話，即「人可以運用他的神」，精神分析可以說得更爲有力。

精神結構的各成員之間的動力關係[23]，自我(ego)的防衛歷程(defense processes)，以及基本的心理社會構成，譬如伊底帕斯的衝突(Oedipal conflict)[24]，全都可以和宗教牽上關係，從種系發生史或個體發生史來說，或從個體、群體來說都可以包含在發生學—動力學(genetic-dynamic)的程式[25]中。這個程式爲宗教心理學增加了一個全新的方法論維度，因爲它在要求我們對於個體人的對象關係網絡作出貫時性的衡鑑(longitudinal assessment)。對於個人檔案(這是詹姆斯研究傳統的主要支架)它也堅認：不可只從表面價值上來論斷，而必須要透過分析的精熟知識來重新進入。由於在實踐的理由上，這種研究進路幾乎總是和心理治療的歷程連結，因此它提供了一個絕佳的機會，讓我們得以對於宗教和其他種種追求、專注、價值和需求之間，就個人而言究竟有何關聯，作出重新評價。

---

21 【譯注】“libido”一詞也常有人直接用音譯法稱爲「力比多」。

22 【譯注】「經濟」(的)(economic)或「經濟學」(上的)這種用語是佛洛依德常拿來和「動力的」(dynamic)一詞並用的措辭。本書中還會常出現這樣的用詞，就都是作者對於佛洛依德的引用。

23 【譯注】佛洛依德理論中的「精神結構」在本書中所指的「它、自我、自我理想(或超我)」這三者所形成一種拓樸結構。關於這部分的詳細討論，特別是譯名的使用，請見第三章末節以及第十章。

24 【譯注】伊底帕斯的衝突(Oedipal conflict)是佛洛依德使用的術語，用以指幼兒在三歲到五歲之間所發展出來的對於雙親的愛恨欲望之間的衝突。

25 【譯注】發生學—動力學(genetic-dynamic)的程式就是指精神分析的理論，因爲它既含有發展觀點，也對動機作出解釋。

換言之，精神分析就是這樣一種知識境界，讓我們能研究宗教怎樣能「調適」到("fits" into)生活之中。

精神分析的宗教研究之中有個特點，就是它縮短了神和人之間的心理距離。請注意，我說的是心理學上的距離而不是本體論上的距離。神的稱號，如同鍾斯(E. Jones)曾經說過，譬如像父親、創造者、維護者、供養者等等，都和家庭劇碼相關。對我而言，把神說成父親形象，就意指生物學上的父親其實帶有奧秘的性質(numinous qualities)。換言之，精神分析在神和人之間建立了一套新的親合性(affinity)(不是同一性[identity])，因此而得以穿越了神性的超越性與內在性這些神學技術上的區隔。

關於神祇，有個古老的辯論，就是心理學和本體論問題之間的關係，我想在此作我的第二個評論。這是個非常好的心理學問題，就是，爲什麼或有什麼基礎可以解釋：有些人會熱切地用本體論來提問、來肯定他們的神，而有些人則會予以否定，然後有第三組人說他們對此一無所知。特別是因爲這件事不能由邏輯來決定，所以有些神學家承認：知識心理學和知識社會學也許可以在此問題上作出貢獻。用大寫寫出的本體論問題是一回事；然而每一個人之所以能對此有所掌握，那又是另一回事。

佛洛依德用一個術語「錯覺」來意指著宗教信仰的一種正式現況。他爲此而引起了尖銳的反對，特別是有些只讀過那本書名的人。事實上那本書澄清了該術語的意思：宗教信仰之所以是錯覺，乃因爲它既不是體驗本身的純粹產物，也不是理性思維的最終結果，反而是來自人類最古老、最頑強、最迫切的願望[26]。所謂錯覺

26　S. Freud, *The Future of an Illusion, The Standard of the Complete Psychological*

其實不一定是錯誤。它反而像是哥倫布認爲他自己發現了一條通往印度的新航道，而不知自己實際上是發現了美洲！一個錯覺不一定是虛假，也就是說，不能實現的眞實，或和眞實互相矛盾。這裡的大哉問乃是：如果錯覺是需要的，我們要如何保有其中可堪校正的成分？我們又要如何擁有其中不致淪落爲妄想的成分？

對於佛洛依德的定義，我幾乎找不出破綻。他爲我的心思帶來的，正是像保羅致科林多人的書信中所做的規勸：「我們如今彷彿對著鏡子觀看，模糊不清，到那時，就要面對面了。」[27]對於任何神的認知永遠只是逼近，也永遠充滿扭曲。我們的心靈組織、我們的感知、我們的思維、我們的願望、我們的心情都交相參與著我們的信仰。我們對此之所知早於感知上的所謂「新看法」[28]，也早於感知防衛的概念。正如神學家田立克(Paul Tillich)早就指出：我們的懷疑共同決定了我們的信仰的動力[29]。神聖的目的永遠不是有生之物所能完全知曉，且也正因如此，他們也知道自己所能做的只是猜測。這些猜測也許不會是毫無援手，也許充滿智慧和靈感，但那都還只是猜測。更且，如鍾斯曾經說道：「人所想要知道的神聖目的，乃是這個目的對於他自己的意向。」[30]正因爲宗教所要處理的

(續)

Works of Sigmund Freud, p. 30。

27 〈哥林多前書〉13：12。

28 【譯注】「新看法」(New Look)是指美國心理學界在1940-50年期間發生的一種有關人格心理學的運動，強調心理學不應只研究普遍的人性，而要注重個別差異。

29 P. Tillich, *Dynamics of Faith* (New York: Harper & Brothers, 1957). 譯按：漢語譯本有二：羅鶴年譯，《信仰的能力》(台南：東南亞神學院，1964)；魯燕萍譯，《信仰的動力》(台北：桂冠，1994)。

30 E. Jones, "Psychoanalysis and the Christian Religion," *Essays in Applied Psychoanalysis*, p. 203.

不是任何抽象，而是人的實在生活，所以我們對於精神分析所作出的理論必須嚴肅看待。

也許精神分析對於宗教心理學最顯著的貢獻就在於它堅持衝突在宗教中的角色，以及宗教在衝突中的角色——而這是在個人、在社會皆然。在此之後的宗教再也不能當作經驗中孤立的項目或批貨，而必須看成個人在體驗其世界或體驗其自身之時的一種性質；宗教可依此而界定爲一種難題解決的方式。這個論點曾在1911年由一位非精神分析的心理學家提出，他就是史炊屯(George M. Stratton)[31]。在他看來，宗教的根源是在於人生而與種種衝突糾纏在一起，而衝突的來源又是人的內在和外在的兩極性。我相信這個觀點對於宗教心理學有諸多重大的啓迪。好幾個問題會立刻浮上心頭：

1.宗教曾經解決過，或可以解決什麼難題？

2.對於一個既定的難題，什麼樣的宗教有辦法解決？

3.難題可眞正被宗教解決到什麼程度？或說，什麼難題是宗教解決所難以對治的？

4.人可以回到傳統的宗教思維和信仰，或是必須尋求宗教的革新？

5.接下來，哪些新難題會因爲企圖透過宗教解決而被攤開來？

6.宗教用來作難題解決時，它就得以免於難題，或本身就會變成充滿衝突？

這後面幾個問題似乎特別能關聯到某些新教神學的發展，以及

31　G. M. Stratton, *The Psychology of the Religious Life* (London: George Allen & Co., 1911).

新近的心理健康難題方面的思維。基督教和心理健康似乎都要有某程度的緊張性，以及，用壽本(E.J. Shoben)的漂亮詞彙來說，要有「深思熟慮的非從眾性」[32]。

無論如何，在這樣的架構之下，宗教體驗之被視爲「狀態」的概念，就得讓位給「歷程」的概念了。難題的解決需要時間，而且其中必定包含著未來，也就是未知。就現象學而言，這甚至意謂對於未知的執著。一個從事難題解決的人是靠著諸多假設而前進的——並且是一個接著一個下去。他的假設如何在體驗的衝擊下而得以調整？他又如何畫下、如何修改他的認知地圖？

由於精神分析之助，宗教心理學對於其研究素材的概念、方向和態度應該都會有所改變。然而，眞正的改變卻是在人事方面。因爲精神分析常被視爲精神醫療的一個分支，通過它就會連結到醫學。而在心理學內，可感受到的最大衝擊就在於臨床心理學，因爲它過去和宗教心理學幾乎一直沒接觸——心理學一直就被包覆在學院心理學和教育心理學之內。精神分析對於精神醫學的衝擊可謂大矣哉。此一衝擊在教牧的養成教育以及教牧神學上也可以強烈地感覺到。我相信精神分析的這些局部影響和傳布，在主要的面向上改變了我們對於宗教之科學關注。

首先，第一個轉變是從純科學到應用科學。其次，是從傳統的學系轉變成專業訓練學程。第三，很多(如果不是大多數)心理學和宗教活動從大學校園移出而轉到精神科診所、醫院以及教區之中。事實上，「宗教與精神醫療」的結合比起宗教心理學要更爲流行，

---

32 E. J. Shoben, "Toward a Concept of the Normal Personality," *American Psychologist,* XII (April, 1957), pp. 183-189.

而教牧神學也很快地變成教牧心理學[33]。

這種轉變有很多是靠著一種新的專業類別而產生的，那就是心理治療師，並且也由於這種專業訓練所需何物都還不怎麼確定而然。但，不論這種專業是什麼，不論其養成教育的背景爲何，重要的是我們要知道：這種專業角色和正在起步中的宗教心理學之間可能的關係，其中隱含有一種令人驚異的機會，和深刻無比的模糊性。心理治療就是結合著科學與藝術，而心理治療師們就是以不同的比例在做這種結合的。從一方面來說，他站在特殊的位置上，得以貼近深沉而精微的心理歷程，其深沉的程度就像我們所推測的宗教可以在人生之中的深度一樣。當然，當他接近了人格功能的某種層次，就會使得宗教心理學因此而得以豐富起來。然而，他和他的患者走得愈深，他就會愈難以保持傳統科學那種冷靜、客觀和抽離的態度。從另一方面來說，心理治療師之所以努力要幫助(「幫助」乃是他那種專業的主要定義之一)和患者對於健康的欲求是互相呼應的，於是對於患者的宗教(如果有的話)之觀察資料會變得扭曲，或在觀點上變得限制重重。雖然在這般的環境中，對於個人的宗教可以獲得相當深層的觀察，但「幫助」和「被幫助」的目的很容易使得宗教流於一種淺薄的適應模式，或工具，或標準，甚而至使人想在宗教和心理健康之間建立冗長的關聯或等式。

談到這裡，也許適於讓我們來談談榮格(Carl G. Jung)的著作[34]，

33　這種發展趨勢，在當今的台灣社會差可比擬者，即爲2000年代以來逐漸成形的「人文臨床」運動。參見余安邦等(編著)，《本土心理與文化療癒》(台北市：中研院民族所，2008)。

34　C. G. Jung, *Modern Man in Search of a Soul* (New York: Harcourt, Bracer Co., 1933). 譯按：有漢語譯本：蘇克譯，《尋求靈魂的現代人》(台北：遠流，1990)；C. G. Jung, *Psychology and Religion* (New Haven: Yale

雖然我們幾乎無法在這短短篇幅裡對這位洞視深遠但論點不太精確的思想家作出持平之論。由於他那卷帙浩繁的著作橫跨了心理學、精神醫學、醫療、宗教史、神學以及文化人類學的廣大領域[35]，所以我們最好只將榮格的貢獻限於宗教心理學本身。當然，他自己也已經表明，他之所以會交織處理如此紛繁的主題、構念、觀察和象徵，就是因爲限制的本身是他無法忍受的。總之，這些作品都和宗教心理學有關，只是或近或遠罷了。

在榮格的作品中要找出古典的宗教心理學章節標題來，是注定會徒勞無功的。其中沒有系統處理諸如青少年宗教或關於信仰改變等議題。也很少有關於宗教之個別差異的題材。與此有關的題目散見於他的全部著作中，有時和宗教有關，有時則涉及生活的非宗教面向，但其中有極爲豐盛、鞭辟入裡，且時而非常大膽的命題，可使宗教心理學受益匪淺。

雖然有些思想家已經提出人會利用神的論點，但也許還沒人像榮格一樣敢說：人會**創造**出他們的種種神祇。爲了不讓人一想到這種觀點的含意就害怕或排斥，我們得注意榮格是少數願意常用「靈

(續)

University Press, 1938); C. G. Jung, *Answer to Job*, trans. R. F. C. Hull (London: Routledge & Kegan Paul, 1954); C. G. Jung, *Symbols of Transformation*, trans. R. F. C. Hull (Bollingen Series XX, Vol. V [New York: Pantheon Books, 1956]); C. G. Jung, *Aion: Researches into the Phenomenology of the Self*, trans. R. F. C. Hull (Bollingen Series XX, Vol. IX, II [New York: Pantheon Books, 1959]).

35 【譯注】榮格(Carl G. Jung)的著作全集英譯本*The Collected Works of C. G. Jung*共有二十卷，從1966年起陸續由Princeton University Press出版，後來的修訂版(1990)改由英國的Routledge出版。在此之外，還有其他著作，譬如兩部講座紀錄*Dream Analysis: Notes of the Seminar Given in 1928-1930; Nietzsche's Zarathustra: Notes of the Seminar Given in 1934-1939*，也先後由Princeton University Press出版於1984, 1988。

魂」這個字眼的心理學家之一[36]，而這是在比較中性的用法中所指的「心靈」。在此之外，值得一提的是他認爲人的一生乃是在追求個體化(individuation)的歷程，在其中人自身(self)[37]的命運是人所積極尋求和滋養的。他把自己的旅程描繪爲一條通往拯救(salvation)之途——確實的，靈魂和自己(雖是經驗研究的對象)在前提上就具有聖餐禮般近似神聖的狀態！因此榮格在他自設的位置上就能夠研究人和他的神以及神和「他的」人這種人神相生的整體歷程，而他那自設的宗教／心理的接壤之處就叫「原型」

---

36 【譯注】佛洛依德對於「靈魂」(soul, Seele)的用法其實也用得很順手，這是Bruno Bettelheim在*Freud and Man's Soul* (New York: Random House, 1982)一書中明確指出的。譯者曾在一篇演講稿中引述了Bettelheim的說法如下：「貝妥海(Bruno Bettelheim)在他的一本小書(即*Freud and Man's Soul*)當中提到：佛氏在解釋他的夢研究時曾說：夢是我們靈魂活動的結果。("...that the dream is a result of the activity of our own soul [*dass der Traum ein Ergebnis unserer eigenen Seelentätigkeit ist*]")——而佛洛依德對於自己整套學說的總稱也常說是『靈魂的結構』(the structure of the soul, *die Struktur des seelichen Apparats*)，或是『靈魂的組織』(the organization of the soul, *die seelische Organisation*)(見該書頁91)，所以他的學說就是關於靈魂的學說。」Bettelheim之所以要提醒我們不可忽視佛洛依德學說和「靈魂」的關係，主要的原因在於英文標準版《佛洛依德全集》的譯者們刻意避開了佛洛依德所有提及「靈魂」之處，而改以「心理」(mind, mental)之類比較不被科學排斥的字眼來取代(上述的「演講稿」，請見譯者導論，即本書頁7)。

37 【譯注】「人自身(self)」(或有時作「自己」)的譯法是有意要和「自我(ego)」區隔的。在本書中，「自我」在某些一定的脈絡中是專用作"ego"的譯名(雖然不盡然如此，譬如在作爲返身代名詞或返身形容詞時，譬如「自我譴責」、「自我要求」等，就不是這樣。)其義是指佛洛依德的人格結構之中的一個核心成分，這在第十章「和自己的關係」中會有詳細的討論。要之，「自己、人自身(self)」所指者，無論是在佛洛依德、榮格或其他精神分析學派，都不只限於指「結構之中的一部分」那個「自我」(ego)，而是指具有主體性的「我」之整體。

(archetypes)。

在這裡，神不再只是一種抽象，不只是個初動者或*Summum Bonum*(至善至高者)，而是人在**緊張**關係中的可感之物。換言之，宗教心理學可以是一種互動的心理學，而人和超自然存有之間的人際關係，以及不論是人或神，或兩者之間的對話，都可變成分析的對象。因爲神不是一種思想或觀念投射在另一人身上(如同妄想症患者會把他自己的性質投射到其他人身上)，而是神本身已然被投射成**如同一個人**。這樣一來，神就可以落入人格理論所能企及之處。在他的《回應約伯》(*Answer to Job*)一書中，榮格終究是把神描繪成一個不斷變化和發展的存有，而他是在學習回應如何能做一個人的道德榜樣。而他也討論了神在性別認同上的難題。

但心理治療只是動力心理學和精神醫學影響所及的一個有限範圍，在那之外還有更爲廣袤的療癒(healing)專業所投身之處，是和宗教心理學有關的。我認爲現代醫院體系的精神醫療發展起來，和只是療養照顧的機構是大不相同的，這也對宗教心理學有重要的含意。

現代的精神醫療團隊表現了專業分工，但其整體功能仍是要邁向共同的目標——療癒。但這裡的分工還不是非常極端的。在團隊成員的功能之間還是有不少重疊，並在基本的科學理論上也有相當多的統一性。精神科醫師、心理學家、社工人員、護理人員和牧師是典型的團隊成員[38]，他們一起工作主要是爲了評估和醫治患者。現代的精神醫院也是一種和社區維持密切關係的機構，其中的互動

38 【譯注】而在漢人(及其周邊族群)的信仰傳統影響下，一定還會有某種具有「巫者」身分的人員加入這樣的療癒團隊。

有很多專業和社會群體的參與：地區的醫師、法官、傳教士、民間團體、福利機構，還有各種宗教組織，例如教會、聖公會等。許許多多不同的人士和勢力都以對患者「整體照護」的名義介入。這些團體或個人之中有些對於患者在住院之前、之中、之後的宗教福利都有明顯而直接的關注。這些活動已經被集結起來並賦予新的管道——即心理醫療的牧師專業。這裡就是由波乙森(Anton Boisen)所代表的一種宗教心理學新趨勢[39]。

在他那淵博的著作《內在世界的探索》(*The Exploration of the Inner World*)一書中，波乙森對於心理病理學和宗教都貼上新的標記，就是把兩者都放在生命危機的架構之下。對於密契體驗(mystical experience)如果能將其強度與深度和嚴重心理疾患關聯到同一層次，那就是最好的理解方式。兩者都是人格解組和重組的歷程，也是人的轉換歷程，所要處理的就是人的潛在性和終極的忠貞。我認爲這是把有機體之宗教體驗在功能上和體驗上整合到全體網絡之中的最有利位置。在這樣的理論架構中，宗教不是用來輔助整合的，它就是整合的本身。這是一種難題解決的方式，有時會非常成功。宗教和心理疾患(以及其中暗示的是心理健康)都被視爲人的存在境況[40]。人類體驗在心理疾患和在宗教中一樣得以聚焦在特殊的理解範疇：世界的浩劫、死與重生、宇宙性的重要感、人的責任與使命等等。宗教的語言其實是接近於精神分析所知的初級歷程

39 A. T. Boisen, *The Exploration of the Inner World* (New York: Harper & Brothers, 1936); A. T. Boisen, *Religion in Crisis and Custom: a Sociological and Psychological Study* (New York: Harper & Brothers, 1955); A.T. Boisen, *Out of the Depths* (New York: Harper & Brothers, 1960).

40 【譯注】這種「人的存在境況」，在漢語裡有個確切的表達，叫做「困阨」。

語言。

不論我們對於波乙森命題的細節會怎麼想，這些命題其實是在強調宗教心理學中非常必要的維度。心理醫療院所之中的牧師而帶有特殊的臨床／教牧訓練，作爲精神醫療團隊裡的一分子，這主要是由波乙森所創造的概念。這位牧師有個特殊的功能：他對於患者來說代表了精神醫療團隊之中所有的宗教面向。我們接下來必須問的是：這對於宗教心理學而言會有什麼含意？

醫院裡的教牧首先是個傳教士，而不是神學家。他的工作是牧導，並在醫療團隊裡協調療癒的目標，而這也是他所共享的目標。就我們的目的而言，他最重要的功能是他會和難題解決之中最爲失敗的人接觸，不管其中有沒有宗教或僞宗教的成分。有些人的失敗是因爲早期曾經試圖遵循宗教性的難題解決之道，結果這種人會對於宗教產生特別的阻抗，哪怕只引起一點點宗教意味。如果波乙森的理論是對的，則牧師就是必須要在心理病理學中**找出**宗教，而他果然會發現——有些時候是顯然在宗教的心理病理學之中，有些時候是在看來非宗教的歷程中，更有些時候則是哪裡也沒有。我相信這是有重要後果的。當詹姆斯和傳統的宗教心理學都聚焦在比較顯著和不必辯論的宗教體驗上——也就是專談「純粹的案例」——牧師則像所有的傳教士一樣，要把宗教的資料大加擴張，到能夠包含所有潛在的宗教現象爲止。舊的問題是說：**哪些是宗教體驗的顯著資料**？而新的問題則是說：**哪些體驗的資料具有宗教的意義**？

現在我們來看看精神醫療團隊中的臨床心理師。他能否衡鑑或評估患者的宗教體驗(如果有的話)？我自己作爲這種團隊成員的經驗是如一團謎，甚至是感到震驚。對於心理測驗的反應和晤談之中，所有自發的宗教指涉都停擺，且連經常熱心上教堂的人也如此，這使我一直感到很迷惑。我們的心理測驗中，有些是相當能夠摸到人格功能中的深層，然而我們卻鮮少在羅夏克(Rorschach)墨漬測驗或主題統覺(Thematic Apperception)測驗[41]中看見清晰的宗教反應。患者們會說很多話，有時會縱情於大量的道德辯說；他們甚至會在墨漬中看見教堂的尖塔，但在進一步檢視之下，會發現這只是純粹的建築物反應，或風景／田園牧歌反應。在測驗中，哪裡能找到他們的宗教？是我們的測驗失敗了嗎？或這證明了在許多人的生命中，宗教只占著可有可無的角色(而我們得承認我們所處理的還是個經過特別選擇性的群體)？或者也許受測者會把他們的社會感知依照他們所碰到的角色而做區分？患者是不是只當著牧師才講宗教的話，而在碰到其他團隊成員時，就忽略生命中的這個向度？對於這些問題，我不知道完整的回答會是什麼，但我的猜測是都有局部的肯定成分。

對於宗教心理學來說，這樣的處境意謂臨床心理師還無法從測驗中提供新的資料。事實上，最先的資料就是否定的：其中沒有我們所想的那麼多宗教在內。

但我們應該再一次對這問題多留神：怎樣的體驗資料會具有宗教的意義？會不會是患者給出了宗教的回應，而我們卻不知道？或

41　【譯注】羅夏克墨漬測驗和主題統覺測驗是兩種常用的投射技術(projection techniques)。前者由瑞士心理學家羅夏克(Hermann Rorschach)在1921年發展出來，由十張幾乎是任意倒出的墨漬構成的圖樣，讓受測者憑自己的聯想而看成某種有意義的形象。後者則由美國心理學家莫瑞(Henry A. Murray)和摩根(Christiana D. Morgan)合作發展於1930年代。它是由數十張意義曖昧的人物或風景畫片讓受測者憑己意看圖說話。這兩種測驗的使用者多半受過精神分析理論的影響。「投射」一詞就是指精神分析理論中的一種自我防衛機制。

許他們自己也沒有清楚意識到？從前有一度在語言、行動和幻想之中的性指涉(sexual references)我們都視而不見，只因爲對於性的力量和象徵的角色我們都還不了解。在那時候，性都被編派到心靈或身體的遙遠區塊去了。或許，宗教心理學在我們之中的階段，就像性學(sexology)在靄理士(Havelock Ellis)和克拉弗特—艾賓(Richard von Krafft-Ebing)的時代一樣[42]。

接下來還有一個關於心理師的評論。我的好幾位同事都是有發言能力、能夠內省，並且也具有敏感特質的人，他們都贊同一套對於宗教的整合觀點。這些同事們在讀過標準的宗教心理學讀本之後，只覺得失望。我對於他們的反應相當同情；我們都強烈認爲那些讀本沒有觸及宗教的核心。在此脈絡中，有些作者甚至透露了他們自己對此議題的無望。這是否意謂心理學過於年輕而致不能面對這可怕的工作？或者我們得想想是不是因爲壓抑(repression)[43]的緣故而阻撓了心理學家們對於宗教的掌握？也許我們可以從一位極有力的前科學心理學家那裡學到一些東西，他就是費爾巴赫[44]，他傾其全力強調了既有的存在，也就是能感覺、能思想以及會自我實現

42 【譯注】Havelock Ellis著名的*Psychology of Sex: A Manual for Students*出版於1933年(有漢語譯本：潘光旦譯，《性心理學》〔北京：商務，1941/1997〕)。但他從1890年代即已開始從事性學的開發。Richard von Krafft-Ebing的性學代表作是*Psychopathia Sexualis*(性的心理病理)，出版於1886年。

43 【譯注】壓抑(repression)是精神分析的一個術語，是自我防衛機制的第一個代表，或就是防衛機制的總稱。在此機制之下產生的精神地誌學層面就是無意識(the unconscious)，所以，無意識也常被稱爲「被壓抑者」(the repressesd)。

44 L. Feuerbach, *The Essence of Christianity*, trans. G. Eliot (New York: Harper & Brothers, 1957). 譯按：漢語譯本：榮震華譯，《基督教的本質》(北京：商務，2007)。

的個人，而且他也敢說：「神學就是人類學」，因爲在宗教的對象上，其所能表達的無非就是人的本質。當然，費爾巴赫的「無非就是」乃是武斷的，也是相當不科學的，但是他的膽識、論題的嚴謹、滿腔的熱忱，以及無比的好奇心直到今天都受人欽羨。

醫院的精神醫學之所以能有效是在極高程度上仰賴著個案研究的。精神醫學的個案研究是什麼？有很多這種題材的書籍問世，但它的本質還在精神科醫師的工作裡，也就是，像梅寧哲(Menninger)說的：「(精神科醫師)是嘗試要理解他的患者。」[45] 個案研究就是那種理解之形諸文字。那樣的書寫有其雙重的目的：一方面是要把那理解拿出來和別人溝通，另方面則是要把能用上的知識和力量全部派上用場，以便能改變患者的境況。一篇好的個案研究牽涉到整個團隊的所有專家，但最終它還是要依賴精神科醫師的整合能力。

很多精神醫學的個案研究是以這樣的句子開頭的：「本個案是個白種、三十五歲、外表整潔、美以美會、中西部的家庭主婦」，其中就是把這個人生活中的宗教向度的任何參照資料都省略了，除了偶爾一條注腳說她因爲參加了教會的唱詩班，或上主日學校，因而認識了她的先生。同時，像這樣的句子本身像是完全的刻板印象，預設了種種的期待，而無助於導向其他可能的詮釋。另一方面，有些宗教心理學的書籍使用了個案研究的方法(譬如強森[P. E. Johnson]就用得很有效[46])，只爲了強調所有可能和宗教有關的體驗

---

45 K. A. Menninger, M. Mayman, and P.W. Pruyser, *A Manual for Psychiatric Case Study* (New York: Grune & Stratton, 1962).

46 P. E. Johnson, *Psychology of Religion* (New York: Abingdon Press, 1959); P. E. Johnson, *Personality and Religion* (New York: Abingdon Press, 1957).

面向，但這樣一來卻忽略了個人的性史、其嬰幼兒期的體驗，及其經濟史等等。所以我認爲這兩種做法之下的宗教心理學都不能從臨床的個案研究中獲得眞正的助益。而我之所以有這樣的判斷，是因爲我自己熱切地相信：如果個案研究能用多關注的、整全的、存在的方式進行，並且能緊隨著患者所顯現的主觀、客觀眞實而發展出來，一定能使我們獲益良多。我所引述的句子「外表整潔、美以美會的家庭主婦」可不是在挖苦個案研究的寫法。我承認——或甚至說，我建議——對一個患者的一生之中的宗教向度作精神醫療衡鑑，本就是一件困難的工作。本章開頭引用的卡索邦那片段記載已經告訴我們，要走迷路是多麼容易。

但精神科醫師仍然要嘗試，而他使用的衡鑑程序也一定要公平對待眞實。他不須假定每個人都有深刻的宗教性，但也不必假定宗教只是患者生命中可以區隔的一部分，結果就只會把這種衡鑑分派給牧師或其他專家去執行，或甚至根本忽視。說實在的，有些人的生活中，宗教確實是區隔開來的，但這樣說就是心理學上的一個有趣現象，値得特別的關注和詮釋。總之，對我而言，不可只等著看「宗教的資料」自動跳出來。嚴格說來，沒有什麼現成的宗教資料，就像沒有什麼現成的性資料一樣。然而，所有的資料——事件、歷程、行動、對象，和對象關係——都可能具有或此或彼的宗教意味或性意味，而這是對患者而言，或對檢視者而言，或對兩者皆然。有一個絕佳的範例，展現了意義的這種多向度性質，那就是艾瑞克森的《青年路德》(*Young Man Luther*)[47]。

47 E. H. Erikson, *Young Man Luther, a Study in Psychoanalysis and History* (New York: W.W. Norton & Co., 1958). 譯按：漢語譯本：康綠島譯，《青年路德》(台北：遠流，1989)。

對此一難題，還有更爲不同的視角。就算是文件資料完整，也相當有整合性的精神醫療個案研究之中，其宗教意味還是經常闕如。這在第三章將會討論。有時這是因爲檢視者本人無此興趣，但有時無論怎樣嘗試從患者身上獲得宗教的相關意義，還是不免如此。我很難解釋這是怎麼回事，但我有個直覺，就是很多人的信仰是根本無法言宣的，而另外一些人的信仰則是沒達到能和宗教現有的外顯指涉之間連上關係的程度。我也猜測在某些患者身上，以及很多正常人身上，特殊的宗教性和神聖性的價値已經離開了傳統的適當對象，而轉向神學家所謂的偶像崇拜對象[48]，以及關注、追求，和價値之上：鍍鉻烤漆的汽車、郵購的各種玩意、郊區的生活風格、從眾性的追求、性高潮能力的渴望，以及對心理健康的熱切鑽營，這些種種都是。如果我的想法還有些效度的話，那宗教心理學也許可以因詳細研究人的偶像和偶像崇拜而獲得豐富的成果。對於宗教的科學研究必須包含**所有的神**、**所有的**神聖物，和**所有的**終極關切，即令是最後會發現爲假的終極性亦然。要想做到這些，我不知道除了用臨床方法在精神醫療作個案研究之外，還能有什麼更好的辦法。個案研究就是要把「人何以爲生」給予描繪，並把它想通的方法。我們何不在個案研究中來衡鑑一個人所認爲神聖的究竟是什麼？

如果我們確實關切所有的神，我們也必然要處理人在崇拜、禱告和儀式上的所有方式。宗教心理學書籍通常會強調這些行動類型和風格的多樣性，但在談到禱告時，卻會在研究方法上有明顯的限

48　E. la B. Cherbonnier, *Hardness of Heart* (Garden City, N.Y.: Doubleday & Co., 1955).

制，其最典型的聲明就像在克拉克(W.H. Calrk)的那本教科書上說的那樣：「在研究禱告時，我們想要調查平常人所最不願談及的內在生活，就會有額外的困難。如果一個人眞是會作禱告，那就一定會關聯到他最私密的願望。」[49]於是，由此類觀察所導出的結論竟然說：心理學家的好奇心應該受到尊重的調節，是以關於禱告，他只好以「軟技術」——譬如問卷法或輕鬆的訪談——就堪稱足矣。

我對於這種研究策略完全不以爲然。禱告是眾所周知的「宗教的核心」。其最佳的發揚者是海勒(Heiler)[50]，他說：那是宗教之中最爲自發、最爲個己的表達。果眞如此，那麼宗教心理學就一定要找出能對此加以掌握的方法。我再一次相信，牧師、精神科醫師、臨床心理師對此是有特別位置的，他們足以作出貢獻，因爲他們對此富有知識，也完全關心他們的擔當。同時，宗教心理學家還可以從精神分析史中上到另一課：如果要觀察他人很不容易，那麼他可以觀察自己。佛洛依德分析過他自己的夢並且將它出版，以便能促進夢的詮釋科學之發展。我願邀請有心於宗教科學研究而又秉具宗教性的人，來研究他們自己的禱告，包括這些「私密的願望」，也是「平常人所最不願談及的」。科學不會受到禁忌，更且，*noblesse oblige*(尊貴〔的地位〕是有義務的)[51]。

到此爲止，我還都停留在宗教心理學的形式專業架構之內。我提及精神醫學和醫院內的教牧工作，只談到它們在擔任衡鑑與評估宗教在生命中的角色之時的貢獻何在，談到個人信仰本質，以及對

49 W. H. Clark, *The Psychology of Religion* (New York: Macmillan, 1958), p. 308.

50 F. Heiler, *Prayer* (New York: Oxford University Press, 1932).

51 【譯注】這是說：科學家既然擁有地位，也應有知識的義務。

此可能造成的扭曲。精神醫療的目的，特別是其中的教牧工作，並不能和心理學的目的一致。這樣說來，這場回顧性的評論就很難收場了，除非我們能至少再多考慮另一種專業領域，而其目的是和心理學有廣泛差異的，但從這種觀察、理論和省思的複雜面來看，它對於宗教心理學自有其特別重要的貢獻，這個領域就是神學，或是宗教學的主體。

這個廣大的知識體內部究竟如何達成接合，以及它如何和人文學、科學達成關聯，這樣的難題，我們無法進入。(希爾特納[Hiltner]有一本關於教牧神學的書，對於這些關聯的達成提供了一個很有意思的圖示[52]。)我也不敢在此回顧所有神學研究和心理學之間有何相關，雖然我相信必定不勝枚舉。因爲這樣做會超過本書的範圍，並且也許會超過我的能力所及。我說「也許」，是因爲我覺得這裡所需要的乃是要一個**心理學家**來建立這種相關，而我也知道這是個令人望而卻步的工作。系統神學通常包含或多或少關於人的教義；道德神學呈現出人類行爲的價值和目的，包括對人的勸勉和訓誡；教牧神學則要呈現牧導的目標和方法。所有這些至少都隱含某種心理學在內，也都處理著實際上和理想上的人類境況，包括起源、異化、動機、價值、良心、目的、衝突、修復與學習等等。要在此說出神學心理學的義涵，就會把我們扯得太遠，但我認爲：爲了宗教心理學的進展，這是做得到，也必須做的。

有些神學家對於心理學的事物作過相當明晰的處理。當士萊馬赫[53]對於信仰作出「絕對信靠」感的理論之時，他還表現了清楚的

52 S. Hiltner, *Preface to Pastoral Theology* (New York: Abingdon Press, 1958).

53 F. E. D. Schleiermacher, *The Christian Faith*, trans. and ed. H.R. Mackintosh and J. S. Stewart (Edinburgh: T.T. Clark & Co., 1928).

辯護神學意味，而後來的神學家則會企圖對信仰本身作出更準確的描述和分析。其中有兩位，魯道夫・奧圖(Rudolf Otto)和保羅・田立克，必須在此一提，因爲他們對於宗教心理學的貢獻實在是重要無比。

奧圖那本令人讚嘆的現象學研究《神聖的觀念》(*The Idea of the Holy*)[54]以及晚期作品《東方與西方的密契主義》(*Mysticism East and West*)[55]絕對會讓許多不同專業的讀者留下深刻的印象。他採用的雙叉式取向指出：宗教體驗的核心，也就是神聖或奧秘的(the holy or numinous)觀念，其中的主觀及客觀兩極，在其個別的面向上，與人類體驗的各個不同力距(moments)互相應和。這眞是綜合之論的傑作。他所強調的不是個別差異(雖然他也刻畫了一些令人驚異的差異)，而是宗教裡的「共享之物」，也就是統馭著宗教體驗的一般性。但人的體驗在每一步驟上都會和對象產生關聯。人類作爲宗教人(Homo religiosus)而言，其中屬於人的科學和屬於奧秘的科學(science of the Numen)並不會兩相分離。奧圖的現象學分析對於一個相當謬誤的假定(即宗教心理學只處理人)給了相當令人信服的答案——心理學也必須處理神，因爲宗教就是在建立、體驗、滋養著人和神的關係。沒有一種關於藝術家的心理學可以在人之外分開來處理「藝術作品」和「美的既定形式」；同樣的道理，在神的觀念和神聖所賴以透顯的形式之外，也不可能另外開出一種

---

54 R. Otto, *The Idea of the Holy*, trans. J. W. Harvey (London: Oxford University Press, 1928).譯按：漢語譯本：成窮、周邦憲譯，《論“神聖”》(成都：四川人民出版社，1995)。

55 R. Otto, *Mysticism East and West*, trans. B. L. Bracey and R. C. Payne (New York: Mendiaii, 1957).

宗教心理學。就像神學也要處理人一樣，心理學必須也來處理神靈與奧秘。

奧波特曾經說道：「一個思想狹隘的科學絕不可能和思想狹隘的宗教相處。只有當雙方都把觀點打開時，才可能開啓理解和合作之門。」[56]心理學固然不可能是神學或哲學，但它也不能像鴕鳥一樣，用它自己特殊的方法把可怕的對象排開。宗教所肯定的眞理乃是宗教體驗中最眞切的部分，因爲宗教人就是熱烈地牽涉在其中，並且與它之間有終極的關切。當一項眞理變得令人失望時，我們必須重組我們的生活，並且找出更好的眞理，否則我們會生病。不論一個普遍的神是眞是假，在個別信仰者心中，或此或彼的神必定有其眞實性。不是感官上的那般，像傳教的口號常說的「祂與我同行、祂同我講話」(這是懷海德[Whitehead]所說的「具體性錯置的謬誤」[57]；或是伍德格(Woodger)所標示的「大拇指和食指哲學」[58])；也不是什麼鬆散的想法概念，而是就心理學意義來說，神應該是被與他們同在的人所愛，也會對人起反應的。佛洛依德所定義的「錯覺」，像是我在上文以特別的方式所指明者，實在不是什麼謬誤的說法。

對於神不能有所評價的宗教心理學，就是狹隘的學問。這樣說是眞的：神的眞實性不能由心理學來說定，但同樣眞實的是：沒有

---

56 G. W. Allport, *The Individual and His Religion* (New York: Macmillan, 1951), p. vi

57 A. N. Whitehead, *Science and the Modern World* (New York: Macmillan, 1925). 譯按：漢語譯本：傅佩榮譯，《科學與現代世界》(台北：立緒，2000)。

58 J. H. Woodger, *Physics, Psychology and Medicine* (Cambridge: Cambridge University Press, 1956).

器度、沒有想像力的科學家，也不能夠公平對待信仰者體驗中的神之本質。我還認爲：一個沒有幽默感的科學家寫不出完整的幽默心理學；一個不作夢的心理學家，也不可能像佛洛依德那樣，寫出關於夢的豐盛科學作品。要知道一個人的體驗中哪些面向會有宗教意義，那就等於：在研究者這一面，要先預設他對於宗教的可能性和迷惑感都得相當嫻熟才行。

所以，我想，宗教心理學很有可能會以素樸實在論(naïve realism)的態度來對待宗教信仰的對象。所有的科學一向如此對待其直接或間接的對象。對於這種立場要作出哲學的批判，是屬於科學哲學的事情，而不是種種科學的本身。假定了這種態度並非將心理學置於護教者的一方。假若是像懷海德所持的觀點[59]，宗教既已對人發生強烈影響，而信仰者也把這影響力的來源歸於諸神，那麼心理學家之所以要研究種種的神，**那就是為了人的緣故**。我把神用了複數的形式(諸神)，因爲是要進一步指出，對於信仰者而言，要緊的乃是神**和他自身有關**的屬性，而不是什麼一般性的概念。這是好幾種的神學之間會發生差異的要點。神的存在要能爲人接近的話，就是屬與個人的、獨特的問題，而不是一般性的問題。伍德格就曾言明，要在存在以及**為某人而存在**之間作出區別，是很困難的[60]。這與宗教心理學互相平行的問題就是：神並不是一個單純的對象，多一個少一個都無所謂；對於虔信者來說，神永遠是個爲他**所愛的**對象。愛的對象對於愛者而言會有多出於表面所見的因素，

59 A. N. Whitehead, *Process and Reality: An Essay in Cosmology* (New York: Harper & Brothers, 1960). 譯按：漢語譯本：周邦憲譯，《過程與實在》(貴陽市：貴州人民出版社，2006)。

60 Woodger，Physics, Psychology and Medicine, p. 62.

這不是局外人所能觀察的。對我來說，我的配偶會有一些永遠不被我的鄰居所感知的屬性。那就是爲什麼我和她的關係永遠比鄰居和她之間有更強的動力，因爲其中包含著投注、忠誠、讚賞和某種特別層次上的眞實性之故。再提一下伍德格，他說：要想知道一物之存在，就不可能不知與其相關的另一物。

有存在主義導向的思想者比起古典的神學家較不容易對本體存在的問題感到困擾。他們會知道關於神的存在與否的問題，對於宗教的效度和眞理其實不是那麼有關係。他們也都知道：所有的宗教命題中都含有深刻而又崇高的非理性。更且，他們還注意到：以神爲中心的思想未必就等於以人爲中心的思想之對立面。笛卡爾式的二分法，譬如：存有與知識、主體與客體、自然世界與精神世界等等，只是人類想法之中的一些可能選項而已。把這些當作教義來看，就是不科學的。希伯來的天才曾經想到過另一種可能性：人智與神智是互依而共變的。有些宗教人就是以此爲前提而向前邁進，而宗教心理學也可將此接受爲第一命題，有意地設定一個蘊含於其中的本體位置。我不認爲這樣做就會使這番事業變得不科學。

和存在主義有高度親近性的思維模式出現在田立克的著作中。《存在的勇氣》(*The Courage to Be*)[61]和《信仰的能力》[62]兩書有一部分可謂奠基在奧圖之上的新發展。他所用的表示法，即「終極關切」(ultimate concern)與「人格的中心行動」(centered act of the personality)對於動力論的心理學家來說，有極高的啓發性，因爲這

61　P. Tillich, *The Courage To Be* (New Haven: Yale University Press, 1952).譯按：漢語譯本：蔡伸章譯，《生之勇氣》(台南：東南亞神學院，1971)；成顯聰、王作虹譯，《存在的勇氣》(台北市：遠流，1990)。

62　Tillich, *Dynamics of Faith*.

就觸及動機的深層，有促發的性格，有導向的性質，以及帶有人類在解決難題時的永恆衝突方式。田立克對於宗教認知歷程的強調有個縮影，就是在他對信仰下定義時，包含了懷疑的動力，而這對宗教心理學提供了極多可探究的議題。宗教自茲而後可視爲一種探索性的行爲，由人的好奇心所驅使，不斷嘗試對最大的環境做最大的接觸，並因此而動用了他全部的潛在能力。學習心理學對此類命題充滿興趣。田立克特別指明了焦慮，以及他強調勇氣的動力，激起了心理學和精神醫學界相當高的興趣。我相信，當我們可以開始追求像**信仰**、**勇氣**、**懷疑**、**關切**等等字眼(另外，我還願加上**希望**和**愛**)所隱含的精微心理歷程之時，長此以往，一定會讓宗教心理學長得更爲茁壯。

說到這裡，我們大概已經準備好踏上宗教心理學的旅程了。有幾件關於內容的特殊形式問題，我要對本書的讀者稍作提醒。

本書和大多宗教心理學讀本不一樣的是：打從開頭起，我就不打算對宗教下定義。上文對於學術趨勢的速寫已經顯示了宗教的定義有相當的多變性，而這些歧義都是在不同的心理學研究的目的之下而製造出來的。如果是在宗教本身的目的之下，肯定還會製造出更多。我希望能寬宏地開啓這些題材，所以在這廣泛的架構下，要澄清差異和區別的機會是多得不可勝數。然而我希望我始終能對前文指出的兩個並列問題保持著回應：什麼是宗教體驗顯著的資料(由此保持宗教心理學安穩的基礎)？而哪些體驗的資料會帶有宗教的意義(由此對宗教心理學提出有想像力的挑戰)？但，既然重量級的事物在一個研究中放到最後比放在最前要更適當，我在此承諾：到了最後一章，我會再提如何定義宗教的問題。

我們對於宗教現象的考量是一種臨床的觀點。臨床心理學一向慣於使用流動不拘的概念、低階序的抽象性，和量身打造的理論構念。它要處理的都是複雜不整的狀況，因此，臨床心理學不喜歡強用一個嚴整的概念秩序，而使得體驗之中實際上的混亂竟因而從眼前的圖景中消褪。它會從別人看來毫不連續的事物中看出連續性；相反地，它會在別人看到的同一性之中看出區分。咱們眼前有個事例，就是關於健康與疾病的關係。從前，這兩者曾被人嚴加區隔。雖然在現象學上兩者有非常驚人的差異，但臨床心理學家卻慣於認出兩者在動力上有令人動容的相似之處。另一個事例是診斷上的命名法。當「精神官能症」、「精神病」、「精神分裂症」都變成家常用詞、人人以爲那是指一個個特定的疾病時，很多臨床工作者早就想廢了這些名稱，因爲它們都缺乏準確性之故。更有甚者，他們的工作也開始使他們相信：這些字眼以及由它們所冒出的形象常只是一些假科學的古怪思想，總是在阻撓我們對於人類傷痛的理解[63]。

本書的組織和呈現將依隨心理學的範疇而非宗教的範疇來進行。讀者在這裡找不到討論禱告、密契主義、崇拜等等的章節。也沒有特別一章談宗教體驗的類型。雖然禱告和崇拜都是宗教行爲中的顯例，但若從此開始下筆，會有其危險性，令人誤以爲後者的這些範疇是心理學著作的組織原則。第一個危險是對作者的誘惑，就是會讓作者想把宗教和這些行爲等同起來，並認定這就是宗教的「本質」。第二個危險是當心理學家動用宗教範疇時，他可能會失去自己的立場，因爲那並不切中心理學專業的題旨。心理學家就要用心理學的條件來切近心理學觀點之下的一切事物，包括藝術、管

63　K. Menninger, M. Mayman, and P.W. Pruyser, *The Vital Balance* (New York: Viking Press, 1963).

理、學校學習和宗教等。第三個危險是讓人很容易對宗教產生誤信，以為其中最容易生產的現象就是它的組織原則。很少人是宗教的英雄或精神性的天才。大多數虔信者對於密契體驗毫無所知。我也不敢確定禱告是否像某些宗教家所認為的那麼流行。宗教體驗之中的大部分都是簡單、慣常、路人皆知，乃至平庸無奇的。這些特徵也都要在此先說清。

最後，這本書是由一個美國的中產階級作者所寫的，他是個來自歐洲的移民，也和主流的新教教派有親近關係。所以本書的焦點無可避免的是作者自己的傳統，因為他對此知道得最多。宗教事實上當然比白種西方人的主流之眼所能看見者要更為無限和寬廣。最後，由於我無意假裝能包含所有的宗教，所以，如果某些信仰團體或教派覺得我輕忽了他們，我也就無法僅以致歉來了事了。

第二章 宗教中的感知歷程
Perceptual Process in Religion

現象學家們愛說：透過感知(perception)[1]人才能關聯於世界，而人和世界的雙方在感知活動中都是主動的參與者。世界對於感知者「會打開」或「給出其自身」；而感知者則「如實取得其所見、所聞、所觸」且由此而將世界變成**他的**世界。這個命題看來實在夠陳腔濫調，也太自然而自明，以致讓人忘了其中對於感知的態度帶有多麼積極的意謂。感知對於人和自然來說都是受到歡迎的機會，這雙方也因而得以彼此關聯。

對於感知採取這樣歡愉的態度，可不是每個人都能享有的。極多的人所受的教育是要不信任自己的感覺(senses)，以及感覺所揭示的世界。很多宗教運動都對感知有深深的偏見，並宣稱感知會帶人去接觸一個「錯誤的世界」，並且感覺就會把人引入肉欲橫流之

1 【譯注】把perception譯爲「感知」和現代漢語的心理學慣有的用法「知覺」不同，這是因爲「知覺」的譯法過分強調了「知」，特別是拿來和其他各種「感覺」(如「視覺」、「聽覺」、「觸覺」)並列時尤爲其然，因此之故，譯者決定使用「感知」——「感」擺第一優位，知則在其次。至於下文中的sense譯爲「感覺」則比較是現代漢語心理學的通例。在心理學上，sense, sensation確實常被譯爲「感覺」，並且會拿來和「感知」作些必要的區分，通常是以sensation來指生理的面向(也就是「感官」的)，而以perception來指心理的面向。

中。這種消極的態度有很多樣的形式。這種調子可能像是《舊約》的〈傳道書〉作者那樣，認爲感覺或感官化都是虛空。也可能像柏拉圖主義那樣，認爲感知所得的世界帶有脆弱乃至容易蒸發的性質，在其中沒有任何事物是可以恆久的。另外還可能像斯多亞學派(Stoicism)那樣，強調感知世界的無益，而如這般的態度就使得巴特勒(Samuel Butler)宣稱：生命就只是一段漫長的疲倦歷程。有些信仰體系甚至主張：感知不只是淫佚、虛華、不穩、無用，還實際上是錯誤且善騙的。心靈要求的是眞實的麵包，但感知所給的卻是不能消化的石頭。

對於感知的另外一種態度，有個例子是用三隻小猴子各自掩蓋住眼睛、耳朵和嘴巴，以表示牠們沒看見、沒聽見或沒講出邪惡。在這樣的評價中，不是所有的感知都應阻擋或禁止，而只是其中「邪惡」的部分，因此，只要能遵守一些道德的基本原則，選擇性還是有希望的。但關於「好感知」、「壞感知」的道德知識會投射回到人類的猿猴祖先身上，就暗示這種想法實係源自對於感知的古老禁忌。確實的，我們有很多證據可說：古代人和現代人實在不像現象學家那般樂觀地認爲人和世界可以在感知的動作中和諧一致。打開你的眼睛，你就可能會看見恐怖的事物，讓人畏怯的景象，危險的存有，甚至看見神本身！人可能在風中聽到鬼魅和精靈的低訴；你的手可能摸到什麼一溜而過卻無法抓握的東西，因而認定那是來自某種陰幽棲息地的怪物；一陣氣味飄來，也可能暗示某種不可見的魂靈降臨身邊。甚至有些原本看來清晰穩定的東西，譬如天體，也會開始有詭異不祥的運動。自然是既可親又恐怖，既吸引人又令人排斥，既可以信賴又令人狐疑的。感知讓人接觸到奧秘之物，不論它是聖或非聖，是善或邪惡。正因爲看乃是對於被看見的實在之參與，所以感知動作本身就可能會被人當作本來含有奧秘性，充滿巫術性質和有力的能量，還會帶來可怕的後果。採取這種觀點的話，感知歷程就必須要由禁忌和宗教儀式來加以節制。在西奈山上的摩西不准看到神；修女的帽套所造成的像是一種隧道視覺(tunnel vision)[2]，其功能比較多的是排除性而不是收納性；即令在今天，有些墨西哥的印地安女人還是不能用眼睛瞄她身邊經過的男人。

在赫胥黎(Aldous Huxley)的《感知之門》(*The Doors of Perception*)[3] 一書中，你可以看見對於感知的第四種態度。也許可以描述之爲一種把感知提升到超過慣例辨認之上的企圖，譬如不只說「這是一間房子」、「那是一棵樹」，而是達到靈感充沛的、詩意的、對於本質有移情的肯認，譬如讓人能說出「世上沒有一個地方像家一樣好」，或像詩人里爾克(Rilke)那般說「眞的，你就是那樹」[4]。這種觀點所主張的是感知更新，而它的前提是：尋常的感知實際上只是衰退的感知，以致變得功能不足。這種觀點背後也有很長的宗教史。在要求感知有最高限的澄澈性之時，也設定了澄澈性乃是「眞正的眞實」之標記，而這正是宗教人在團體中，或在獨處時，竭盡所能要達到的感知提升。透過身體的動作、節食的實驗以及呼吸、體態、舞蹈的調節，透過吸入迷醉物質、睡眠的剝

2　【譯注】隧道視覺(tunnel vision)是個精神醫學上的用語，指的是對於周邊視覺的喪失，而只保留了中間的注意範圍，好像處在隧道中，視野被縮小的狀態。

3　A. L. Huxley, *The Doors of Perception* (New York: Harper & Brothers, 1954).

4　R. M. Rilke, “Verkündigung,” in *Ausgewählte Gedichte* (Leipzig: Insel Verlag, n.d.).

奪、暴現在有毒刺激物之中，透過沉思默想、有節奏的叫喊和擊掌，這世界上許多虔誠獻身的人就這樣嘗試著要改變他們尋常感知的敏銳度，想要臻至一種光明的狀態，並能在其中說：「看哪，我把一切事物都更新了。」

然而，這種光明澄澈的視覺還不是至美至善的境界。擴充心靈的澄明、加速時間感的流動，和伸展空間感知的座標，都是很能讓人著迷的演練，但這些對於對象的選擇都還是漠不關心的。假若澄澈性就是其目的，那麼，任何客體、對象或刺激都行：一朵玫瑰、一顆寶石、一瓶墨水、蜂蜜的香味，或雙簧管吹出的升F大調。可是，但丁要見的只是貝德麗采(Beatrice)[5]，而偉大的密契者們要見的則是他們所欲求的神。在融入萬物創造或與萬化合一，以及和創造者面面相覷，這兩者是有區別的。前者的特徵乃是在感知者和他的世界的某部分之間有同儕關係，而後者則是權力不相稱者之間，一方仰賴著另一方的關係。在這樣的觀點下，你想要分享的乃是他者所具有的大自主性。在這種對於神靈的密契感知中，對象的價值才算是一切，而不是感知者的敏銳度，雖然後者是不可忽略的。不論想要的對象是什麼：貝德麗采、耶利米(Jeremiah)的上帝、童貞馬利亞(Virgin Mary)，或酒神戴奧尼索斯，密契的愛者至少有兩條敞開的路徑供他遵循。他可以朝向與對象的絕對統一，因而犧牲了他自身和對象的種種認同；或者他可以努力追求最直接的面面相對，在其中的愛者與被愛者都維持著各自的認同，但形成一組雙人舞。那些尋求統一的人是單元論者，他們不耐於所有的差異；而那

5 【譯注】在但丁的《神曲》中，最高的天使就是他一心所愛的貝德麗采(Beatrice)的化身。這裡用的譯名是以義大利文的發音，而不是用英文的發音。

些尋求面對的人則是某種的二元論者，他們也許認爲很多差異都是淺薄的，但最尊重的差異是在於終極者(the ultimate)與偶隨者(the contingent)之間。

很明確地說，感知在宗教的角色中有個值得注意的面向，就是說：感知這個動作本身就已被宗教作出評價。我們發現感知會受到鼓勵或不鼓勵，會被磨尖或搓鈍，會被升揚或阻梗。它會被儀式化，或被歸入禁忌和限制。它會是承載崇拜的工具，也可能會因爲它對於虔信有所威脅，而不准在崇拜中發生。它會被視爲神聖，也會被視爲妖魔。

因此之故，宗教心理學的要務之一，就是對於感知歷程如何進入宗教體驗之事，進行探索和描述。雖然我希望不要在潔癖的要求中誤入迷途，但我仍有個目的，要把林林總總貼近於宗教的感知體驗作個速寫。從簡單的感覺到複雜的感知歷程都值得我們的注意，因爲就如我在第一章就已指明的，我們對於宗教的操作定義廣布在一道長長的光譜上，由簡單到繁複，由可笑到可敬，毫不偏誤。

視覺

對於「視」[6] 這個字所指的感知歷程，及其宗教的意義何在，有個擲地有聲的論點是說：除了指視覺之外，它還用來描述一些根本不含視覺歷程的體驗。所謂「有識(視)之士」指的是一個很有想像力的人，有能力產生前此無人見及之事。在「瑱・迪亞哥以靈視

6 【譯注】“vision”在現代漢語中也可譯爲「遠見」、「見識」或「靈視」。這些語意都含有視覺的成分，但未必只限於視覺。下文的討論正是就此而展開。

見及瓜達魯佩的聖母」這句話中，所指的是一個鮮明映射的意象(image)，但旁觀者卻無法看見。一位「先見者」其實是個預言家，或是個先知，他宣說了即將到來的事。聖徒在報告他的靈視之時，正是「看見了」眼睛所不能見的事。有些僧侶、薩滿(shamans)[7]、國王和平民從古至今都曾把夢境描述爲「所視」。類似於此的是在男男女女身上出現的各種顯靈都發生在沉睡或昏迷中——也就是視覺機制失去功能的時刻。

在這些關於「視覺」一詞的密集運用上，都帶有奧秘的性質，其中指涉的是在體驗中的偉大、有力，或不尋常。也都涉及了神聖物之被凡人瞥見，而有時瞥見者還是閉著眼睛的。這些靈視也許是至福之見，也許是恐怖之見，但總之就是不可名狀。有時它會被描述爲啓示，很特別的啓示，其所啓示者確是睜眼難見的。不論是在感官之外或屬超感官的，其超越尋常所見和超越腳踏實地的現實考驗，而臻至形上眞理的特殊視覺，都必須歸給宗教來作評審和鑑賞才行。這種靈視體驗之強度，不論其內容爲何，對於所見者而言，其力量與其產生的情緒之深刻，對於幾乎任何文化、在任何時代，都具有宗教上的顯要意義。

但是，把這種體驗的強度或希罕和宗教對等起來，這樣的等式卻可能帶有欺矇的意味，或是可憎的後果。它有可能使得凡夫俗子又是作爲信徒的我們而言，在日常所見之上製造了蒙蔽之效。一個人但凡從街上走進任何崇拜的場所，都會注意到在環繞的光線之中

7 【譯注】薩滿(shamans)是指能以神靈附身而行巫術的人。在各民族中大多有其各種存在的形式。漢人民間宗教裡的乩童、尪姨，乃至較大教派(譬如一貫道)的仙佛降壇儀式中(稱爲「天材」)，都會有這類的巫者出現。

好像有些什麼事情發生。室內環境通常比較幽暗，至少在入口之處就會發現，當他再繼續往裡走近聖殿時，他會看見室內有些地方安排著特殊的照明效果：神龕、神像、講壇，或滿是裝飾的牆面，被精心安置的窗戶或投射燈光、彩色玻璃而來的特殊光線所照射。有時教堂內部不是比較幽暗，而是比起平常的光線更充滿五光十色的燦爛。在某些崇拜的禮儀中，照明效果會跟著禮儀的內容而變化：在禱告時光線稍弱些、在講道時光線投注於講道者、在聖餐禮時整個建築物都瀰漫著幽暗的色調。這些光影變化當然是無止無盡，有時也會遵循歷史的來龍去脈，譬如從古代的太陽神崇拜到條頓民族的(Teutonic)* 林中空地儀式，從山頂的祀典到地下洞穴的祭拜儀式。既然神祇在傳統上都要安置在高地或地下，則光線本身就具有宗教的價值，也會被各個不同的信仰體系加以儀式化。於是隨著光的價值，睜眼、閉眼、瞇眼的動作，或凝視、敞視、仰視、俯視等等都會獲得宗教上的意義。

根據新教的老生常談，略帶貶義地說，天主教彌撒就是一場「養眼的盛宴」。作彌撒的風格形式在各教堂會因國家文化的差異而變化，但對於大多數新教徒來說，其色彩之豐富倒是眞的可觀：在窗上、牆上、在雕像、在教士和典禮助手身上的衣袍，還有崇拜所用的種種物品上的紋飾，以及天花板、地板上的馬賽克，在在都是如此。衣袍上的色彩遊戲隨著典禮主事者的姿態而變化，教士在聖壇上經常轉動身子，創造出一種視覺印象的集合，很像在市集上看農民身著土著衣冠所做的舞蹈表演：色彩不斷跳動、變換、旋

---

* 【譯注】條頓民族(Teuton)是泛指從北歐來的日耳曼民族進入中歐、西歐之後，和當地的塞爾提克民族(Celt)混合後的稱謂。

轉，讓眼睛也專注於這種恆常的運動狀態。眞正讓人心醉神迷的視覺刺激就這樣連番轟炸著崇拜者，其中有很多人不但學會將各種物件連結起來，有些人甚至把色彩本身連上特殊的宗教意義。神聖禮儀的色彩有各個季節和各特定場合的不同：紫色、白色、綠色、紅色、黑色、粉紅、金黃，每一種都應使觀者激起某些可知的反應。在整個聖壇之中還有特殊的光出現：燭光在整體的光照中占有一席特殊的地位，除了增加特殊的色澤之外，還爲靜態的整體環境添上鮮明的運動感和刺戟感。

乍看之下，這個養眼的盛宴和古典的新教崇拜場所之中清靜、冷冽的色調構成十足的對比，特別是在美國和西歐的清教教會中。清教徒們拒斥了天主教崇拜中的色彩，並把一切的調子都用白色、灰色和黑色使之黯淡下來。水洗石牆、橡木斑紋或漆白的座椅、穿著學院式黑袍的教士，頂多是書邊上染有摩洛哥紅的聖經，打開放在講桌上，而那是唯一能夠養眼之處。事實上，清教徒的眼睛被設定爲不可停留在任何怡悅的顏色上。他的耳朵應該聆聽，爲此之故，視覺印象必須受到嚴格的限制。甚至在衣著上，清教徒也必須降低其彩度到剩下黑白，因此前來參與教會聚會的人只能用衣著的材質和裁減工夫來勉強看出他們的地位差別。貴格會教徒(the Quakers)是拿清冷的環境來作爲密契的、內在之光的訴求。

在西方世界兩種崇拜形式的基本感官歷程上就有這般驚人的差異，實在是因爲對於感官的宗教價値及其功用作了不同的評價。當這些差異日益風格化並且在信徒之間一代又一代地重複實踐之後，就會跟進一步的宗教聯想和價値判斷產生了當然的連結。眼睛似乎特別受到天主教傳統的偏愛，而新教傳統則偏愛耳朵，雖然兩種傳統對於多種感官刺激的用法都還不少。視覺在天主教傳統中較常被人陳述，或至少比新教傳統更受到青睞。天主教禱告時較常睜著眼或眼睛盯著聖壇，新教的禱告則較常是閉著眼的。我記得以前有一次暑假在荷蘭一個老漁村的新教教會中禱告，你可以看見，那裡的人在禱告時是把帽子蓋在眼睛上，顯然是要在漫長的禱告過程中，把不意闖入的視覺場域給完全遮蔽。

我的要點是說，在一個既定的傳統中，你不但學會抬高自己的這個風俗習慣，也一定會把以負面的方式看待其他習慣。在新教的改革派主流中，天主教或安利甘宗(Anglican)[8] 對於感官的偏愛即是縱情、世俗、奢華、驕慢，乃至邪惡的。對於天主教徒和安利甘宗信徒而言，喀爾文教派(Calvinism)的偏好則是黯淡、苛薄、貧乏、重智、便宜行事。神學作品有很多是意圖要將私人立場予以理智化，而在已經言宣的思想和實際作爲之間，會有些風格出現，在其中，這些看起來簡單而中立的心理歷程(譬如感覺、感知之類)也會沾上複雜的宗教意義。

在教堂的室內採用彩色玻璃窗來照明或遮光，在有組織的宗教之中，已經是個極其複雜的名堂。我不知它的起源何在，但我猜想這種沒有特殊形式的五光十色表面，其使用方式應該和人們欣賞寶石的方式很類似：就爲了作爲光本身的遊戲。但它終究變成一種富有教導性的物件，讓缺乏文化識能的信眾也能明瞭他們應該知道的信仰內容：透過象徵或具體描繪的神、使徒和聖徒的畫像、耶穌生平的故事，等等。它們也可以描繪信眾本身的生命：他們的領袖、教會建立的故事、過去成員的回憶、慷慨捐贈者的紀念碑、再畫上

8　【譯注】安利甘宗(Anglican)是英國國教，即亨利八世時代脫離羅馬公教又不接受新教而成立的一支獨立教派。

家族的樹狀圖譜，還有各種有關社會地位的附件。有些母題具有高度的象徵性，有些則具體得不得了。有了這些輔助性的目的，就會使得一扇窗子不只用來聚光、散光，而是純然作爲視覺聚焦之用了。有此之後，窗子也會變成一種沉思冥想的對象。在崇拜場所的光效之歷史就以此方式轉了一整圈：從開頭的工具性用途，經過再現的目的和高度象徵性，到末了甚至成爲形上意義的中心。

當你能記得宗教語言中有多少光明和黑暗的喻示，則意義的這種演化或週期起伏現象就不特別奇異了。愛色尼人(The Essenes)[9]就自稱爲「光明之子」，並且期盼他們和「黑暗之子」之間會有一場啓示錄般的戰爭。神和光之間的連結非常古老，並且流傳很廣，其本身也超過日月崇拜的階段而維持下來。*Sol Invictus*(無敵太陽)的主題在某些基督教會中仍然使用；用燭火作光的奉獻也仍然保留。在神和聖徒的頭部用光環來裝飾，也是教會的教學輔具或再現藝術中所常見。文藝復興的繪畫每當涉及神這個不可見的造物主時，會在圖的邊緣用射出的光線來表示。

光之爲神聖，是希伯來的創造神話中所描述的第一個動作，而它只要翻個身就會變成神聖的眼睛。神可被描繪爲無所不見之眼，而人類的眼睛在浪漫文學中就用來證明人類的永恆尊嚴，或人類靈魂之具有神性的根源。然而人的眼睛所具有的奧秘性質也可使之取得負面的價值，譬如「邪惡之眼」。

但人眼不只是看見光譜上的顏色。它還是組織和辨認空間的器

---

9 【譯注】愛色尼人是新約時代的一個猶太教派，根據《聖經・啓導本》的說法：「和法利賽人比較，愛色尼人的做法更爲極端，他們結成黨社，對抗侵蝕猶太人敬虔心靈的惡勢力……他們的組織近似後世的『修會』。」(見《聖經・啓導本》，頁1327。)

官。而空間也有極爲繁多的宗教意義，可以安排或儀式化爲崇拜空間、神聖場所、階層化的空間秩序，讓人能因此知道他在宇宙中「所在的位置」。一些空間的基本向度，譬如「高」和「低」，「右」和「左」，「在上」和「在下」都充滿宗教的價值，並且在教堂建築中以潛在的框設來表現，成爲許多文化風俗的基礎。

比較宗教的研究者們總是反覆指出神聖空間在古代和當代宗教體系中的重要性。空間之爲神聖，在各文化和各實際的環境中會有些變化，但無論如何，你總會發現在部落或村落附近有一塊封鎖起來的區域，當地群體的宗教生活就以此地爲中心。這裡和「塔布」(taboo)一詞的基要意義連在一起：這是一塊禁地，不許任何逾越。這種場所，或在其中的物體，是帶有「魔那(或魔力)」(mana)的。這個地方是奧秘空間的中心，其中住有神，或每當神降臨時，就來到此地。神聖空間可以是某些山川、草原、林間空地、谿谷或洞窟；可以像一塊岩石的切口那麼具體而特殊，也可以像整片天空那麼廣闊而無垠。假若你特意觀看的是古代或原始宗教的話，空間的奧秘性質之基本形式是很容易辨認的；但你可能忽略了就在你我之間的當代宗教裡，也一樣有此。每一個崇拜的場所都可爲神聖空間的存在作證：從都會區的街邊聚會所，到最華麗的哥德式大教堂，從國家公園裡保留的崇拜場所，到最現代的教會建築物。

對於空間的精心運用，且完全意識到空間所具有的奧秘性，其最佳範例是在明尼蘇達州的柯理治維(Collegeville)鎮上，由布洛以爾(Marcel Breuer)爲聖本篤會所建的聖約翰大修道院(St. John's Abbey)。從老遠之外，首先映入眼簾的是一座巨大的水泥鐘塔，活像個凱旋門。你從它的底下往上走幾階，上了岩石的平台，打開教堂的門，走進一個狹窄、幽暗、天花板很低的空間，迎面碰上施洗約翰的雕像，他的姿態讓你覺得好像他在邀請你往下幾階，走進受洗池。在往下之時，不論你的視覺上或就字面意義來說，就是在走向另一排開向聖壇的門戶，然而在實際向前之時，你首先會通過一片低垂的大陽台，其遠端突然開向教堂的信眾席位，又高又寬，被大開的窗戶照得光耀無比。在這建築之內，空間的安排就是爲了神聖禮儀的最大方便，你在穿越這裡之時的感覺，就是沉潛和奮起，收縮和舒張，忽暗又忽明。我的要點是說：像這樣的視覺空間體驗，其實在任何集體崇拜的安排上都屬內在的需要，不論在建築物下游的效果上是成功或不成功，是有意或只是將就。

爲崇拜而做的安排大部分都是空間安排。而私人爲禱告所做的安排也是如此。就宗教而言，空間有階序和層級。在人和神的交往中，層級可以清楚辨別，也有一定的樣式。教士可以比普通百姓站上較高階，這是指在神壇上工作時，或在各種典禮上的站立之處皆然。人民會留出某些空間給教士以及他們的神，留給自己的地方則比較狹窄些、低下些，這樣似乎比較適合芸芸眾生的位置。

崇拜用的屋宇，在建築設計上，會爲動力的宗教行動所當發生之處創造出一個空間的焦點：神龕、講壇、洗禮盆、貴格會會議屋的中央空地等等。關於天主教儀式中聖壇的正確位置，已經產生無止無休的辯論：是要擺在正中央，好讓所有的人可以在四周面面俱到地看見它？還是應擺在教徒席的前端，讓會眾只見到它的正面？應該把它放在禮堂的講台上，讓它高高在上？還是應該放在與會眾的坐姿一般低的位置？類此的爭辯也被帶入新教的崇拜：聖餐禮桌的理想位置應在何處？甚至在布道時，講壇的高度和場所應如何調整？高度本身在哥德式大教堂是極受頌揚的，而讓人向上仰視確是哥德式建築藝術裡最具支配性的空間主題。但凡參觀過墨西哥的條提華坎(Teotihuacán)廟宇遺跡的人，一定難忘阿茲鐵克(Aztec)儀式在空間區分上那種水平線條的絕對支配性，更遑論該金字塔的高度如何，它的石梯有多長，以及它的頂端安置有什麼圓錐體。在此一視界中，最具支配性的是邊線，最重要的線條是水平，最有掌控性的結構則是梯田般的平台。

在禱告中，人們受到的教導是把臉朝下，那麼誰敢昂首？在傳統中禱告者應該跪下，那麼誰敢站起？對於有宗教信仰的人來說，當他在從事宗教動作之時，他的眼睛要向上看或向下看，是得聽從於儀式的。任何有違於常規的舉動乃表示了自由主義、自由思想、抗議，或甚至藐視。在晚餐桌前，所有的人都在「低頭」，除了趾高氣昂的年輕人之外，這在儀式化的空間向度和奧秘氣氛之中，總是帶有膽大妄爲的調調。而終有一天，年輕人「也會屈膝下跪」的！

再說一次，宗教語言中充滿著空間喻示，用來描繪神與人的實在面貌。神高人低，或說，人本是卑微的。神聖智慧深不可測，人與之相比就是淺薄且不在同一平面上。神會讓一些聖徒在他的右邊，而那些受詛咒者則放在他的左邊，乃至丟入地獄。虔誠者會相互勸勉，以便揚升他們的心靈，或者會仰望救贖所來之處。《新約》作者們的三層宇宙中，人、神和魔鬼是各據一層。在面對這種特異的語法之時，你儘可以辯稱：所有的生命都住在空間中，而宗教的生命也無所遁逃於這一基本的實在。但這種反對之論卻漏掉了核心要義：宗教觀點之下的空間本身是奧秘，而空間的諸向度則是儀式化的，因此，空間感知和空間中的運動會有些規則和價值超過了物理上的必然性。空間的奧秘性對信仰者而言，是心理上的眞實(psychically real)，且必具有行爲上的後果。它能決定殯葬儀式，並能設定殯葬規則，如葬在地下、地上、在支架上、在土墳裡、在金字塔下，或在拱狀墓穴中。它也決定埋葬的姿勢是直立的，或躺著的，是手腳蜷曲的，或四肢大張的。它還決定人的遺骸是要放在聖地裡，或放在開放的墓園，或要散在大地或海洋中。它決定所謂教會財產的觀念，並依此而得以免稅或享有某些地帶的特權。它又決定家裡是否能設有供奉的祭壇、雕像專用的壁穴，或什麼地方可以放置神像、十字架，或神聖經文。它決定了聖經是否要和其他家用的書冊一起放在書架上，或要放在特別的地方。它創造了路邊的祭壇、放置聖書聖卷的神龕，以及爲了作沉思冥想，那是要安排成自然或人爲的環境。空間的奧秘性逼著人去站著、坐著、下跪，或匍匐，它甚至教人該戴帽或脫帽。

到目前爲止，我們看到的視覺體驗，原則上都屬正常的感知歷程。即令有些時候會包含著許多象徵作用和種種剩餘價值，它們總都是發生在適度的現實考驗和社會從眾性之內。那麼，非正常的視覺體驗又如何呢？而宗教的幻覺又怎麼說？在所謂的「靈視」上，不是充滿了宗教的非正常或邊緣的視覺現象嗎？我要把非正常的感知歷程先按下不表，到本章的後頭再說。我們應先談其他幾種感知樣式，譬如聽覺、味覺、嗅覺、觸覺等等，而這些也各有其正常與非正常的功能。

聽覺

諸神是會作聲的，而他們的崇拜者們則會傾聽並以聲回報。神會在雷電中咆哮，在龍捲風中吼叫，在神聖的橡樹梢頭摔角，在微風中輕歌，在小溪中潺潺，在飄落的秋葉中低吟。他們會用種種讓人吃驚的途徑來作出無形的或有組織的聲音。有些時候他們會提高嗓子說出話來。他們說：「聽著」或「停—聽」或「聽我說」。當這種事情發生時，有些人會撇開身邊的一切而豎直耳朵聆聽。確實的，他們把自己和聽到的神聖聲音認同，並如是認定，接著就以神之聲講起話來。他們說的像是這樣：「聽著，喔，以色列」，或「如是主言」。或者他們會念出無意義音節，或在狂亂狀態下冒出奇怪的聲音。

然而世界在大多時間裡既已充滿著聲音，則神的聲音要壓進這堆嘈雜之中恐怕也不容易。於是他們運用了一種獨特的聽覺刺激：靜默。實際上，有時我們很難判斷何者才更神聖——是聲音還是靜默。對宗教的心靈而言，兩者都具奧秘性，端視其出現的脈絡而定。同樣的，聲音究竟在哪裡，那就是個宗教的問題——是在於聲音製造者，或在於聆聽者。詩人艾彌莉・狄瑾蓀(Emily Dickinson)說：

聽到金鶯歌唱，
或是平常事，
也或是神聖。

此事非關鳥兒，
其歌聲總是一樣，不爲人知，
如同對著群眾。

耳朵的聽法，
適應著聲音，
或黯淡，或清亮。
是否爲一首歌，

或什麼也不是，
由內在決定。
「歌聲在樹葉，」
懷疑者如是對我說；
「不，先生！在你裡面！」[10]

魔術在聽覺領域中到處都是。在神聖的聲音之外，還有特別的宗教之聲，是由人所製造的：咒語、頌歌、拉長而油滑夾帶著鼻音的誦念、讚歌、器樂之音、碎碎的低訴，以及儀式化的靜默時段。低訴和呻吟沒什麼不同。正如狄瑾蓀所說的，所有這些聲音究竟源出何處，也許是一大片的混亂。雖然聲音的來源多是人本身，但宗教的聲音製造者們卻宣稱他們的聲音來自神靈。從宗教欣賞者的角度來說，聲音似乎具有某種厚度(thickness)或身體性(corporality)，因此聲音的製造者和感受者雙方都參與了此一實體，並且都被包覆在其中。

緣此，聲音和聆聽乃成爲崇拜的基要成分，並成爲「參與的秘術」(participation mystique)有力的傳達者——列維・布呂爾(Lévy-Brühl)[11]就將此描述爲原始社會中的典型現象。聲音與聆聽實乃建立了信徒之間的紐帶。全世界的天主教徒對於教會的拉丁語會起共同的反應因而產生統一的感覺，雖然大多數人不能聽懂那種語言。崇拜的聲音就是奧秘之音，甚至嬰兒在受洗時發出的牙牙之聲或哭

10 *Selected Poems of Emily Dickinson* (New York: Modem Library, n.d.), p. 72。本段引詩是由譯者所譯。

11 L. Lévy-Brühl, *Le surnaturel et la nature dans la mentalité primitive* (Paris: F. Alcan, 1931).

啼，一開始時會讓人覺得干擾儀式秩序，但旋即轉變爲至福至美的聲音，並且驗證了神的恩典。和歌聲加在一起，會眾也就此而親證了他們的文化傳承。

但並非所有的聲音對所有的宗教人來說都有同等的奧秘性。聲音有社會階層化的分派：野性的呼喚與吟哦屬於低社經階層的靈恩派團體，殿堂頌歌和有節制的靜默則屬於主流的新教教會。葛理果聖歌(Gregorian chant)在以上兩者均不可見，因爲它是專屬於天主教的傳統。甚至器樂的使用也是宗教對力量的節制方式。許多門諾派(Mennonite)團體只准許無伴奏的合唱。直到最近，天主教崇拜中使用的音樂也嚴格地只指派給合唱團，而且只用男聲。路德派和喀爾文派則愛用風琴、合唱以及會眾齊唱。古典的改革派在16、17、18世紀創造了極爲高超的教會音樂。虔誠教派在19世紀選用的則是很平庸，乃至卑俗的調子。黑人的宗教音樂在每一方面都很特別：它的美、自發性、熱力、創意以及能夠使聖俗之別變得模糊等等，俯拾即是。用鋼琴伴奏的唱法是大街邊傳道會的特色，而中產階級的教會則很難接受。手風琴的音樂是最民俗的一種，甚至被高度發展的宗教傳統認爲粗鄙不堪，但對於南方弄蛇教派(Snakehandlers)[12]來說，那是他們在大型宗教節慶時最上選的樂器。大音樂鐘的飽滿鐘聲從尖塔上傳來，其本身就帶有讓人流連的節慶氣氛，這是基督教的許多傳統都喜愛的。但是在作彌撒時的淒

12　【譯注】弄蛇教派(Snakehandlers)是由一位基督教傳教士George Went Hensley (1880-1955)在1920年代所創，原先只有一小撮信徒，後來傳遍阿帕拉基山麓森林地帶，也北傳到加拿大等地。他們確實引經據典證明玩蛇可以導致神聖啓示。有關的資訊可參閱以下網頁：http://www.wiki.cn/wiki/ Snake_handling。

冷鐘聲，或在聖餐奉獻禮時用木響板敲打「注意」信號的聲音，就都是天主教才有的，對於新教徒來說，聽來就覺得很擾人。在教堂鐘塔上傳出電子模擬的鐘聲會讓人覺得怪異，乃至猥瑣，因爲那和眞正的鐘聲比起來，就太像是東施效顰了。

對於千千萬萬的宗教人來說，宗教的聲音之最上乘者就是言說。在希伯來的創造神話中，言說就是創造過程的本身：當神召喚時，他是在發出號令。對基督徒來說，由於已經是在希伯來傳統豢養之下，所以言說就是大寫的「道」，就是太初有道，並且已轉化爲肉身，寓居於人間(〈約翰福音〉1:1-3)。對一些希臘人來說，道的言說就是*Logos*(邏各思)，也就是動力的、恆久的、創造的「語—思」(word-thought)。由於根源在以上三項傳統，多數現代西方的信仰者都會認爲崇拜的最高行動就是聆聽講道。崇拜中受歡迎的神聖臨在就是道的臨在。它首先是可聆聽的，但透過綜覺(synaesthetic)[13]的暈染，也會變得可以看見，乃至有味道。但宗教的感官對千千萬萬的人來說，最受偏愛或最具支配性的仍是耳朵。你上教堂是爲了去聽：聽道，聽傳教士的聲音，或聆聽更細微的靜默。聽道的過程有可能從頭到尾都是閉著眼的，至少在新教的崇拜中是如此。

於是，對於那些在宗教中偏愛聽覺的人來說，就會有大量的話要講或要聽了。新教的傳教士事實上就是演說者、講道者、授課者、學術的解說者、激勵士氣的工頭，或帶來好消息的傳信者。在執行工作之時，他們很少動用身體，很少作儀式性的姿態，他們很

---

13 【譯注】綜覺(synaesthetic)是一種神經反應的現象，它是指一種感官刺激或認知通路上所得的感知會自動轉換爲另一種感知。這種現象應是來自先天遺傳。

少動，而只是一直在講。他們之中有許多人需要修演講課因爲他們的演講要能有作用是如此地重要。同樣的，在他們的聚會時很多小孩要花好多年來學習聽講，因爲在崇拜中的聆聽是如此地重要！

不論是在集體或私人的情況下，言說在禱告中具有壓倒性的分量。禱告時，你要講話，大聲或輕聲，或有時完全聽不到。使用的字詞可能是很風格化的，其歷程也是根據學來的儀式而進行，或者也可能十分地自發而私密，不帶有任何形式規範。禱告可能很長或很短，有時一個字或一聲感嘆就已有整個句子的意義。在禱告中，講者和聽者有時和崇拜中所常見的角色是顛倒的。神在此是個聽者，而他會將他的「耳朵賜贈給」人的言說。

由於許多種崇拜和禱告把最顯要的位置給予聆聽和聲音，我們就可以了解整個聲音的世界在宗教實踐中會變得中規中矩。所有的聲音都要精心模鑄和仔細選擇，以便能適用於一定的場合。除非你是在領導一群人禱告，否則你的禱告不能太大聲：聲音必須表現出謙卑以及在面對神聖之時要意識到自己的位置。太大聲的禱告就表示人的傲慢，或甚至近乎詛咒。在禮拜過程中所要求的是噤聲不語的氣氛，這氣氛唯有崇拜的領導者，或在儀式要求大家讀經、頌讚之時才可打破。貴格派的聚會是靜默的，一直要等到很誠敬的或有意義的言說出現，否則「世間的雜音」應該完全死寂，也就是要等到有人感受到神聖臨在時才可以打破靜默。

莊重的中產階級信徒會在經上讀到人要製造「歡喜的聲音」來「呈現給主」，但是他們幾乎無法忍受下層階級的教會裡所聽道的那種噪音。相反地，比較激動的信徒會覺得中產階級教會裡的那種聽覺刺激實在太平淡乏味。所以，很顯然地，適切的聲音輸入規則是有階級區分的，也和尊嚴、秩序、禮儀等等價値有密切的關係。

奧古斯丁(Augustine)在《懺悔錄》中有一段表白暗示了西方教會中的頌歌之所以會工工整整，乃是爲了和世上的哀嚎及呻吟這般紊亂的噪音對抗而然[14]。猶太教堂的聲音「聽起來」就比井然有序的基督教堂更爲凌亂。家庭中靜靜的餐前禱告，是要把安靜強行置入爭寵不休的家中環境，讓父母親在階序關係中的控制權得以靠著像分配食物這般重要的施恩動作，就可重建起來。

觸感

當小孩穿過百貨公司的時候，他們的父母最常擔心的是孩子伸手東摸西摸，而不是只用眼睛看看展示的貨品。「用看就好，不要摸」乃是父母親常用的警語。但這樣說，對孩子是全然無效的，因爲他們來這裡就是爲了要東摸西摸。要能夠不摸，而只用眼睛看，那是需要相當的自我規訓才能長成的。當你眞的想知道任何事物，則不管是在什麼年紀，你又會開始動手觸摸。博物館的警衛最知道這樣的傾向，即使是相當有教養的成人亦然。他們是來欣賞視覺藝術的，但他們的手指頭對於所見的東西就是會蠢蠢欲動。相信和觸摸這兩者，在某種意義上是互相貼近的。我們總是希望、也需要摸摸我們的所愛之物。就是這種手指的知識最終說服了使徒多馬(Thomas)，讓他相信復活的耶穌是眞實的，雖然在觸摸之前，他

14 *Augustine: Confessions and Enchiridion*, trans. and ed. A. C. Outler (Philadelphia: Westminster Press, 1955), ix, 7, 15, p. 187. 譯按：漢語譯本：徐玉芹譯，《奧古斯丁懺悔錄》(台北：志文，出版年不詳)；應楓譯，《懺悔錄》(台北：光啓，1963)。兩漢語譯本都只有懺悔錄的部分。

早已先看見，也同他說過話[15]。

然而觸摸也會被包羅在嚴格的禁忌之中，因為觸摸可具有奧秘的力量。觸摸可表示侵犯，可冒瀆，也會拿走被觸摸之物的隱私性。在神的許多屬性之中，他的手指具有某種顯要性，也表示了他完全知悉、完全揭露、完全介入的力量。這手指可以控訴，也可以「刺痛」良心。一個對於指摘敏感的人會覺得周身被手指環繞(也就是「千夫所指」的感覺)。人的手指也具有最高的感受力；它可以感覺到最不可提及的、最不可思議的、最私密的部位，是情慾的器官。假若觸摸是原始的感覺(有些民族就這麼認為)，它也是最有力的感覺，因此需要受到社會和宗教的節制。

觸摸的奧秘性在約翰福音的某些段落中表現出來，在此，復活的耶穌對抹大拉的馬利亞(Mary Magdalen)說：「不要摸我」或「不要抱我」(〈約翰福音〉20：17)。這就是神聖不可碰觸的*noli me tangere*(不可觸摸)主題了。這個主題帶點修訂，就回到「不可碰觸者」(the untouchable)的社會概念中，是用來指印度種姓制度中的最下層人，其中混雜著對赤貧者的藐視、對污染的恐懼，以及類似於神聖性的意念在內。在關於耶穌生平的另一段落中，觸摸傳遞了巫術般的液體，可將力量移轉，而在此例中就是靈療的力量，從一人移轉到另一人。藉由將手放在他人身上，這樣的觸摸可傳遞有力的物質，或具有放射性，這就是宗教醫療實踐的核心，在靈療儀式中占有無比重要的角色。

由以上這些例子來看觸摸的奧秘性，會令人覺得驚異的是：最

15 【譯注】這是〈約翰福音〉(20：24-29)上所載的一段故事，說有位叫多馬(原名「迪狄馬斯」)的人，本來不是十二使徒之一，但在耶穌復活這件事上，他要求要能觸摸耶穌手上的釘痕，他才會相信。

現代的崇拜形式中能讓人滿足的觸摸竟然如此稀少。原始社會中的人都會以指環、墜子、串珠、小雕像等形式配戴護身符，這對於配戴者而言都饒富巫術的意義。最接近於引導崇拜中的觸感者，非念珠莫屬，它可以讓禱告者的手指有個對象來忙碌不停，而這樣的活動顯然只是爲了神聖的用意。我經常懷疑，新教徒手上執持著一本聖經或頌歌集，是否也意謂了要滿足觸感，或要將觸覺安全地導向於一個神聖物。否則的話，在新教中，除了讓膝蓋和手肘在下跪時感受到硬木板的壓力之外，就再也沒有提供其他的觸覺刺激了。

在宗教實踐中，某些觸覺印象之所以會和宗教產生連結，我們不可低估學習所占的角色。大多數教堂裡會眾席座椅讓人不舒服的設計，其坐墊即使覆有絨布還是十分堅硬，加上身穿著一套禮拜天最正式的服裝那種磨在皮膚上的感覺——這些就都構成崇拜或禱告中的觸感特色。禮拜天的服飾不論在外表上的意義是什麼，它的裡層可也不該忽視。古代猶太人或近東地區的人對於換衣的重視，在宗教上特殊的場合要脫下舊袍子，換上新的或剛洗過的衣服，還有在喪事中披上粗麻布，也見證了觸感和宗教生命觀之間的關係。同樣的，在苦修或懺悔之中，穿上粗布襯衫或特別讓人不舒服的刺刺袍服，也是這個意思。這些在當今千千萬萬人的教會生活中還多少有些回響：在宗教廟宇中不能穿著休閒的衣裝，而必須有相當程度的不舒適或硬挺感。

在有組織的教會生活中，某些小事也可以讓人見識到觸摸的禁忌。在長老會的傳統中，長老的授任典禮會敦促其他的長老們把手按在新長老的頭上，而這位新長老要跪在他們前面。事實上，圍在新長老身旁的人並不是眞的碰觸到他的頭，而是距離幾吋。你可以對於各種聖物的細緻用法作出同樣的觀察，譬如聖餐禮的杯盤使用。你不必把它們抓得緊緊的，而麵餅被切得如此細薄，以致在手指間幾乎感覺不到它的存在。我們還是會有點驚訝：對觸覺刺激的飢渴實在會逼得人不斷去玩弄錢包、眼鏡、書本、紙張，和衣服，甚至在非常莊嚴的崇拜儀式中也不禁如此。

肌動覺（kinesthesis）

人的種種內在感知，如關節和肌肉，腸胃的蠕動，臉部的神經抽搐，姿態變換的壓力等，無論在任何情況下，都一直伴隨著我們，而有時這也會被用在宗教的目的上。這種導引的用法之最基本的例子就是瑜伽術，它是肌肉和姿態的鍛鍊，在此用功者是爲了追求某種特殊的意識，或爲了集中注意，或作身體理療，乃至爲了得到救贖。在西方宗教中有些比較溫和的形式，譬如苦行，是要求一些體態訓練，或是剝奪視覺、聽覺等較長距離的感知。更溫和的形式則如崇拜習俗中的下跪、匍匐、頂禮，或在禱告時合拳抱掌。雖然這些動作可能不是直接從有計畫的身體訓練中衍生而出，但卻會產生肌動覺的衝擊，並被連結到宗教行動中。

也許在現代宗教崇拜中最爲普通的肌動覺印象根源於嚴肅、端莊而噤不作聲的靜坐，其座位並不舒適，而典禮似乎冗長無比。特別在我們心猿意馬之時，或當聆聽變得沉悶無聊時，我們就會意識到身體內部的許多感覺，譬如發麻、關節僵硬、大腿內側或背部下端特別的發熱，或某處皮膚突如其來的發癢。伴隨這些感覺而來的，則是一種有如催眠般的愛睏，使得肌動感變得益發厲害。在昏暗的地方聽著單調的嗡嗡聲而必須「正襟危坐」和「端莊恭敬」，這是千千萬萬人每週的宗教體驗中不可或缺的一部分。我會這樣說，可沒有一點譏嘲或輕蔑的意味，而只是要鋪陳一個不爭的心理事實。我確信對很多人來說，參與集體崇拜，在他們自己的宗教社群中是唯一能達到這種狀態的機會，並且也將此視爲一種價值之所在。我們可以用動聽的字眼說他們獲得「恬適」、「和平」、「寧靜的沉思」，但在此時的心靈，事實上卻常是一片空白，只不在此接續的過程下，只能叫做被祝福的空白罷了。

林布蘭(Rembrandt)有一幅畫作，畫的是一位老婦膝上放著一本書，手上有一副眼鏡[16]，所描繪的即是這種寧靜的狀態，他的畫非常準確地傳達了這種深刻的宗教氛圍。這位老婦的眼睛是張開的，但眼光卻很黯淡，且像是轉往內心；她的姿態是挺直的，但很放鬆，有點像在微微打盹，而手指上持著的神聖物件，是一本教會用的書。

有一次，一位傳教士告訴我，他的教會裡有個女孩描述她最近的改宗經驗時說：像是「從暖暖的浴缸中走出來」。對於宗教歷程來說，這是個使用肌動覺字眼的極佳描述。

在安安靜靜的中產階級新教教會中，身體姿態的習慣是在唱聖歌時鮮少使用跪姿或立姿，以這樣來使得肌動覺升高。當兒童在教會中觀察他們的父母親，他們看見的是頭部低垂，雙手靠近身體，或是雙手互握放在腿上。這就是古典的、安靜的，也有點消極的教會姿態。如果你所感知到並且也效法的典型就是如此，那麼，作爲一個小孩的你，抬起頭來，還爲了要作得很有道理的樣子，你得假裝是在看天花板，那你會有多麼驚人的發現！這對於父母的宗教性

16 有一幅收藏在聖彼得堡的Hermitage博物館，另一幅則在華盛頓D.C.國家藝術畫廊裡的Mellon Collection。

不僅是一場小小的、美麗的違抗，也會是一種新型的面對神聖的態度。我還清清楚楚地記得，在我小時候，男人在禱告時通常會站起來，只有女人和小孩還是坐著。所以，當這小孩到了六、七歲時，跟著大男人一塊站起來，就會是很重要的事，因爲這樣才可以驕傲地展現你的性別認同。但幾年之後，有些跡象顯現這個習俗衰退了，使得這樣的情況變得很曖昧難決。叫一個十二、三歲的男孩在禱告時坐著，在那時已經變成一種現代性的舉動，且當然是大人所容忍的，但還是要男孩子自己作個勇敢的決定。之後再過幾年，在禱告中站立起來，就眞的變成一種自我肯定和違抗的舉動。在那幾年中，不管你所跟隨的舉動是什麼，那不只具有社會意義，而會關聯到人和神面對面之時，所站立的是什麼位置。這個簡單的動作就滿帶著宗教的意義。

確實的，一個人在主之家裡頭究竟該置身何處？以及該維持什麼身姿？你應當在他臨在之處坐著？或讓自己五體投地？或直立在他前面？或低身下跪？或連續不斷作以上所有的動作？禮儀對此作了斬釘截鐵的回答，但要領導崇拜儀式所需的心理藝術，則會從另一優勢觀測點作出不同的回答。此兩者各冒了一種極端的危險。有些儀式中長時間的站起、坐下和下跪可能會變質爲只是一種工作或「作樣子」，而漫無休止的坐姿則可能變質爲瞌睡或更糟的狀態。不論是哪一種，肌動覺造成的體驗都很豐富，也很強烈，遠甚於許多宗教心理學家往常的認知。

痛覺

疼痛和人是如影隨形的。我曾見過許多病患帶著嚴重到無法撫平的疼痛(譬如三叉神經痛)，但就在外科手術解決了長期的面部疼痛之後，竟陷入嚴重的憂鬱狀態。由於疼痛消失了，有些劇烈的人格重組必須發生，以便保護他，去適應於意識或無意識的願望、自我概念，以及價值。這些案例所顯示的是：疼痛雖然恐怖，卻可能維繫著意義，而那是人的整體存在之平衡所必需的。

在宗教史之中，痛覺一直扮演著中心的角色，而在現代宗教中也仍然如此。令人毛骨悚然的獻祭是用牲畜或用活人，甚至用小孩來施行的；爲了平復神的憤怒，竟要割出恐怖的傷口。人不僅會被祭司和教友們宰殺，也會對自己下手，切割耳朵、鼻子，或舌頭；挖出眼珠、自行閹割、針刺皮膚、用尖叉刮刷皮肉，還會赤足在燒炭上行走、吞服讓人痛苦的毒藥、久久盯著刺眼的太陽、用繩子穿過肌肉把自己懸吊起來，不一而足。

在獻祭中對獻祭者施加痛苦折磨的粗鄙形式雖已漸被人類摒棄，但那原則卻還持續存在，不論是公開的或私下的。旅遊者若造訪墨西哥市北邊的瓜達魯佩聖母院(Cathedral of Our Lady of Guadalupe)前方的廣場，會看到虔敬的崇拜者用雙膝痛苦地從廣場的一端跪行到另一端，就像從前(或許現在還有)的懺悔者爬行或步行到羅馬的聖彼得大教堂，而他們的鞋子裡還放著硬豆子或砂礫。公開的鞭身遊行(processions of flagellantes)現在不太容易看見了，但鞭打自己的身體即令在最文明國度的修道院和神學院中仍然實施。(有報導說：鞭身的懺悔儀式在今日的新墨西哥州有人不顧州法的禁令，仍然鮮活地舉行[17]。)

---

17 【譯注】這種鞭身的懺悔儀式1950年代在菲律賓也仍可見，請參看http://www.pbase.com/johnglascock/philippines的圖片。

長跪是一種令人不適的姿態，原本是要對義務的服從，但很快就會被膝骨的實際疼痛所覆蓋。長時間的齋戒會引起胃部和喉嚨的疼痛。長距離的步行(譬如在朝香時)會產生渾身痠痛。響尾蛇或其他毒蛇的噬咬對於爬蟲類崇拜來說，是非常大膽而危險的，但這是弄蛇教派經常從事的儀式[18]。

高度且大量但非必要的身體疼痛，對於忍受著疾病之苦而不願接受醫療或止痛劑的人來說，是爲了榮耀神，或爲了人的尊嚴而必得承受的。有些人謹守著英雄式苦行主義，而且確實可以不再受痛苦之擾；還有些人則持著「鼎鑊甘如飴」的樂觀態度，但除此之外，大多數的痛苦之所以能夠讓人承受，是因爲受苦者視之爲贖罪，或應得的報應，或顯示神恩有深不可測的目的。這其中有些人可能是以某些心理的手段(譬如禱告、抑制、否決)來和痛覺戰鬥，另有些人則源源本本地接受疼痛，而不企圖修正或減緩那種感覺。

在後面的章節中還會談到，很多其他的心理疼痛、悲苦、困阨都屬於宗教體驗的一部分。這表示「痛苦」一詞可以有喻示式的用法，以便和愉悅、安寧、快樂等狀態相對，而不含有本章中所談的那些神經末梢的感覺，但在我們離開痛覺的主題之前，我們還應注意到：生理上的痛覺閾限(threshold)已經證實會受到宗教信仰所引發的狀態而改變。薩滿巫者、托缽僧，或是其他各宗各派的俗人都可透過自身催眠而達到狂亂、出神的狀態，隨之而來的這種劇烈身體變化就使得他們會歡迎傷痛的機會，以便向自己或觀眾「證明」他們確實已達到刀槍不入的奧秘境界[19]。

18　W. La Barre, They Shall Take Up Serpents, Psychology of the Southern Snake-handling Cult (Minneapolis: University of Minnesota Press, 1962).

19　M. Eliade, *Shamanism, Archaic Techniques of Ecstasy*, trans. W. R. Trask

在如此的狂熱之中，他們似乎「不在自身之中」，或已經被非自己之物所附身，他們的痛覺閾限提得非常之高，以致刀割、火焚、起水泡、潰爛，或長時間的抽筋等等都不會使他們覺得疼痛。在這種情況下的痛本身不是他們所欲達到的宗教目的，而是一種類似於科學般的證明，說他們已經發生了劇烈的轉變。與此相關的現象被第三世紀前的基督教父們引用於教義辯論中，也把其中一些人導向基督幻影(docetic)的叛教之論。此論的大意是說：耶穌的神聖性使得他在十字架上不會有痛苦。所有的神因爲不是人，所以不會受苦，不會疼痛，也不會死。因此，有關耶穌的敘述只是讓他顯得好像在受苦，他只是「在經歷這些動作」，宛如一個入戲的演員。

味覺與嗅覺

在〈詩篇〉作者們的詩意想像中，主的言說據說是有甜味的(119：103)，而一份聖經抄本則說：神不願聞到人們爲他而備的香味(〈利未記〉26：31)。在詩和預言的背後，有具體的味覺和嗅覺，長久以來這一直和宗教有所牽連。就像所有其他的感知和感受一樣，味覺和嗅覺可以是通往神聖之境的康莊大道，並且可以由茲而界定了神聖臨在之某種跡象，及其特殊的奧秘性質，或作爲人和神之間的某種契約所烙下的印記。

爲什麼不是？腸胃和鼻腔的體驗，在人生一開頭就和最原初的認知形式有關：吃食的動作。當一個嬰兒眞的想知道什麼，他會把東西放進嘴裡，這樣，他就參與了這個東西的物性。他對於所探索

(續)——————————

(Bollingen Series LXXVI [New York: Pantheon Books, 1964]).

的物體到底是喜歡或不喜歡，就很快地會由於他把該物體吞下或吐出而顯現出來。當他吞下過多的好東西，或是壞東西，他就會透過同一張嘴，把東西吐出來。愉悅、享樂和滿足的早期形式相當倚重於口腔的歷程，同樣的，厭惡和惡心的體驗也是如此。所以，原始宗教的儀式裡有很多對諸神奉獻美食和香氣的活動，那就不足爲奇了；同時，爲了建立或確認宗教社群，也就會透過共同吃喝或共同聞香的典禮來達成。正因爲口腔的欲望和滿足具有生命中歷久不衰的重要性，我們可以預期：味覺和嗅覺，以及吃喝等動作，在比較發達的宗教中也會持續扮演一定的角色。

神聖的饗宴，聖禮的大餐，主的晚餐，乃至傳統的美國教會早餐，聚會的晚餐，以及仕女們在教會裡堆滿廚房設備的地下室午餐，所有這些所共享的信念乃是：「共同品味」即是「互相認識」以及「互相愛護」。這些儀式所潛在或顯在的肯定是：共食表示大家是同一家人，並且共有一個家長，即共同的父親。這種敦親睦鄰的吃喝是相當複雜的活動，所以在本節中我只限於注意味覺和嗅覺，而把這些活動的象徵性與社會性面向留到後面的章節再來討論。

在居庸夫人(Madame Guyon)的宗教詩歌中，她感覺到與基督的神秘契合就是用肚腸裡的語彙寫出：她的禱告要頌揚的是回憶中有「基督的滋味」[20]。其他的偉大密契主義者也曾回憶起神聖臨在的具體化乃是天香。但密契者的體驗並不是每個人在每一天裡所能體驗的宗教。對尋常的虔誠教友來說，「宗教的氣味」意指在廟宇

---

20 J. M. Guyon的話摘錄在F. Heiler, *Prayer*, trans. and ed. S. McComb (New York: Oxford University Press, 1958), p. 195.

教會裡燒的香或蠟燭，管它叫香味或只是平常味，那都是崇拜的處所或家中神龕所充滿的氣味。對其他一些人來說，則是指一些宗教用的舊書或古卷的氣味。還有些人在他們年年去進行崇拜的教會建築之中，把某些特殊物品所發出的氣味認定爲宗教的氣味。大多數的廟宇和教會確實都會有特殊的氣味，而那是和其他公眾聚集之處的大建築物很不一樣的。香菸的餘味在戲院的大廳裡非常明顯，但在教會建築裡卻完全聞不到。取而代之的是另外一些微微的氣味(即令在非活動的日子裡)，諸如：花香、簾幕的塵埃、牆上懸掛物、臥香、蠟炬餘燼、老木板、攪拌的石灰、果汁遺留的檸檬酸，還有老老少少各色人等的體味。而在此之外更顯著的是：這裡沒有新鮮空氣的味道。我自己的童年，在漫長的講道之中，老婦們最常輕啖小小的軟薄荷糖，也偶爾用這種小糖來讓小孩子們安靜。結果，薄荷就絕對會讓我這個年紀的小孩引發教堂的聯想。也許一般人對於教會裡吃口香糖會留下粗俗的印象，但那是因爲他們缺乏某種特定區別的結果：因爲在其他公共場所都有人吃口香糖，所以他們以爲在崇拜之時吃口香糖是相當不敬的。但如果你能指出某些特定的食物項目，譬如做成鴿子狀或一顆顆仙人掌樣子的小糖，那麼，在教會裡就可以接受。

其他的感覺體驗

在其他較細微的感覺中，我們先提提共振感。在肋骨與胸骨之間，以及頭顱內的共鳴，可以實質地增進一般人對音樂的享受，也可以補足聽障者所失去的聽覺。在當代的宗教崇拜中，至少有兩個面向可增進共振感而又不會帶有粗俗意義的東西：鐘塔上傳來低沉的鐘聲，以及管風琴拉長的宏亮低音。大鼓和銅管樂隊在軍隊行進或閱兵場合之時所獲得的效果，在宗教場合就是由鐘聲和管風琴聲來達成。這些共振效果引起莊嚴的接受狀態，能把人「轟起」，因此而能發動身體進入參與的行動。

雖然音樂鐘和管風琴跟別的樂器一樣，在最廣的意義上來說，是屬於公眾的，因此沒有一個人能宣稱是他自己的作爲，然而那兩者之中自有其令人肅然起敬之處，因爲它們長久以來一直和宗教建築與宗教活動相連。管風琴不只是樂器之后，也被人認爲是最神聖的。管風琴的樂曲大多是聖樂，這如果不是由於它本身的設計使然，那就是因爲歷史過程之故。大型的管風琴只能由公眾擁有，因爲它的造價和空間需求如此，而多年來教會就是唯一能建造和維護這種東西的地方。西方世界的複音音樂所擁有的那種豪邁壯闊樂句，乃是公眾聚會的頌讚和合唱表演之所需，然後透過管風琴師的演奏而呈現出來。所以管風琴音樂(就算是在音樂廳裡聽到的)之具有奧秘性格，那就不足爲奇了。一樣不奇怪的是，如果要把管風琴的聲音搬到完全世俗和流行的場所裡，譬如劇院和電影院，把那種古典的聲音品質經過怪怪的模擬，之後就都會轉變成小頭小臉般、帶有迴聲的、甚至像玩具樂器般的噪音。你可以設法模擬任何樂器，但就是不能模擬管風琴！另一方面，家用的小風琴用來演奏19世紀福音教派的頌歌，也曾經造出它本身的另一種虔敬意味，然而現在也幾乎變成一種過時而罕見的現象了。

共振感也曾在一種古老的宗教動作中製造，那就是悲悼、懺悔時的捶胸儀式。胸腔的震動可以引發垂淚，正如管風琴的重低音所具有的誘發力。而教堂的大鐘作有節奏的鳴響，就和儀式的捶胸有更爲清楚的關聯了。

人的體溫最理想的狀態是維持在華氏98.6度左右，憂鬱會使體溫降落到較低的度數，而興奮則會使體溫升高。所以，冷熱不只是喻示，也在生理上和至福及憂傷的狀態有親屬關係。有些密契者在報告他們的強烈宗教至福狀態時，會描述說：有暖流流遍全身。另一方面，敬畏之感則和「冷顫」與發抖有關。所以，溫度感似乎就是奧圖在《神聖的觀念》中所說的基本宗教體驗之根源：一方面是來自*mysterium tremendum*(巍然可畏之神秘)之敬畏感的顫抖，另方面則是善良與至福的溫暖，隨著*fascinans*(著迷)的導引而來。像這樣的喻示表達實在不勝枚舉，足以證明溫度具有奧秘性。當愛變得弛緩時，我們就說它變冷了。何西阿(Hosea)曾說：同情會變得愈來愈暖、愈溫柔(〈何西阿書〉11：8)。根據希伯來的詩篇作者，主的良善就像母雞把小雞放在她的翼下保暖一樣(〈詩篇〉91：4)。而最邪惡的反宗教者則是屬於一種不熱不冷的狀態。經書上說：神會把這樣的人渣從嘴裡吐出來。

病態的感知

根據謝林(Friedrich W.J. Schelling)之說[21]，所有不可名狀(uncanny)的事物本應是隱藏而秘密的，但仍會顯露出來。這就引起了一個問題：秘密是怎樣從它們的隱藏之處而透顯？不可名狀物又是在何處隱藏？第一個問題不難回答：秘密只是被人發現或揭露。不可名狀之事物則是被人感知——當你睜亮眼睛、調好耳朵、

21 F. Schelling引述於 S. Freud, "The Uncanny," in J. Strachey (ed.), *The Standard Edition of the Complete Psychological Works of Sigmund Freud*, XVII (London: Hogarth Press, 1955), p. 224.

感受到冷顫，或摸到怪東西時。神和鬼都是在尋常的感知歷程中被人發現：光線、色彩、音調、震動、氣味、口感，或溫度，就是這些，對人而表現為力大、可畏、怪異或有致命之危。

至於不可名狀物的藏匿之處則較難回答。神秘的住所何在？只要它是外在於人，則人可用感知歷程來發現。然而一旦神秘是在人身之內，則人的感知歷程有可能發現它嗎？聖經上的問題是說：「人算什麼，你竟顧念他？」(〈詩篇〉8：4)這是個意義深刻但又曖昧的句子，它同時含有人在星空之下可鄙的渺小性以及他「僅僅小於神」的光榮偉大性。不只是諸神，而是人本身即是*tremendum*(偉鉅可畏者)，因此人覺得他自身已是凜然可怕。正是到了這種程度，使得他自己一向隱藏的*tremendum*突然揭露時，他自己也突然就是那擬人化的不可名狀之物，於是他變成了奧秘性的承載者。當這種發現成為核心時，感知機制會以奇特的方式運轉，並以微妙的差異在感知體驗中製造出莫名的狀態。剛開始時，你只是看見、聽得、聞到「不在那裡」的東西。你覺得你是在幻覺中。那「不在那裡」的東西被你清清楚楚地看見，其實在性不可置疑，但其他人卻無法檢驗，也無法信服那兒有「不在」的東西。

在長期酗酒後的酒精迷醉妄想中，患者會想用力推倒他所感知到的可怕怪物，或想從自己的皮膚裡擠出一些他覺得在那裡爬著的「蟲子」。在這些視幻覺或觸幻覺中，患者感受到的客觀存在是不實的，且專屬於他自己，因此他對此而生的奇異信念會使他非常孤單。然而感知上的眞實與不實之間的界線，並非永遠都清楚得像是正常人與幻覺者之間的區別。在視覺和聽覺上清晰地感覺到所愛的人存在，這並非不尋常，特別在你寫著愛情日記，或在回味最近一次與愛人共享的時光之時。在聖誕節當天，你想早點起床，也會把一些慣常看見的東西誤認為包裝好的禮物。當你的情緒低沉時，天上的雲朵看起來就都是愁雲慘霧。當你在焦慮之中，你剛好單獨一人在森林裡，白樺樹的樹幹在月光下不只是陰森森，那根本就像是鬼魂的模樣。在白日夢中，尤其是在令人厭倦的課堂上，兩旁空白的牆壁很容易變成螢幕，而你就會在那兒看見你自己的想像。總之，幻覺的清晰度是漸層性的，而可以指認為看見、聽見、感覺到的外在眞實，也只有程度之別。從本章開始一直到此段所說的，背後都有重要的認識論和本體論的問題，我們在下文中還要回來推敲，在此處我們所要關切的只是描述，和低度的解釋而已。

由臨床實務之所見，心智困擾的患者中有聽幻覺者非常普遍。患者聽到的聲音告訴他說他很不好，指出他的種種失敗，罵他，或煽動他去復仇。視幻覺比較少見，其出現的內容也很有限，但都是令人驚駭的。觸覺、腸胃感覺、嗅幻覺則相當罕見。有些時候我們會看到複幻覺，就是同時包含幾種的感知樣態。我記得有個十八歲的男孩，從出生時就有白內障和輕度的智障，還有一段多重的癲癇發作史，藥物只能作局部控制。他除了大型發作(*grand mal* seizure)之外，有人看過他突然陷入狂亂和暴怒之中，有幾次他用手推穿窗玻璃。護理人員通常把這狀態視為情緒發作或是負面的、破壞性的舉止，認為這樣做只是在假裝「眞正」的癲癇發作，帶有欺瞞的目的。但我和他作了幾次晤談之後，發現這些事件背後的一些「內幕故事」，其中包括一系列的幻覺，而其進展若從腦生理的觀點來看也滿合理的。他的故事包括很多細節，起初覺得只有一點點關聯，後來才辨識出下述的前後關係。

突然間，或在不可預知的時刻，事物在他的眼前陷入黑暗。接下來他會感知到一些閃光，頃刻間又轉變成無形的紅色，然後變成會旋轉的紅色幾何形，像是圓形、三角形。很快地，這些又變爲廣角的視覺，像是火山噴出熾熱的岩漿，蓋在整片地景上。這位患者看見自己在這地景中，一條岩漿的熱流逼身而來。他覺得自己要逃走，就在這向前狂奔之際，他聽到乒乒乓乓的聲音和其他噪音，他覺得是火山爆發的聲音之一部分。他還在奔跑中，衝過山上的激流，在岩石上絆倒，他覺得他在狂亂地游泳求生，想抓住激烈亂流中的浮木。在筋疲力竭之下，他聞到一股惡臭，像是什麼東西燒焦了，然後又是短暫的一閃，他就整個人失去意識。在這樣的非典型發作中，我有機會看見他，他在其中的運動，左側比右側明顯，確實很像是在狂亂游泳中的打水動作。整個過程在昏迷中結束，時間有長有短，但大約是半小時左右。

在這一案例中，有些很有意思也有如謎樣的特點。就是在幾種感官之間的幻覺「行進」，平行於腦部放電的動作，從後腦枕葉開始，經過距狀溝地帶到顳葉後端，又從此向前推進到皮質層前端的鉤狀區域，就是組織嗅覺之處。患者的恐慌固然是對於具有威脅性之幻覺內容所生的自然反應，但也極可能是腦結構的邊緣系統放電的直接結果。只是，這位患者的視力如此受損，他不可能看過電影或電視節目，也從沒有去旅遊參觀過火山爆發，那麼，他對於火山景象會有如此鮮明而有組織的視覺內容，這又要如何來解釋呢？這些片片段段的記憶影像是如何聚合成統一的外觀，讓這過程能像故事一樣地展開？驚嚇的情感是來自幻覺的景象，或者景象的產生是爲了符合於驚嚇？更有甚者，人閉著眼並對於外在的聽覺、觸覺刺激都沒有反應時，這位患者又是如何「看見」、「聽見」他的幻覺？他是否認爲幻覺就在他的腦袋裡，或就是外在地在他的身前、身後？他是否認爲只是想像的，或就是眞的眞實？

這類問題還有很多至今是無法回答的。對於很多旁觀者來說，如果他從未有狂亂的發作，各類感覺感知都很充分，並且和眞實世界都有正常的接觸，則患者的所見、所聽、所聞對他們而言就只是不可核驗而已。確實的，你可以抗議說，那些東西「並非眞正存在」。不過，在最能同情的時刻，你可以回想一下自己作過的噩夢，並且曉得人是可以被想像物嚇得半死的。你也可以在清醒狀態下進一步肯定說，夢中所見的事物其實是來自於人本身，而非來自外在刺激，雖然那些事物就像被「搬上舞台」，並且對夢者來說，就宛如在自己意識核心之外。在夢中的一切都是眞的；只是醒來之後，夢裡的很多人、事、物都被遺忘或扭曲，你才可以說，畢竟那「只是一場夢」，沒什麼外在的眞實。但對於那過程的回憶仍是一場心靈的眞實，你可以活靈活現地和別人談起它來。

在宗教的歷史中，很多材料是以幻覺的體驗、大夢、靈視、臨訪、現身等所造成。在那些體驗中，其所指的眞實顯得就是外在的眞實，而其見聞者也是以充滿情感乃至行動的方式來予以回應，因此這些體驗首先會被解釋爲超自然靈力的臨訪或附身，那也是可以理解的講法。這些靈力事實上是在有前提、有名稱、有所認知的基礎上出現，而此基礎則由文化架構下的集體宗教所提供。當科學益發精鍊而巫術思維日漸式微之後，你可以很肯定地說，宇宙並不像個大鳥籠，其中有靈魂像鳥一樣在樹上棲息，或在四周飛繞，可以降臨或附著在人的身上。這種侵入理型(invasion model)必須予以修正，乃至放棄。靈視可以詮釋爲某種已知的疾病形式，會產生一些可以作某程度規律觀察的鮮明幻想：如熱病、癲癇、酒精中毒，或「發狂」。到了更往後的階段，當你開始去探究這些疾病的原因和機制時，詮釋的方式也會化約到心理的變態、體液或細胞組織的分子變化、生物化學歷程等等。你甚至可能發展出一種新的侵入理論：由「蟲子」或其他的微生物造成的感染。侵入者不再是鬼神，但仍然是來自外在世界的不速之客。在所有這些理論模型中所發現的原因都屬共有的、不可置疑的、可驗證的外在世界，而這是感官無損的每一個人都能共享的。這種驗證可能需有實驗室設備之助，但其中的尺度、數據、指標等等也都顯然是「外在」的，在眞實的世界中。幻覺患者所體驗到的外在眞實，原先被認爲不經任何外力之助的客觀感知所獲取，但後來的解釋又都回到外在之物：神經纖維、分子生物、放電、酵素、病毒。

但是心理學已經發展出另一種可能性——所謂的原因可以完全是內在的、主觀的與私己的。人的願望、夢想、抱負以及不可觸及的回憶等等都可以激發能量，也可以動員身體歷程。這些心靈功能的顯現(也就是讓它們在主體本身的意識中帶出)對人而言可如外在之物，「就在那兒」，如同人所坐的椅子、所住的家屋同一等級的眞實。一個客觀的內在眞實就轉變爲主觀的外在眞實，所以感官歷程可以將它捕捉到手。你會看見它、聽見它、碰觸到它，就如同你可以對待家具、身旁的他人、城市裡的街道、地景中的樹木一樣。內在的就變得外在化了。願望可以發射出來，就像一張圖像被投影到銀幕上，你可以在一段距離外看見。這個「發射」並不必然像槍砲對著空洞的空間開火，也不像圖像「投影」到空白的銀幕，而是任何一點點客觀的外在實體都可以變成方便的媒介，使得發射或投影可以藉此而產生，雖然其後必定帶有某些否認或扭曲，來對付實體本身的特殊性。

如果所有的幻覺都可用願望的投射機制來作解釋，那麼帶有宗教內容的幻覺是否爲例外？我不相信如此。但既然奇怪的心理現象本身常被視爲具有奧秘性，因此帶有宗教內容的現象就會成爲宗教意義的雙重增強物，因而被幻覺者賦予特殊的地位。第三層的增強可能來自於幻覺者所屬的文化群體——他可能被頌揚、被視爲受到神祝、被授予崇高的地位，譬如具有特殊的教士或先知般的效力。這裡就構成了三重的敬畏：(1)對不可名狀的改變之敬畏，就是可以把一種看法轉變成另一種；(2)對感知內容的敬畏，其中傳達的是不尋常的存有，如神的本尊、天外之音、神秘的訊息、比太陽更亮的光、超越的美感；(3)社群本身的敬畏，透過把這幻覺者提升到社群之外，讓他成爲神聖啓示的特權載具。這三種形式的敬畏都起於一個更爲基本的假定，就是爲尋常的、貧乏的感官世界而鋪設好的出路：一個更爲終極、長久、「眞的眞實」的體驗世界，也就是神的居所。無論用何種方式來想像這個居所，要點在於：在幻覺中令人覺得突兀的眞實現在被賦予人所能知的最高眞實性——這不是不合邏輯，只要這個關於眞實的階序之假定是早已成立的話。

但是這個眞實的階序觀念是如何建立的呢？有些眞實比別的眞實要比較「少一點」眞實，或是要隨著更「眞的眞實」而變化？要充分地回答這問題，就意謂要寫一本思想史、哲學史，或一本神學體系史。我可以作的是給個比較不帶這麼多野心的建議。對於眞實之帶有階序性，有一個論證可應用因果關係來理解：凡存在者必定是由具有造物能力者所造。工匠總是大於他所製造的東西。造物者超越於所造之物。創造乃是造物過程的偶隨後果。另一個論證來自於事物之可見的長久性：有變者、有不變者。由此觀察可以導出兩條思路：你可以稱頌長久者或不變者而貶低變化者，如是而將變化歸屬於「存有」之下；你也可以稱頌改變而將不變視爲外表的僵死或硬化，也就是把「存有」歸屬到「變化」之下。所有這些論證都可由上層的預設來支撐，譬如「存有」與「空無」，「濃厚」與「稀薄」，「一」與「多」，然後在這些成對的預設之間再外加一些邏輯與動力的關聯設定。以我們的目的來說，這些差別之間的細微之處，其實無關宏旨。要點是：無論我們肯定的是哪一種眞實階序，其重要性與類型都會影響到該眞實和我們所指認的幻覺體驗，尤其是帶有宗教內容或宗教性的象徵價值者。

在此同時，我們的討論已經從感知本身進行到對於感知的效度，以及感知世界的地位之詮釋。事實上，我們所考量的已經是思維(thinking)，而那正是討論感知的邏輯後果了。

第三章　宗教中的智性歷程
Intellectual Process in Religion

在馬克・吐溫(Mark Twain)的《大地書札》(*Letters from the Earth*)一書中，撒旦給天使米蓋爾、加百略的書簡中有一段評論說道：他發現人類有種種奇怪的矛盾。人類最愛的活動中沒有比性交更甚者——但在他們的天堂裡卻沒有這回事。有少數人可以唱歌或奏樂，而大多數人都討厭噪音——但他們的天堂裡竟是人人都在不斷地唱歌！很少熱情會比國家主義、種族主義、沙文主義或愛國主義更爲強烈——但人類對於天堂的觀念卻說：在那裡人人皆爲兄弟，毫無例外。在地上的每一個人都會有些聰明才智，並且人人都會以自己所擁有的那一點點而自豪——然而「這些眞心鍾愛才智，也會豪奢地獎賞其在世間之功勞者，竟然會發明一種宗教，對於聰明才智不但毫無半句恭維之辭，不鼓勵卓然不群，連一點贈品都不肯施予：事實上，對它根本提都不提一下」[1]。

讀者若對以上說法感覺可喜，我得提醒您：那語言可是出於魔鬼之口；如果您聽了會惱怒，我就建議您盡可去責怪撒旦。但馬克・吐溫是個直言不諱的人類觀察家，對於聰明才智用在日常事務上，

1　M. Twain, *Letters from the Earth,* ed. B. De Voto (New York: Harper & Row, 1962).

以及用在宗教事業上，他能很準確地覺察其間的一些緊張關係。對於宗教的目的而使用思考，確實是有些怪怪的。宗教的思想並不像常識、科學思考或機智。一位信仰虔誠的人不會把自己最好的知識視爲成就，而會視之爲罪。一個偉大出眾的心靈可能會決心把一生投注於對神聖事物的沉思。路德(Martin Luther)就把理智稱爲「娼妓」。然而西方世界諸多著名的大學卻是因爲「神性研究」(divinity studies)才興起的，而對神學的追求即是眾學科之后。很少有理性命題的邏輯會像教義那般嚴謹，然而教義的前提卻是邏輯中的例外。

看看這些明顯的矛盾，吾人也許會疑問道：能有一種東西叫做「宗教思想」嗎？或問說：這樣的語詞到底有什麼意思？既有的立場是從一個極端分布到另一極端。有些人所指認的宗教思想就是非常特定的內容：上帝、救贖、罪、至福、信仰。其他人則像神學家弗萊(J.R. Fry)那般主張：「信仰中人所想的並不是不同的事物，而是和任何常人一樣的事物，只不過是從很特別的角度、用不同的方式來想罷了，而有些時候則會想出不同的結果。」[2] 有些人會說：宗教人必須將他的好奇心拘謹起來；另有些人則主張要盡力發揮出去。有些宗教思想會心甘情願地或裝模作樣地鄰近於愚鈍；而在其他情形下，則可能會爬升至人類心智的頂峰。

詹姆斯曾倡說宗教思想的獨特性可能是由於它和感官經驗的分離，也緣此而趨近於純粹的觀念：

---

2 J. R. Fry, *A Hard Look at Adult Christian Education* (Philadelphia: Westminster Press, 1961), p. 104.

> 大多數人宗教中比較具體的對象，或他們所崇拜的神祇，對他們來說，都只能以觀念來了解，譬如基督宗教的信徒中，只有極少數會對於他們的救主有可感的視覺；雖然透過神蹟般的不尋常經驗，這種現形已有足夠的紀錄值得後世的人注意。因此，整個基督宗教的勢力雖然會因為對某些神聖人格的信仰而決定了信徒們的普遍態度，但它在整體上，還是奠基於純粹觀念的工具性之上才得以發揮，在其中，個人的過往經驗並不會直接變為其範型。[3]

詹姆斯是以高度發展的基督宗教爲其範例。但假若我們回頭看看宗教的原始源頭，我們會對許多古代神祇的具體情狀和特殊形象大吃一驚；而漫長的歷史回顧也會顯現：許多發展中的宗教，其進程乃是從具體到抽象，從視覺到意念，從外在的力量轉向內在性。這樣的種系發生進程(phylogenetic progression)會和個體發生的(ontogenetic)路徑互相配合：對幼兒來說，神祇似乎和特定的形式或確定的時間、地點綁在一起，但在成長和學習的過程中，當下的感知會讓位給觀念的再現。髯髯白鬚的祖父神變化而成爲眞、善、美。原來只能用行爲來解說的天書，也會轉化成爲人自身的意向之中那種微妙的親身體驗，以及在面對邪惡勢力時所作的困苦鬥爭經驗。神與魔不再存在於山頂、天上、神龕乃至抽象的「無所不在」或「看不見、摸不著」之處。直接的感官印象變得愈來愈少，對於神靈的感官語言也就變得具有更多的喻示(metaphorical)性質。

3　W. James, *The Varieties of Religious Experience* (London: Longmans, Green & Co., 1945), pp. 53-54. 譯按：漢語譯本見第一章注5。

有組織的宗教本身就會帶來這種感知具體物到觀念抽象物的轉變。準確地說，就是在神靈現身的世界以及死神的魔爪背後，試圖朝著上方指向一個更能持久而不可見的實體，這麼一來就會傾向於輕視感官經驗的重要性。古代希伯來人拒絕所有的神靈形象，也禁稱神靈之名，這就是對於感知有效性之懷疑的另一種形式，即令這民族對於具體物與當下情境的處理別具天才[4]。對於圖像的爭議圍困了東正教與西方教會長達數世紀之久，而此爭議之脈絡則是受到希臘——特別是新柏拉圖主義思想的重大影響。最後，東正教是以極端的具體化和儀式化來作爲對此的解決之道：假若圖像非作不可，則畫像者必須完全依照準確的制式規格，不論是色彩、媒材，或題材的選擇等等皆然。所有的教義在規劃信仰系統之時，都傾向於強調智能的具體性，也正是以此過度飽和的感知刺激世界來防範心靈之自在遊蕩的天性。

在本章中我們將會以心理學範疇之助而靠近宗教的心智歷程。不論宗教思維是否有特定的對象或特殊的體例，不論宗教的幻念或想像是否自成一格，不論人是否具有特別的宗教知能或求知欲——這些問題，我們就暫時對它採取開放的態度吧。

智性的內容、層次與範圍

宗教人到底在想什麼？占據他們心靈的又是什麼東西？我恐怕這些問題只能得到不太令人滿意的答案，而只消思考一下就會發

4 D. Bakan, *The Duality of Human Existence* (Chicago: Rand McNally Co., 1966), pp. 217-218. 在這交叉點上也可以看見視覺模式的崇拜轉成了聽覺模式。

現，這些問題實係由許多模糊之物所堆成。我們可試著考慮一些平行的問題：藝術人到底在想什麼？可能的答案很多，從想到上個月的帳單該如何付清，到下一張畫該使用壓克力顏料或使用拼貼技術來進行。而藝術人也會很費心想他和自己的配偶的關係，或許多上街購物的瑣碎差事，或要預留下週末晚上看電影的時間等等，而這些東西和他的藝術雄心根本扯不上一丁點關係。詩人到底在想什麼？可能的答案也很多，從「花兒都到哪裡去了？」到「懦夫用的是親吻，而勇者用的是劍」[5]。然後我們也很容易加上一句說：詩人也可能在想他腳上的雞眼正在發痛，或要爲自己的孩子買些新教科書，或投保一個人壽險。有些詩人和其他人一樣沒有特別爲什麼事用心，有些時候腦子裡就是空空如也。而有些藝術人可能會滿腦子都是他的房屋修繕之事以致他所想的、夢的、吃的、睡的都是釘子和鐵槌。宗教人也就是如此：他們可能一心在想新車、想股市行情、想他的集郵簿，想到後來就再也沒時間想其他的事。

讓我們來想想另外一個比較好的問題。「絕對宗教性的人」是否會樂於去想些「絕對非宗教性的人」認爲毫無意義的事情？如果我們依循行爲的線索來回答，那麼我們確實會發現這兩組人是有些差別的。宗教人讀某一些書、接收某些廣電節目，也會爲某些事故或組織而捐獻，而那正是非宗教人根本不予理會的。用語言的線索來看，宗教人會以高頻率或嚴肅腔調使用某些字句，譬如：救贖、全能、敬事我主、拉比、眞心信仰、神父、讓我們禱告。宗教人安排時間、花時間的方式不同，會特別挪出特定時間來作崇拜和儀

5　這兩個詩句取自 “The Ballad of Reading Gaol,” in *The Works of Oscar Wilde* (London: Collins, n.d.).

式，而這也給了我們另外一些線索，來知道他們到底在想什麼。

伍爾寇(Woollcott)[6]曾經注意到：在精神醫療的個案研究中，很少特意去評量患者的思考之中是否普遍存有特屬宗教的內容。他就找到了一些住院病患，這些人已經被別人做過研究，並且已有書面的診斷紀錄，因此他只針對宗教興趣、宗教的實務參與，以及宗教背景來補加一些訪談。訪談者清楚表明自己是個精神科醫師而不是傳教者或宗教的任何「專業人員」。他請求醫院的員工選出兩組人，一組只包含宗教的病患，另一組則是非宗教或不信教的病患，而員工們可以使用他們自己認爲合適的分辨標準來選人，根據實際資料或只憑推斷，包括可以使用直覺的評估或只是閃過腦際的想法。

這裡有一段訪談摘要，是一個被認爲很積極投入的宗教人所說的：

> 「我必須自己去尋找我自己的信仰，而我之所以能做到，其實是衝犯著很多逆境的。我爸雖是個無神論者，但我覺得他總好像在信著什麼。我媽上教會是因爲她想去那裡看看人家都穿些什麼。他們倆都笑說天主教是『愚蠢的迷信』。我們一家都很科學，但我從青少年時代起就開始想：有些事情是科學所不能解釋的。我覺得對某種莫名之物有強烈的需求，並且對神有種模糊的信仰。但我上了學校裡的教堂，並沒有獲得任何東西。」這位患者在她的青

6 P. Woollcott, "The Patient's Religion as an Object of Psychiatric Study" (Graduation paper, Menninger School of Psychiatry, 1960); 其簡要版後來出版爲"The Psychiatric Patient's Religion," *Journal of Religion and Health* I (1962), pp. 337-349.

> 少年後期讀過很多宗教史，並開始逛教會，都是屬於新教的。在結婚並產下第一個孩子之後，「我開始質問很多事情，一直在想生命到底是所爲何來。」她先生在她提到宗教的事情時通常都會發怒，所以她學會了避免在他們之間提起這話題，但她去教會的次數卻愈來愈頻繁，後來幾年她就進了天主教。她在碰到壓力時非常仰賴禱告，她說：「這樣可以使我靜下心來，也教我學會仰賴我自己以外的一些東西。」她有時只爲了去沉思而上教堂：「在一陣沉思默想之後，我總是覺得自己好幸運。我在那裡找到眞心的信仰和希望，也找到內心的平和。」她覺得從教會得到的教訓是：「個人確實事關緊要——他對於上帝和對自己來說都重要無比。在教堂裡我會眞正感覺到謙卑，但也同時覺得很自大。我可以回復到很幼稚的願望和情感，我可以倚賴強烈的保護需求，而這種方式在教會裡可以接受，外面一般人卻不行。我可以卸掉我的虛僞表面。」她描繪出一幅神的圖像，像是個和善、堅定、能保護的父親模樣，會照顧她，但不會讓她省略掉生命的考驗。[7]

這位女性顯示了她的思想中有許多和宗教相關的東西：她是否應加入教會？加入哪一個？生命是否有任何的計畫或目的？她是否能透過禱告或儀式來因應個人生活中的難題？她用了很多時間來作沉思，但我們不知道她沉思的內容是什麼。她是否曾把沉思聚焦在

7　【譯注】這段摘要就是取自伍爾寇(Woollcott)的研究，但在原文中沒有註明頁碼。下例亦然。

特殊的主題，或只是零散的遐想？或只是在祥和的氣氛中作著白日夢？她認爲她自己值得什麼——不論從她自己或是上帝的觀點而言？她所默想的是她對於謙遜或偉大的感覺；她知道有時她會任隨自己掉入幼稚的願望而不以爲恥。她認爲她可以扯掉「虛僞表面」而變得更誠實。毫無疑問的，她也會想到許許多多其他事情：先生、孩子、交通、食物、科學、休閒活動等等。

從「非宗教，或最不屬於宗教」那一組，伍爾寇的報告中有一個片段，是取自一位聰慧而年輕的研究生，他具有猶太祖籍：

> 「我父親曾想要成爲一位拉比，但後來因爲還有做生意的雄心而放棄了。母親在名義上參加了一些猶太人的文化與社會活動，但沒有什麼明顯的感覺。」不過當他父母堅持要他去作Bar Mitzvah(猶太成年禮)時，這個年輕人非常不高興，也很氣憤他們的「種族中心主義和圈內人思想」。在青少年期時，他是非常強烈的反宗教者，但在經過一段心理治療之後，開始大量閱讀宗教和哲學書籍，「想找出答案」。他沒接受任何教義，但覺得有些需要仰賴神之處，並想要發展出一套生命哲學而能避免超自然思想。他覺得他需要的是「積極的支持，以道德價值的形式，且確能幫助我採取積極的行動。當我需要這種支持時，我就上教會，通常是公理教會，這就如同我想要輕鬆時，就會去游泳池游泳一樣。在那裡通常也會讓我有團體的認同感」。他認爲宗教的體驗主要是一種美感體驗，可以在某方面比擬於欣賞大自然、獲得自由的感覺，乃至「對我就像坐在家具店裡，被一群我所羨慕的家具圍繞一樣」。

令人驚訝的是，這個人也在「尋找答案」，而且偶爾會上教會，但不讓自己依附於任何有組織的宗教活動。他的思想中充滿著對於事物本質好奇的問題；他很想知道：道德價值如何能受到支持，因而能促使他在生活的壓力和機會中採取積極的行動。他對宗教問題和教理命題有相當敏銳的智性興趣，一面從中學習，一面又能對它們提出批評。他把宗教連結到美感的享受，包括藝術和文學，也包括大自然和肌肉的運動，甚至連到家具。還有，毫無疑問的是，這個人的思想也時時關切著他的學業、他的休閒娛樂，以及一些務實的生活安排。

這兩個例子還顯現出一些其他事實就是：想要從「非宗教人」中篩選出「宗教人」，其實是困難無比。兩者都可以談論到神，甚至還帶著溫暖之意，這包括那個「非宗教」的年輕人在內。而兩者的主要思想也都是關於他們自己，包括那位「非常宗教」的女性在內。兩者都可以進出教會，和有組織的宗教團體建立或打破從屬關係，並且非常率性地進出種種不同的儀式：對一個人來說是禱告，而另一個人則是觀賞大自然。一個人可能在教會環境中放鬆地進入沉思，另一人則會緊盯著智性問題而思索，不論是在家具店裡、在河邊或在寫期末報告時。某些人進教會是爲了要發現她自己算得上有個性，另一些人則是要在裡頭找到團體感。

打開奧古斯丁的《懺悔錄》，我們可以讀到：

> 「偉大如您，主啊，您是要被大大頌讚的；您的能力巨大，您的智慧無限。」而人有頌讚您的欲望，因他只是您的創造物中的一部分；他的周身承載著他的朽壞並帶著罪惡的徵兆，還有您所抵制的驕傲之明證。然而他仍渴欲頌

> 讚您，因他只是您的造物中渺小的一部分。[8]

這是直截了當的談神之語。奧古斯丁的語言具有毫無疑問的宗教性。接下來我們翻開一頁取自一位智性能力與他地位相當的人物，一位被世世代代的人所關注的語言大師，歌德(J.W. von Goethe)：

> 自然哪！我們被她環繞與擁抱；既不能抽身離開，也不能更深入彼身……她永遠永遠在創造新的形式。現在所有的，從前都未曾有；過去曾有的，也不再來臨。每事每物都有其新，然也都有其舊。……生命是她最美的發明，而死亡則是她爲了產生更多生命而布下的詭計。她用迷霧把人包覆，也戳使人去奔向光明。她激起人的需求，因她所愛的乃是運動……[9]

這些美妙的文字不論它所激起的是什麼觀念，絕不是神的語言。這也不是教會的觀念。然而其中說到造物者和受造之物，絕對者與偶然者，意義與目的，生命與死亡，新意與光明。誰又敢說這些思想是非宗教的？同樣這位歌德，在他和艾克曼(Eckermann)的對話中[10]大肆抨擊拿破崙，說他竟在私人的戰地圖書館中把《舊約》、《新約》、《古蘭經》都歸類爲「政治」。正如拿破崙可以採

---

8 *Augustine: Confessions and Enchiridion,* trans. and ed. A. C. Outler (Philadelphia: Westminster Press, 1955), I, 1, 1, p. 31.

9 J. W. von Goethe, "Die Natur," as quoted in I. Ramzy, "Freud's Understanding of Anxiety," in S. Hiltner and K. Menninger (eds.). *Constructive Aspects of Anxiety* (Nashville: Abingdon Press, 1963), p. 15.

10 【譯注】見周學普譯，《歌德對話錄》(台北：臺灣商務，1968)。

用政治觀點來看待宗教，歌德也可以採用宗教觀點來看待自然。

這些說明顯示了弗萊之說的正確性：信仰中人對於種種事物所能思能想的，和常人並無不同，只是透過一些奇特的觀點。若只是把一個人的思想內容編上號碼，那對於我們想問的「宗教人在想什麼」的問題必定毫無澄清之效。他們能想到的是所有的事情，但也要靠他們的好奇心、知識的能量，以及對難題解決所付出的精力。只是他們所想的，是奠基在特殊的思維範疇、特殊的概念、特殊的語言、特殊的喻示，這樣一來，就像弗萊說的，有時可能會導致不同的思想產物。

即令如此，人的好奇心和他所能動用的知識能量，還是會受到宗教考量的影響。譬如會有一種由宗教動機所引發的反智主義。好奇心也可能因爲受到宗教禁制而發愣。對於自然的探索也可由宗教詮釋而變爲插手干涉奧秘之事。這個奧秘之事的範圍可能會被誇大到超過必要的程度。「虛心的人有福了，因爲天國是他們的。」(〈馬太福音〉5: 3)這樣的句子就經常被誤解爲對呆鈍的寬赦，或把知識的慵懶轉變爲一種德行。在宗教的觀點下，思與知的本身可以帶有或神或鬼般的奧秘性質。《聖經》上關於伊甸園的故事對於智能的使用就投下一道特別的禁令：第一個人類，若吃下能知善惡的果實，他就得死。透過這種知識，「汝將如神」，而這竟是魔鬼所加的一句注腳。很顯然的，理智在此是透過**奧秘物**的核心性質來描述的：它是既迷人又令人排斥，它既是*fascinans*(著迷)也是*tremendum*(畏怖)。

宗教人和宗教運動一直都知道智能的曖昧性。對於思想的恐懼導致出版檢查、禁書目錄、*nihil obstat*(通過檢查)標記等等玩意，也導致像史構普斯(Scopes)判案般的悲喜劇[11]，以及超級沉悶的主日學教導。它會促進封閉的系統，讓人陷入不是身體的，而是知識的桎梏之中。對於思想的欽羨則可以引導出學者的工作、有學問的傳教士、塔穆德經典(Talmud)，以及那種大無畏的教義，說眞理終可使人獲得自由。它可以導致開放的系統、開放的心靈，以及對於宗教觀點非常有創意的使用。偉大的政治改革，譬如美國的人權運動，一方面是由於它有悲慘的必要，另一方面則由於它有一種驚人的力量存在。宗教智能的兩面曖昧性，斯之謂矣。

這樣說來，有批判性的心理學議題就是：宗教觀點之下的思維究竟能夠拓寬人的心思？還是窄化他的視野？究竟是磨尖了還是搓鈍了他的智能？假若就宗教的結果而言，人的心智必須要聚焦在一定的疑難和課題上，那麼，這種聚焦的方式必須能提高思想的清澈度，而致能獲得新的洞識、產生有創意的反應。對宗教的熱中其事，如果只是讓思想繞圈子，在打轉中沒有出現新知和自由，那就只是熱中，只是一直在思想中躊躇、沒有產出，而白白浪費了力氣。成爲這樣的宗教人，就是毫無用處、也不利於生活。

記憶

好幾年前，我對一位五十七歲的病患實施心理測驗，他是在一種老年前期的癡呆狀態中。我每次問他的問題，都需用歷史上的專有名詞來回答，譬如：「誰發明了飛機？」「誰寫了《哈姆雷

---

11 【譯注】「史構普斯判案」是指一位教師史構普斯(John Scopes)因爲在課堂上談人類由猴子演化而來，在1925年被田納西州法院裁定不准教授此內容。此案常被俗稱爲「史構普斯的猴子判案」。

特》？」而他的回答總是那句：「耶穌基督。」他好像是在一陣努力之後很認眞地說出來，也不像是在背誦咒語。後來再作排組測驗(sorting test)，他會把一些小金屬物體(譬如一把鎖)放成一堆，這表示他還有能力把東西歸入合理的組群。在此之後，他給的解釋是：

> 因爲你可以用它把東西鎖起來……是屬於美國……是代表所有的國家……全人類的正義……以聖父、聖子及聖靈之名。

這名病患在智能上有嚴重的障礙，也有相當多的記憶喪失。在他企圖解釋他把金屬物品放在一起時，他本可以說「這些都是金屬」，但他的眼睛在那把鎖上面打轉，然後他聯想到保全、安全、財物、權威，之後他總結說是「美國」。但從此就有一組機械的字詞記憶承接上來：面對國旗時的一組熟悉的誓詞，在學校裡學的，緊接著又引起另一組在教會裡最常學到的字詞序列。他出身在美國南部最保守的聖經帶狀區(the Bible Belt)[12]，首先在農田裡當幫手，後來從事墓園工作。他一直懷有一種妄想，就是他會因爲在二次大戰時的徵兵單上謊報而被逮捕入獄，而那是十二年前的事情。

這個個案的片段所刻畫的是一些頑固的童年記憶，以及早年習得的機械般的語言序列。同時它也顯現人在思想的監禁之中躊躇摸索答案，最安全的就是童年時學得那些句子了。這個案例的其他方

12　【譯注】聖經帶狀區(the Bible Belt)是對於美國東南到中南部一帶，從德州到奧克拉荷馬州的通稱。在殖民時代，這裡的居民多半屬於英國國教(即安利甘宗)信徒，後來逐漸轉爲浸信會。要之，作者的意思正是他所指的宗教上「最保守」的地帶。

面則證實了希波(Théodule Ribot)關於記憶衰退的法則：當老年的衰退開始發生時，近期記憶比遙遠的長年記憶要消退得更快。

毫不令人意外的是：這位患者的思想在智性運作失敗之時，只產生了兩個記憶核心，那就是國家和教會。兩者都象徵著權威、權力、秩序，以及保護。在生命的消長週期中，對許多人來說，這兩者也正對應並管轄著生與死之間的全部。它們對於一個不能仰賴自身權威的人來說，會有自然的拉力，並且常是拉向退轉(regression)[13]之力。它把人拉向最熟悉的訓誡、最熟悉的那些句子，那些空洞的觀念，也就是人總是從父親的照顧和母親的料理那裡所獲得的滿足。

記憶對於個人所偏愛的宗教詩句和宗教頌讚都扮演著非常重要的角色。熟悉的調子和熟悉的字句就是人在聚會時所喜歡唱念的，而當崇拜儀式的領導人要求他們唱新的頌歌時，他們還都會很不高興呢。乍看之下，這實在是個奇怪的現象，因爲「熟悉的老調子」常帶有低劣的音樂品質，其中的詩句也代表著神學上的嚴重誤解，而各教派其實都唯恐不及地要設法加以糾正。爲什麼一個聰明的中年人，也許還有相當高的學位、有機會接觸他的文化中最好的詩和音樂，竟然也能紆尊降貴地唱起「萬古磐石爲我開」("Rock of Ages")？當他會在空暇時會熱切地去讀最近出版的《對神誠實》辯論集時[14]，他怎麼還能夠這樣？我想最令人信服的理由乃是：頌讚

13 【譯注】在本書中對於"regression"一詞採用的譯名「退轉」，是根據Jean Laplanche and Jean-Bertrand Pontalis，沈志中等譯，《精神分析辭彙》(*Vocabulaire de la Psychanalyse*)(台北：行人，1994/2000)的譯法。

14 J. A. T. Robinson, *Honest to God* (Philadelphia: Westminster Press, 1963); D. L. Edwards (ed.), *The Honest to God Debate* (Philadelphia: Westminster Press, 1963).

詩句中的熟悉度，會自動喚起媽媽的聲音和爸爸的安詳舉止，以及童年宗教性之中那種愉快的單純感。

記憶的動力固然是高度私己性的，但我們切勿因此漠視其中的基本保守主義，而這是所有的宗教在所難免的本性。我們可以看見其中就有對於記憶的共同仰賴。宗教的力量大多是保存性和保守性的，也正因如此，當一個既有的宗教體系中，有創意或進步的趨勢產生時，其發言人常會發現他和這個宗教團體的大多數人發生了齟齬，逼得他不得不去另建一個新的組織單位。宗教中有大量的形式、教條和體驗都要向歷史，而不是要在當前的迫切情勢之中，尋求其存在的理由。所謂的「新宗教」總是有點歪歪扭扭的感覺。每一個時代都會有新的運動和新的使命，但新宗教就是鮮少出現。爲了讓一種觀念或使命帶有宗教性，那就必得把它們連接到教條的既有架構、到古代聖典，或到陳年而備受尊崇的觀念和操作方式之中。但是「陳年」就像人的年長或像陳年乾酪一樣，只有時間能做得到。

所以，在操作上，宗教裡有個重要的部分是仰賴著記憶的功能——社群中的各成員的個體記憶，加上群體的共同記憶。教會的建築，如同我們在上一章提到的，是擠滿了記憶以及記憶的小道具——在窗子、石頭、繪畫，以及上百件的飾板，上頭就可能刻著「爲了紀念我們所愛的柯克布萊夫人」。

記憶的功能在宗教上還和悔疚感(remorse)有極重要的關係。我們來聽聽詩人狄瑾蓀的陳述：

> 悔疚是記憶的醒覺，
> 因她的陪伴而騷動——
> 離去的動作現身

在窗前門邊。
它的過去在靈魂前寫下的，
要用火柴點亮，
以助詳讀
其中濃縮的快信。

悔疚是不治的——是一場病
連神也不能醫療；
因爲「祂之以此爲法」——
是爲了要把地獄補滿。[15]

對於悔疚的機制，你不能在這段完美的捕捉中多置一詞。「記憶的醒覺」乃是壓抑的失敗，也就是和忘記不愉快體驗的自然傾向反其道而行。懺悔的告白，不論用什麼私己或公共的形式，是宗教用來把不愉快記憶保持不墜的方式，要直到某種的寬恕在象徵中出現——以宗教本身所預示的方式，在正當的時刻來臨——要直到那時爲止。

知識的積累

我們必須提起另一個問題：宗教人對於他們自己如此獨特的事物，到底知道的是什麼？他們是不是有什麼特別的材料、資訊？他

---

15 *Selected Poems of Emily Dickinson* (New York: Modern Library, n.d.), p. 36. 由譯者所譯。

們究竟修得什麼造詣、有什麼學識是爲他人所不易觸及？我們就從一些路人皆知的觀察來開始吧：這是最近在報上披露的，所根據的研究，其題目是有關教區學校教育帶來的衝擊。研究的評量分別由天主教[16]和路德會[17](密蘇里宗教會議)的教育工作者所實施，他們都使用了好幾種評量技術，其可信的結果顯示：目前就讀教區學校或已從教區學校畢業的學生，在某些項目上的知識比起控制組的公立學校學生要來得多些。譬如說，路德會學校學生有比較多人可以辨認出路德所生長的年代，比較知道什麼是《摩西五書》，比較熟知聖經人物的名字以及他們的所作所爲。兩種研究也都嘗試回答教區學校學生在倫理議題上的態度是否不同，以及是否能應用教義上的眞諦來面對當前的難題。但在這些方面的研究結果就很令人失望了。

我們目前所當關心的是這兩個研究是否能和我們的常識相符。受宗教教育者的知識積累包括有：書本上的、歷史課上的、掛圖的各種事實和資料，巴勒斯坦的地圖，以及卡巴聖堂(Kaaba)、橄欖山、喀爾文教派本家所在的日內瓦城、路德之城維登堡(Wittenberg)，甚至盧爾德聖龕(shrine of Lourdes)的地理位置。如果一個人是對於聖經有信仰，則他所累積的知識無非一堆國王、先知、戰爭、家譜、天地創造與大洪水神話、戲劇性的文字、耶穌的教訓、關於靈療與奇蹟的故事等等。其中也許含有幾顆「生活規

---

16 A. M, Greeley and P. FL Rossi, *The Education of Catholic Americans* (Chicago: Aldine, 1966).

17 R. L. Johnstone, *The Effectiveness of Lutheran Elementary and Secondary Schools as Agencies of Christian Education* (St. Louis: Concordia Seminary, 1966).

則」的藥丸，以及生活態度導引，譬如十誡、山上寶訓、律法摘要、主禱文。不論所信的教條是什麼，其成員的知識積累也會包括一些儀式和經文，譬如在天主教的教堂中，女性必須戴上帽子，但在大多數新教的禮拜堂中就不必；至於男性必須摘下帽子，但在東正教的教會裡又另當別論。其他一些知識也是這樣：在伊斯蘭的崇拜儀式上該穿什麼鞋，該怎麼用念珠，募捐的板子怎麼拿，還有關於起立坐下的種種規則等等。

當然這些事實知識會和其他事情有關：一個人聰慧的程度，所受教育的質量，家庭學校所給的智性刺激，好的圖書館是否近便，以及所有其他會影響一般知識的因素。對於自己的宗教，聰慧的人比愚鈍的人知道得多。我之所以會這樣講，是因為在多元複雜的社會中，教派之間的歧異本身就會反映出其人口知識程度的階層現象：有些教派比較多些有智能、有學問的人，其他教派的知識程度比較低。只是，這樣的一般規則都有很多例外就是了。

我們有時會碰到一種人，不像是很聰慧，也不見得受過好教育，或很有學問，卻對於《聖經》有驚人的文本知識，特別是對於各〈先知書〉和〈啓示錄〉。他們有辦法大量援引《聖經》中的韻文和橋段，通常會使用欽定版的那種17世紀英文，也常帶有攻擊性或勸誡性的內容，還能說出其章節段落和韻文編號。他們必定是花了極多時間來囤積這些知識片段，也犧牲了所有其他的知識。確實的，我們不難發現這種人在其一生中對於一般文化知識的匱乏。他們的狂熱使得他們只認得一種知識來源，那就是他們的《聖經》，而所有其他知識和資訊就都應受到懷疑。另外，我們還發現一種相反的現象：有極多知識程度中上、教育良好的人，卻總是輕忽他們所屬教派中所有的知識用意，對於相關的宗教資訊一概無知，到連小學生都不如的程度。在這樣的案例中，有些人的一般知識和他們對於自己的宗教之無知所呈現的那種反差眞是強烈到非讓我們稱之爲「反面的狂熱」不可。對這些人而言，宗教和「不知」(unknowing)看起來是一樣的。他們拒絕使用自己的知識來理會宗教事務，只維持著渾渾噩噩的童年信仰，也使他們的宗教得以成熟的機會都受到自然的排斥。他們很可能是聰明的股票業務員，有研究所學位的工程師，或是見多識廣的社交名流，但他們之中有些人竟至認爲摩西是個使徒，或施洗約翰帶著他的家人落腳到迦南[18]。

在知識積累上的這種令人驚異的懸殊差距，必須用特殊的心理阻抗來解釋，而不能只說是懶惰。在教會的知識成員之中，對於宗教知識的各種興趣既廣泛也繁多，但這只算是個弱解釋。興趣的種類繁多可以解釋宗教團體和非宗教團體的知識差異，但對於教會裡聰慧而又投入的成員之所以會在知識上落後，最好是用學習受阻來理解。那是一種動力的歷程所導致的不知，而不只是因爲偷懶而沒學到東西。我們在前文中已經談過，反智主義有時會在宗教團體中盛行，使得整體的知識積累受到影響。而這種力量也可能會針對團體本身的信仰來源而發，致使其中成員會厭惡於研讀他們自己的經書、信條、教義或歷史。這種對於學習的阻抗也可能是因爲一種欲望，想要離棄童稚的虔敬印象。在其他案例中也許表現了積極反叛父母或教師的訓誡，只是這樣的反叛還走得不夠遠，因而不能割斷自己和家庭宗教的連結。還有更積極一點的是，對宗教知識的阻抗可能來自對宗教本身不同的想法：如果一個人把宗教定義爲情緒，

18　【譯注】摩西是創教者，不是使徒之一；施洗約翰是個獨身者，他沒有家人。這兩例只是在說明某些基督宗教信徒對於宗教史的無知。

並且就只追求非此即彼的情緒體驗，於是對知識的掌握遂變得理所當然地疲弱了。模糊的知識很容易把舞台讓位給亢奮的情緒。另有些人把宗教等同於美，把儀式和崇拜視爲美學的最高點，在其中，他們把理智視爲褻瀆。還有些人更把宗教視爲道德控制的神聖根源，他們絕對不願見到他們的「永恆」信條被歷史研究者視爲道德相對論之中的一個片面之例。

所有這些對於知識的阻抗都有長遠的過去。在久遠的世紀中，〈傳道書〉的作者就曾說過：「加增知識的就加增憂傷」(〈傳道書〉1：18)，而人所追求者，多屬虛空。但那裡面有一點點微妙的差異：這位傳道者曾經花費他的大半輩子在搜尋知識、演練他的好奇心，直到最後，他才作出這樣的判斷。他在這段布道詞中表現的，很可能是他在這種歷史階段所難免的憂鬱。當代抗拒知識的人可能根本不像早遠年代的那般憂心者一樣想求取智慧。

想像的歷程

在1489年，兩位多明尼哥會的教士出版了一本書，叫做 *Malleus Maleficarum*(《巫師之槌》)[19]，是作爲一本驅邪趕鬼者的引導書，教人如何區辨病人、壞人以及被鬼附身的人。而直到1959年還有一本書叫《現世中的撒旦之證據》(*Evidence of Satan in the Modern World*)，由克歷司雅尼(Leon Cristiani)蒙席所作[20]，書中的

---

19 *Malleus Maleficarum,* trans. M. Summers (London: Pushkin Press, 1951).

20 L. Cristiani, *Evidence of Satan in the Modern World,* trans. C. Rowland (New York: Macmillan, 1962). 譯者補注：「蒙席」是天主教的一種神職的榮銜。

主題大致接近於前一本書。對於撒旦那位「邪惡君王」的存在，兩書都予以肯定，說他不只是個喻示，而是連字面稱呼都是眞的。撒旦有能力把人抓住，利用人的身體來作神靈的手工，透過這身體來講話行事，有時甚至讓被附身者的人格改變到令人完全不認識的地步。

是什麼思想而能產生這樣荒誕的成品出來？我們固然可以很不屑地轉身走開，並對它吼道：迷信！或者我們可以半眞半假地跟它玩玩，並說它是：神話！不管我們採取這兩路之中的哪一條，我們都會同意：我們是在跟一種能把心理意象轉變成事物的思想打交道，而這是和事物的記憶轉變成思想頗不相同的。

這一類型的思想並不只限於中世紀的教士或當代的某些古怪蒙席。我這裡有一些出自某科學家的書寫片段，他是一本科學期刊的創辦者，也是礦業、工程、數學的專家，和一位從政人物，他說：

> 有人說，在精神性的世界裡，就像在自然世界裡一樣，也有空間、也有距離，但這樣的表象是和精神的親和有關，其本質是愛與智，也就是說，是善與眞。由此，我們的主，雖然是遍布於天上，由天使所陪伴，但仍高於這一切，而現身爲一顆太陽。更且，由於領受愛與智使人和祂非常親近，因此天使所在的諸天(the heavens)會顯得更接近於祂，且由於領受之故，就會比親和性低者要更親近於祂了。由此，分成三塊的諸天也就各不相同，各天中的社會也如此不同；更進一步說，在各天之下的諸地獄也由於拒斥愛與智而變得遙遠。在人而言亦然，我主在其中與之

同在，遍在全地，而此全是因爲主不在空間中。[21]

這就是史威登堡(Swedenborg)所寫的，而他則是亨利·詹姆斯(Henry James)和威廉·詹姆斯這兩位天才兄弟的父親非常景仰的人物。迷信？神話？豐富的想像？他是怎麼知道天堂和地獄有幾塊的——而他又憑什麼確信天使的存在？

有些思想是和感官所知的實在大不相同。人既是個思想者，所以對於感官教給他的一切，他不只會再製，他還會生產他自己的新鮮意象，雖然常常是奠基於經驗中的記憶之總和。意象有很多種類，在遊戲中生產或在信仰中產生，具體或抽象，富含細節或粗略描繪等等。有些意象是關於具體之物，有些則是關於物與物之間的關係。也有的意象是關於字詞的。有些思想中似乎毫無意象可言，只是包含著一些「集合」，或「方向」。在每天二十四小時的循環之中，我們每個人都在思想的光譜上遊走——從實在導向的、奠基於感官的思想，到極私密的、高度「不實在」的夢思想，中間有催眠狀態、半醒狀態的思維在入睡前或在將醒時發生，而這些狀態有它們自己對於意象特別隨意的處理方式。在醒來之後，我們也可能會飄進白日夢、遐想，或幻想，也可能會故意從事於積極的想像和思辯。我們可以設定幾個「宛若如何」的前提，並在此之上憑空樹立起整座城堡，讓其中盡是精緻的演繹和推論。或者我們可以步步

---

21 E. Swedenborg, *Angelic Wisdom Concerning the Divine Love and the Divine Wisdom* (New York: American Swedenborg Printing & Publishing Society, 1885), I, 10, p. 5. 譯者補注：這位史威登堡(1688-1772)出身瑞典，他除了是個科技專家之外，也兼神學家的身分，有很多神靈論的著作，本身也是個密契主義者。哲學家康德原先對他的著作很有興趣，但經過研究之後，寫了一本《通靈者之夢》，認定他的論點只是些幻覺。

設防、一絲不苟——但就算如此，我們到了晚上還是會作夢。

假若我們像麥基拉(McKellar)一樣[22]，把所有的思維放進一套光譜的兩端，其中一端是R型思維(現實考驗性的——reality tested)，另一端是A型思維(自閉性的——autistic)，那麼我們就會清楚：大部分的思維歷程都是R和A的混合物。一個含意很廣的字眼「幻想」(fantasy)可用來意指這光譜中相當大的一片，包括夢的產物、詩的想像、藝術性的玩耍、瞎掰胡謅，以及妄想。我也願把所有的神話和宗教觀念歸入其中。事實上，這就包含了兩種肯定的方式：人是依從神的意象所造；或像費爾巴赫的相反之說：神是依人的意象所造。一般人通常認爲想像力是無邊無界的，但更有用的想法是：想像歷程的豐富性中自有其結構。這種想法的根據是來自精神分析的理論：思想是跟著發展的腳步從A型逐漸移向R型。但那種移動不只是爲了便於一型之產生就放棄另一型。兩者間是以A/R比率朝向R/A比率的辯證歷程而發展，其中又都保存著A-向量和R-向量。是的，A和R之最初發生是來自於心理結構本身，但它們就決定了思想的動力。A-思維所指的就是「原初歷程」(primary process)，在其中衍生自驅力的願望會在愉快的意象中尋求滿足，它會和實在世界所編織者有所衝突，於是會在其間去設法填補縫隙。R-思維所指的是「次級歷程」(secondary process)，在其中所尊重的是實在界之不可否認的特質，於是願望的力量就得退居其次。既然驅力的那一整套架構以及實在考驗的那一整套配備都與我們長相左右，因此兩型思想之間的戰爭很少會是一方完全勝過另一

22　P. McKeller, *Imagination and Thinking: A Psychological Analysis* (New York: Basic Books, 1957).

方。我們經常發現的乃是兩方的某種長期妥協，而其間永遠變化的只是一些勝出和一些落敗而已。

所有的思想之最廣義的目的，可以說是適應，也就是協助個體或群體在最大量的福祉和滿足中生存，但是生存這個議題性質常要視情境狀況來決定，而人的生活也是一個動力場域，其中充滿威脅和機會，喜歡和不喜歡，穩定和變化。思想歷程是在這種動力場域中運作，並且要與這個場域中所見的難題相互調音。理想上說，在每一個場域都會有其適當的思想。一對配偶之間的想法總有些風格和規則，是和股票交換之間的想法不一樣的。思考藝術和思考酵素的進程不同。想解決字謎問題，和「認眞想」一個心愛的人瀕臨死亡時的感覺，需要動用到完全不同的思考風格。造神話和造橋梁是不同的，即令兩者都需由專家來思考。

這一節開頭之處所用的是關於想像這種思考歷程的引述，其結果是帶出魔鬼天使等意象，由於該意象之浮現，造成了具有召喚力的語言形式。但宗教的想像思考可以發展出多種形式並創造出多種意象。若果魔鬼和天使在這裡的出現使其A/R比率大得顯得難以令人信服，也造成這種想法的衰頹，但這並不表示A/R思維型態已經告終。人類史上已經產生過的R/A變形繁多，所以其過去與現在的種種肯定，都不會從中消失。

薩姆爾・巴特勒(Samuel Butler)有句挖苦的名言：「一個誠實的神乃是人類最高貴的作品」[23]，意思是說：關於神的想法是可以改變的，而且人的崇拜對象之基本特徵具有相當寬廣的想像幅度。

---

23 S. Butler as quoted in *The Concise Oxford Dictionary of Quotations* (London: Oxford University Press, 1964), p. 50.

我們只要對神聖意象作個大略的瀏覽，就可顯出其可能性的範圍實在令人吃驚。這些故事都有人說過了。在大洋洲對於奇特力量的觀念叫「魔那」，很多作者都相信那就是所有宗教的原初形式。魔那可以附著在任何能引人注意的事物之上，任何事物只要是在體驗上突出的就行：某種特別兇惡的動物、某個特別醜陋的人、讓人起疙瘩的聲音、奇形怪狀的石頭等等，都可變成魔那的負載者，之後它就可能轉變成崇拜的對象。人類也可能參入魔那，當他的行動成功時，譬如打獵、捕魚、生很多小孩，或是作戰英勇，或是成爲政治領袖。這種型態的思想中，其幻想的起點是把神秘力量歸諸於種類繁多的事事物物上，然後這些事物就變成一種刺激，激起了下一步的想像遊戲。

這些還都算是零零散散、不易掌握的，假若跟泛靈信仰(animism)[24]相比的話。泛靈信仰是能把人的屬性特徵歸之於任何有生命、無生命的對象上。這樣就可使任何東西都會像人一樣「看見」、「行動」、「有意」。爲了解釋人類和其他東西的顯然差異，泛靈信仰還產生了一個新的意象，就是靈魂、精靈之類，它們不但可以「住」在人的體內，還可以通過(可見或不可見的)操作而穿透空間住到別的地方。這個觀念的有趣之處乃是它產生一種區分方式，包括把身體與靈魂分離開來的可能性。

還有更具體的成就叫做圖騰信仰(totemism)，就是選擇某類植物或動物作爲崇拜的對象，這對象會具有正面或負面的社會力道，它會把人結合成一個社群，或接受某一個人的領導，而這人就是

24　【譯注】“Animism”一詞有人譯作「泛靈論」，其實不妥。這種思考方式不是任何「理論」，而只是一種信仰狀態，特別是指初民信仰而言，所以在本書中都譯作「泛靈信仰」。

部落頭目、父親，以及最高祭司。此外它還會把人分成幾個類組，並在其間嚴定亂倫禁忌，從而造成可婚與不可婚的選擇規則。

發展程度較高的宗教，據我們所知，可以對現代人提供書面文獻、教義規章、崇拜的系統公式，也有明確證據可顯示其崇拜形式。但從所謂原始宗教到這些後來的宗教之間過渡的歷史，我們的所知卻很有限。多神信仰(polytheism)(不論我們將它視爲中間階段，或是看它們的當代形式)之中的想像歷程所創造的諸神就會帶有愈來愈和人相像之處：性別分化、家庭結構、親屬組型、分工——其專業及功能都像是人類的社會和個體。A/R型的思想在此混入了相當多的R/A型思想，而後者的提示顯然都來自人的內省或來自社會觀察。諸神各有其特殊的興趣與關切：農作物的豐收、池塘裡滿是魚蝦、風雨氣候、各種技藝、商業交易、戰爭、愛情、法律。雖然諸神在各方面的潛力都遠遠大過於人，但在特徵上，他們跟人還是如影隨形。他們或是聰明或是狡猾，或是誠懇或是善騙，風流倜儻或冷若冰霜，溫文可親或嚴峻可畏，甜如蜂蜜或酸如老醋。在他們之間有愛有恨、與人親合或孤傲不群；他們互相是夫妻、父母、孩子或是近表、遠表之親。其中有些讓人覺得有趣因而逐漸變得地位突出，另一些則很沒趣，像跑龍套的，後來逐漸隱入後台，不再被人聞問。

幻想似乎會過當而使得由它所支配的生命變得失控。幻想也可能變得毫無節制，使我們看見各種破碎的繁衍，而沒有經驗上的統一性可言。平衡和統一的需求就產生了新的意象：混雜的神聖性格開始產生融合，重要的神聖角色也產生選擇性的聚焦，神廟裡的神明數量減少，每一位神祇的綜合性就隨之變大了。在古代希伯來文化中，單一神(henotheistic)的趨勢逐漸出現，雖然其中還承認歷史上諸多的神祇意象，但諸神的存在漸漸只剩下形而上的實在性，對單一神的偏好則取而代之，這樣的神具有更高的綜合性、更大的威力、更有原初性，且對於希伯來人民的關切會報以更多的承諾。這終於導致唯一神(monotheistic)的概念，使得上述的四個標準上升到更嚴格而有力的境界。

「終於」，並不意指神的最終意象。由於單一神的現身，對他的想像除了更有節度之外，也得到更新的自由，來創造這個神之中「更能明說」及「更多細節」的圖像，能讓人明白他是誰、他有什麼事功、他關切什麼，以及他和自然，和人之間的交易互動是如何進行。一整套新的意象由茲誕生。他是個創造者，在他手中的創造可能僅僅由於他能用言說來發聲。他的事功不再像舊的神那般用陶工或織工的方式產出。他會說話，他也會聆聽，所以對他說話是有道理的。他會以最廣義的方式關心他的所造之物，是以他會維護人的思想、言說和行爲——不只是維護著部落、國家，他還會維護個人，即使其中有些人是和他的部落或種族做對的。他會有他的偏好和嫌惡。他的想法和行動就像個父親，不只像個生育者，還像個家戶領導者，像孩子的教育者，也是個很好的供養者。他的行爲固然像個有智慧的父親，但他的意思並不像他的行爲那麼直接。他開始會區別人之所爲和他之所欲爲；他會同情心靈和身體的弱點。威廉・布雷克(William Blake)稱他是「日之古者」(the Ancient of Days)[25]，並把他描繪成一個白鬚僂身、披雲帶霧的數學家，手上

25　【譯注】威廉・布雷克在其詩作*Europe a Prophecy* (1794)中所謂的「日之古者」是源自阿拉美文(Aramaic)對神的稱呼："*Atik Yomin*"，是古代創造白日的那位大神。布雷克爲此詩所作的附圖可取自網頁：

拿著圓規，「度量」著他的造物和家產。其他的人則圍繞著他造出帝王般的意象，或高聳在人、在國家之上的統治者。以此觀之，服從和行止有序就變成對於人的重要要求。18世紀的有神論者本身常是建築和技術的能人，他們所想像的神就是個崇高的鐘表製造者，能發明出一個恆動之物。還有人把他想像爲性格溫暖的人，讓人可以對他吐露心聲。有些詩人會把他比擬爲庇護著小雞的母雞，或批盔戴甲的戰士，或堅固的城堡，或慈祥的牧人。在這些意象中的思想都是從感官經驗中引申而出，而後轉入記憶，其間所用的常識，或所作的邏輯推演，都是有跡可循的。對於神聖性中的高貴意圖作了一些選擇性的強調，從而把A/R的秉性大量轉化成了R/A的負荷。

宗教想像的創意遊戲有個傑出的例子，就是基督教歷史上的贖罪教義[26]。這段歷史顯示了神學思想經歷了多次明顯的變化，它一方面著意於維持邏輯上的一致性以及科學上可敬的地位，另一方面也同時在爲廣大信眾提供鮮活的意象。在有關贖罪的「贖身理論」(ransom theory)上，特別是由卡帕多西亞的東方教父們(Cappadocian fathers)所表現的[27]，神被描繪成人的創造者，也是有權利的擁有者，但他的所造之物後來與他分離，而投奔假的主子撒旦。神爲了把他的子民從這枷鎖中帶出，就派出了他的兒子耶穌來

(續)

http://en.wikipedia.org/wiki/File:Europe_a_Prophecy_copy_K_plate_01.jpg。

26 P.W. Pruyser, “Anxiety, Guilt and Shame in the Atonement,” *Theology Today,* XXI (1964), pp. 15-33.

27 【譯注】西元4世紀時在康士坦丁堡的一個教父家族，先是由St. Makrina領導，後由她的兄弟們繼任，即Basil the Great, Gregory of Nyssa, Peter三兄弟，以及他們的好友Gregory Nazianzus。他們代表了東正教對三一理論的回歸。

作爲贖金，向撒旦「買」回原屬於他的東西。潛藏在這個神學版本之下的社會意象，乃是奴隸市場上的貨品交易。其次一個理論是從《舊約》中的獻祭制度和羅馬法庭取得線索，混合而成爲一種幻想，把神描繪成神聖統治者和最高法官，對於人的越軌行爲以正義作出嚴格要求。他不僅要求以眼還眼、以牙還牙，還要求罰鍰，因爲他的司法心靈要求的是：罪惡所奪走者，必得償還；罪惡所攻擊者，必得報復。這種「賞罰理論」策劃出一整套神人交易，在其中，耶穌基督被當成獻祭的羔羊，同時也是神向人強徵的稅金。因爲這樣的贖金過於龐鉅，遠非一個人或所有人能夠負擔，所以是神以他自己的兒子之肉身來償付。這個既嚴峻又寬恕的法官自己償付了自己所要求的贖金。第三個教義版本是關於贖罪的所謂「政府理論」，其線索是自文藝復興以來的歐洲各國，在啓蒙之下而蒙受恩庇的治理主權。一個好的治理者是依法治理，但作爲社會秩序的監護者，他也知道愛和寬恕有時還要高於法律。成文法令有時會導致倫理上的惡行，因此治理者要以智慧來施行律法。他不會因爲盛怒或因爲要得滿足，而施行懲罰，他爲的是要獲得全體利益的緣故！他不能只愛刑罰，而是必須身爲表率。神作爲好的治理者，要透過讓自己的兒子以道成肉身(incarnation)[28]的方式，將已經磨損的*imago Dei*(神的形象)重新豎立，於是，神就這樣把他自己奉獻出來，既是爲了對人的慈悲，也是爲了給出一個崇高的榜樣。

這些鮮明的意象招引來數以百萬計的基督徒，當他們聽到了這種訊息而企圖援用到自身的時候，也無疑會促使每一個人都去追求

28　【譯注】道成肉身(incarnation)是基督宗教的神學術語，也作「降生」，是指神聖的存有降生爲人。這特別是指神之降生爲人子基督而言。

更多細節。每個人都會把那向他宣告的意象加上自己的聯想；每個人都會嘗試以自己的意思來迎接那奴隸主的父親、法官的父親，和治理者的父親。信徒們不只會從信仰中聽取傳統和教義所保存及琢磨的神話、寓言和喻示，也會在其中加上自己的積極幻想，而使之活生生地存續。對於耶穌的形象，有非常積極的想像一直在運作中，創造出了一大串不同形式的意象，也或多或少仍是鮮活不已的。耶穌被擁立爲這樣的形象：他是個創造奇蹟者，他會治療、會還人公道、會以驚人的言說和行動來修補人間的秩序。或者有人把他看成善牧者，以他那特有的溫柔看牧著群羊，也照料著每一隻。也有更爲柏拉圖式的、歇斯底里式的看法，把他看成靈魂的愛人，可以和他維持著如婚姻般的關係。有人把他視爲最高祭司，永遠在爲人作管理、禱祝、調解。還有人想像他是謙和溫馴的羔羊，如白雪般純潔，而到獻祭時則要血灑聖壇。這樣的意象使得布雷克揉合了詩意和現實的感知、融通了神話和個人的密契感應，寫下了如此的詩句：

小綿羊，誰創造了你？
你知道是誰創造了你？
賜你以生命，吩咐人來餵你
在溪河旁，在青草地邊；
賜你歡悦的外衣，
柔軟的外衣，毛茸茸的，耀眼而明亮；
賜你如此溫柔的聲音，
整座山谷都歡欣雀躍？
小綿羊，誰創造了你？

你知道是誰創造了你？

小綿羊，我告訴你，
小綿羊，我要告訴你：
人以你的名字叫喚他，
因他叫自己爲綿羊。
他溫馴無比，他柔和順服；
他變成了小孩，
我是小孩，你是綿羊，
人以他的名字叫喚我們。

小綿羊，神祝福你！
小綿羊，神祝福著你！[29]

這位詩人也寫下了「虎虎虎燦爛燃燒，在暗夜的密林中」，他會以任何手邊之物，用他活躍的想像力，把最平庸的東西轉變爲驚奇。這種驚奇的效果，也就是能把意象立地轉成*fascinans*(著迷之物)，這也許就是創意想像用來建立宗教觀念時的最大貢獻。一個觀念就只是個觀念，它很快就會失色並被人遺忘，但若把觀念(即令是最普通的觀念或最枯乾的概念)轉變成鮮活的意象，讓其中滿帶著令人驚喜的細節，那就是發現、靈感和教育的藝術了。如果把布雷克那種小詩中的新意拿來和四十年前的美國抗議教派

29 *Selected Poetry and Prose of William Blake,* ed. N. Frye (New York: Modern Library, 1953). 譯者自作的翻譯。

(American Protestanism)中所謂「耶穌怎麼做？」的那種陳腔濫調相比，則該教派運動的短暫命運就一點也不令人意外了。

對西方人來說，佛教的「空」、「無」概念是很難想像、很難理解的。如果要告訴他們，看盡人生的觀察，或邏輯推導的終局，就是虛空無物的觀念，那他們一定會立刻在這知識的鴻溝中填滿想像運用的結果，而讓無物替換成某物。從此就會有豐富的幻想投注在物的形狀上：天堂、地府、煉獄、陰間、冥城、黃泉等等。然而不論這些想法裡帶有多重的A/R思考意味，我們還是可以注意到R/A思維的外推法則已經加諸其上。這是要用空間和時間來想像的，雖然這兩個地上生活的維度必須以「超過想像力」的方式來延伸，以便能在現實、神話的稀薄邊際和貧乏的編織之中維持下來。天上不只有個城市，這城市還被命名爲天上的耶路撒冷。它的街道不用平常的磚塊或柏油鋪設，它用黃金來劃線，中間還散布著水晶池。在本章一開頭，我就引述馬克・吐溫對於天堂幻想的譏嘲，我也樂於讓他的說法能引起後來的加油添醋。其實但丁就提供了更豐盛的靈見；而《新約》中的〈啓示錄〉也有狂亂無端的視覺幻想。但其中最驚人的事實是：不論多可笑或多崇高，其最大貢獻就是對於幻想的特殊細節中總是包含著關於來生的實物感知和觀察，以及有力的記憶。不論下一個世界是恩寵或詛咒的結果，它的整個輪廓還是從日常生活延伸而來，帶著其中的歡喜和悲嘆。社會角色或特權可以顚倒，盛怒可以加諸於敵人之上，遲來的懲罰或遲來的報償可以實現，但這些幻想的起點仍都是日常經驗裡的各個片面。

爲了防止人耽溺於不朽、來生之類的幻想，一個人確實需要相當自制。有些人認爲這種自制須來自相信經驗論和現實考驗，並備有這種完美無缺之專業倫理的科學。另有些人發現只要在現實人生的此時此地中忙碌進出，就不會有精力去做稀薄脆弱的玄想。或者只需要一些克制和懦怯：別去妄想超過日常簡單需要的事情就好！宗教本身會促進或抑制人們對於將來事物的想像。正因爲關於天堂地獄充分發揮的幻想實例太多，我們常會忘記有些滿腹宗教性的個人或一整個民族都不見得會有此耽溺。希伯來人特別會克制黃泉何在之類的想法，他們不想知道那種空間裡會發生什麼事情。同樣的，基督徒也很肯定所謂的*eschanton*(將來之事)都只握在神的手上，因此費神去編織那種幻想就是坎陷在假設之中。聖保羅曾用透過幽暗的鏡子意象來描述人類的知識；雖然他希望看得更清澈，但他卻厭惡對於未來際遇多作玄想。

宗教的想像並不只會想到神，它也想到人。直到晚近的18世紀，精神醫學分類系統才把魔鬼譫妄視爲一種特殊形式的疾病，同時還包含宗教性的憂鬱症、變狼狂，和其他種種愚行在內——在此之前，這些都被視爲邪魔上身的證明。很多童話故事和迷信時代的文獻會說人可以透過和鬼打交道或委身於撒旦的力量，就可以變身爲狼、馬、鳥、龍和蝙蝠等。這意思是說，他們可以像動物般地行動、可以嘶吼作聲、四腳爬行、振翅而飛。相信吸血鬼可以吃掉出竅的靈魂，可以在人間搗蛋，這可是有相當古老的傳承的，並且至今都還是恐怖電影裡有力的母題。在較爲古老的圖騰崇拜社會中，一直存在著一種雙重意識(double consciousness)，在其中，人不只是人、不只是部落裡的成員，他還擁有另一種存在形式，也就是屬於被部落選爲圖騰的那個物種。他可以既是人也是豹。在儀式的舞蹈中，他會像豹一樣舞動；而在捕獵之際，他會像豹一樣安靜匍匐。

巫術的想法其實是被非常鮮明的想像力所包圍。巫術故事不只是童話故事或勸善故事，它被編織在生活的想像之中。巫師們受到一些人或一些群體的要求而進行施咒，或舉行對抗儀式。鄉村巫師對於自然災害或村民的怪異舉止都身負其責。這些操作所由之而起的信仰系統中，還包含有更劇烈的幻想，就是夢魔、夢中女妖之屬——這些男形、女形的惡魔可以和人性交，而後生下帶有詛咒的怪胎。這些都不只是正常人所講的幻想故事，而是會驅使一些男女去採取放蕩性行爲的動力。佛洛依德有一篇文章〈一個十七世紀的鬼邪神經症案例〉(A 17th-Century Demonological Neurosis)[30]，在其中所說的是關於一個憂鬱男人、一個病患藝術家的病態想像：他向魔鬼出賣其靈魂長達九年，他是用血和墨汁寫下契約書，也塗繪出他和魔鬼之間的協議。亞道斯・赫胥黎也曾根據歷史文件描述過歇斯底里幻想在修道院裡所扮演的駭人角色。《路登的群魔》(*The Devils of Loudun*)[31]就這樣一步一步寫出了一群受困的女人如何伴隨其怪異幻想而表現出的殘酷、陰險和血腥。

在我們自己的時代，類此的想像力也一樣活躍，只是不再受限於女妖和女巫。最近在《紐約客》雜誌上有篇文章[32]登載了神的教會(Church of God)這個新興教派及其主教湯林森(Tomlinson)的種種生動幻想。湯林森的野心是要在耶路撒冷創設一個由神所統治的世界政府。爲了做此準備，這位主教在許多國家之間奔走，通常是搭著飛機，以便實現〈啓示錄〉十四章六節的預言：「我又看見另

30 S. Freud, "A Seventeenth-Century Demonological Neurosis," in J. Strachey (ed.), *The Standard Edition of the Complete Psychological Works of Sigmund Freud,* Vol. XIX (London: Hogarth Press, 1961).

31 A. L. Huxley, *The Devils of Loudun* (New York: Harper & Brothers, 1952).

32 W. Whitworth, "Profiles: Bishop Homer A. Tomlinson," *New Yorker*, XLII (September, 1966), pp. 67-108.

有一位天使飛在空中，有永遠的福音要傳給住在地上的人，就是各國各族各方各民。」他會在任何一國的市場或大街上恭敬地辦一場小典禮，將自己加冕爲王，並宣布領土管轄權。一頂便宜的錫製王冠、一個充氣的地球儀、一件長袍、一張綴滿飾物的摺疊式草地座椅，就是他全部的行當。

幾乎所有的聖事都會求助於想像力，使得一物變成其本身以外的另一物。聖水既是水，也是某種帶有精神性的液體。要相信物質的轉化，就是一方面要承認紅酒和麵餅是其本身之外，也是基督的血和肉身。聖櫃裡放著王冠和其他的王者袍服，要從中取出聖事所用的卷軸，須必敬必恭，而對於一卷書爲何要如此尊崇，即令是對其中的歷史緣由早有明智的知識，還是得運用某種的想像力。

有人會辯稱：現代心智由於受到科學的影響，對於先前認定爲神秘的事事物物都已用理智來重新形塑，因此需要非常不尋常的想像力才能把神的觀念維持住。尼采對於神的死亡作過深刻的嘲弄，但早在他之前，科學和自然主義的發展已經逐漸把A/R比率轉變爲R/A比率，如下圖之簡示：

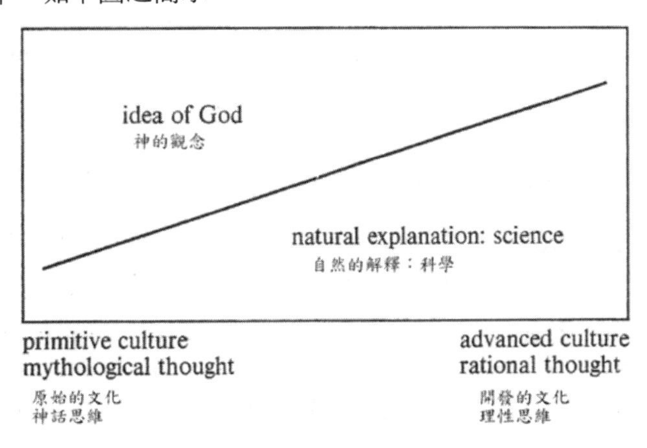

當人對自然的自然主義解釋增加時，神的觀念之有用性就會減少——也就是說，「如何作用？」「從何產生？」之類的問題改由 *deus ex machina*(機械產生的神)來回答了。尼采自己對於神的觀念所持的反對之見是屬於很不同的層次。他的想法是這樣的：「根本沒有神，因爲如果神存在，我如何忍受我不是神？」這種尖銳的思想承認如如之神本是想像的產物，而神之先前的存在，其功能就是對於人會無邊無際地追求其自身的全能，來作個檢查。神要把人維持在人自己的所在，形成一個邊際，讓人知道：超過此邊際，他不可、也不能有所企及。尼采在這一主題上還有進一步的想法，就是把神的意象轉變爲可欲的理想，而人的追求就可以有意識地與自然形成共能(synergy)——若果他能敲破舊時代宗教的外殼，以及小資產階級社會倫理典律的話。「神」這個字現在在此脈絡下的意思就是「理想人」，雖然目前尚未能如此，但此一蛻變的進程已經邁開。這個想法也一樣要求助於想像力，以便產生人的一個新意象：一個解開腳鐐的人，一個不被過去的偉大所干擾而能不斷努力向前的人；一個徹底改變自身高度，能把自己原來所屬的膽小文化甩開的人。

對於當代神學思想家而言，神的傾頹或死亡是個深刻無比而不能等閒視之的大事，對於信仰者和不信者的想像也都顯現爲一個鉅大的挑戰。而在後者大聲說出「因爲我告訴你是這樣的」之後，前者也沒什麼好抗議的了。既然他們的聲辯已經成功，那麼他們的體系之中有建設性的部分也應該顯現才對。至於前者，也得趕上建設性的思想，不能只是大惑不解地說：「老天爺死了——我的天哪！」事實上父神死亡以便於聖子、聖女的誕生，對於宗教的歷史來說，實在不是新聞，而那個主題在人類歷史的長流中其實很少激起波浪。它所激起的毋寧是像法國的君權主義者在改朝換代時所喊的那句口號妙語：「Le roi est mort, vivre le roi(國王已死，國王萬歲)！」去神話論者(demythologizers)也都同意說：傳統的「神言說」和「神意象」已經走到窮途末路，因而變得若不是純粹的廢話，那就是嚴重的誤導了。但這些論者中，有許多位立刻使用現代神話來取代老舊神話，並依舊高談闊論，宛若神只是換了一身衣裳，刮掉滿臉鬍子，來到海德堡就學，並開始說著一口現代德語。那一系列的思想還不就是想像的產物！更有甚者，此一想像的歷程受到大量相當準確的R/A思維之把關，因而把嚴重傾頹的神觀念和我們之間的相關，都作了充分的檢視。想把神重新界定爲「諸神背後之唯一神」是大大阻撓了想像，因爲這種神根本無從想像。吊掛在身前的香爐是不能搖擺的，禱告若只是學術性的演練，就不再是從心中流出的言說了。當你高舉雙手之時，以「存有的基地」(Ground of Being)爲名來作賜福的祈禱，就根本無從賜福了。

對於宗教的想像，一個有趣的挑戰是來自邦霍夫(Dietrich Bonhoeffer)[33]同一陣線的那一方。就某一意義來說，邦霍夫的主張是要廢除所有傳統的神意象，以便能對社會倫理的難題促生出新的想像途徑。在此看法中，「提及神」就意謂：能在社會中以勇氣的行動與抉擇而作出正確的事情。做正確的事，以及與邪惡相抗的跡象，可以在神人耶穌的形象中找到——要強調的是耶穌作爲一個人——他是神聖的肉身形式，我們應在他身上尋找，正因爲他能以不凡的勇氣來面對他當時的挑戰，也包括他能面對宗教本身的傳

33 D. Bonhoeffer, *Prisoner for God* (New York: Macmillan, 1959); D. Bonhoeffer, *Ethics* (New York: Macmillan, 1955).

統。此說的焦點是在於決策者耶穌，而重音是下在新意與創意上——在生命所有的面向之中，如何以新意與創意來因應威脅與機會。在此脈絡中的想像必須以創意的驚奇形式來表現，而逵司特勒(Arthur Koestler)[34]對此的定義是：在兩個看起來不相容或不相關的看法之間，找出一個特殊的「鉤連點」，而將它們鉤在一起，以此而創出一個全新的觀點，使得新的知識或新的處事原則可由此而發生。邦霍夫本人面對納粹統治的政治處方時所表現出來的勇氣反應，就是這個意思的顯例，雖然其結果奪去了他的生命。在密西西比州的色爾馬(Selma)鎮上做和平遊行，或是用靜坐、靜跪來表示，也都是相似於此的想像之產物，只是這裡採取的是動作，而不是用圖像。

宗教想像的實踐

現代醫院裡的精神醫學花了相當長的時間才發現，或重新發現：精神病患被留置在單調的環境中，地板光淨，四壁沉悶，無事可做，只能坐在排成一列的搖椅上，這樣就更容易使人耽溺在益發頑執的病態幻想之中。在警務的專業科學中也有個來自實務經驗的秘密：只要把周遭環境和日常生活所提供的刺激強度和多樣性作長時間剝奪，嫌犯就可以被弄到六神無主，或竟至發狂而作出不實招供。單獨拘禁在無門無窗的密室中，單調的牆壁、簡單的食物、無事可做，只有一顆持續亮著的燈泡，懸擱了晝夜的節奏，在此之中的囚犯對於現實的掌握會變弱，而引發原始的幻想。除非他能用自

34 A. Koestler, *The Act of Creation* (New York: Macmillan, 1964).

行引導的思想來使自己保持忙碌，譬如想出數學謎題並試圖解題，或發動一串反覆出現的機械記憶，或在心中擬稿用來作爲審判時的自辯，否則他很快就會成爲自己的欲望和渴求的受害者。壓抑解除了，幻想竄逃而出，在遐思和白日夢中滿足安全的渴求，完全不計其代價。

納粹統治的窮兇極惡，共產黨勞改營裡的思想改造，在集中營裡的奮鬥求生，以及在龐大而無人性的機構中，那些收容者所面臨的苦境，這些種種題材，有過數不盡的心理學研究，且都已證實：能保持住自主性且其功能不受傷害的自我(ego)[35]，是環境刺激組型和個人自身驅力這兩者之間辯證的結果。拉帕波(Rapaport)[36]對於這樣的自我自主性提出的理論圖示如下：

<u>**它**(id)[37]　平衡於　**自我**(ego)[38]　平衡於　**環境**</u>

---

35 【譯注】「自我」在本書中大多時候是保留做"ego"的譯名。有關「自我」、「自己」、「我自身」等等用語之間關係的問題，請見注38以及第十章的討論。

36 D. Rapaport, "The Theory of Ego-Autonomy: A Generalization," *Bulletin of the Menninger Clinic,* XXII (1958), pp. 13-35.

37 【譯注】把"id"翻譯爲「它」而不像過去的許多翻譯叫做「本我」，事實上是爲了糾正一個長久的誤解。在佛洛依德的原文(德文)中，這個名稱叫做 "das Es"，在英文中相當的譯法原應作"the It"，但英譯者James Strachey創造了一個英文中所無的新字"id"，只是爲了和原先選用拉丁文"ego"顯出平行的意味，他在*The Ego and the Id*的編譯序(S.E. XIX: 7)中對此作過一些說明(而這個"id"可能是拉丁文"idem"的縮寫，意即「本身」)。在現代漢語裡，譯爲「本我」無論如何都是過度翻譯，或就是誤解的結果，因爲這個"das Es"或是"id"並不具有任何「本」字那種清楚、明白以及固定、根本的意味。所以，忠實的譯文還是應該叫做「它」——至多是爲它加個引號，表示那是個特定的稱呼而已。但在下文，但凡引述舊有的漢語譯本時，仍會使用原有的譯名。

其意思是說：當環境輸入的正常刺激受到巨大改變，乃至消失之時，系統就會出現補償，使「它」自動激發一些衝動，並逼使自我必須對它保持「隔牆有耳」的反應。相反地，對這些衝動的壓抑或控制有一部分是來自環境的抨擊，但社會性的支持在某程度上可使得這些衝動以感知或象徵的方式來讓個人企及。在進行精神分析時，要讓人躺在躺椅上、讓人容易產生自由聯想，正是因爲仰臥的姿態可使自我的清醒警覺放鬆下來，讓外在刺激的輸入消弱，因而使自我對於驅力和由驅力所衍生的願望更有受納性。像高夫曼(Erving Goffman)[39]所說的「全控機構化」(total institutionalization)，所指的是監獄中的囚犯以及大型專科分化醫院中的病患之處境，這種處境把其中的個人認同所來自的群體支持，或性別關係中的角色機會，都予以剝除盡竟，囚犯和病患因而被機構的例行管理方式弄成嬰兒化，而其中所設定的難以捉摸和壓迫重重的存在，正像是卡夫卡(Kafka)象徵小說中的城堡和法庭一樣。

過去和現在的宗教實踐中都包含著運用感官剝奪和環境操控的

(續)

38 【譯注】把"ego"(德文原文是"das Ich")譯爲「自我」已是過去的漢語譯本已有的習慣，但在此也要提一下James Strachey對讀者的提醒：「在《全集》中的某些地方，"das Ich"的原意似乎是指"the self"(人自身)」，所以不用「自我」來稱呼。要之，佛洛依德所用的"das Ich"在S.E.中除了指人格結構中的部分「自我」之外，有時也指「人自身」的整體。在精神分析的語彙中，這兩者的區分，如作者所言，是非常重要的，但在佛洛依德一生的著作裡並沒有對此作出足夠清晰的區別，後來的學者曾作過梳理，發現佛洛依德的著作確實在不同的脈絡中，存在著這兩種不同的語意。參見D. McIntosh, "The Ego and the Self in the Thought of Sigmund Freud." *Internationl Journal of Psycho- Anaysisl.*, 67(1986), pp. 429-448. 在佛洛依德之後的精神分析學者就比較會意識到這種區別，在用語中也會有意地分別使用。

39 E. Goffman, *Asylums*(Garden City, N.Y.: Doubleday & Co., 1961).

方式，其目的是要加速想像並將之導入所欲的管道。「思想控制」是個充滿戰鬥意味的詞彙，其使用者都會用此詞來指稱其意識型態的敵人，但在中性的立場上，則指任何意識型態以有組織的手法來訓練人。從敘利亞的沙漠隱修教士開始，很多基督徒就在尋求一種像隱士那般的孤獨，或在其他簡化的、非社會性的環境中生存，爲的是要活化他們的想像，以便更能在體驗上捕捉他們所追求的眞理。在這種追求之途中，他們的想像有時已經鄰近於幻覺和妄想狀態，這在那些自求剝奪者的觀點看來，也就不足爲奇了。

羅耀拉(Loyola)的《精神的修練》(*Spiritual Exercises*)[40]就是一種宗教思想控制的形式，其中非常細膩地運用到想像力。在某些時期，在所謂系統性的「默想」中，師父們會督促潛修的生徒要盡其可能運用鮮明的想像，來接近耶穌所受的釘刑，及其在十字架上無時無刻不飽受的摧殘之苦，要使自己和他的主認同到能流汗、悲嘆、呻吟，要能有一個時刻是「活在」這些近乎幻覺的階段中[41]。在這本作品集的第一前奏中，作者所受的勸勉是要用想像之眼來看見地獄的長、寬、深；要禱告自己能深切感受到地獄中人所受的苦痛；要看見熊熊烈火；要聽見這些受折磨的靈魂在哀嚎、尖叫或嗚咽，還有他們丟在基督和天使身上的毒咒；要聞到腐土和礦煙的惡臭。

在許多天主教的修會中，對於見習修士都會有結構式的引導，來降低他對世俗生活的認同感，以便讓他的思想與存在狀態都能轉

40　*Obras Completas de San Ignacio de Loyola*, trans. de I. Iparraguirre, S. J. and C. de Dalenases, S.J.(Madrid: Biblioteca de Autores Cristianos, 1963).

41　B. Hegardt, Religie en Geestelijke Oefening: een Studie van de Exercitia Spiritualia der Jezuieten (Rotterdam: W.L. & J. Brusse, 1939).

化到隨時可聽候教士理想的召喚。雖然各個修會的做法會有所不同，但共同的特徵仍然可見。每位見習者都會被送進一間異常簡單的小室，徒有四壁而沒有地毯、沒有裝飾，另外就只有一張床、一張桌和一把椅子。那地方很安靜，而住在其中的人也應該維持靜默。牆上會有一支十字架，或一張宗教圖畫——但這不是裝飾，而是作爲默想時的聚焦之用。在入會儀式中，他的俗世衣裝會被褪除，換上修士的道袍，家人的探視會減到很少，寫信、接信也一樣減低。個人的財產在俗世生活中是用來肯定個人認同的重要工具，但在這裡卻不准擁有。這裡一方面只有限縮或簡化的感官刺激，另一方面則是有引導的默想和聚焦的思維。設立起保全措施來防範過度理性和邏輯的思維，就如同由保全機構來防範自由聯想一樣。這個歷程算是一種想像力訓練，透過環境操弄和社會控管而達成。在羅馬天主教傳統中，關於沉思型密契主義的文獻都著重一種危險平衡，就是在思想鬆散和過度理性之間、在狂野幻想和純粹邏輯之間、在幻覺的陷阱和唯理主義的枯想之間達成。如果在沉思默想間成功達到了想像的活力，這時的密契者就會把他這種洞識狀態歸功於神聖恩典的特殊眷顧。

禱告所採取的姿態以及禱告時周遭環境的安排也遵循著刺激簡化的一般原則，爲的是提升思想中的想像形式。眼睛閉上，雙手拱閤以避免分心的觸摸，下跪的姿態可形成不用努力而自然的倚靠，開口時用幾句學過百遍的機械式開頭，使得挾帶著願望、自責、懺悔、承諾的思想列車容易起動，也產生極大的自發性。當其時也，輕聲說出，或只是「去想那思想」，就可以把意念從語言的形式中撬鬆開來，然後又進一步提升其想像的歷程。事實上，有時人在禱告中會「發現自己的所說、所想」竟會這般令自己驚異。

但是，想像力也可能被明智選擇的外在刺激所引發或點燃，而這些刺激的目的就在於把心思朝著一定的思想之流，或一定的意象而攪動起來。一切形式的藝術都有此功能，無怪乎各個用作崇拜的處所都會有這樣的設計或綴飾，以便能把視覺、聽覺導向於某一特定的觀念。神龕及其背景、掛在牆上的畫和飾品會把人的眼睛「吸引」過去，並讓心靈激發而得以展開某一主旨或母題動機。音樂也能如此，特別是來自於巴哈這類大師的有主題或有標題的音樂，在這些作品中，幾乎都帶有圖像般的品質，這在聖羅耀拉的精神修練之中也一樣重要，宛若在模仿著一些「場景」：悲哀、歡愉、困惑、溫柔、憐憫、悔恨，以及行進和鞭打的節奏、哀悼的低泣，或如迷狂般的載歌載舞。

爲了促進想像力而利用外在刺激，有個更爲明顯的安排之例，那就是宗教劇——從專業演出的大型受難劇，到教會學校裡幾個小孩所作的角色扮演，都是。我相信正是在這一點上，以及與此相關聯的刺激排組歷程，在清教徒式的基督新教和羅馬天主教、東正教的崇拜形式之間，在意見和方法上會出現很大的落差。清教的教會牆壁用白色水泥漆，沒有彩飾，沒有任何讓人分心的東西，這可說是刺激的低限化，而通過這種安排，使每一位崇拜者都有可能發現自己的感覺和想像力都提高了。乃至是幫助他成爲更佳的接收者，來接收那唯一的刺激：言說(道)。在天主教那美不勝收的建築傳統中，由於豐盛的視覺、聽覺刺激，會使得想像的歷程躍入另一面向：用刺激的高限輸入，同時以多種母題來引導幻想。在天主教中，崇拜的本身就是一齣戲劇；而在清教中，它是服從的聆聽。

對於宗教中的智性歷程作了這樣的評估，可使我們發現：宗教人原本不是只在想一個特殊題材，而是有些時候他會以特殊的語彙去想一些普通的事情。在此最要緊的議題是：宗教觀點的思維究竟會把一個人的思想變得寬闊或狹隘，智能變得遲鈍或敏銳，因而是否能抵達有意義的問題。我們看見記憶是在保留早年對於安全與否的印象。而我們也發現：宗教知識的積累一方面會受到個人所受的某些歷史或教義知識的影響，但另方面由學習而來的障礙，有時也會在宗教所關懷的事物上產生假性的呆鈍。

宗教和任何其他處境一樣，不論是禁得起現實考驗的思維，或是自閉症式的思維，都會以各種組合的形式出現。對於想像的積極運用，非常值得我們注意的，乃在於神的意象，以及這些意象與時推移的變化。然而，這些意象還大多保留著實際感知與自然觀察的痕跡。弔詭地說，當神的意象被文化所鞏固時，要思考出另類的可能，那還眞是需要些想像力，譬如「神已死」的神學，或宇宙之無神的概念。

智性歷程在宗教體驗中扮演著種種要角，因此思想的組織就値得、也准許我們對此作特殊的臨床分析。接著，我們就要對此進行下一步的尋索了。

第四章　宗教中的思維組織
Thought Organization in Religion

主題統覺測驗常被臨床心理師用於診斷研究，在作測驗之時，患者要先看一系列的圖片，大多數是描繪生活情境，圖中有一個人或好幾個人。由於這些情境都有點曖昧不明，因此每一張圖片都可用各種不同的方式來詮釋。受測者的工作是對每一張圖片講一個小故事，也許可以就圖來發展一段情節。其中有一張圖的表面是黑色，長寬各約爲六吋，在左半部切開一個白色銳角，暗示那是個打開的窗子，有個人影以手臂靠著窗側站立。這整張圖就是個剪影，只有黑白兩色。

從七位受過神學院學士以上訓練的神職人員，針對這張圖片，我得到以下的一些故事：

> A.這張圖是一個小男孩在黑黑的房間裡，看著外面……那是晚上，但好像有很亮的月光。他在看著星星，心裡想是什麼讓星星一閃一閃的，是什麼讓它們運作，是誰把它們放在那裡……它們和他有什麼關係。他的態度算是好奇和感興趣，驚異，甚至敬畏。它們看起來好遠但卻和他好近……他覺得好像星星和他自己中間一定有什麼關聯，但他不太確定……而他是在尋找理解的希望。

B.我想說，這可能是某種的竊案。他也許是從窗子進來的。

C.簡單的黑白畫面，是關於那首家喻户曉的詩：「我必須出去，因爲這裡太窄小，使我的心受到束縛。而我在想，在山的那一邊，我將看見什麼。」那是我們國家裡每一個人都有的欲望，想當個水手，或當個學生，去看看世界。」

D.吉姆就是那種不怕孤單的人。他單獨自己在想，自己抱持理想，單獨的作夢。他最愛的消遣就是在一天的工作之後，尤其在夏天那幾個月，就只是回到家，靜靜坐在窗台上，看著四周的平靜安詳。他發現在這時刻，他最能把自己的思想聚合起來，可以讓自己作個自己的計畫，可以把自己的生活導引到最平靜而有秩序的狀態。

E.吉姆・包登是個很有抱負的年輕人。在晚上，當他的家人都熄燈就寢後，他常會站在開闊的窗邊，眺望眼前遙遠空曠的景色，和在天際向他招手的光線。有一晚，他像平常一樣站在窗邊，這時他決心要離開家到遠處爲自己找到一個新生活。

F.這是個年輕的男孩，從房間裡往窗外看，看天上的星星。有一下子，他沉思著星星的美麗和驚異而迷失了，但他也正在夢想，或馬上會夢想到自己的未來。他在想，自己會不會成爲一個太空駕駛員，開往廣闊無垠的外太空，但他又轉念想得更遠，想是否能對人有幫助，這下他才覺得對神有驚異感和神秘感，並且感到內心深處的激動，就是想要和神有更近的關係，想要把自己以某種方式獻身於服事神。他有這些想法，但這一晚，他主要的還是感覺到驚異和美感，看著星星，只想沉醉在裡面。

G.這個年輕的傢伙十年前站在這裡的窗邊，看著外面飛過的飛機。這是他在城市裡的家，當他還在十幾歲時，他就夢想要當個飛行員。而今天他進入航空界，並且確實讓自己頗有成就：他有很多麻煩，也常常在危險中，因爲他常在試飛新型的飛機。不過他還是二十七、八歲的年輕人。他已經變成他的公司的設計部門的主管，就是他試飛過飛機的那間，或者他是個重要的工程師，工程部門的主管。但他的能力很強，對公司而言很有價值，所以他們不要他再去試飛了。他還站在窗邊欣賞著正要試飛的飛機，而試飛的人比他還要年輕。

同一個場景由七個觀點來看，有很明顯的差別。有些故事含有豐富的細節，也很有想像力；另外一些就很貧乏。有些涵蓋面廣而分散；另一些則銜接得很好。有一些很有詩意，甚至有密契感；另一些則很平淡無奇。有一些思維歷程從一開始就很有組織；另一些則鬆散地滑來滑去，從一個思維轉到另一個思維。有些很有象徵性；另一些則有事實性或操作性。

這些考量帶出了一個宗教心理學不能迴避的重要問題，即在宗教追尋之中的思維組織。在《一個錯覺的未來》一書中[1]，佛洛依德很尖銳地點出其他前人或後人也曾觀察到的事情：由於其中帶有

1　S. Freud, "The Future of an Illusion," in J. Strachey (ed.), *The Standard Edition of the Complete Psychological Works of Sigmund Freud,* Vol. XXI (London: Hogarth Press, 1961), p. 26. 譯按：漢語譯本見第一章注16。

在理性上似乎無法辯護的權威性，使得宗教的斷言、信條、教義等等在認知上有個頗爲奇特的地位。你就是無法用外在的標準來爲這種權威的效度作抗辯或檢驗。這個思想體系裡面就是含有此一部分，而它是連同教本的形成之時就一起進入傳授歷程之中。信手可及的現成例子，就是關於神之存在的步步進階證明。你可以對這些證明提出種種疑問。如果神的存在可用邏輯來證明，那神不就變成了只是一個概念？如果「證明」是個科學的程序，那麼對於非科學的追尋難道適於借用科學的方法？難道古典的證明不都是套套邏輯(tautologies，或譯作「同義反覆」)？爲什麼有必要，或有此要求，來證明神的存在？還有，所謂「已證明」的存在，其本質會是什麼——只是一個物件、一段歷程、一種可能性、一個聰明的想法、一個令人滿足的觀念？或者，我們只是用喻示或類比的方式在談「X之於地球，正如造物者之於其所造之物」或是「X之於人，正如父之於其子女」或是「X之於存有者，正如物種之於其成員」？若是如此，既然一定要有個X，我們姑稱之爲神，作爲「有物存在」的指示，而那物總得有個名字。宗教難道不就因此使用了一套特別的術語而完成了一個語言戲局(language game)[2]，正如經濟學、數學、藝術或科學一樣？這是在談家常話，但卻動用了一套

2 【譯注】「語言戲局」(language game)是哲學家維根斯坦(Ldwig Wittgenstein)創制的一套觀念，有許多漢語翻譯者將它譯成「語言遊戲」，很容易產生誤導。Game的要義在於其「戲局」乃至「賽局」的意思，就是其中含有很多比賽規則，和兒童「遊戲」的無規則性大異其趣。關於此觀念的闡發主要的是在維氏的著作*Philosophical Investigations* (tr. by G. E. M. Anscombe, London: Blackwell, 1953)，有多種漢語譯本：《哲學研究》(北京：三聯，1992；台北：桂冠，1995；北京：商務，1996；上海：上海人民，2001)。

秘密語言或人工語言嗎？難道宗教全然是個虛擬的系統，就像蒐集郵票，或像兒童的玩具鈔票？

在能夠回答或甚至接近這個問題之前，我們責無旁貸地要先對思想的主要維度作出一個綱要式的說明，也就是臨床工作者在對一個人的思考模式或型態進行評量時總會碰到的那些。我將以一種測驗模具之助來作說明，這個模具可以產生很多有用的臨床測驗：即用排組的方式來做的歸類測驗[3]。測驗的材料包含大約三十個項目，全都是很普通、很簡單的物品，譬如用餐的器具，家用的工具，如：螺絲起子、鉗子、釘子，抽菸用品，如：香菸、雪茄、菸斗，幾張後厚板剪成的形狀，如：方形、圓形、卡片，一組鎖頭和鑰匙，一個橡皮塞，一顆球，一個腳踏車鈴鐺等等。這些項目中有些是用仿製的玩具版，譬如小叉子、小餐刀、小湯匙，有些工具是用幼兒玩的木匠工具組，還有假的雪茄和香菸。各種東西的材料包括金屬、木頭、紙、橡膠等。它們有好幾種顏色、大小。要受試者做的是兩件事。首先要他把放在前面的一堆物品之中先挑出一樣，放在桌子的乾淨角落，然後把「能歸屬於同一類的東西揀出來跟它放在一起」。當受試者完成這歸類工作後，也就是已經把東西放成幾個類別或範疇之後，再問他為何這些東西可以放在一起。換句話說，就是要他把歸類的理由說出來。在測驗的第二部分，測驗者把幾組安排好的物品放在受試者面前，並問他這一組一組的東西為何會放在一起。他再一次要講出來，但這次是要搜尋出一個個的概念（concept），好讓它們能準確地包含各組東西。

3　D. Rapaport, M. Gill, and R. Schafer, *Diagnostic Psychological Testing,* 2 vols.（Chicago: Year Book Publishers, 1945）.

很顯然地，這種測驗(可以無限地變化地)讓你看出一個人是如何把他的宇宙給「擘劃出來」(至少是其一個樣本)，以及用什麼標準來建立相屬、相像、相關和內在一致性、同一性等等。有些關於思維組織的範圍和方式會在此凸顯，也可藉此聽出他對自己的所作所爲如何使用辯護之言。更且，還可看出他主動「做出來」的範疇，和被動搜尋出來的連貫原則究竟是什麼。

測驗所顯現的維度中，有一個就是受試者的歸類思想之寬度(span)。在面對著一堆雜亂的東西時，他要如何選出一些項目來固定成「一組」？確實的，當你面對一個混亂而多面的世界時，你要怎樣在混亂中建立出秩序，以便能將它「掌握」？你要的有多寬或多窄？什麼和什麼是可以堆在一起的？用這個測驗來說，你可以挑出叉子、餐刀，和湯匙，然後說「餐具」，但你會停在那兒，而不想更自由地把玩具版的刀叉、湯匙也歸入這一類嗎？若果把後者排除，那就表示你有近乎苛求的區分，來分別「成人餐具」和「兒童餐具」，或是「眞的餐具組」和「玩具的(仿製的)餐具組」。你可不可以加上一個厚紙板的圓盤來擴大餐具的概念，使它包含一個碟子(圓盤在此是模擬)？果眞如此，那就是個相當鬆散的分類，有點好玩或是比較想像式的。你可不可以把雪茄放在碟子(紙的圓盤)上，然後宣稱這組東西是晚餐後的一個景象？那就是對於「餐具」更鬆散，鬆散到近乎危險的分類概念，鄰近於童話。假如你還再加上一張卡片，把它想像成「菜單」，則概念推理已經讓位給純粹的虛構，其中有些東西顯然不是它看起來像是的樣子。相反地，你可以只把叉子和湯匙放在一起，不放餐刀，而完成一個很狹窄的分類。這很可能是由於對刀的恐懼，而致把一切帶有銳利邊緣的東西另外歸成一類。這樣做是用純粹的情緒基底來作的造作歸類，因此而把「餐具」類給窄化了。

寬度也是宗教思維的一個重要維度。有些宗教思想家的寬度是寬廣至極——所包含的一堆裡從人到星星到鐵礦無所不包，因為那就是「創造」或「世界」或「祂之所造」。另一些人則很狹隘，譬如為「虔誠」這類別，能歸進來的只有教會的建築和在一週的特定時間出現的一小撮人。有些人的寬度只包含一些看起來秩序井然和怡情悅目的事物：可愛的樹林，群羊吃草的谿谷，但不能有海上風暴或森林大火。或說可以包括生產、結婚、養育和死亡，但不包含其間別的事情。可以包含健康、活力，但不包含疾病和死亡。可以擴延到所有的好事：和平、有生產力、和諧、可愛、乾淨的事物，但是浩劫、戰爭或性，在完美的秩序之中只是不幸的錯誤，就不應被這種擴延所及。「宗教」的寬度可包含崇拜、禱告，或參與若干儀式，但僅此為止；或者它可以擴延到包含親子關係、商業的基本規則，以及暗示食物有「清淨」的和可食但不可用之分。有些可以包含政治，另一些則會拚命將政治排除。

很顯然地，寬度和概念的層次是肩並肩的。寬度的包含性愈大，則其概念的層次愈高。狹窄的寬度可以處理較低的抽象程度。「餐具」是比「餐後景象」較低的層次。一整堆的東西用「物品」來概括，是極高的層次，相對地，「紙製品」只包括厚紙板的圓盤、卡片、香菸，就是抽象程度較低的。但你也可以爭辯說，香菸到底該不該包含在內，因為它不只是紙，而是紙捲著菸草。

概念層次的想法也許是根據梯子的樣子想像而來，底部寬、頂部窄，而這想法有其複雜性。假若蘋果、橘子和香蕉可以抽象成為「水果」的概念，那麼你已經從抽象階梯的底部，即感知的多樣狀態，往上升了幾階。一個植物學家會從水果的概念往上升幾階，而一個雜貨商則會從此往下幾階，因爲他的水果中有些是蔬菜，譬如黃瓜、南瓜和豆莢，而這些合起來對他來說會構成不同的類別。這都是仰賴於你所選擇，並能發揮功能的談論領域而然，而其中也許包含著非常實用的考慮。任何類別的概念之抽象層次是否適當，是要由品味、用途、共識的效度，以及你選擇的目的來決定。你的起點在抽象階梯上很高的話，你就會有個非常寬廣包含的概念，譬如「本性」或「物品」，「善」或「惡」。這些其實很難叫做類別概念，因爲包含太多，以致一「組」的還是一堆，雜亂得令人無法掌握。在階梯的最頂端，你會看到的就是極爲廣含的二元性，譬如主體與客體，存有與空無，心與物，神與創造。在此之上則是統一、全體、神以及不可言說。密契主義的終極目標就是要克服最後的二元性，而與全體和神結合，以臻至統一。但顯然在這統一之中，所有的知與言都會消失，所以當然對於密契狀態的報告，也就是對於出神狀態之事後的回溯說明，總是某程度地低於統一的層次。奧圖曾經很敏銳地說過：密契者總是多言，即令他們所要傳達的是他們所體驗過的超絕靜謐[4]。他們必須用繞圈子的方式來講那不可言說。講說和知道只能在統一的層次之下。

在物品歸類測驗中，東西可以用很多不同的方式歸在一起。好的、具有共識效度的概念傾向於「餐具」、「工具」、「玩具」或「菸具」。但你也可以橫切過這些類別而用顏色來分類，譬如把一張紅紙、一把有紅色把手的槌子、紅色的橡皮塞子拿出來，並把這些東西稱爲「紅色的東西」。或者你也可以專注於物品的材質，選

---

4 R. Otto, *The Idea of the Holy,* trans. J. W. Harvey (London: Oxford University Press, 1928), p. 2. 譯按：漢語譯本見第一章注54。

出餐具、腳踏車鈴鐺、一些其他的工具，然後讓它們歸屬在「金屬物品」之下。你也可以根據東西的大小、長短、輕重、光澤來分類；你甚至可用材料的軟硬來做標準。只要你講出的原則和實際作出來的選擇是完全一致的，那麼你的歸類就是有道理的。讀者們也許已經注意到，有些選擇的原則很自然，但另外一些原則就很假、很造作。我說的「自然」，在此脈絡下是很難定義的。所謂的自然就像是：一般人會用五斗櫃的抽屜來放布製品，而用開放的架子來放書。但你也可以說出爲何可用開放架子來放布製品的道理，或爲什麼可用抽屜來放書，儘管大多數的市民會覺得這樣的判斷很奇怪。事實上，很多小孩子會用這種方式來安排他們的房間，一旦如此，那就表示他們還須學會什麼叫「秩序」。很多科學之中的概念，即令是自然科學，也都是屬於人爲的，而非自然的秩序。所謂「自然」在此似乎有個語意，就是對感知與行動世界而言的「非藝術性」與「單純適切性」；它也意謂常識和不必思考的自明。人爲的或造作的歸類就不是這麼自明。它們所需的是和單純的感知有些距離，和行動也有距離；它意味著反思的態度和分析的套件。

在宗教的思想中，你可以發現對於自然與人爲的歸類方式或概念形構(concept formation)都有極多的使用。我打算用一組比較來說明。要比較的是對於保羅致羅馬人的書信之中的一段話，由兩位使用德文的神學家所作的評注。這兩位是路德和巴特(Karl Barth)：

> 原文的文本(〈羅馬書〉8：24-25)：我們得救是在乎盼望；只是所見的盼望不是盼望，誰還盼望他所見的呢？但我們若盼望那所不見的，就必忍耐等候。

路德	巴特
就文法而言，此一說法或有具象性，然而從神學來理解，則它是以最為直接和雄辯的方式表達了最為強烈的情感。正因如此，故當盼望是為了渴求見到所愛慕的對象而起但卻受到延宕時，愛只會變得更大。是故所盼望的和盼望者就因強烈的盼望乃能合而為一，或正如受祝福的奧古斯丁所言：“*Anima plus est, ubi amat, quam ubi animat.*”(「靈魂在其所愛之處比其所住之處為多。」)同此，當我們的普通話這樣說：我的火焰在此！而詩人則說：「你是我的火焰，阿敏塔斯。」[5]	真理是嚴峻而又神聖有力的；而救贖亦然；為我們存在的神自身亦然。真理的勝利與充實的臨在，只當盼望之時才是我們的。若果我們就像我們一向所是者，能夠直接了解真理的話，則真理將不是真理。若果真理對我們僅只是眾多可能性之一，則它如何就是神？我們如何能被它所拯救，若果它不具有逼人的力量來催迫我們朝著永生作出危險的一躍？來促使我們敢於想神之所想，作出自由的思想、嶄新的思想，和整全的思想[6]？

我在此的意思是想說，路德的這段話比巴特使用了較多自然的思想範疇：其中把盼望看成普通的意思，就是渴求某物，並將它描述爲鑲嵌在詩、格言、日常語言之中的共同體驗。與此相較，巴特的範疇在一瞥之下會和日常生活中的盼望相去甚遠；他敢於將救贖描述爲嚴峻，這是和常識中所知的甜美完全相反的。他把「眞理」一詞變得非常特別，乃至讓它超過直接了解之外。從路德的「盼望的火焰」到巴特「盼望的一躍」之間，有個很遠的範疇，及意象的

5 M. Luther, *Lectures on Romans,* trans, and ed. W. Pauck (Philadelphia: Westminster Press, 1961), p. 239.

6 K. Barth, *The Epistle to the Romans,* trans. E. C, Hoskyns (London: Oxford University Press, 1933), pp. 313-314.

移調，是從自然概念轉變到人爲概念。

這種差異也發生在較低的抽象層次，用較無文采的方式呈現。在聖經帶狀區，「宗教」一詞代表的是禱告和主日學校，也許還代表滴酒不沾，並且一定是不咒罵、不出惡言、不作性展示。不過在東哈林的新教教區中，「宗教」就意謂對被逐出者的法律救助、組織抗爭遊行、在助選活動中動員選民，或是和社會工作者的討論。就宗教而言，世界確實是用許多不同的方式而「擘劃出來」的，不論用的是高抽象或低抽象層次。在美國新教的一大片地帶，由薩爾曼(Warner Sallman)繪製，金髮帶鬚的耶穌像[7]是所有教會都會依樣畫葫蘆的。在靈恩教派的社區，最受支持的特色乃是作預言和舌語[8]。在改革派的傳統中，體面、秩序、端莊和學問都是非常基本的價值，並且由茲導出崇高的準皇室神祇(quasi-royal deity)之自然概念，以及高度人工化的雙重命定(double predestination)概念。將神視爲「父」的概念看起來是個相當自然而低階的抽象；將神視爲「萬軍之神」也相當自然，但抽象層次較高些；至於將神視爲「存有的基地」則是相當人爲也是高度抽象的。

好的概念形構在宗教和在其他地方一樣，要求人在實際的歸類，和言語上的歸類說詞之間，達到完全吻合。歸類的動作就是其說詞的指涉。反過來說，言語上的形構應該準確包含歸類的內容，而不能在未歸類的那堆東西中留下任何屬於已經歸類的東西。假若

7　【譯注】Warner Sallman (1892-1968)美國芝加哥的插畫家，其作品Head of Jesus(耶穌頭像)的全球發行量超過五百萬張。可參看http://www.warnersallman.com/。

8　【譯注】在聖經裡“speaking in tongues”常被翻譯成「作方言」，這其實是指薩滿巫術裡常見的“glossolalia”現象，譯爲「舌語」比較具有人類學的準確性。

一個受試者把紅色的東西歸在一起，但又在那堆中遺漏了幾件紅色物品，原因是他行事潦草，或因爲他對紅色物品還有第二層次的考量，這一定會公然招致反對。他所做的歸類裡有不明的或會滑動的邊界，因此他的概念也是如此。他的思維上有任意性的規則。很多關於道德在宗教上的疑問就是起於不明的概念，尤其在需要監視和管制的問題之時。當問題牽涉到是非對錯的不準確邊界時，在這大架構下，我們可以把倫理辯論視爲解決良心問題個別案例的一種藝術。一部電影或一本書是否猥褻不雅？某一個教派的成員是否根本不該看電影？如果可以作有條件的肯定回答，是否表示他們只能看宗教電影？若然，那什麼是宗教電影？在關於節育的問題上，宗教取徑的回答顯然也有概念邊界的不明之處。在受精卵到胚胎之間，從哪一點開始切入，要被算成謀殺或剝奪生命？使用機械手段或化學手段來作生育控制，以及用自行實施的性慾節制或用週期計算法，以及希望流產意外發生，在原則上有何差異？倫理辯論本身非常精細，爲了使一個案例被歸入「好的」或「壞的」類別，需要動用多重的標準。可用有利的法律，用已經在書面上行之多年的法條。但也可以帶入行事意圖的觀念，這就假定了思想和行動之間有差異。甚至也可帶入教育的標準：若果這個案例可以寬恕，那麼防洪的閘門大開，使得「人人都會這麼做」了。

大量的宗教思想和文學都正是針對我們所爲之掙扎的問題而發。和宗教相關的概念界線到底要多銳利或多流動？在現實之內所作的區分到底要多清楚？是否可以寬容甚至可以鼓勵某一些的曖昧？宗教的說服方式和系統對這些問題有幾種不同的回答。對基本教義信徒來說，聖經乃是神的言說，就這麼簡單。對相當一些人來說，罪就是指打牌、喝酒、通姦、說謊、偷竊和殺人，這些都有乾乾淨淨的情境準確性。律法就是律法，你可以在十誡或在〈申命記〉裡查到。在基督科學(Christian Science)[9]之中，身體乃是形上學的不眞實，因此疾病不可能存在。在圖騰社會中，侵入圖騰的領地乃是最大的犯行，即令是不小心的。在某些群體中，救贖必須來自一種確鑿無疑的信仰改變經驗：五體投地、口吐白沫、舌語大作，或說出自己的靈視。在某些信仰療癒的崇拜團體中，鬼邪附身的想法已經被具體認定，所以可數出有幾個鬼「上身」，還可以一一點出牠們的名字，然後可用驅邪法術將牠們各個擊破。有些時候那些鬼是被「送到」某個離境很遠的國家。天堂盛滿聖徒，地獄盛滿惡徒，有人會作出這種選擇——中間沒有灰色地帶，沒有可疑的案例。用牛奶盤裝肉類，或反過來用肉盤子裝牛奶，在儀式上無論何時都是無疑的犯神之舉。在禮拜五吃肉(直到最近之前)簡直是不可思議的。

上述的例子所顯示的都是邊界分明的概念，只准作清清楚楚的應用，沒有任何曖昧。在認知上，它們與其他概念有鮮明的區別；在道德上，它們產生明確的規則。它們在既定的宗教系統內運作，不會有任何令人驚奇之處，因爲它們就是全體之中的部分。但是當新觀點從系統外進來時，它們就開始失敗了。在《舊約》諸先知的作品中，以及後來耶穌的宗教裡，你可以發現有各種意圖是在揭露系統之不足，他們向我們顯示的是：宗教的概念*不*應該有清晰確定的邊界，也不應該有人作這樣的宣稱，爲什麼？因爲概念(以及它

9　【譯注】基督科學(Christian Science)是一種基督教學說，由Mary Baker Eddy倡議於她的著作*Science and Health with Key to the Scriptures* (1875)，已成爲「科學家的基督教會」(Church of Christ, Scientist)這個教派的主要教義。

們所衍生的規則)是要爲人服務的。概念必須適合於人的目的。要爲明確的宗教概念鬆綁，第一步就是要引入思想和作爲，以及作出意念和行動之間的區別。下一步就是找出介於兩界之間情境，讓固定的區分和規則可以互相發生傾軋。當然，這都會是衝突、危機和複雜非常的情境。第三步就是把這種認知明示出來：生命本是充滿矛盾和緊張的，而宗教概念的邊界(就像所有其他處理人之存在的概念一樣)必須有足夠的彈性和適切的模糊性，以便對應於人生本有的曖昧。有時還要走第四步：在曖昧中顛沛掙扎，除去所有的概念邊界，抹殺一切規則秩序。但這是一種認知的無政府狀態，既不可教、也不可寫，所以在文化上它幾乎沒有機會傳遞。

精心打造的概念邊界之模糊性，可有一個古典的例子，就是〈約拿書〉(Book of Jonah)。神遣送這位先知來宣告要毀滅尼尼微城(Nineveh)，在經過一段長時間之後，約拿已誠心相信神怒以及毀城對於該城居民是必然無誤的後果，但神卻反悔並要原諒尼尼微。「這事使約拿大大不悅，且甚發怒。」[10]於是他突然要面對這樣的事實：愛的力量可以推翻道德的約束，而他的概念世界也會因此而傾頹。耶穌講的話裡也有許多類此的層次，例如爲了使法利賽人無言，他問道：「你們中間誰有驢或有牛在安息日掉在井裡，不立時拉它上來呢？」[11]這樣的想法在一個標題之下同時結合了規則和例外：關切、照料、有益或愛。路德以其辯證法來談律法和福音時，強調了靜態和動態概念的差異。喀爾文(Calvin)則用雜耍特技的方式玩概念，但最後卻形成了「雙重命定」這個極度緊張的教

10 【譯注】〈約拿書〉4：1。
11 【譯注】〈路加福音〉14：5。

義。齊克果(Kierkegaard)爲了要引介他的動力基督教版本，只好使用「對基督教界的攻擊」。所有的辯證思維都是對於概念的邊界同時既要拉緊也要鬆綁。把概念的邊界刻意模糊化，就會產生道德的變化，這在情境倫理的現代趨勢中可以找到一個顯例，那就是西蒙・德・波娃(Simon de Beauvoir)的《曖昧倫理學》(*The Ethics of Ambiguity*)[12]。

到此，我們對於宗教的概念形構已經算是有備而來，可以看看各種思想組織的類型了。對於混亂多重的現實要施用什麼範疇，以便從其中創造秩序，這方式可以是由自然得出，以及由人爲造作。使用的概念可以是靜態的，帶有固定的邊界和疆域；也可以是動態的，其邊緣和界線會移動，正如你可以在電磁場中看到的可變組型一樣。

不相稱的概念形構

在實施歸類測驗時，偶爾會有人作出一群清楚而連貫的歸類，但卻說出一種和歸類動作不能共量的定義。他的說法聽起來表達得很好，概念也清晰，但和他實際作出的排組歸類並不相符。譬如，他拿出紙盤、卡片和紙剪的形狀並說：「這些都是玩具。」「玩具」是個好概念，「紙製品」也是，但這兩者並不相合；實際歸類(也就是這個人所闢出的世界)和他的語言掌握或指認的方式之間有不相稱之處。

12　S. de Beauvoir, *The Ethics of Ambiguity,* trans, B. Frechtman (New York: Philosophical Library, 1948).

這樣不相稱的概念，也就是把實際的和言語的兩界兜在一起，有時在宗教思想中也會出現。一個很普通的例子是「基督徒紳士」，其意是指一種實際的歸類(紳士)，就是把某種善良、體面、舉止得宜的人區隔出來，並從一種完全不同的論述領域及基本上不同的類別借了另一個詞彙(基督徒)來並用。基督教的意識型態和文獻對於男人女人都有很多話說，但卻和英國市民觀念裡的紳士迥然不同。市民的信條和規範比較在意的是行爲有禮和態度怡人，但這些都和連在基督教徒身上的罪和救贖迥然無關。像這種建立在語詞和實際指涉之間的不相稱性，在政治的論述中是很常見的。美國白種中產階級的新教徒就常把他們自己的生活方式描述爲「基督徒的方式」。這種群體的成員會把他們的生活目的、道德規範，還有對於有實際指涉的交友圈、業務關係網絡等等都作這樣的描述。其中意味著當他們一起打高爾夫球、投票給同一個政黨，和家長會同一鼻孔出氣、一個勁地欽羨聯邦調查局，然後把這些都總括地稱作「基督徒的生活方式」，完全沒意識到他們已經從一個範疇滑轉到另一個範疇。

有一次我開車經過一段沉悶的鄉間，聽到收音機裡一位牧師的講道，他正熱切地講著〈約翰福音〉十四章第二節的經文：「在我父的家裡，有許多華廈。」他很生氣罵那些「重訂標準版」的「小器鬼」把這經文翻譯成「在我父的家裡，有許多房間。」他講道的主旨就是說：既然「詹姆斯王欽訂版」已經答應要給的是華廈，那他就無法在僅僅一個房間裡安居！他的概念完全是理性的，他把華廈和房間的差別也作了非常精到的描述，對於社會地位和其他種種滿足的不同，也有很令人激賞的區分。但是他沒有意識到這些喻示在思想範疇上更重要的本質差異，也就是「能像一家人般住在一起」和「建築物有好壞」之間的差別。

最高法院最近對於校內禱告的爭辯作了一個裁決，這是另一個例子，用來說明混淆兩種領域的虛假概念形構。在裁定公立學校不可逼迫學生參加禱告會之時，法院所標示的是教會和國家之間的差異。在這個裁決背後，我們看到的是巴別塔般的饒舌，而許多個人和團體變成了自己對自己的饒舌，也就是把不相稱的概念或論述領域混為一談。公立學校是一種受人尊重的機構，其目的在促進知識的探求、道德的敏感，以及成為忠誠的公民。禱告則是一種受人尊重的活動，它也許有助於使某些人變得敏感和忠誠——但不是以公民對國家的關係，而是就人對其神的關係有何目的來說的。但對某些人而言，禱告可以全方位地達到建立人格的目的，而這不也是公立學校的目的嗎？不管對錯，有此期待的人就認定禱告是公立學校道德教育的工具，也是其成效的證明。這樣想的人很少去想他們自己的概念形構，不論有多敏銳，事實上是和其指涉不相符的。不管怎麼界定，公共道德是一回事；不管怎麼界定、實踐或提倡，禱告是另一回事。這兩者像是兩支不同的把手，插在體驗這一種物件上：每一支把手自有其接頭和接口，但它們插入現實的方式各有其不同的組型。

布特曼(Bultmann)學派的神學家們倡議：對於《新約》中的訊息作了去神話的解讀，以便更有利於教會任務的推展。他們已經插手於我們所處理的問題。雖然他們的提法是以神話的名義(我們隨後會討論)並且還追問如何脫除古代新約想像的誤導，但他們所用的某些論證聽起來還眞像是對於不相稱概念謬誤的抗議。當《聖經》的宇宙論提到天界是用「在雲端之上」，而底層世界則用「地下冥界」時，我們所住的人間世界就被壓縮，並且隨時會受到來自那兩界不斷的入侵，它所造成的問題不只是說這種「天堂」「地獄」的概念對於現今的心智狀態而言太過於古老，和太像神話。這些想像和現代世界的至福與至苦面向完全不符，也不能外推到現代人體驗中的歡樂或憂愁。這些都已不能再用星空和火山來想像；它們都已不能直接投射在空間中。對於迫在眉睫的判斷，我們的信仰不能再靠那坐在雲端的耶穌基督來給我們靈視。比較可能的是由人來努力提升社會改變的動力，以及意識型態的革新，至於其他，則留給疑惑以及抗爭。光明之子和黑暗之子會和以前一樣持續地鬥爭，但光明和黑暗的喻示已經愈來愈渺茫了。啓蒙或愚昧，進步或停滯，動態或靜態的想法，比較像是今日世界所能想的兩極化。古老的神話會死去，而新的神話會誕生，貧乏的神話則鬥不過更好的神話。但這樣的改進還只是停留在神話學的圈子裡。拿神話學的宇宙論來和現代科學宇宙論相比，你就等於走出一個概念圈子，而步入一個完全不同的概念體系，其現實指涉也基本上大異其趣。而你不能用一個體系的語言來指涉另一個，否則你很快就會成為不相稱概念形構謬誤的犧牲品。

概念的提法和指涉物的歸類之間不能充分相符，這很常出現在關於神蹟的辯論中。對科學家和理性主義者來說，沒有所謂神蹟這回事。讓人驚嚇的事情會發生，讓人十分好奇的事情也有機會觀察到，但這些都不叫神蹟。荷蘭的科學家西蒙・史特芬(Simon Stevin, 1548-1620)曾對這種態度作了很好的表示：「神蹟就是沒有神蹟。」會發生的神蹟就不是神蹟；它要嘛就是可以用自然法則解釋，要不就是有挑戰性的謎團，等著要讓這種解釋發生。但對某些宗教人來說，對神蹟的信仰才是他們思想的經緯。對其他大部分既非效忠於科學也非效忠於神蹟信仰的人來說，神蹟式的事情只是偶爾發生的怪事，他們很情願說這是有神明的干預，但同時又肯定自然觀點的宇宙。這些人傾向於範疇混淆，好用思考貧乏的僞科學式論證來支持他們的神蹟信仰。我們有個例子，它經年累月地產生眾多討論，就是衍生於基督教的道成肉身的教義。如果你對這麼奇怪的事情怎麼會發生感到極有興趣，或想知道它的發生機制是什麼，那麼你就已經自動地讓自己排除到嚴肅看待此一命題的圈子之外。在那圈子裡，你可以使用推理來闡明其中的某些義涵，但這些同樣是教義的肯定，或是終究會變成教義的臆想。譬如說，對於道成肉身的教義理性，其必然的下一步就是要肯定耶穌是由童貞女所生，或更確切地說，肯定馬利亞童貞受孕而懷了耶穌的胎。接下來的一步就是臆測和肯定馬利亞的受孕乃是一無染的(immaculate)事件，因爲只當受孕體「無染於原罪」才値得接受先前即已存有的「神之道」(神的言說)。這種形式的推理至少是忠於神蹟信仰和超自然干預的基本前提。然而，教義的肯定有時要套用一種方便的推理來作自辯，而這就是借自生物學上有可能的單性生殖，像有些昆蟲一樣。這麼一來，這個論證只會讓神蹟信仰窒息而死，因爲它已經滑轉到完全不同的概念體系。生物學用它的方式剖分現實世界；神學用另一種方式；而人造生神話的能力又是另一種。每一種學科都有自己的實際分劃，並打造自己的概念提法。提出的程式和它的指涉必須取自於同一體系。

體系的滑轉常發生在這樣一些大字眼：罪或病、神聖或全然、療癒或寬恕，尤其是當這些字眼在古代發音裡似乎有同樣的字源之時。當共同的古代根源在接下來的發展中產生了好幾種語詞時，這是概念進步的徵兆。因此，從好幾種語詞倒推回先前的共同根源，這常是在製造混淆；它頂多也只能指出曾經存在這種統一，但由於好的理由它現在已經不再通用。如果罪和病原先就是一體的，那種一體的「某物」在古代是由巫醫(priest-healers)或薩滿巫者所傳承的，但我們知道：那些人物對於藥理、外科、敗血症和現代神學的知識都少得可憐。

在同時，不管有沒有相同的古代語源，「罪」這個字都會有奇怪的指涉，從交通違規到說謊，從雞尾酒到雀斑。在這種用法之中最爲盲目者，在其無害的一端，就是喻示用法之外的語境脈絡，而在其有害之處，則是忽視了和字相關的種種概念。「罪」是個神學字眼，只有在「恩典與原罪」這一組相對概念之下才能理解其義。交通違規的相對概念是罰款；說謊則是與挽回面子相關的一部分；雞尾酒會和口腹之欲或胃潰瘍相連；而雀斑則和皮膚上的疹子以及傳染病有關。「神聖」是奧秘力量的一種屬性，發生在崇拜、禱告和儀式的脈絡中；「整全」則是個結構的概念，藉此來顯現各局部之間的全圖，可以無限地向上或向下包含各個局部。「病」的概念更爲流動，它需要同時和「患者」的字眼一起使用，而在這脈絡下包含的乃是醫病關係。

注意到以上這麼多不相稱概念的例子之後，問題仍在於：爲何在宗教思維中它還是經常發生？是否宗教思維本身就是滑溜溜的？是不是因爲它缺乏邏輯的訓練？它是不是反智的？當然，有些時候，以上皆是。但它有很多代表性的發言人，都很能意識到上述的危險，並且致力於透過邏輯和認識論來琢磨它的思想工具，正如科學之透過方法和統計然。理由必須深耕。這裡暗示著兩種想法。第一、宗教的概念不能在認知孤立的狀態中站穩，而是必須在宗教活動的網絡中發生，譬如崇拜、禱告或密契經驗。在想著或講著崇拜的對象時，會有某程度的高昂感和豐盛感掠過概念本身，因而使得思維帶有十分敏銳和貼切的性質。更有甚者，假若宗教是源生於人意識到自己對於自然或宇宙的偶隨性，則對此偶隨性的任何解釋都必須處理非偶隨性的觀念，不管如何稱呼，總之就是更爲絕對、更爲終極和更爲原初之物。當人到達那種境界之後，那就很容易從舌邊輕鬆的假定，或嚴肅的命題，而躍入本體論，在其中，崇拜的對象就被宣稱爲眞正的眞實，也成爲其他一切的樞紐。以此而言，宗教的概念傾向於吸收其他概念領域，之後對於其他觀點的生機和自主性就會感到不耐煩。它傾向於收編其他的觀點，或把它們貶謫到較不莊重的地位。

第二個想法屬於佛洛依德。文化所傳遞的「宗教觀念的成熟庫存」[13](譬如教條)之中帶有權威的意味，超過確定性的程度，人是把自身的體驗將就於此而開始作推論的。它們宣示信仰，並以內定的力量來斷定自身。這種過分的力量究竟是所來何自？答案是：教條乃是錯覺，亦即「人類最古老、最強大、最堅持的願望之實現；其力量的秘密就在於它是這些願望的力量。」

功能性的定義

在做歸類測驗時，當一個人從一堆的東西中選出一支鉗子、一把玩具槌子和一支螺絲起子，並形成一個「工具」的分類，他把這三樣東西所共有的內容放在一個通用的名稱之下。這是一種進階的抽象，而其所需的是某程度的感知和動作，能從物體之中抽離出

13　S. Freud, “The Future of an Illusion”, trans. W.D. Robson-Scott (Garden City, N.Y.: Doubleday & Co., n.d.), p. 40. 譯按：漢語譯本見第一章注16。

來，使得純粹的認知得以發生，也就是把根本的性質從偶發的特徵中區分出來，並能把那本質歸在一個公分母之下。但不是所有的概念思維都像這樣純粹和抽離。有些思維比較接近動作系統，因此是和動作、行動糾纏在一起。它比較像是「用指尖思考」或「邊做邊想」，而這是幼兒的特徵。當它發生在成人時，它就表現爲衝動勝過反思。在我們的例子中，抽象形成的「工具」組就會讓位給功能上的定義，譬如「你可以用那些來幹木匠的活」，或「那些是用來修東西用的」。

正因爲生活所需的是很多行動，因此功能的概念在日常語言中也多不勝數，而你可以說，日常世界中的大部分都是沿著功能的線索來組織的。並且，要說某某事物是在幹麼的，或用來做什麼的，通常都比說它「本質上是什麼東西」要來得容易。而這在說到工具、物品和實用的東西時，尤其如此；說到吃喝的東西時，也多半如此；說到家中規矩時，較少如此；說到藝術時，就很少如此了。然而孩子們總是會反覆問道：爲什麼在天黑前必須回家？而這些規矩到底是「用來幹麼？」至於純粹爲藝術而工作的藝術家，就常爲了人家這樣問東問西而傷透腦筋：繪畫和雕塑到底是用來幹麼？這些東西有什麼用？你能用這些東西來做什麼？

功能的概念在宗教思維上也並不陌生。許許多多的書冊對各行各業的人灌輸著「禱告非常有用，也總是有益於做事」的觀念。甚至有本書還說禱告可以給植物加持，還想去證明對植物努力禱告可使它長得快。帶有短短禱詞的鑰匙環和護身符在每一間十元店裡都可買到，因爲有些人在焦慮的時刻就是需要這些東西。計程車上都貼有小海報，勸我們禮拜天早上要上教堂，意思是說這樣對我們有好處。少年法庭的法官偶爾會判年輕的虞犯去上主日學校。聖經故事的片子對電影工業非常有用。眞的，你只要有一丁點信仰就可以移山倒海。這些例子實在陳腐無比，但已經很能證明和宗教相關的功能性思維，而這在整個文化中可說俯拾即是。

爲什麼不是這樣？各種各樣的神都是被人使用的。從人的觀點來說，那是他們存在的理由。早在宗教變成沉思冥想之前，它就一直是有用的活動，用來爲食物、住居、安全、生育和社會保險的直接需求而服務。最初著重的是「伴隨著思想的活動」，譬如禱告、獻祭以及用舞蹈、擊鼓來擋開危險，而不是著重於純粹思想的本質。甚且，原初的神祇根本不是愛沉思的。他們總是忙著做這做那，當事情變得太呆滯時，他們就會把秩序攪亂一下，其他時候他們會讓季節做穩當的週期循環。他們在工作、養育、餐飲、旅行；他們很少睡覺。有時他們會孵化出一些東西，那就一定是新東西，以便證明他們所具有的動力。魔那既是能量也是權力，而原初的奧秘也是如此。只是後來這力量漸漸變成了分辨善惡的倫理之力。

由於神祇本身的許多線索以及最初強調的都是儀式性的作爲，我們因此而得知：宗教生活從來就不能與行動和衝動分離，不論在時間的演變中它們變得多麼沉靜而善思。只要有功能性的活動，則宗教中連概念思維都會帶有功能導向。這並不是什麼學派或觀點的功能論，而只是宗教概念的形成本就有類型多樣的趨勢，其中一定包括了功能性的定義。人就是在使用他們的神。他們使用恩典、罪與恥。他們使用崇拜和禱告。他們使用誓約和承諾。他們使用不可見的靈視。他們也宣告來生。就這樣，當他們思及所有這些事情時，他們同時也把焦點放在如何使用上。那位永不倦怠的路德把此事說得眞好：

> 為了要好好攪擾魔鬼，我們就會用教訓、布道、詠唱和暢談耶穌。因此我很喜歡聽到我們在教堂裡高歌：*Et homo factus est; et verbum caro factum est.*(而他成為人身，而道化為肉身。)魔鬼無法忍受這些言說，他就必飛走，因為他完全感受到其中所包含者。[14]

教訓、布道、詠唱和暢談——不是只在思想！善於思慮的喀爾文則是這樣說：

> 透過對於神的知識，我理解由此我們不只在概念上懂得有神，而是能掌握到：要對我們的利益而言，且能有貢獻於他的榮耀，簡而言之，就是適合於知道有關他的事。因為，說得更正確一點，我們不能說在沒有宗教和沒有虔信之處，神仍能被知曉……。雖然我們的心智在不對神敬拜之時無法設想他，然而，只是堅認神是唯一的存有，所有的人都必對他崇拜和敬愛，這樣是不夠的，除非我們已被說服：他是一切善的泉源，我們所要尋求的一切都在於他，且非他莫屬。[15]

宗教中的行為先於純粹思考，在歷史上早有先人持此說法，艾畝斯(E. S. Ames)對此作了很好的摘要：

---

14 *The Table Talk of Martin Luther,* ed. T. S. Kepler (New York: World Publishing Co., 1952), p. 106.

15 J. Calvin, *Institutes of the Christian Religion,* trans. H. Beveridge (London: James Clarke & Co., 1953), I, 2, 1, p. 40.

社區裡的人聚餐歡宴，廟宇興建起來，各種慶典年年舉辦，這些都是在它們的效能被人探究之前就已歷久不衰，也早存在於神明的性質被人詢問之前。如此懸在敬拜者心上的想法，正是要得到欲望的滿足，也是透過規劃好的方式來讓它們實現。[16]

雖然我們的重點不在於歷史發展，而是發生在當今的某種因人之所行而決定的思維組織，不過，這才是我們要處理的議題。宗教中的某些想法是高度功能性的。在教會和其他的宗教團體中，不難發現人的宗教奉獻幾乎完完全全表現在行爲或某種勞動上。他們組織宴會，烹煮餐點，幫忙上菜，然後清洗碗盤。他們積極參與他們那個社群的每一次社交事件，寫名牌、送上茶或咖啡、爲新來的人做介紹，實際上是幫忙講講話。他們在舉辦節慶或愛宴(potluck supper)時總是呼之即來。眞的，他們把這些都當作會定期發生的事情。他們爲行動不便者或年長者提供交通服務，探視在醫院中的病患，擔任其他種種服務功能的志工。要做這些事情，可能是基於一套可說出的宗教概念，或一組很有道理的宗教原則。但也有可能無法抓住什麼概念或什麼原因，說不出什麼明顯的道理。我們可以這麼說：那些活動就是他們的動機和理由。事實上，你偶爾會發現在這些勤奮的工作背後，只有空空洞洞的概念。他們的宗教本身就只是在「做事情」，而這些勞作常會變得儀式化、自我延續、爲做而做。

在這樣的情形下，思想看來只能緊隨在活動之後。這些人所產

16　E. S. Ames, *Religion* (Chicago: John O. Pyle, 1949), p. 18.

生的觀念比較像是行動的產品，而不是原因。如果你突然想問他們爲何活動，或想知道他們這般努力展現的理由，你就有可能引發一場危機，使得他們陷入智性的困惑中，並因此對於質問者產生道德上的鄙視。譬如說，接近暑期時，大家都開始想放假，並且也高高興興地預期在作息上會比較輕鬆些，但幾乎每一個教團裡都會有人逮到機會，就想出來組織假期的查經班，雖然教會裡早已安排了很多又好又費時的各種教學。這時假若有人敢去質問爲何要多出查經班，或只是問道：這些班次爲何有必要？他通常會踢到一塊憤怒的鐵板，或被潑上一盆無理的回答：「上帝又不放假！」

各項聖事，正如所有的儀式一樣，特別容易在概念的清晰度上碰到短路，並且就一直停留在功能性的思考層次。人會因爲活動而參加活動，並且在思想清晰之前就因爲覺得有壓力而參加了。參加的理由究竟是因爲附和的壓力還是因爲見證，在此就都無關了；要點是：宗教團體的成員常覺得有義務參與，或要順從活動的召喚，而無暇去想參與的議題何在、原則是什麼、有何含意。在前提上的「行動」因此取得優勢位置，使得概念的形成變成附屬在行動之下。一個人會帶小孩去受洗，會在教堂行婚禮，會去望彌撒或參加聖餐儀式，因爲「這些都是該做的事」，因而會質疑的人就被認爲別有居心、不合時宜，或只爲了故作聰明。

有組織的宗教事實上是由教義、崇拜和習俗混合而成，這就對於純粹抽象的概念思維構成恆久的壓力。它會迫使許多人長久地、或偶爾地透過行動來組織思想，並以奠基於功能性的定義來從事概念形成。教義、崇拜和習俗的三角關係會要求，並會提供機會，給種種類型的思想組織作彈性運用。各種思想組型都是可以預期的；對於會反思自身宗教體驗的人來說，沒有一種會是完全陌生的。

具體主義

抽象乃是一種成就。世界對於感覺所呈現的也許是嘈雜而又繁多的一堆混沌，或是條理井然的宇宙天體和湖光山色，然而呈現出來的，對於當下而言一定是具體的。它一定是「這個」或「那個」特定的光、色、形、音、軟、硬等等。抽象就是從這些情境的具體性中產生出事物的更大類屬、更大群體或族系；它會把感覺印象轉變爲觀念；它會建立相似、差異、距離、原因、結果等關係；它會很好玩地假定有一種「宛若如是」的態度。我認識一位患者，他當時正受到腦部腫瘤擴大的衝擊，嚴重地失去抽象能力。在這場病之前，他原是個很聰明的人，社會地位也不錯，是個製鞋工廠裡的一位領班。後來他開始逐漸不行了，在工廠裡慢慢掉到最簡單的生產線，最後他只能到出貨的部門，所做的事情就只是把一包包的鞋子裝成大箱，然後用繩子綑綁起來而已。他勇於繼續工作，直到最後必須住院動手術爲止。在他的心理生活上發生很大的變化。他甚至喪失了空間感，失去左和右的辨別力，也不知道什麼是「在前」或「在後」。他綁鞋箱時用的是手臂長久的習慣，而不是「知道」包裝紙和鞋箱的關係。

雖然有這種嚴重的空間關係障礙，他每天早上還是照樣出門去工作。他是怎麼辦到的？他是跟著一張寫好的指示，就像這樣：「關好家門後，我就找白色籬笆上的大門，走過去，在大門邊我就找外面遠處，有一支帶著大號交換機的電話柱，到達那裡後，我就過街。在那裡我找一支紅色的消防栓，又過街。在那裡我就會看到一條街外有工廠的外牆，我就順著一直走到入口大門。」他的生活變得極度具體化。幾乎每樣事物都是特定的「這個」或「那個」。一些像「如果」、「假若」和「無論如何」之類的字眼在他的語言中變得毫無意義，雖然這些用語還會留在他的嘴邊。

如此這般極端的具體性乃緣於無法掌握可能性、大概念的類別、種種命題、有趣的假定或只是臆測。世界在此萎縮成可見可觸的現實、特定的記憶、動作、自己的身體、簡單的語彙交換——所指涉者也只及於家常事物。當願望遭到否決，當處境變得過於複雜而無法處理，或當舊日熟悉事物之上發生了變化，而導致怪異事故之時，人是會失去錨定的。事物但凡發生在不應發生之處，就會被視爲恐怖的失序。在習慣的生活環境中，任何變故都會激起焦慮；特別在人面對自己無力掌握或無法控制的事態之中，人是很容易落淚的。

極端的病態也許少見，但卻具有極大的教育價値。它們可以爲普通的事情打光，把過去隨意放過的事態變得特別有趣或有意義。那個令人難過的腦傷個案所顯現的思維具體化，對我們確實造成了啓發，我們才能開始了解：對於宗教人或宗教團體而言，具體主義是如何作爲一種思維模式的？如果把箭頭指向所有堅認「經典必須照字面來解釋」的宗教信仰的話，我相信我們就能夠理解：他們爲何拒絕承認任何改變，或是反對在教宗的語言、賣酒的禁令、性的規定上出現任何反基督的意思。這種形式的信仰總是會產生特定的一天，是爲世界末日，也會預測哪一天、哪時刻會有基督再臨。他們在現代世界中還會把聖經上的景象作具體的重複，譬如手持著寫有「世界浩劫」的標語，繞行市政廳七遍，希望牆壁會坍塌。他們堅持用古代聖典的日曆，於是希伯來的週末要變成羅馬曆法的星期日，而不顧這種改變所造成的困擾，甚至工作時間的損失。

在這種思維組織之下，傳統具有至高無上的地位。他們很驕傲地、不顧一切地，但也很愚蠢地禮敬古怪的時間。從前在外衣裝上鈕扣乃是一種奢侈，也使得它變成一種誘人的虛榮，因此後來他們焦慮地禁止使用鈕扣，而改用比較謙遜的鉤棒扣，這還算有點道理。但到了現代世界中還維持這種規則，那就是更極端的虛榮了，因為鉤棒扣不但少見，還是滿怪異的。然而，就是有些愛米希(Amish)的門諾派教徒堅持這樣的用法，以表虔誠。由於聖經上的女人似乎沒有剪短頭髮的(但她們會在髮包上極盡裝飾之能事)，於是有些新教徒就相信短髮的女人有罪。由於拉丁語曾經是羅馬時代的通用語言，也是當時受過教育的僧侶所用的國際語言，於是它變成緊黏著彌撒禮儀，而現代的某些美國人還堅認那是唯一能用在崇拜之時的語言。雖然葛立果頌歌(Gregorian chant)代表歐洲歷史上第四到第六世紀之間的單音頌歌，但對某些人而言，那就是教會唯一的音樂，不論它和音樂風格及品味的變化已發生多大的差距。對他們來說，那就是宗教經驗與表達的固定套件，不可用其他形式來另作實驗。

廣義來說，就算有人能以護教神學來為它作抽象的辯護或倡議，基本教義派的信仰即可視為具體主義。它是把《聖經》變成了一種具體物——如果不叫偶像的話。《聖經》上的片言隻字都變成需要字字遵守的具體訓詞。在史構普斯判案中，《舊約》〈創世記〉第一章被用來作為反對達爾文命題的一記判決，完全罔顧科學的動機、方法和本質。它所堅持的是徹底的附和，既無幽默也無恩典。

具體主義的另一標記是想像力的限制。它的意象來自記憶，來自家常的處境中的熟悉和簡易，或來自使用過度的故事題材。就連它有詩的野心，它所生產的喻示也過於陳腔濫調，而不能視爲具有什麼想像力。這裡有一首考伯(William Cowper, 1731-1800)寫的頌歌：

有一個泉池

有一個泉池充滿血水
乃引自伊曼紐之源；
被拋入池底的罪人
將洗去所有的罪斑。

垂死的賊，在他的日子
樂於見到那池子；
而我雖如他那般令人作嘔
也終能洗淨所有的罪惡。[17]

像這樣的禱詞，在變爲印刷品時，總會讓人看出它的具體主義：其中所有涉及神聖的字眼之第一個字母總是用大寫。所有的人稱代名詞、關係代名詞和其他的小字，只要指涉到神，就必須帶有帝王般的印記。這種語言上的具體主義還溢出到名義上的具體主義：除了「神」這個字以外，具體主義信徒還慣於使用古代的名

17 W. Cowper, "There Is a Fountain," in *The Hymnal,* published by authority of the General Assembly of the Presbyterian Church in the United States of America (Philadelphia, Presbyterian Board of Christian Education, 1936), No. 241. 譯按：中文係譯者所譯。

號，譬如「耶和華」，因爲他們相信這就是神的眞名。

在基督教內，洗禮儀式是很引人爭論的議題。要洗到什麼程度？譬如說，完全浸泡論者堅認要具體執行整個洗清的程序；澆灑論者則准許濃縮扼要的形式，他們比較堅持的是象徵的價值以及儀式的本意。受洗者是否應該「在河裡聚集」來作浸泡，或是應該抱著嬰兒站直在鋪滿地毯的聖壇中完成儀式？答案有賴於你的思維組織：抽象的、功能的或是具體的。關於洗禮的例子表明了所有儀式的特徵，也就是說，它常講究到這般的枝微末節，非常特殊也是徹底的具體。它不是什麼自由的舉動，而是一套連鎖的動作。不過，關於動作的問題，我們在下一章再來處理，本章的要點是在於**行動如何被思及**，尤其在論及儀式的時候，此事也可以變成具體主義的項目之一。

具體主義在宗教裡會衍生好幾種共同的特徵，很具有診斷上的意義。人總是害怕新奇。對於具體思維的組織來說，雖然「系統」一詞有點陳義過高的味道，但這般地具體，確實具有「在封閉系統中思考」的所有跡象。在這裡頭，思想不能展翅飛翔；冒險需要對未曾聽聞的事物先打開可能性才行。抽象可以產生一些自由，來讓感官刺激和動作世界免受枷鎖的束縛。然而，具體主義的思想者卻被關在特定情況、字面公式和儀式行爲的囚牢，還學會安然於其中，因爲那裡爲他提供的，正是他所需要的結構。他不只對新奇感到懷疑，還對它恐懼，而當他的處境強迫他改變時，他的典型反應就是慌亂和憤怒。

具體性的另一種特徵就是郭資坦(Goldstein)所謂的災異反應(catastrophic reaction)。當一個腦傷的人碰到的工作超過他那微弱的智能資源，且當他意識到要解決這工作必定會失敗時，他會覺得他對此已完全失去掌控。控制感的削弱使他失去鎮定，他甚至會哭出來。他變得非常情緒性，而這時對他逼來的是強烈的負面情感，譬如恐懼、憤怒、羞恥或喪失自己的價值，他可能會立刻投入非理性的想法和行動，直到他重新獲得一點自尊爲止。宗教中的具體主義者也就是這樣。智性的挑戰若超過了他的回應能力，就會激起他的災異反應，接著就會導致非理性的幻想，諸如迫害、復仇、世紀末浩劫，還會出現一些生動的幻象，如反基督、怪獸，或是讀過〈啓示錄〉文學的讀者都熟悉的數字巫術。

混合主義

在歸類測驗中面對一堆物件時，一個人可能會去分出群落，通常是很大的分類，以便能把自然的範疇表現出來，譬如：工具、餐具、紙製品等等。當被要求給個分類的寬度時，他也許會說：「你可以在屋裡找到的東西，」或是「這都是人工製品，」或是「不論如何，這些都是從土裡長出來的。」這些就都是對於分類群落的混合主義(syncretistic)式定義：對一大堆東西採用一個概念標題來涵蓋，這些東西原本可能根本毫無關聯，可能非常不同，分屬於迥異的類別。受試者不是忽視就是拒不承認這些差異，以便於執持一個籠統的觀念。要能這樣做，就必須從抽象的階梯向上爬，但過度上綱的結果就一定會超過表達性和有用觀念的範圍。混合主義就是這種包含過度的摸索，其中所包含者乃是一堆互不相諧的事事物物，但卻總是由一個輕薄的構念來維持，而它所用的公式實在是太陳腐以致毫無眞假可言，也太虛無以致沒有對錯可言。

混合主義在宗教中早已不是新鮮事。在福恩(Ferm)的《宗教百科全書》中，它的定義是這樣的：

> 各種信仰的攪拌，其中的各種東西相互接觸。它的發生可以是有意識的，譬如像某些現代宗教，本是有意把幾種宗教編織起來的產物，其中包含好幾種宗教思潮，用來形成新宗教。但更常見的是在相當無意識歷程中的取捨，譬如在多種宗教交會的地帶上所發生的。[18]

神學家使用混合主義這個語詞來指基督教會的某些特定時代，當時的基督教因爲和希臘式的以及諾斯替派(Gnostic)的觀念混合而致教義稀釋。對他們而言，混合主義所描述的乃是眞實性的淪喪，因爲一些不相容的觀念在此交織而致扭曲了原初相互連貫的想法。譬如說：希伯來觀念中的身心一體論在《舊約》中非常顯著，卻在《新約》中讓位給希臘主義的二元論語言，接著又受到諾斯替派玄想的入侵，而使得希伯來的遺產硬被置換成了稀奇古怪的靈異論。

但我們所關切的比較不是大歷史如何運轉的問題，而是個體在宗教議題上如何組織他的思想。我們已經在前文中提及體面的市民和虔信的觀念之間如何作出奇怪的混合。寇克斯(Harvey Cox)在他的《世俗城市》[19]一書中談到如此這般的混合主義如何產生大量的意識型態問題，並且也揭露了它們背後的思想如何錯謬悖理。寇克斯之努力於澄清是特別有創意的，因爲他不止要把那些黏泥雜揉的

18　*An Encyclopedia of Religion,* ed. V. Ferm (New York: Philosophical Library, 1945), p. 756.

19　H. Cox, *The Secular City* (New York: Macmillan, 1965).

思潮之網作出個條分縷析，還要達到政治理論和當代神學之間的深度透視。他的學養有助於讓我們看出：一個人在思慮不清之時，如何會把一事混合或替換成另一事。

混合主義的思維方式對於虔信的心靈來說，似乎是永遠躲不掉的危險，因爲他打從心底裡熟諳他的傳統中所有聖徒說過的名言，以及他的神仙天使的所有稱號，並且會極力將此使用於經濟、軍事、機械、文學、藝術，以便於解釋這些種種。他會說：「神創造一切，這所有的不都是如此美妙！他爲我們贏得戰爭，他將艾菲爾鐵塔授與巴黎，他的智慧早已預見電視上會有葛理翰(Billy Graham)牧師的十字軍來爲他作有力的宣揚。宗教就是如此地美好，而藝術就是這般地宗教！」混合主義也特別遍及於某些專業人員的身上，譬如一般醫師、生物學家、精神科醫師，或心理學家，他們因爲受到他們的工作所衝擊，也稟承著他們的傳統，因此特別努力於將他們的科學概念和宗教觀念融合起來，致使「萬法歸一」。有一個例子是把犯罪(法學概念)、罪惡感(心理學概念)和原罪(神學概念)混爲一談，而造出個像「過失」(wrong-doing)這樣的諢名。另一例是把生機論生物學的生命力概念和猶太教的造物之神都可以連成一氣。

當人能耽溺於不特別讓人愉快的喻示，或可以任意縱情於詩意之中時，混合主義的核心就是以此方式呈現於他們的宗教頌歌裡。有個例子是眾所周知的頌歌，叫做「在花園中」[20]。歌詞所描述的氛圍是耶穌基督混合著希臘神話中的山精水妖，再加上穿著硬毛織

20 C. A. Miles, "In the Garden," in *Triumphant Service Songs* (Winona Lake, Ind.: The Rodeheaver Hall-Mack Co., 1934), p. 168.

布襯裙和悉娑絲緞的維多利亞情人。一種模模糊糊的浪漫享樂用來襯托著可愛的玫瑰、神之子，和自己的愛人竊竊私語，而又是坐落在一個秩序井然、用心維護的花園之中。混合主義就像這樣，陳腐到無關乎眞假，空洞到無關乎對錯。而我們還可進一步說：這些東西的觀念在仔細一看之下立刻可看出其分崩離析，因此其中所暗示的統一性其實都顯得無比虛矯。

從這類流行頌歌的歌詞及其經常在殯葬禮儀中的現身，讀者大概已可預期這樣的混合宗教多半取材於何處：有關靈魂永生及其關聯於殯葬禮儀的觀念。對於個人本身之永生的信仰，以及急於臆測永生究竟會有什麼形式，這兩者都太過強烈，以致變得可以和自己原先所信的教義並列，甚至推翻了那些教義。對於永生的臆測經常會遠離集體的信仰內容，甚至與之形成強烈的矛盾。其結果是兩種信仰同時並陳，既沒有創意的張力，也沒有弔詭的豐富性，而是貧弱地形成鬆垮垮的安排。在大量關於此一議題的著作中，我要提一提的是喀爾曼(Culmann)的《靈魂永生或死者的復活？》[21]，這是最近一本嘗試要從大眾宗教中把《聖經》思想爬梳出來的努力，而大眾宗教之中的所謂「基督教義」其實早已經混含了諾斯替派思想、新柏拉圖主義，或極爲異端的命題在內。要想和大眾作對，想指出他們的前後不一和概念貧弱，總是不討好的，難怪喀爾曼會在他的序言中說：「我的著作中從未有像這本一般引起熱烈反應，乃至強烈敵意的。」根據大多數的教義和信仰的文章，基督徒在死亡之時會得到唯一的確認者乃是：這特殊的時刻會交付到神的手中，

21　O. Cullmann, *Immortality of the Soul or Resurrection of the Dead*? (New York: Macmillan, 1964), p. 5.

而往生者總是可以信賴神的安排。然而否定自己死亡的要求是如此強烈，以致連最虔信基督教的人都會發明許多量身訂作的理論，來確定他們的永生。一旦面臨死亡，他們會突然用起可和身體分離的靈魂概念，讓他們可以在廣袤的空間中遊蕩；他們會突然鄙視身體之爲「塵與土」之說；他們突然堅持要將死者視爲仍然活著，並要將他安排成如同安然睡著的樣子，躺在拋光打蠟的箱子裡。我一直強調這種安排之具有突兀和量身訂作的性質，是因爲它們在集體信仰的交響曲中形成一陣刺耳的噪音。那些安排無法和既有的思想架構產生和諧關係，而任何這般的努力都會導致無可救藥的上層概念之扭曲，它在極高的抽象層次上介入，而使整套思想變得虛幻到找不出銜接點。

在混合性的思想組織中，基要的差別被含混帶過，以便讓鬆弛的一致性可以走私混入。於是，很多混合性的想法都變得可能。有些是因爲思想潦草，有些是因爲對通用的概念範疇之不信任，以致要動用超高的理智手法來插入特別的肯定。我所擔心的是：大多數由永生幻想的混合主義而來的潦草組織，其實都是起因於強烈的無理性欲望。如果眞要爭論的話，你得說：這些混合主義是如此牽強而總帶著些許瘋狂的色彩，因爲它就像諾斯替派的馬可斯(Markos)[22]一樣，他說：聖靈的降世，是在施洗約翰爲耶穌施洗之時，以一隻鴿子的形式，而這鴿子就是其他經文上所引用的「阿爾發與歐米茄」(Alpha and Omega)[23]，因爲希臘文的「鴿子」一字所帶有的數值加起來是801，這數值和字母「阿爾發」與「歐米茄」

22 H. Leisegang, *Die Gnosis* (Stuttgart: A. Kroener Verlag, 1955), pp. 326 ff.

23 【譯注】這兩個讀音是希臘文的第一個字母和最後一個字母，字面上是「自始至終」的意思。

在數字的神秘主義上來說是一樣的。我要引用一位上文提過、據稱能力過人的「思想家」史威登堡所說的一段話，來說明第四種的混合主義，他的努力使得所有的喻示和類比都變得幾乎如同等式：

> 顯然地，上面之所述表明了天上的太陽，就是聖愛與聖智的第一作爲……光與熱的作爲——以智而言是光，以愛而言是熱；而且光也接受智，熱接受愛；而且人既然走入智，他就是走入聖光，既然走入愛，他就是走入聖熱。[24]

寓言手法

多數讀者都知道「寓言」(fable)是指一種文學形式，是帶有道德意味的故事，其中的動物會互相對話。「寓言手法」(fabulation)作爲本節的標題，其意思要更廣泛一點：它指的是一種概念形成，其中所有的對象都被放在一起，成爲逐漸展開的故事或敘事之中的物件。譬如：在歸類測驗中，一個人可以揀起一支螺絲起子並說：「這是木匠用的一個工具，他正在作一個案子(再揀起一片木頭)；他也在抽菸(加上一支香菸)，當他聽到哨子響的時候，他就去吃午餐(加上叉子和兩塊方糖)，後來也抽了一支雪茄(加上雪茄)。」最後的結果是用了不同類別的東西形成了一個歸類，對那歸類者來說是「屬於同一類」，因爲都和主角(木匠)有關，而不是因爲它們具有共通的性質。以某種意義來說，這種寓言式的概念形成是非常具

24 E. Swedenborg, *Angelic Wisdom Concerning the Divine Love and the Divine Wisdom* (New York: American Swedenborg Printing & Publishing Society, 1885), III, 242, p. 97.

體的，因爲它們代表了情境論的一種極端個例；以另一種意義來說，則顯得很鬆散，因爲那是來自虛構。

我曾認得一位精神科的病患，他會進來我們的醫院是因爲以下所說的事由。他是一位農夫，有一天他從田裡回家，他走進廚房看見桌上有三個空的可樂瓶。他立刻到他的住處，從牆上拿來一把槍，裝上子彈，並且一面喊著「以聖父、聖子和聖靈之名」，一面就把三個瓶子打成粉碎。在他這麼做之時，是用了一種思想方式，而其規則是：事情看來不像它該有的樣子，也可能是別有其事，所以這就該由我來決定它到底是什麼。

在上一章裡我們曾經見到想像力可以多豐富和大膽，以及它在宗教裡可以扮演多大的角色。在本節中，我們所關切的是觀念的形構和模態。思想的組織可以採用寓言的手法而致在混亂事物之中創造一種獨特的秩序，也讓事物在敘事之流中活動起來。不論這敘事是歷史的或虛構的、可信的或荒誕的，但敘事本身是個重要的問題，在我們的目的之下，這問題要歸屬於思想計畫的結構中，而由此就可以顯示出：**情節**可以在「一堆」東西和經驗中創造出秩序和連貫性。

在此意義之下，寓言手法在宗教中就扮演了極大的角色。對於永生不朽的想望，我們已經在上文見過，很快就會讓人編出一些情節，使得受到祝福的靈魂可以在金色的步道上行走，穿過綴滿珍珠的大門，齊集在華麗的大廳，準備參加一場大合唱。在1966年的10月8日報紙上刊登了一則發自美聯社的新聞：神的教會之某一支會的湯林森主教(我們在第三章提過他)已經把自己加冕封爲「世界之王」，其情節是先要他搭飛機到幾個世界的主要城市，宣布一個王國即將到來，最後他到達耶路撒冷，在此，他的聖體所當演出的是：把整個世界收入神的統治之下。在此案例中，萬物的秩序不是原本內在於事物之中，而是根據一套虛構來衍生，經過一段時間綿延，各種「事物」或「狀況」的外顯性質就會跟著發生變化，而「變成」其他的事物。

寓言手法作爲一種思想的模式，在新興宗教運動之中最是顯然可見。在1820和1823年，小約瑟・史密斯(Joseph Smith, Jr.)宣稱有位天使來訪視他，並在幾年之後送給了他一套金盤：

> ……以誡律的方式寫成，也是以預言和啓示的精神寫下。寫下，封住，對著　主收藏起來，以使之永不毀壞；以便將來透過神的恩賜給予能詮釋者；由摩洛尼之手所封存，對著　主收藏起來，以便將來適當的時刻，透過外國人的途徑出現；而其詮釋乃是由神的恩賜。[25]

這些金盤由史密斯所翻譯，構成了《摩門書》(*The Book of Mormon*)，它本身就是一段長長的敘事，說的是所謂以色列失去的部落如何移民，直到他們抵達新大陸的海岸。這個運動的起源就是一段段故事的故事，而這些故事把一大堆不同的情節連綴起來：民族學上的謎團，多妻制的欲望，傳統的基督教，「由紐約州北端，被『燒毀』的地區，振興的氛圍中，所培養的運動」[26]，還有美國

25 *The Book of Mormon,* trans. J. Smith, Jr. (Independence, Mo.: Board of Publication of the Reorganized Church of Jesus Christ of Latter Day Saints, 1953), p. iii.

26 W. Walker, *A History of the Christian Church,* rev. C. C. Richardson, W. Pauck, and R.T. Handy (New York: Charles Scribner's Sons, 1959), p. 516.

的邊疆精神，加上一個人所宣稱的預言和天使的襄助。

對某些信仰而言，爲了建立權威，寓言手法是最爲受用的思維模式。「存在的事物」變成「曾經發生的事情」，還有它的先後順序。爲了建立聖典的權威，猶太教和基督教都曾發展出他們的起源故事，從而提升了幾個寫出的命題：聖典是在宗教的出神狀態中寫成，或是神聖的聲音要寫作者聽寫出來，或是由特殊的聖靈所激發而成書，此時寫作者就只不過是個抄寫人罷了。歷史文本的研究已經顯示：四篇福音書的寫作是透過當時的口說傳統，但它們本身就是寓言手法的案例。作者們各自發明他們自己的敘事，爲了不同的目的，也可能是爲了不同的聽眾，但他們都說是關於耶穌生平和耶穌言語的事實。當然這些作者們並非有意抄襲他們的前輩，或互相抄襲；但他們也沒有浸染在純粹研究的精神中。每一位都在說他自己的故事，用能夠取信於人的方式，或至少是有說服力的方式，而每一位都有不同的強調。馬可(Mark)可說是個簡要而有戲劇性的說書人，其旨趣在鋪陳事件，使得最後的十字架刑成爲其最高點。馬太(Matthew)的作品則是一本基督生平與聖經神學的手冊，顯然有意要爲教會所用。路可(Luke)的說法似乎是爲了要培養人心，用意在護衛耶穌的彌賽亞宣示，以及對抗猶太人的反對。約翰的敘事法(Johannine narration)被亞歷山卓的克列蒙特(Clement of Alexandria)稱爲「聖靈的福音」，由茲建立起耶穌的**道**(Logos)，其力量是要透過極不尋常的活動才會變得明顯，而這些都是耶穌之超越常人的性格「徵象」。每一種敘事都是把事情的種種異質選擇加以連貫，用的是某些中心思想或目的，而這些就是作者情節的秘密。

敘事法能把零碎的事情湊合起來的力量，其最好的說明永遠不會勝過大型的宗教節慶——這裡說的是像猶太教的逾越節，或基督教的聖誕節慶典。光只是想到「聖誕節」就會喚起無數的物件和事件，條條縷縷的意義會在記憶或期待中編織成串；其中的虛構(從拉丁文字源來說，就是「形成、發明、假扮」，這三個意思)會在以下的一大堆混雜事物中創造出秩序：

慈善的舉動：捐款、送禮、奉獻時間和精力
音樂活動、歷史劇演出、歌唱、敲鐘
接受由禮物而來的喜悅
鎖定禮物交換的等值程度
下雪的風景以及冬天的快樂
賺點外快
藉由裝飾房子展現擁有一個家的驕傲
窩在熊熊壁爐邊的安適
聽課，關於外國的聖誕習俗
聽課，關於一百、兩百、三百年前的聖誕節
關於「第一個聖誕節」的故事
對於交通和停車的問題採取放縱的態度
特別的食物
特別的情緒
街上和商店裡刺耳的噪音
寄送賀卡和包裹的順序名單
包裹和裝飾的技術
拜訪親戚和朋友
保有一些秘密

承諾要乖

父母的好意高漲

學會玩具的新玩法

節慶的崇拜

家具因聖誕樹而移位

燈光改變

這張表可不是鼓著如簧之舌而瞎編的，我是要努力申明：這麼散亂雜多的想法、事情、動機、願望是怎麼在一個叫做「聖誕節」的引導性思想中，能一下子全部組織起來。虛構是個有力的秩序原則，而在聖誕節的例子中，很眞確的是有歷史故事和故事的故事在滾雪球，愈滾愈龐雜。愈來愈多的事物被吸收進來。如果沒有一套虛構，上表中所列的就只是一大堆互不調和的事項；但有了一套虛構，這一堆東西就成爲連貫的整體了。

寓言手法潛在地具有通吃的性質，但它的廣度可以在有區分的狀態下得到檢覈：亦即可分成歷史事實、虛構的加油添醋，以及瞎編的故事。美學和其他方面的考慮可以把寓言手法的形成原則歸爲幾種文學形式，如：譬喻、諷喻、轉喻、戲劇、神話、傳說、英雄故事、寓言、傳注和種種詩歌的形式，其中每一種都各自有其規則和型態。

如果和本章前幾節所談的其他形式的思維組織區分開來，寓言手法所造成的秩序乃是用展開的過程來顯現。它的「眞理」不在於什麼交叉點或眞實的「切片」，而是在事件的時間安排，透過人或神聖角色而產生關聯。正因爲宗教所專注的是起源的問題，或是系譜，或是命運，所以宗教的寓言手法就傾向於充滿奧秘的色彩。在此最適合傳達和描述的就是關於受造之物的情感，或宇宙的神秘，統治生命事件的偉大行動和熱情，或歷史的堅決力量，或促動人類、動物、植物、東西、觀念的能量等等。在寓言手法中，所有的**存在**都轉變爲**發生**。由此向人呈現出萬事萬物何以如此而非如彼發生的深奧神秘。

沒有故事就不會有宗教。

象徵主義

前一節把我們帶到另一種概念形成的邊緣：透過象徵(symbols)來安排現實的秩序。和前述的概念形成方式有所不同的是，象徵主義(symbolism)並不用智性的化約方法來組織感知的多元素材。它是用特別豐富而光耀的方式將感知印象保留起來，也就是讓每一事物保留其原狀但同時也讓它成爲另一事物的暗示，就這樣而超越感知登錄的限制。

歸類測驗提供了絕佳的機會來表現象徵主義的群集之法。你可以把菸具、餐具、加上兩塊方糖，就說這是「肉身的欲望」。你也可以把工具放在一起，說這是「勞動」。或者你可以把所有的白色物件放在一起，從香菸、卡紙、到方糖，然後說這是「貞潔」。在這樣的歸類法中，各物件不是以其本質、用途、具體脈絡性來指稱。每個東西都保持著其整體性和獨特性，但在此之外，物品都被視爲一種指向他物的指稱者，譬如指向一個觀念、一個緣由，或一種價值。

同樣的，當你在城市的街上漫遊，經過一家香水店的展示櫥窗，一陣「女人」的念頭可能會漫過你的腦際。下一家店展示的是嬰兒床，再下一家是鮮花，你就可能決意說這一段街是屬於「女性的」角落。所以，在街角的骨董店櫥窗裡一定會有有個紡車，或是印地安女人用來磨玉蜀黍的古老磨臼。所有這些感知，雖然大不相同，卻可以引起關於「女性」的念頭，就是指向超過它們自身的某物之意識，其中滿帶著個人的感覺或權威的認定。每一物品的自身，從香水瓶到磨臼，或是這些東西全部合起來，可以說出一種帶有指引意味的非語文之語言，參與到超越其本質的指稱力量中。這是田立克式的象徵之說，但以此我必須警告讀者要帶著清醒沉穩的態度來面對本節的內容。它並不直接導向象徵的理論。它是把象徵的存在和和用途視爲當然，同時則要認識象徵的起源、生命史的興衰，和本體論上的現況等，都可以用種種不同的方式予以描述或解釋。我們也不是對於下述的問題感興趣：宗教的象徵是什麼？因爲這樣提問的重點會在於宗教的概念形成之中的象徵主義之形式和證據。

把象徵主義看成所有宗教思維的基要形式，也把神的觀念視爲其中最嘹亮的一例，這樣做當然很迷人，譬如像一千五百年前，阿瑞歐帕吉帖的戴歐倪修斯(Dionysius of Areopagite)所說的：

> 設若任何人見到神的時候，知道他之所見是爲何物，那並非神本身被他看見，而是某一受造而可知之物。因爲在一切之上的神創造了人智和存在，以此而言，祂是不可知也不存在的。祂只存在於一切存在與已知之上，遠非知識的力量所可及。因此對於在一切可知之上的祂，要說是有知，那就泰半是無知。[27]

27 “Dionysius the Areopagite,” in *The Universal God,* ed. C.H. Voss (Cleveland:

這段橫掃千軍之說是關於非受造者之至高無上，但也是說，信仰者的整個宇宙或其中任一部分，都可被使用爲神聖的象徵。事實上，最爲「宗教的」象徵還是非常特定地只用到些微的指稱，說它只代表奧秘之物的某些面向而已。一般的信仰者不會喋喋不休地追問什麼創造者、受造物之類的話題。他只是生活在這個世界中，把東西或觀念都按著不同的方式切分成類別，大多只是稀鬆平常，且近乎陳腔濫調。其中只有一點點會具有某種神聖價值，適用於象徵信仰所關切的事物。

最顯而易見的宗教象徵乃是一些體制機構，譬如教會、修院、禮拜堂、傳教團、賑災救援行動。不論它們是否有一定的地點或建築物，這些機構或活動是以它們的目標和行動安排而被視爲具有奧秘性的。有一大堆的工作在進行，從講道、吟唱頌歌、到奉上餐點，從研讀到款待，從編列預算到修習外語。所有這些活動都可以用一個象徵的語詞拉在一起，譬如「主的工作」或是「聚會」或是「慈悲的姊妹們」。從現實中選擇出一大部分，具有感知和概念上非常歧異的性質，就因此而蓋在一個具有中心意義的標題之下，使最奇怪的伴侶們都得到躺在一起的正當名義。

當特定的地點和建築物加在這些活動和人群之上時，其工作的能見度會因此而變高，而其象徵價值也會變得更爲大聲。它們所特定指向的地方，譬如聖本篤會(St. Benedict)、第一教會(First Church)、大教堂(the Cathedral)、和平之家(Beth Sholom)等等就會成爲力量統一的中心，人從搖籃到墳墓的一生就會圍繞著它而組織起來。但是用磚瓦水泥造成的高能見度和高特定性，卻也可能造成

(續)

World Publishing Co., 1953), pp. 106-107.

原初象徵功能的衰落，變成只是裝飾性的標記，或通俗的號誌，而其意義只不過像是：某一群中上階級的英國國教會信徒在聖馬可堂有每週一次的例行活動，或某一間不特別講究的辦公套房是基督科學會的讀書室，每週一到週五都開放等等。

就某種意義而言，在象徵、朕兆、標誌之間會有某程度的含混，這是大多數所謂描寫性的象徵所不能避免的命運。十字架可以是具有召喚極大宗教力量的象徵，但它也很快會變成裝飾性的設計，或只是路邊攤上流行服飾的點綴品。鑲嵌在一個三角形當中的神眼可以代表三位一體神秘論的象徵，但也是一種19世紀雕刻上頭的陳腐道德套件。同樣的狀況也都發生在雕像、衣袍、手杖、杯盤、燭台等等物品上。

卷軸、書冊常具有象徵意義上的特殊地位。聖典就具有最高的奧秘價值，這不僅看它如何被人以儀典般的方式捧奉、裝訂、貯藏、閱讀就可以顯示出來；也可以從種種有關它的神聖起源、突然消失、被竊、發現偽本、再度出現之類的傳奇中得知。古人說：書冊會有它奇異的命運，這不僅意指白紙黑字會消失，而是指聖書常常和神聖人物一樣地善變無常，且他們所傳遞的密旨也都會以最奇特的方式開示和隱藏。然而「書中之物」則是變化莫測，包括歷史、傳說，國王、祭師、先知和惡徒的傳記、法律或道德的秘方、儀式的種種規格、詩詞、格言、系譜、宇宙論的神話、書簡等等。這些真正神奇的現實、虛構和經驗從各種來路中拼湊在一起，用個大標題如「聖經」、「塔穆德經」、「寶典」就把它們全部罩住。從此它們就獲得了指向神聖之途的特別義涵。

用在崇拜之中，還有些比較限定的姿勢、字詞、片語和衣著。這些象徵在當時可以當作思想組織的原則。譬如一種祝福的手勢，或是雙手嚴肅高舉而作出祝禱的樣子，可以突然改變思想的內容以及在人和人之間的互動模式：這些都會把受造物的意識組織起來，並且不論人是屬於什麼地位、貧富和性別。像「主正在他神聖的廟堂裡」這樣一句話不只會召喚出特別奧秘的情感，也會把肅靜導入現場，使得許多人事物之間的差異，在那一刻，化爲無有。當你在街上碰到一位身著黑色長袍的人，或是一位頭戴寬簷黑帽並飄著長鬚的人，你的思想會立刻被導引到一個嚴肅的焦點，圍繞著既深刻且沉重的議題，遠遠離開日常的瑣碎性。

人可以是象徵，並因而成爲思維組織的中心。受人愛戴的宗教領袖譬如摩西、路德、奧古斯丁(Augustine)、衛斯理(John Wesley)等人的分量會逐漸加重，並脫離芸芸眾生而成爲超越歷史的重要人物。他們因此而成爲有力的認同楷模，使你在奮力學習他們的榜樣時，可以把現實中的種種其他事物擺到一旁。思想、奮鬥、渴望的這種象徵組織，對於向著聖徒而奉獻的人來說，就在他的心底裡。聖徒對他們而言不只是道德的教師和智慧的嚮導，也是能把終極目的刻畫出來的最強生命形式。對於童貞馬利亞的敬慕，和對於基督的效法，坎普滕的托馬斯(Thomas a Kempis)曾全心全意地這樣說：可以使人如此徹底的拜服於「馬利亞」和「基督」這樣的象徵之下，以致思想上所有其他可用的範疇都會退居到背景之外，或只剩下配角的功能而已。

大多數的象徵都具有相當顯著的感知性質，使它們能承載起它們所指向的終極眞實之外的剩餘價值，但我們可也不要忽略邊緣性的個案，其中的觀念以象徵的方式起作用，因此而變成思想組織的中心。舉例來說，正直的觀念，在宗教體驗中遠比在法律命令和道德要求中更能給予操作性的定義。就像罪的觀念一樣，它可以描繪出和終極的、無條件的狀態直接面對的存在姿態，並因此而充滿著奧秘的力量。正直、罪、聖、救贖和其他一些宗教的大觀念可以把它們自己放在遠超過日常現實的位置上。它們可以採取壓倒性的姿態，把日常性置入新的觀點之中，有時甚至可以推翻它的有效性。有個絕佳的例子是齊克果那有名的命題：「關於倫理之目的論的懸置」[28,29]在其中，神聖愛和慈悲的動力可以「懸置」(延宕、休止或免除)是非之間的有效區隔，或甚至道德正義的整個範疇。神聖愛在那個脈絡中乃是個象徵性的觀念，它有時可以在人的思維組織中豎立起核心原則的作用。其他的區分都失效；整個現實在眼前就落在一個全新的、象徵的標題之下。

小結

我們已經知道，宗教思維是極爲多樣的。它的組織樣式各不相同，在其實踐中，各種類型的思想組型也發生在千千萬萬的信徒身上。深思的哲學家和邏輯學家也和創造神話的詩人一樣，可以從宗教的長遠而豐富的歷史寶藏中擷取他們所要的，和對他們發生挑戰的宗教觀念。那些比較喜愛故事也能從其中得到啓發的，和那些比較實事求是並只問什麼才有用的心靈一樣，都可以從偉大心靈和微渺心靈之中找到大量的例子，因爲他們原都是在尋索一樣的東西。從抽象梯級的最高級到最低級，這個梯子所接到的乃是未思未想的

28 S. Kierkegaard, *Fear and Trembling,* trans. W. Lowrie (Garden City, N.Y.: Doubleday & Co., 1955), pp. 80 ff.

29 S. Kierkegaard, *Concluding Unscientific Postscript,* trans. D. F. Swenson (Princeton: Princeton University Press, 1941).

感知，而人在其間上下，也帶著他們所發明的天使一道。

宗教思想中很少有原創的發明；它們大多是透過教導而傳遞的過程，其中的學習者就從某程度的可信者和權威者那裡，獲得向他們呈現的這麼一些思想、行動、故事、意象和概念。這類教導中的大部分是由本身具有高權威性的人來帶頭的，他們多少也決定了他們自己以及他們的教導內容之可信度。這對於父母以及所有帶著「家長」意味的人而言，都是眞確的：學校教師、教會神職人員、文化承載者，以及國家權力的代表人。從父母開始，通過祖先和文化體制，直到神祇本身，這一系列遞升的權威之終極權力常被宣稱爲宗教命題的眞理所在。假若人可以逃開這個傳遞過程的死板性，並因而能抽離到宗教圈子的外面，則宗教思維的權威和模式看起來就會展現爲一種可觀的景象。你會發現人們在其中所同意的某些奇特命題，若是站在另一個經驗的圈子來看，一定難以爲之背書。你會發現他們所從事的行動、儀式和生活中的其他事情幾乎毫無關聯。你會看見他們的思想好像拄著一些活動或習慣的枴杖而跛行。你會看見一些智能低下的人卻在大膽地思索一些終極眞實的大道理。你也會發現一些高智能的人在那裡傴僂其身，用極其簡單的禱詞唱念著一些可有可無的東西。更且，你會看見這些事情都發生在人群當中，像是某種集團活動。

然而要站到宗教圈子的外面來，是極其不易的。首先，你需要相當大的決心，才能站在一旁或走出這個圈子，因爲這種努力會像是捲入一場面對威權勢力的長期衝突。這意思在很多案例上是說：你得污蔑你的父母或是具有父母形象的人。因此，要想讓自己拔足到宗教圈子之外的企圖，最終只會讓自己在圈子裡發生些微位移而已。宗教的反叛總還是宗教性的，不論它有多少叛逆的成分。

但也許還有一種更沉重的理由讓人難以離開宗教圈子。我們看過林林總總的宗教思維組織。雖然其中有些型態比別種型態要比較聰慧，比較有學術性，更多些責任感，更爲鮮明，或更有啓發性，在R/A思維形式上也就更接近於現實，在此追求中既能賺得自己的生計，也能阻擋災厄，但所有這些型態互相之間就形成一大片的馬賽克。在宗教之中，要在多種型態的思維組織間來回游動，其實很簡單，也沒什麼不當之處，就好像在婚姻關係之中的人會在嚴肅到幽默之間滑動，會講利害相關的實話，也會講笨拙忸怩的情話，會提出邏輯嚴密或荒腔走板的命題，會談開胃菜單也會談莎士比亞。確實的，好玩的地方就在於這樣游來游去卻能不失其優雅。這種可能性也說到了關於這圈子本身：宗教的圈子肯定是龐大無垠，也總是能兼容並蓄，而拿一個人在生命其他方面的追求來相比，絕不能作出如是的想像。

如果科學思想不瞄準概念和功能，或是光使用寓言手法和象徵主義；如果它准許自己沉溺在完全具體的事物中，那麼它就不是科學思想了。科學的圈子總是比較狹窄，並且也故意這樣的。站在科學的圈子裡，你就代表嚴謹的概念形成之典律，以及核實檢驗的方法，同時你也會主動地把神話和其他不易操作的繁複想像摒除在外。在經濟學的圈子裡，功能主義就是美德。然而在藝術中，我們會發現很多的寓言手法和象徵主義，並避免去想太多的抽象概念和實際功能。和這些其他圈子相比，宗教圈子涵蓋的寬度實在廣袤無比，並且包括著所有的思想型態，而宗教就是能夠撐起這些——不論是將它們全部並排，或用個超級的模組把它們全部套住。它所呈現的種種怪樣子，特別是從圈外來看，可能就是源自於它那無邊無際的寬度和來者不拒的好客本性了。

要讓自己從宗教圈子裡除名的第三個困難理由，乃是宗教對象的本性。不論這是否由有神論、自然神論或無神論來形構，任何宗教都會和宇宙的廣闊性或和雅斯培(Jaspers)所說的「涵攝性」(the embracing)有關，因此宗教的圈子會特別處理完足性(plenitude)的觀念。很顯然地，爲了完足性的緣故，一個人需要很大的圈子來組織思想和行動。完足和豐饒是不能以吝嗇的手法去接近的。諺語所說的「條條大路通羅馬」就意謂要承認大城市周邊總是有很多通路，以及如果你住在一個大都會的近旁，你就無法避免會立足於其中任何一條路。

當佛洛依德審視著沾黏在宗教教義上的權威是爲何物時，他發現它的根源在於人有強烈而持久的欲望，就是常想鄙視理性的典律。欲望的本身也是奢侈得很。它有很多渴求，從安全和保佑，到滿足和享樂。它常是貪得無厭。它顧不得時間、空間以及是否有此資源可得。在享樂原則的支配下，所有這類基本欲望構成了人類最古老的天性，把我們和逝者如斯的自然連在一起，也把我們和所有的我族同類銜接在一起。於是，我們的種種欲望就是豐饒的最直接體驗了。

第五章　宗教中的語言功能
Linguistic Functions in Religion

如果我們肯定「道(言說，邏各思)」是在太初(最初始之時)即已存在，那就和宗教的世界觀非常接近了。這不只是第四〈福音書〉作者的信念(他曾經吸收了希臘的觀念)[1]，也是希伯來神話製造者們的信仰——他們把宇宙的每一面向都歸因於神的創造性言說。在〈創世記〉中，言說在神而言即是**行動**或**製造**。同樣的，人在〈創世記〉的故事中被描繪的第一個動作就是為宇宙之內的許多單位予以命名。光以上這一點點的暗示就足以說明語言所具有的奧秘性質。語言是令人敬畏的，而宗教一直都曉得語言的力量。巫術非常仰賴巫術的公式，也就是用本地或外來的特殊語言，或甚至特別為該場合而使用虛構的腔調。咒語包括了語言和語言的模仿。禱告則是在其他事物之外特別屬於語言的活動。預言是用強力說出一些必須說的。宗教的聚會乃是圍聚在語言(道)的四周。拉比的(rabbinic)以及塔穆德的學者窮其畢生精力鑽研聖書以及道的教

1　【譯注】依照目前的聖經研究，新約中的四部福音書寫出的時間約在西元60-95年間，其第四部即〈約翰福音〉寫成的時間約在90-95年間。這四部福音書最初都是用希臘文寫的。作者說〈約翰福音〉作者「吸收了希臘的觀念」，是指當時的新柏拉圖主義哲學觀念，特別是把「太初有道(有邏各思)」作為這整部福音書的第一命題而言。

訓。密契主義者宣稱他們的體驗不可言說，因爲這些體驗比言語更要「濃厚」、更是奧秘的表示，所以「不可能找到字詞來說它」。

當人們委身奉獻於自己的母語，以及當各種學者、學生對這些語言來源作殫精竭慮的探尋之時，都會清楚看見語言的奧秘性。希伯來語、希臘語和拉丁語究竟何者才是人類最初的語言，這中間已經不知打過多少論戰，而爲了要蓋棺論定，已經不知犧牲多少生命。據說西西里的霍亨史叨芬獨裁家族的菲德列三世(Frederick III of Hohenstaufen, 1272-1337)曾經下令要一組嬰兒由奶媽扶養，並不准這些奶媽們說話、唱歌乃至不准對嬰兒作哼聲，這樣，小孩就會自己在無助也無限的狀況下發出聲音來，這就會是人類所能說的最初語言。在那個實驗中，大多數的小孩都死了，而根據史畢茲(Spitz)[2] 在20世紀對一些非婚生小孩的研究，這些孩子在沒有母親的育幼院或在其他缺乏人性照料的機構中長大，我們對此結果就不會太意外。菲德列三世也許讀過希羅多德(Herodotus)的歷史著作，在他的〈第二繆斯〉[3] 中曾經報導了一個類似於此的原初語言實驗，是由埃及的法老王薩美逖葛斯(Psammeticus)所主導：

> 現在的埃及人，在他們的國王薩美逖葛斯的統治之前，相信他們自己就是最古老的人類。然而，薩美逖葛斯既然企圖

2 R. A. Spitz, "Hospitalism, an Inquiry into the Genesis of Psychiatric Conditions in Early Childhood," in *Psychoanalytic Study of the Child* (New York: International University Press, 1945), Vol. I, pp. 53-74; R. A. Spitz, "Hospitalism: a Follow-up Report," in *Psychoanalytic Study of the Child* (New York: International University Press, 1946), Vol. II, pp, 113-117.

3 【譯注】希羅多德的《歷史》一書經後人編撰成九卷，每一卷都以一位繆斯女神之名爲標題。

要找出誰才是最原始的民族，他就有這樣一個意見：雖然埃及超過所有其他國家，但腓力基人(Phrygians)在古老的程度上又超過埃及。這位國王發現不可能憑藉探究的方式來決定誰才是最古老的，於是他想出以下這麼一個發現的辦法——他從平民中挑出兩個小孩，交給一個牧羊人在家屋中養育，並嚴格規定任何人在孩子面前連一個字都不能說。小孩住在一間隔離的小屋中，常常讓山羊進去餵奶，其他時間則要好好照顧他們。他的目的是要知道，在小孩的牙牙之語後，最初說出的一個字會是什麼。事情就像原初所期待的那樣發生。牧人謹遵命令兩年，之後有一天他打開門要進屋時，兩個小孩都伸開雙手向他撲來，並清楚地說出一個字"Becos"(讀如「焙烤斯」)。最初牧人沒有注意，但後來他常去看孩子們，也觀察到這個字一直掛在孩子們嘴上，他就去通知他的主子，國王就下令把孩子帶過來。薩美逖葛斯親自聽見他們說了那個字，他就走過去探問說：哪種人會把什麼東西叫做"Becos"，到此他就知道了是腓力基人把麵包叫做"Becos"。在考慮過這件事之後，埃及人就放棄了他們的宣稱，並承認最古老的民族應是腓力基人。

這是我從孟斐斯城的佛爾甘僧侶那裡聽來的眞正的事實。希臘人傳說了好多傻故事，其中之一就是說薩美逖葛斯要一個奶媽來帶那兩個孩子，並事先割掉了奶媽的舌頭；但那些僧侶說的扶養小孩的方式應是像我講的那樣。[4]

---

4 Herodotus, "The History," trans, G. Rawlinson in R. M. Hutchins (ed.), *Great Books of the Western World,* Vol. VI (Chicago: Encyclopaedia Britannica, 1952), p. 49.

愛卜那(Ebner)在他的著作《言語和精神的眞實》[5] 中說得還更過頭，他說：「語言的問題既不是哲學的，也不是心理學的，更根本不是科學的，而是屬於靈氣學的(pneumatological)；既然人不是從這個意義而進入此議題，那就永遠不可能探得語言的本質。」此說當然是個極端，但它卻顯示了：對於語言使用者來說，語言會有多麼奧秘和帶有什麼光環了。

在本章的組織中，我們得遵從語言(language)和言說(speech)的習慣性區分。語言是字詞和語句的本體，而透過語言使得一個社群中的各個成員可以互相溝通，也透過語言使人能夠思想。言說則是口語的體系，藉此使說者和聽者可以讓信息在此間來回。言說是信息發出者的一種肌肉動作；通常它會引起接收者的聆聽感官歷程。

宗教語言的種種形式

語言和思想之間有密切的關係，這是不證自明的道理。說出來的思想會透過語言的結構而得以形塑。貧弱或模糊的思想通常也會被形塑爲貧弱的語言；清晰的思想會找到簡潔明確的字眼。然而思想和語言之間的關係本質卻是個令人傷腦筋的問題，從文明的黎明時刻開始，思想家們就一直爲此而忙碌不已。根據常識(這通常是錯謬的)，在人的頭腦裡有些私密內在的事情發生，後來就使得這個人「有了思想」。接下來，當思想成爲思想後，這個人走進公共場合，把自己的思想透過言說、書寫或姿勢而「放進語言中」。因

5　F. Ebner, *Das Wort und die Geistigen Realitäten* (Vienna: Veriag Herder, 1952), p. 71.

此語言就「表達」了思想。同樣的，當一個人聽見或讀到他人所作的思想表達，也有些事情在他的腦子裡發生，在此他把別人的語言符號「轉譯成他自己的思想」，而在發送者的私密思想和接收者的私密思想這雙方之間，會有一定程度的相符。在這樣的理解之下，語言所扮演的乃是思維的次等角色，其中只有表達的功能，然而思維可就具有幾乎無限的自由，並享有極大的自發性。

霍夫(Benjamin Lee Whorf)[6]和其他人把上述的關係顚倒過來。他們要大家注意一些現象，而這是在作語言的比較研究時尤其顯著，特別是在不屬於同一語言區塊的語言之間。譬如說，愛斯基摩人對於「雪」有好幾個不同的字，而我們的英語只有一個字。對愛斯基摩人來說，從天空飄然而下的雪花，和鋪在地上可以滑雪的雪地，以及可以堆築成冰屋的雪塊是完全不同的東西，值得用不同的名詞來稱說。英語中的“gentleman”一字是不能翻譯成其他語文的，只因爲那是產生在英國文化脈絡下的英國概念。從這樣的觀察可知，這裡有個假說產生：從某種意義而言，語言是先於思想的。語言對我們的思想給出了一種形式，讓我們在有限的名詞、形容詞和副詞等等之間作選擇，同時，透過句法和文法，讓字可以在一定的規則下結合成有意義的句子。依這樣的理解，每一種語言乃是一塊巨大的方格網，人把它壓向現實，現實就會根據這大網的格子而切割成塊。每一種語言都以獨特的方式把現實作出區分。因此，一個人所隨之成長的語言或習得的語言乃是許許多多區分現實的方式，也是一個人用以思考的許多結構。所以思考是高度仰賴著語言的。

6　B. L. Whorf, *Collected Papers on Metalinguistics* (Washington, D. C.: Department of State, Foreign Service Institute, 1952).有關「霍夫假說」，請見下文(222頁)。

是後者爲前者鋪設好了舞台。

若語言共同決定了思考的內容和思考的方式，則語言行爲應可對一個人或一個團體的宗教觀念和實踐給出一些線索。在西元325年的尼西亞大會(Council of Nicaea)上，基督教的教父們爲一個議題而掙扎，那就是在許多方面的語言文字功能究竟該用希臘文或拉丁文來表示。他們企圖達成的一個選擇就是：作爲創造者的「神」或「父」，和作爲「人子」的耶穌基督，亦即他們所聽從的教訓之所出，這兩者的關係有兩個希臘字在導引他們的想法。這個「子」和「父」的關係究竟是*homoousios*(本質相同)或是*homoiousios*(在存有上相似)？很少會有一個意識型態的命題因爲一個字母i的有無而導致如此鉅大的差異。後來大會的議決是第一個字，並把倡說第二個字的人譴責爲叛教者。這個決議又被拉丁化，而成爲定義「子與父的關係」是爲「共有本質性」(consubstantiality)。這個字眼代表了一種有文化義涵的思考模式，透過某種現成的語言結構，對現代的思想造成了相當的限制。這些字眼對現代的信徒乃至神學家而言，沒有一個是自自然然的。它們所暗示的想法都太難懂，因爲它們都不屬於我們這個時代的範疇，也不是我們的語言。

試比較以下兩段話，它們都是在處理難懂的「關於神的豐足性」問題。首先，從一篇不知出處的埃及文書，我們看到的是：

> 祂不可雕鑿在石頭中。祂是不可見的。崇拜儀式不可能及於祂的身上。禮品送不到祂那裡。祂不可能在神龕中讓人靠近。祂的所在之處無人知曉。祂不能在安排好的神廟裡

找到。沒有一個住居可以安置祂。[7]

這是一段關於空間以及空間關係的語言，結尾在於神之所在的問題，而我們可以料到，營建金字塔的人是會這麼說的。艾克哈特大師(Meister Eckhart)把這問題說成人格及其所有物的語言：

> 你將失去你的「你性」並消融於祂的「祂性」之中；你的「你的」將會是祂的「我的」，你的「我的」是如此全然在祂之中，而致能永遠知道祂的「所是」乃不受制於變化：知道祂的無名之無有。[8]

兩種文化，兩種語言，兩個人：他們對於他們所崇奉的「那一個」卻有不同的想法和說法。語言、喻示的差別如此，因而關於神聖的思想也是如此，這在芬尼根(Finegan)的禱詞中作了光可鑑人的總括：

> 喔，您唯一之神，您乃泛靈論者之精神力量，祆教徒的征服黑暗之光，印度教徒的吾靈之靈，佛教徒之涅槃，儒者之天道，道教徒之常道，穆斯林之審判日統治者，希伯來人之牧者，基督徒之慈愛父神，我等陟升眞理的同一山巓乃循不同之步道，若其爲眞，則請助我等，在登山之時，請善待我等之同路人，請引導我等走向那唯一的山峰，至

7 *The Universal God,* ed. C. H. Voss (Cleveland: World Publishing Co., 1953), p. 60.

8 F. Pfeiffer, *Meister Eckhart,* trans. C. de B. Evans (London: John M. Watkins, 1924), p. 246.

> 終我等將相互緊緊握手，在您所臨在的榮光之中。[9]

現在讓我們來考慮一下臨床的案例。兩名男性看著同樣的羅夏克墨漬測驗卡，以便能找出宗教的象徵。其中一位是美以美會信徒(Methodist)，有很熱切的行動力，但不耐於神學的思索，他說：

> 這可能是兩個人的側影。他們不是在禱告，而像是在跳一種舞，也許是宗教舞，或方塊舞。他們的手放在一起：那就象徵了兄弟會，那效果是屬於同一個宗教團體，而不是在直接崇拜神。

另一位是門諾會信徒，對《舊約》主題頗有偏好，很專注於贖罪，對於同一張圖的同一部位，他說：

> 紅色的元素非常明顯；讓我想到屠宰一隻羔羊。兩塊黑色的邊也有羔羊的模樣，是四腳朝天的。那是動物在焚燒，像是燔祭——是犧牲的儀式。

這並不只是兩個不同的人有不同的思想而已。他們每個人使用的語言以及形塑思想的方式，都是他們所屬的宗教傳統。每個人重複使用的這種語彙大概都已聽過千百次，也幾乎都已變成他們的第

---

9 J. Finegan as quoted in *The Universal God,* ed. C. H. Voss (Cleveland: World Publishing Co., 1953), p. 121.

二天性。他們的傳統所偏好的語言，所追隨的喻示、主題和聖經引述，乃是他們思想的模子。

有兩位基督徒在禱告，一位說：「耶穌基督」，另一位則說：「基督耶穌」並且很自豪地認定：把名字倒過來講，對於他的誠懇獻身而言，是比較光榮的呼喚、比較虔敬的表示。第三位禱告者覺得說「基督」是太皇權、太帝國式的稱謂，所以他決定用簡單、直率的稱呼「耶穌」。第四位呢，比較不關心歷史形象而在乎神的高高在上，所以他只說「基督」。

如果你的家庭、書本和傳統都沒提到馬利亞，那你就不太會想到馬利亞。但如果你會一直聽到人家談她，她就會變成一個重要的角色。如果她的名字一直和「童貞」這個字眼連在一起，那麼她也會變成個非常特別的角色。更且，如果她是被稱爲「受祝福的童貞女」，那麼她的重要性和特殊性會揚升到極端的高度，成爲一個崇拜的對象，使她自己就是一個神。如果神的專有名詞因其極端的神聖性而是個禁忌，如同猶太教那樣，那麼你就得使用個婉轉的說辭，譬如叫做「主」或「全能者」，這樣才能把他安放在一個可以用某種方式思及的位置。確實的，像上一句裡的「他」字，就是語言裡的一種結構，自動地指稱一種性別，會把千千萬萬的人在思及神的時候引導到男性認同！如果你聽到「我們的父」千百次，你就學會以帶有人格的方式去想他，但如果你千百次聽到的是「偉大聖靈」，那你就會需要一種大山大水的靈視才能完全容得下他。在靈恩派的團體中，「聖靈」經常掛在人們的嘴上，所以人的情緒和活動，既是他生動臨在的原因也是其結果。

這種特殊的神明召喚方式具有診斷價值，但在此之外，還有很多種宗教的語詞和徵引的句子可視爲一個人的認同及其思想方式的暗示。「所多瑪(Sodom)與蛾摩拉(Gomorrah)」[10]就常掛在一些看不慣當世習俗的勸世者和不屑者的嘴邊。預言般的語句，尤其是那種意味著脅迫或引述著即將來臨的災難(作爲報復的)，是一些具有攻擊性的團體之所最愛，他們通常是和文明有衝突，所以要用緊密連結的團隊組織來促進封閉的思想體系。「哈列路亞」和「稱頌我主」是他們的咒罵語、爆炸語和挑激語，而這在主流的新教和天主教信徒身上反而很少聽到。這些語詞是要讓一些人從他們的崇拜方式所激起的緊張奔騰狀態中舒緩下來。「你被拯救了嗎？」這句話對於中產階級的信徒來說帶有不文明的侵略性，雖然在美國中西部鄉下和南部山區裡的看板上常可看見。這是一些教團的人在表示一種歡迎、一種熱切的憂慮，並亟欲伸出援手。「流淚之谷」是指一種溫和的情懷，這種人常會回想他們祖父母輩的虔敬心態，以及他們卑微的身世。

不只是字詞和語句，而是整套語言都可以設定一種即將來到的宗教氣息。拉丁文和希伯來文就是其中的顯例。“*Veni Sancte Spiritus*”對於學會把崇拜和拉丁文連結起來的耳朵而言，就比「來吧，聖靈」聽起來要更具奧秘性。在“*deus absconditus*”裡頭包含著令人敬畏的意思，而這遠非「隱藏的神」所能傳達。「撒旦的」(“Satanic”)比「魔鬼的」(“devilish”)更令人感覺到威脅和噬咬。“*Shemah Isroel Adonai Elohim, Adonai Echod*”帶有全面統治的意味，而這個句子在英文的「聽哪，以色列，主我們的神，唯一的主」之中，就少了這樣的意味。不論你懂不懂拉丁文或希伯來文，

10 【譯注】「所多瑪(Sodom)與蛾摩拉(Gomorrah)」兩個城邑因爲殘暴貪婪與淫佚無端而被上帝以天火與硫黃所滅，其典故最早見於《舊約》十四章至十九章。

聽到這種尊崇的語調，對於從小在這種聲音的崇拜環境下長大的人來說，就是會實質地增加神聖的體驗。神聖的語調對於聲音和提示的意義之會產生剩餘價值，不論是多麼非理性，都不能以當代語言的翻譯來取代。在作望彌撒的典禮時，從拉丁語轉換到本土方言(這個字本身就含有從拉丁語觀點來看待地方語言的鄙視之意)就意指對信徒作再教育，使他們都能了解典禮的訊息，而不在於傳達奧秘的古典音感。

神聖化的語言也可能會跟某種方言或地方腔調發展的某一歷史時期結合成固定的關係。當《聖經》的各種新譯出現時，總會有成千上萬的信徒們覺得只有傳統的譯本才帶有文本的奧秘價值。他們把現代的翻譯視爲危險的世俗化，也會把信仰的地位降低。這種感覺對於一些特別受人鍾愛的聖經片段是尤其明顯，譬如像〈詩篇〉第二十三首。神聖價值有時會連在一些外語的詞彙上，譬如每一段落的結尾上所加的“Selah”[11]。對於普通的讀者，既沒有受過閃族(Semitic)語言的訓練，則這些聲音聽起來就像無意義音節；然而它們卻很快獲得了嚴肅性的義涵，並且成爲虔誠的表示。對於某些孜孜不倦的《聖經》讀者來說，《舊約》中有幾卷的前面帶有長長的族譜，當他們把這些東西大聲讀出來時，是在讚嘆神音的。

對於宗教語言的敬仰可以傳到聖書和字母上。「象形文字」這個字眼的意思是神聖的銘文，也指埃及聖書原是爲祭司所用。書寫的這個動作從前是部落裡少數特權者才會受到的訓練，後來這種性格就維持爲薩滿、祭司和廟祝的儀式行爲。各種紀念碑如石碑、方

11　【譯注】“Selah”只是用在〈詩篇〉及其他經文中的感嘆詞(在《聖經》中至少出現74次)，其義至今不明。

尖塔、阿茲帖克的曆石和大塊的泥版，各種文件如卷軸、手抄本，還有甚至雕刻和書寫的工具等等都會擁有神聖的價値，而這和當今的收藏者會把總統用來簽字用的原子筆都收藏起來，其價值是一樣的。在哥德式的字體被更容易閱讀的字形取代後，它還是在表達奧秘目的的文書中使用，譬如從教堂中的標籤、題字到出生、受洗、結婚的證書。現在的學位證書也還這樣使用，因爲這是帶有準宗教性的學術地位通過儀式。

在宗教經驗中，名字可以有特別奧秘的意義。基督教中所謂的教名是在洗禮之時所給的名字，之後就和一個人的姓氏連在一起。透過此一過程，這個人不只是由父母給了名字，也同時進入了宗教社群而成爲一個被承認的個體。在名和姓之間，還可以插入一個屬於出生日的聖徒名字，或特別挑選的一個守護者或認同楷模的聖徒名字。很多人名的字根都有宗教上的意義：Theophilus, Benedict, Christopher, Jerome, Dorothy, Elizabeth等等都是。新教徒對於《舊約》的崇敬，導致大量的美國人名都是取自聖經的名字：Abraham, Eleazar, Joel, Nathan, Abigail, Deborah, Sarah等等。神的名字據說是不可發音的，但稍微婉轉一點，就變成各種的聖名：耶和華、阿都奈、耶威、主、全能者、吾父、受祝福的童貞女、拯救者。

霍夫假說(hypothesis of Whorf)的「現成語言乃是其使用者之思想的有力決定因素」之說[12]，也對象徵的功能投下一些光源。讀

12 【譯注】霍夫假說(hypothesis of Whorf)也稱沙庇爾—霍夫假說(Sapir-Whorf hypothesis)，也就是語言之相對性原則(the principle of linguistic relativity)，除了作者提到的這一句所說的意思之外，最重要的是霍夫的老師沙庇爾在表明各種不同語言所表現出來的社會現實各不相同。這個「原則」雖然由沙庇爾—霍夫兩位文化語言學者在1930-50年代間作了明確的強調，實際上卻是語言與文化學者爭議千年的老問題，到了1820

者們大概也注意到，幾乎所有奧秘語言的開頭幾段，就等於是以語言的方式在描述宗教象徵。其中有些抄本文字或象形文字也就是視覺象徵。當你把霍夫假說的論點應用到神聖語言的現象上，就會明白宗教的語言象徵實在是先於個體的。在他出生之時，象徵早已提供到他的生命中，而他也會發現象徵持續存在於他的學習中。這些象徵不只表現和傳達他的感覺，也在他稚嫩的認知摸索中注定了他的思想。它們是以語言的形式存在於前，並且是存在於社群中。這社群的成員用崇拜的方式吟唱著象徵的語句，而這也就暗示了他們和至高眞實之間的關係。田立克的觀念是說：象徵參與著它們所指向的權力[13]，因而可以設定一個新的向度——當神聖的語言、字詞、句子是宗教象徵時，被宗教養大的個體們就不能忽視那些語言，而會讓自己的思想被推上那條道路。它們會以某些方式把現實劃分，尤其會引入現實的階層之分，從終極性到種種程度的偶隨性。

語言在宗教中的功能

每一個學童都知道什麼是「智人」(*Homo sapiens*)。他會很驕傲地以那個名目來認定自己是個理智的存有。自從神學家奧圖之後，我們也認識了什麼是「宗教人」(*Homo religiosus*)，以及他和宗教的關係。自從畽曾迦(Johan Huizinga)之後，我們又可以說出

(續)——

年才由德國學者洪寶德(Wilhelm von Humboldt)作成一個明確的命題：「語言的差異不只是符號和聲音的差異，而是世界觀的差異。」由於這個重大的爭議至今仍在持續發酵中，因此很多人不稱它爲「原則」，而仍稱之爲「假設」。

13 P. Tillich, *Systematic Theology* (Chicago: University of Chicago Press, 1951), Vol. I, p. 239.

什麼是「遊戲人」(*Homo ludens*)[14]。人類學家曾提出「工匠人」(*Homo faber*)來描述人之能製造和工作。徂爾戴(Zuurdeeg)則在推廣「言說人」(*Homo loquens*)的概念，他說：「如果我們能說人就是他的信念和他的言說，那就是說，當我們談及『語言』時，我們乃在意指人本身，會講會說的人，*homo loquens*(言說人)。」[15]

語言不只是被人發現在社群中隨手可用的一個系統或一套形式。它也是一個行動。人之說話乃是在嘗試要透過語言而完成某事。他用語言把自己置入世界；他是用語言而存活。在學習和成長過程中，他習得了某些語言的風格和矯飾，一方面是適應，一方面是防衛。他的語言在極高的程度上就是**他**。「吾名乃是軍團！」一個覺得自己被好多魔鬼所附身的人會這樣喊道。「吾乃自有永有者」或「我就是那存有者」，造物者就是這樣自稱的。

宗教研究者和語言哲學家之所以引用幾種區分語言的方式，乃是爲了要評定宗教命題的眞値和證據性。卡西勒(Ernst Cassirer)[16]和其他人所關切的是象徵主義思維(symbolism)及其所指涉的現實。費葛(Herbert Feigl)[17]辨認出一種認知—資訊語言(cognitive-informational language)，可以再分爲純粹形式的、邏輯算術的，和事實經驗的陳述；另外還有一種非認知語言，可再分爲圖形想像的、情緒感性的，和意志動機的陳述。最近，徂爾戴曾談到指示的語言和信念的語言，他是認識到宗教語言帶有高度的信念義涵，其

14 J. Huizinga, *Homo Ludens* (Boston: Beacon Press, 1955).

15 W. F. Zuurdeeg, *An Analytical Philosophy of Religion* (Nashville: Abingdon Press, 1958), p. 59.

16 E. Cassirer, *An Essay on Man* (Garden City, N.Y.: Doubleday & Co., 1956).

17 H. Feigl, "Logical Empiricism," in H. Feigl and W. Sellars (eds.), *Readings in Philosophical Analysis* (New York: Appleton-Century-Crofts, 1949).

中有「置人於信者」(convictor)具有能憑著承諾和要脅而克服他人的力量，另外還有「信隨者」(cinvictus)會贊同置人於信者的命題，通常是在一個社會體系的脈絡下，也就是「告解團」。

根據徂爾戴的說法，若果宗教語言中的大部分都是信念型的，心理學家還是比較不關心哲學上的眞値(truth)問題。他們關心的是語言使用上的個別差異，以及語言和思想、情緒、意志，及人際關係之間有何關聯。因此我要努力的乃是透過一些例子來呈現語言風格的種種功能，而這都是可以在宗教上「信服」的人之中，可以找到的。我要採用的範疇並非宗教的範疇，而是心理學上有用的一些差異，可應用於所有的語言行爲。下表所列的就是可以引導我們的一些，但並還不算周延：

1.形式

2.邏輯演證

3.經驗證明

4.圖形—想像

5.情慾

6.攻擊性

7.召喚

8.出神(迷狂靈入)

9.虔誠與珍貴

10.激勵與狂熱

讀者會發現這個分類並不聚焦於現實考驗的問題。因爲上兩章在談思維的時候已經談過。我們現在要強調的應是語言行動的性質。在以下的部分我會自由交織地運用兩串例子。第一串是許多個人在不同的情況下，爲不同的目的而寫的一些片段文字。第二串則包含一個人，即奧古斯丁，在他的《懺悔錄》中所作的發言，在其中，他使用了極多種的語言功能，而這裡所抽出的片段就是要用來作爲個人內在差異的例子。

1.作爲**形式—資訊語言**之例，我要引述奧古斯丁的一段話：

> 然而這對我是在何處有益？當時我還幾乎不到二十歲，一本亞里斯多德的書掉在我手裡，書名爲《十範疇論》。我懸在這書名上，正如我會懸在一切偉大而神聖之物一樣，因爲我在迦太基的修辭學師父和其他一些有學問的人在提到這本書時都會顯出無限崇敬的樣子。我自己閱讀並讀懂了。然而這是什麼意思——當我和別人討論時，他們說，即使有老師的協助(他們不只在口頭上說明，也在沙上畫了好些圖示)他們還是不懂，也且無法告訴我什麼，除了我自己讀懂的之外？在我看來，這本書所說得很明白，就是關於物體，譬如關於人；以及關於它們的性質，譬如關於人的形狀、種類、身材，他長得多高，他的家庭關係，他的地位，他是坐著還是站著，有沒有穿鞋或穿戴武裝，或正在做某事，或正有某事發生在他身上——以及各種各樣數不清的事情，都可用這九個範疇來歸類(我已經舉了些例子)，或歸在物體這主要範疇之下。[18]

這段話所用的語言算是相當樸素。它是在對讀者告知一些歷史事件、文化事實和社會感知。它是把一本書的內容作了提綱挈領的

18 *Augustine: Confessions and Enchiridion*, trans. and ed. by A. C. Outler (Philadelphia: Westminster Press, 1955), IV, 15, 28, p. 92.

說明，用的是枯燥的、不加潤飾的筆調來作講解。甚至在「這對我是在何處有益……」和「然而這是什麼意思……」這樣的問題上，也只是正經而規矩地平鋪直敘，讓讀者可以自己發現答案，或是對問題發生移情讓自己有感受。奧古斯丁的這些字句寫在5世紀之時；而我們當代的人若要作這種形式—資訊的文字，他會寫出什麼？我們來看看一個現代的例子，取自路易斯．曼佛(Lewis Mumford)：

> 宗教，我在此所給的定義，乃是人類直覺以及運作中的信仰之整體，它的產生是人類天性和經驗的一部分，而這是點點滴滴累積知識並立即要求核驗的科學所拒斥的。因爲宗教所提的問題不關切特殊物，而是關切整體：不是以特定的問題來問「什麼」和「如何」，而是以最爲廣泛性和最爲捉弄人的難懂性來問「爲何」、「何以」、「什麼目的」和「往何處去」。換言之，宗教所追求的不是爲生命之此一或彼一面向作仔細的因果解釋，而是要把事物總合起來，給個合理的說明。[19]

再注意一下這種樸素的文筆，雖然作者是在傳達一種觀點和意見。這裡引述的說法本身不是宗教的意見而是從科學的「他方」來爲宗教下定義的。它的用字很精準；它的焦點是問題而不是答案；它是參照著局部與全體的大問題架構而推衍。它沒有攻擊或中傷任

19　L. Mumford, *The Conduct of Life* (New York: Harcourt, Bracer Co., 1951), p. 59.

何一方的觀點；它很熟練地把一個問題和另一個問題並排著放進形式的範疇中。「全體」這個字沒有用大寫，而這是一些虔誠的心靈總會期望的。「信仰」、「終極」、「眞實」或「神」這樣的字眼都沒有出現。

2.邏輯要處理的是形式的原則和推理的過程。它的目的是要根據一些典律而帶出健全的推理。這些典律在時間的推移中會有所改變，從亞里斯多德的《工具論》到當代所偏愛的數學證明和布林代數(Boolean algebra)。心理學家對邏輯學本身不感興趣，但非常有興趣於一個人是否努力根據當代的典律和他的推理能力，來從事邏輯思考。邏輯的證明乃是一種獨特的語言行動，而以下的一段摘錄自奧古斯丁的話，表現了思考者正在設法掌握邏輯：

> 然而，從此刻起，我開始偏愛天主教的教義。我覺得它是帶著節制和誠實來要求我們相信那些沒被證明的東西——不論那是可以證明的(雖然不是對人人皆然)，或根本無法證明。但這是比摩尼教(Manichean)的方法好得多，在其中我們輕信的態度受到一種無恥的知識承諾所嘲笑，然後一堆難以置信的荒唐東西就丟在那些信徒的頭上，只因爲他們對於證明是無能的。在那之後，我的主啊，漸漸地，以您那輕柔而慈悲的手，引導和安撫我的心，您確實説服了我，只要我能將千百種我所未見未識的事物帶進我的眼界——諸如世俗歷史裡許多的事件；以及對於各個地方和城市的種種報導；還有我和朋友、醫士以及或此或彼的許多人的關係——就是除非我們相信，我們將會在此生中都錯過的種種。最後，我肯定最難忘懷的是我相信世間有兩個人

是我的雙親，雖然我除了道聽塗說之外根本無從知曉。[20]

只因他用了一個想像的對談者，即神，並以本段文字所描述的那些洞識歸屬於他，所以奧古斯丁才能夠面對於證據、荒謬、推論的效度以及感覺與料和純粹思想的構設之區別作出基本的邏輯關切。他檢視了前提和結論，衡量了證據，並試圖把矛盾梳理出來。他在議論中描述了證明的廣度和限制，以及在信仰的設定及其後果之間的關係。他在這一段中甚至很節制他對於摩尼教的批評，正如他在整本《懺悔錄》中的表現一樣，雖然其中不乏確然的嘲諷意味。在現代的邏輯語言中要舉出一例的話，我取出勒扣姆・都・努玉(Lecomte du Noüy)的一段文字如下：

> 任何要把神視覺化的努力都會透露出驚人的幼稚。我們不能再這樣想祂，正如我們不能這樣想電子一樣。我們忘記了，這種無能的本身並不是其不存在的證明。我們今天總是習於用電子、質子、中子等等來耍把戲。從個人來說，這些都是嚴格地不可想像之物，然而物理學家(他們和往日的教士一樣被激起信心)卻肯定，若沒有這些微粒子，則我們的物質客體，以及我們作用於其上的力——也就是我們的整個無機物世界——都會變得不連貫也不可思議。(我們可別忘了，在這些微粒子所運動的世界中，其空間和時間都和我們的世界有不同的值。)沒有人會對這些奇

20 *Augustine: Confessions and Enchiridion*, VI, 5, 7, p. 118.

> 怪因子的眞實性有疑問，雖然我們都覺得熟悉而難懂。[21]

在這裡也很精鍊地比較了兩種證據，以及對於「信仰」作出了評價，支持了第一種設定。

3.事實性的證據和**經驗的證明**在科學實驗裡可以找到極致。實驗的語言是唐突的。事實的語言不顧情面：它說的是事件、地點、物品以及可觀察的變化組型。奧古斯丁是這樣寫的，而你簡直無法找到比這更枯燥、更就事論事的筆調：

> 而我四處找尋其他事物，而我看見它們全部的存在是由於您而來，而它們在您的眼前都是有限的；然而它們在您之中不像在空間中，而是因爲您用您的手將一切事物護持在您的眞理中，也且因爲一切事物只要存在皆是眞的；也因爲虛假只在那事實上不存在者的思想中。我看見一切事物相互和諧，不只是在其地點，也在其季節。而我看見您，單只有您，是永恆的，並不在未數算的時節之後才**開始**工作——因爲所有的年代，不論是已過去的或將過去的，既不去也不來，除非透過您的工作和您的持存。[22]

這段語言是關於「事物」以及它們在空間中相互關係的組型，在時間中變化的組型，以及最後關於空間和時間的觀念本身。「一切事物只要存在皆是眞的」——這是用感官的證據所做不出來的直

21 P. L. du Noüy, *Human Destiny* (New York: Longmans, Green & Co., 1947), p. 188.

22 *Augustine: Confessions and Enchiridion*, VII, 15, 21, p. 150.

接指涉。而爲了作出同一層次的指涉——恆常性、組型與秩序——愛因斯坦(Albert Einstein)是這樣說的：

> 我們在有生命之物的領域中，對於其恆常性還沉潛得不夠深刻，但至少對於其固定必然性的意義則已經夠深了。一個人只要想想遺傳的系統性秩序，以及毒物的效果，譬如酒精對於有機體的行爲。我們在此所仍缺乏的只是對於深刻普遍性的關聯之不能把握，而不是要抓住秩序本身的知識。[23]

但是愛因斯坦的結論和奧古斯丁不同。他不接受一個位格神能干預自然事件的觀念。在這篇論文中他還說：「因爲一種教義，若不能在清晰的光明中，而只能在黑暗中維持其自身的方式，就必然會失去它在人類身上的效果，還帶來對於人類的進步不可勝數的傷害。」這裡所謂的「黑暗」是指某些宗教人士決心堅持用位格神的觀念來介入一切科學知識所未能進步的領域。愛因斯坦還繼續說：

> 然而對於這個領域成功的進展所帶來的強烈經驗，誰若是曾經遭逢，誰就會對於其中已然顯現的理性產生極深的敬意。[24]

這兩位能言善道的人士，是要透過事實和關係的語言而順應於他們所生存的世界，而對於他們兩者來說，這個世界的特性就是秩序。兩者都尊敬這個秩序，並由茲抽出他們的結論，然而其中一位

23　A. Einstein, *Out of My Later Years* (New York: Philosophical Library, 1950), p. 28.

24　A. Einstein, *Out of My Later Years*, p. 29.

的終點是有神論的本體論，而另一位則是產生世界之高貴性的情感，以及對此世界加以掌握的心靈。

4.還有一種**圖形—想像的語言行動**。宗教曾經大量使用這種語言，而科學對此也並不陌生。雖然都・努玉曾指出科學中的某些「物」也只不過是準圖形，並只應以數學的方式理解，但科學會複製及產出圖形並且在細胞分裂圖、染色體地圖、光譜分析圖，還有李文虎(Antonie Philips van Leeuwenhoek)的「小動物」(微生物)等等上面，對圖形語言有強烈偏好，而在呈現這些東西時，甚至只要加上一點點純粹描述的注解就可以了。這裡就有一段取自奧古斯丁的圖形想像之飛翔情狀：

> 而我持續尋找對此問題的解答。惡究竟來自何處？而我以邪惡的方式去尋找，且我在這樣的尋找中並未找到惡。我把所有造物在我的靈魂之窗前排成一列：所有能看見的地面、海洋、天空、星星、樹木、動物；還有所有不能見的蒼穹、所有的天使和所有的靈魂之物，因爲我的想像也都會安排出這些，宛若它們是具體可以在此在彼呈現的樣子。而我對著自己，將您的造物如圖畫般呈現爲一團巨大的東西，由千百種具體物造成——有些實際上就是具體物，有些則是我想像在靈魂中的樣子。我用圖像把這些想像成廣大無邊——當然不是在完整的向度下，因爲我不能知曉——但我已把它想像成盡量的大，只是從哪一邊看來都還是有限。但是您哪，我的主，我已從每一個角度來想像這一大團，並且盡力穿透，但您在每一方向都仍是無限的——就像到處都是汪洋，到處都是無可度量的空間和無

> 限的汪洋；其中包含著某種海綿，巨大但有限，可以把不可度量的汪洋吸收在它的局部之中。[25]

奧古斯丁知道他的想像「也會安排出這些」，並且會在一切存有的廣度上「對自己如圖畫般呈現」萬事萬物。對於圖像語言，有個現代的例子，我取用的是波乙森的《來自淵深》(*Out of the Depth*)一書，也是一本自傳，說明了一段飽受嚴重心理疾患之苦的生命時期：

> 我太沉溺在我自己的思想中，尤其是那些關於世界正要接近末日以及關於使用武力的正當性和殺人動機的釋放等方面。到了傍晚我就昏頭轉向起來。這似乎是大審判之日，所有的人性問題像附圖那樣從四個不同的方向我湧來，並且集中在中央。它們被引向審判席之前。但看起來像是某種的自動審判。

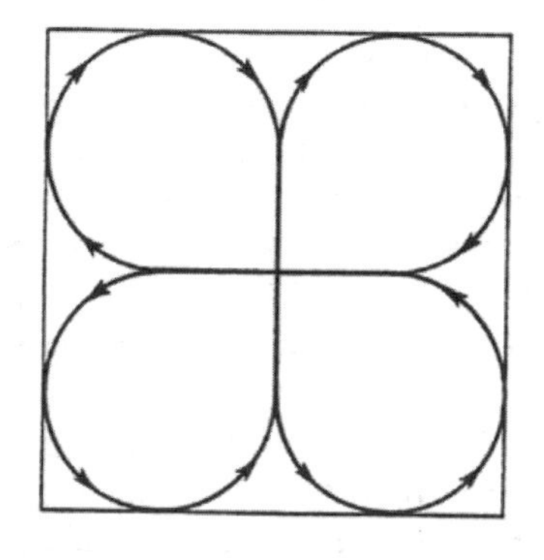

25　*Augustine: Confessions and Enchiridion*, VII, 5, 7, p. 138.

> 每一個人都審判自己。需要一些通關密碼，並會連到一些選擇。每個人都有三次機會：一個困難的「第一次」，而後是包含一些犧牲的因素並意指要變成一個女人而不是男人，第三是看起來像機會並會把人送到較低的區塊。這些較低的區塊似乎沒有很確定的意思。這整套很像個大型的循環系統。[26]

在此的圖像語言甚至陷入一個實際的圖表，以便達到最大的視覺效應。即令在前言中說道「我就昏頭轉向起來」也是個圖像式的語言行動，增加了作者自己的暈眩感和運動以及導向他所要描述的那個廣大的運動。所有的人和物在這個心象中都在動，水平地和垂直地，「像個大型的循環系統」。

用圖像來言說的人未必只是把視覺圖像「拿進來」然後用他的內在之眼來冥想。圖像語言也可以是行動或是預備行動的語言。頌歌「基督精兵前進」的圖像(和音樂)語言裡承載著滿滿的能動性。

5.語言行動可以是**情慾行動**，無論就其心象或就其節奏的抑揚頓挫而言。著名的例子是居庸夫人(Madam Guyon)的詩：

> 我愛，我的神，但沒有自愛，
> 因我能給的只是一無所有；
> 我愛您，主啊，但所有的愛都是您的，

---

26 A. T. Boisen, *Out of the Depths* (New York: Harper & Brothers, 1960), pp. 88, 89.

因我是由您而活。
我一無所是，並歡喜於
淘空、迷失和被您吞噬。[27]

另一個例子是狄瑾蓀的詩句：

獻身嫁給你，
喔，你是星座的主人！
作父與子的新娘，
我是聖靈的新娘！

別的文定都應消解，
自願的婚姻都崩潰；
只有持著這只紋章者
能克服一切壞死之軀。[28]

《聖經》文學裡包含著許許多多〈雅歌〉(Song of Songs)的情慾寓言，其開頭是悲戀與苦情的呼喊：「喔你會用你的嘴親親而來！」然後接著就是兩個超級戀人之間大膽的情慾宣示。在奧古斯丁的《懺悔錄》中，我們會發現一個能言善道的人正在使用情慾的語言：

---

27 J. M. Guyon, "Adoration," in C. M. Hill (ed.), *The World's Great Religious Poetry* (New York: Macmillan, 1945), p. 512.

28 *Selected Poems of Emily Dickinson* (New York: Modern Library, n.d.), pp. 207-208.

> 自從那時之後，我心之光啊，如您所知，使徒書上的字句我還不曉得，我當時還喜歡西賽羅(Cicero)的勸言，至少喜歡到能受他所激引，且被點亮，被燃起，能去愛、去追求、去獲取、去扶持、去擁抱，不是什麼教派，而是智慧本身，不論它在何處。只有這樣才對得上我的熱情；而基督這個名號還不在裡面。而這個名號，我主啊，因您的慈悲，我的救主您的子之名，是我柔軟的心所虔敬沉醉於其中的，我是鍾愛之如同我母親的奶汁。當時還沒有這個名號的，不管是什麼，不論多有學問、多精緻、多眞實，都沒能完全攫住我。[29]

這是典型的愛的語言：去扶持、去擁抱，被愛所點亮、所燃燒，包括和最初的愛情關係所做的動人比較。帶著情慾的熱切，使得神的名字變成了鍾愛的言說：「啊，我心之光。」愛的對象也在所追求的基督之名中被擄獲，其中含有一切甜蜜與溫柔，而那是愛人的名字在熱戀之中的雙方都會有的情愫。這種熱切的情感會傳布到周邊的西賽羅作品上，而那是奧古斯丁所「喜歡」並「受到激引」的。當人在情慾之中說話，他會對宇宙洋溢著友愛之情，也會以輕柔的手法來對待一些嚴肅之事，甚至偶爾包括對他的敵人。

在所有強烈的情緒中，語言的退轉都可能發生，在其中語句縮短成只有幾個感嘆詞，或甚至孩子氣的單詞句。第四福音書對於抹大拉的馬利亞碰見復活的耶穌所作的說明中，包括馬利亞說了滿含

---

29 *Augustine: Confessions and Enchiridion*, Ill, 4, 8, p. 65.

愛意的單詞句：「*Rabboni*(夫子)！」而後耶穌接著的勸勉句是「不要摸我」云云。在此之後還有這樣的句子：「祝平安！」其中省略了受詞[30]。受壓迫者原本要禱告祈求神的協助，但他卻只說：「神啊！」正如一個學步的小孩要請媽媽幫忙綁鞋帶時只說了一個字：「媽！」

6.如果語言行動可以是情慾的，那麼它也可以是**攻擊性的**。宗教中的攻擊語言之最極端當然是賭誓和詛咒。大多時候因爲強烈情緒的壓力使然，詛咒的語助詞會是退轉性的單詞句。如果憤怒導致無能和尷尬，則詛咒句就會像「天哪！」(God)「耶穌啊！」(Jesus)或「基督啊！」(Christ)如果憤怒猛烈地導向對象，則它的形式就會像是「該死！」(Damn)或「天殺了你！」(Damn you)至於像這樣的形式「天殺了我！」(I'll be damned)或「看在基督的面上……」(For Christ sake)等等，就是導向自身的侵犯性了。

爲了顯示完整長度的侵犯性語言之騷亂狀態，我要舉出一段取自奧古斯丁的文字：

> 我就這樣陷落在人堆中，和他們的狂傲一起胡言亂語，充滿肉慾且大言不慚，其中的嘴巴就是魔鬼的陷阱——這陷阱裡的音節竟混著您的名號和我主耶穌基督以及聖靈之名。這些名字不是從他們的嘴裡出來，而只是鼓舌流出的聲音，因爲他們的心中空洞，沒有眞理。然而他們竟然喊著：「眞理啊，眞理，」而且是一直朝著我說的。但眞正的東西不在其中。確實的，他們的虛言假語不只是關於您

30　【譯注】以上這段出現在〈約翰福音〉20：16-19。

> 的——您才是眞理之所在——他們還說到這個世界的基本元素，而這一切本是您之所造。[31]

在拉丁原文中的這一段話更是鏗鏘作聲：*Itaque incidi in homines superbe delirantes, carnales nimis et loquaces, in quorum ore laquei diaboli*...當你在憤怒和嘲弄之中說話，其中必有雷鳴般的音調自動出現在一些字句上，譬如「魔鬼的陷阱」、「鼓舌」、「肉慾」，或是魔神別示巴(Baalzebub)、尼尼微、所多瑪、蛾摩拉、神魔決戰之地哈米吉頓(Armageddon)。後面這幾個名詞乃是神聖教派最常用作咒罵的公式。

齊克果不是個喜歡舞文弄墨的人，他在一些短暫的情緒發作時表現了另一種憤怒的語言：不能作流暢而連續的言語。在他和敏司特主教對質時，他說：

> 如果「傳道」意指的是人所說的、寫的、印刷的、字詞、布道，那麼在此方面的事實(我所舉出的只是一事)就是敏司特主教的布道是踩著弱音踏板，含混其詞，壓低調子，省略了斷然屬於基督教的東西，而只說了對人而言不合時宜的東西，讓我們的生活陷入緊張，阻礙我們享受生命，只說出基督教裡要人從世界中滅絕，透過自願的放棄，透過痛恨自己，透過爲教義而甘願受苦，等等——要看出這些，你的視覺並不需要特別敏銳，而只要把《新約》和敏司特的布道放在一起就夠了。

---

31 *Augustine: Confessions and Enchiridion*, III, 6, 10, p. 66.

> 要見證眞理就是要在貧窮之中作見證——在貧窮中，在低賤中，在屈辱中，他沒人欣賞、受人憎恨、討人嫌惡，而後被人愚弄、侮辱、嘲笑——他幾乎每天都三餐不繼，他窮到如此的地步，而他每天所有的乃是源源而來的迫害。[32]

這些冗長的句子包含著一串串沒有連接詞的字句，簡直像機關槍射出的子彈。作者在驅迫中不斷尋求著一次比一次更強的表達。這種書寫語言是口頭語言壓力下的複製，而臨床工作者可以在非常緊張和憤怒的患者身上看到。

7.**召喚的語言**所宣示的就是把靈魂從隱藏之處喚出，並將它臆想成可見的式樣。在此目的下，這種語言類似於符咒。召喚的語言也具有迷幻的力道。它把人迷住、激勵人、使人遲滯，並且當它要迷住對象時就直接乞靈於迷戀的本身(這是根據奧圖的*mysterium tremendum et fascinosum*〔巍然可畏而迷人的神秘〕這個意義)。從整體來看，奧古斯丁的《懺悔錄》就是徹頭徹尾的召喚，因爲整本書的文體就是個龐大的禱告。但其中很少段落會像以下一段這麼特別地指向召喚：

> 然而這個神是什麼？我問大地，它答道：「我不是他」；而大地上的萬物都如此招認。我問深海以及在其中匍匐之物，牠們回說：「我們不是你的神；向上面去問吧。」我問飄動的風，則整個空氣和在其中居住之物回答：「安那

32 S. Kierkegaard, *Attack Upon Christendom,* trans. W. Lowrie (Boston: Beacon Press, 1956), pp. 5, 7.

西米尼(Anaximenes)受騙了；我不是神。」我問天，問日月星辰，而它們回說：「我們都不是你所找的神。」我也對所有這些站在我周身之物回應說：「你們都說了關於我的神的事，就說你們都不是他。那告訴我什麼是他。」而它們就一起大聲對我喊道：「是他創造了我們。」[33]

比較不那麼像禱告，但仍是極爲悲慟逼人的，是一段取自當代人波乙森的文字，他當時身陷在精神疾患急性發作的絕望深淵中，寫信給他的友人：

P.S. 一小時之後。它又來了，情況還是非常、非常危急。所有的事情都懸在平衡點上。我需要你的禱告和幫忙。你必須在本週內把我弄出這裡，不管會發生什麼事。喔，那眞是可怕。我們這個基督教文明受到詛咒，整場仗都必須重打一次。我們必須向那邪惡勢力開戰，而它們已經大爲擴張。[34]

也許所有的召喚之原初模型就是呼救，像是「喔，快來呀！」那是希望不在場者能現身。其中本來就有渴望和追求，而不論那追求是像波乙森那麼直接，或像奧古斯丁那麼間接，發出者都知道那條小路會導向隱密的力量所躲藏之處。奧古斯丁那段落是最精到的捉迷藏版本，很典型地顯現人如何召引他的神明，正如遠古宗教的

33 *Augustine: Confessions and Enchiridion*, X, 6, 9, p. 206.

34 Boisen, *Out of the Depths*, p. 117.

巫術符咒常會伴隨著儀式性的緩慢行進——兩步向前、一步向後——緩緩走向神明所居之處。

8.對密契者來說，那條道路是從召喚導向**靈入的**語言行動，從「喔，快來呀！」到 "*Tat tvam asi.*"(「你是那」)[35]。如果靈入意謂的是「存有於自身之旁」，則其所以然就會有兩個明顯的理由。一是強烈的歡悅情緒充滿於身以致要爆破而出，所以它會「冒泡」到肢體動作和語言行動中。第二個理由是人在當面碰上神聖的「他者」之時，會覺得像居庸夫人說的「被吞沒在您之中」，所以在此意義下就是被「拉出自身」了。既然這類體驗多半帶有視覺性質，則可以料到的是靈入的語言中會有很多視覺意象和視覺喻示，也會有很多這類引述是來自「看見」。

以下一個取自奧古斯丁的例子顯示一個知識人的靈入，他在其中還是不能放棄理性的控制：

> 而當我之中的理性力量發現它自己是可以改變的，它就會把自己提升到它的智性原則，會把體驗中的思慮撤除，從矛盾的眾多幻影中抽象而出，以便找到它所浸潤的那光。而後，不帶任何懷疑地，它大聲喊出：不變者永遠勝過那可變者。由此之後，心靈總是會知曉那不變者，因爲，除非它在某方面早已知道，否則它無由而得到它勝過可變者的基礎何在。至此，由顫抖的一瞥，它到達了**那自在者的本身**。而我看見，您的不可見乃是透過受造之物而得以被人理解。但我不能維持這樣的凝視。我的微弱立刻向我衝

35　這句梵文是由四《吠陀經》之一濃縮而成的咒文。

回，我又陷入我所習慣的方式，而我所能帶回的只是我的一點心愛的視覺記憶，以及一點我有過的滋味，好像只是聞到了但還不及去嘗它。[36]

從原本步步爲營的哲學思索，這語言好像突然添了翅膀：「由顫抖的一瞥。」阿維拉的聖德蕾莎(St. Teresa of Avila) 在歇斯底里的機制糾纏下，把她的一段迷狂靈入經驗轉換成如下的形式：

我主喜於我有時會有這樣的視覺：我看見一位天使接近我，在我的左身……。他身材不大而是小小的，但非常俊美——他的臉燃燒著，好似他就是那全身在火焰中的最高天使……。我看見他手持金色的長矛，在矛尖上也有一朵小火花。他好像偶爾會把矛尖刺入我的心、穿透到內臟；當他把矛抽出時，把內臟都拉了出來，讓我全身著火，但也充滿著對神的大愛。這樣的痛苦非常劇烈，使我一直呻吟不止，但更強烈的是超過痛苦的甜美，使我不願它停止。靈魂所滿足的不是什麼就只是神。這痛苦的不是肉身而是靈魂。它是愛的觸撫，如此甜美，使它能在靈魂和神之間發生。[37]

我們在此看到的是一種高度情慾變形的身體語言，而靈入狀態是被描寫成一種性高潮，只有一層象徵的透明薄紗覆蓋其上。這個能言的女人在此段落事實上是以她在靈入時刻中的身體來作敘事，

36 *Augustine: Confessions and Enchiridion*, VII, 17, 23, p. 151.

37 *St. Teresa of Jesus,* ed. J. J. Burke (New York: Columbia Press, 1911), p. 266.

此其時也，她所能發出的聲音就只是呻吟。

靈入的體驗並不常直接聚焦於和神面對，或努力與神爲一。在以下摘引自波乙森的段落中，有一種帶著神聖徵象和場面的靈入銘感，足以表示其高張的狀態：

> 在第二病房裡我首先獲得東南角的一間小室。我是極度興奮的。以某種無法言說的方式，我覺得自己正和某種在人之上的力量泉源相結合。有一種想法出現：「你的朋友正要來幫助你。」我似乎覺得新生命正在通透全身地搏動。也好像有許多新世界正在形成。到處都是音樂、節奏和美。但這些計畫總是受到阻撓。我聽到好像是天使的合唱。我一次又一次地想到這些，直到整個妄念結束。其中有一個我到現在還模糊記得。天使的合唱一直籠罩著醫院，過了一會兒我好像聽到一隻小羊在我的小室上頭的房間誕生。這讓我極度興奮，而隔天早上我還去找那頭小羊。[38]

詹姆斯在他關於密契主義的篇章中，對於語言在迷狂靈入狀態中的顯著性作了特別註記。他認得出來：語詞、格言，以及一個人長久記得的語言公式會突然展現出其完整的意義。對於這個想法，他說：「我一輩子都聽著這樣的說法……但一直到現在之前從來沒完全了解它的意義。」[39]一種新的感覺和深刻的意義給予這些字句一種體驗上前所未有的「厚度」。所以，看起來這個靈入者，就是

38　Boisen, *Out of the Depths*, pp. 89-90.

39　W. James, *The Varieties of Religious Experience* (London: Longmans, Green & Co., 1945), p. 373.

這個發言人，給普通的語言符號加上了極爲豐富的象徵向度，像極了詩人華滋華斯(William Wordsworth)所說的：

> 視覺的力量
> 參與了無視無見的風之運動，
> 體現在字的神秘中。[40]

9.有一種宗教態度具有高度的語言性質並且會顯著地改變**言說人**的發聲。那就是虔敬，表現爲**虔敬的語言**，珍貴的句子，以及有時則是誇張的和裝模作樣的虔敬格調。虔敬語言的成套裝束可以下引的一首歌爲例，這是引自一本書，其標題爲「凱旋禮讚歌」：

> 我的希望完全依恃
> 耶穌之血和正直；
> 我不敢信賴甜美心情，
> 除非仰靠於耶穌之名。
> 重複：在基督這磐石之上，我站立；
> 所有其他的地面都只是沙粒。
>
> 當黑暗覆蓋了祂可愛的顏面，
> 我休憩於祂不變的恩典；
> 在每次疾風勁雨中，

---

40 W. Wordsworth, "The Prelude," in *The Oxford Dictionary of Quotations* (London: Oxford University Press, 1955), p. 579.

我的船下錨在帳中。
祂的誓言、祂的約定、祂的血液
支持我於洪濤大浪的侵襲；
當我的靈魂周遭都讓路，
祂就是唯一的希望和住宿。

當祂在號角聲中來臨，
喔，願我在祂之中現身；
只有穿戴著祂的正直，才可以
在他的王座之前無污地站立。[41]

這首歌不只是在表達敬虔的情感和崇奉的態度；它還充滿著宗教上炒過百遍冷飯般的字句，也就是所有的陳腔濫調：

希望	號角聲	無污點	王座
耶穌之名	耶穌	血液	堅固
流沙	基督	磐石	沉著
風浪	帳幕	恩典	洪水
靈魂	船錨	約定	正直
祂將來臨			

這一首歌裡就出現了不下二十一個宗教濫調。在宗教的脈絡

41　E. Mote, "My Hope Is Built," in *Triumphant Service Songs* (Winona Lake, Ind.: The Rodeheaver Hall-Mack Co., 1934), p. 26.

中，這些字句就是些籌碼、代幣，或小小的紀念品，通常這些虔信者滿口袋都是。他會伸手抓他的口袋，只要是碰到那種「宗教的」時刻。虔敬的語言在此意義下就是一種習慣性的語言，一種特別的關於神聖的黑話或外語，也是人在他所生長的環境或團體關係中學來的。

虔敬滑轉爲虔誠的姿態，也就是一種精心的裝模作樣以及誇張的虔信表演。就語言而言，這種態度的特徵乃是在字句選擇上的珍愛。珍愛至其極端就常會形成禱告。對於簡單而直接的「神」或「父」，珍愛的靈魂就會說「喔，您萬物的統治者，您是……」或說「我們追求您，喔，天上的父……」這種技巧乃是字詞的代換，藉此將當代的口語轉換成文言文，或將母語轉換成帶有古意的語調，或換用拐彎抹角的用詞，如下表所列：

當代的直接用語	虔誠或珍愛的用語
以色列，巴勒斯坦	聖地
書本，聖經	聖典，神言
團體活動	事工
歌唱	頌讚
教會工作	主的工作
星期日	安息日
教會	kirk [42]，神的居所
路加　5：4-7	這段福音取自〈路加福音〉第五章

42　【譯注】Kirk是church一字的蘇格蘭語或北方英語。

	第四節的開始……
我們來禱告	讓我們來到恩典的寶座之前
耶穌	我們的救主
祂引導我	祂導引我
死亡	死亡之谷
罪	邪惡不公
食物、麵包	靈糧
永恆不朽	無盡的世界
贖罪	可貴的血

在虔信者或珍愛者的用語中有一種「比你更神聖」的意味。作爲一位能言人，虔敬的言說者在他所選擇的字句中，暗示著許多超過他所指的觀念。他也許是希望表現他在宗教術語中受過特殊訓練並藉此公告他的宗教歸屬。他也許是要強調世俗領域和神聖領域的差別，或是表明他和俗世之間的對立。他也許是在驕傲地展現他在神明氛圍的端莊社會中所學會的宮廷禮節，並藉此來確定他自己的地位，或是「抬高身分」。很可能，他發現他的母語的當代形式和他所要引述的神秘事蹟並不相稱。有些時候，虔敬的語言是一種鄙視他人的語言，尤其是當它採用這種形式時：「弟兄們，我要爲你們禱告！」在那情況下，虔敬只是一種敵視關係的掩飾。總而言之，求助於虔敬語言似乎是要在高調子的字句和鏗鏘有聲的語音中隱藏自己的思想不明。在後者中，我們也可以從非宗教圈子的談話中辨識出來。科學的行話用陳腔濫調來反覆講說，希望加深人們和自己的印象，也有同樣的功能。

奧古斯丁偶爾也會用虔敬的語調講話。請看看以下的一段：

> 因此，我的神究竟是什麼？我問道，除了我主之外什麼是神？「因爲誰是主，除了主他自己之外，或除了我們的神之外誰還是神？」最高邁的、最卓越的、最有力的、最全能的；最慈悲的、最正義的；最隱密和最顯在的；最美的和最強的；穩定但不需支架的；不變的，但會改變一切；從不新也從不舊；使一切事物更新，但也把年長帶給驕傲，而他們從不知曉；永遠在工作，也永遠在休息；採收，但不需索任何東西；護持、傳布和保佑；創造、哺育和發展；尋求而擁有一切。您確是愛，卻無熱情；你會嫉妒，但不需照顧；會懺悔卻無懊惱；會動怒，但維持著平和。43

然而想想以下一段選自奧古斯丁的例子，這是一種珍愛而熱切的自貶：

> 然而，我是塵與灰，但容我在您的慈悲之前講幾句話。容我說說，因爲，看哪，那是因爲您的慈悲才使我能說，不是因爲別人的嘲弄。但連您也可能嘲笑我；但當您轉過身來照料我時，您仍會慈悲待我。因爲我會想說什麼，主啊我的神，除了我不知，我從何而來到此一生而如死之境；或我該說它是死而如生？我不知道。44

---

43 *Augustine: Confessions and Enchiridion*, I, 4, 4, p. 33.
44 *Augustine: Confessions and Enchiridion*, I, 6, 7, p. 34.

當我們拿虔敬語言(今日的和昨日的)來和17世紀由這樣一些領導者如史本塞(Spencer)、法蘭克(Francke)、葛哈特(Gerhardt)、封・欽岑多夫(von Zinzendorf)所倡的虔敬主義(Pietism)運動作比較的話，會發生一種有意思的弔詭。該運動和那些人物是反對當時的形式主義和唯智主義的，而他們所追求的是福音教派熱忱的答案，那就是從內心而發出的語言。然而本節所述的虔敬語言除了本身就是形式主義之外，也是語言的儀式。它絕不是從內心發出的語言，也不是大腦的語言。它可說是莎士比亞所謂的「字、字、字」[45]。

10.宗教中的語言還有一種顯著的功能，可以說成是**激勵或狂熱**的。其中經常染著憤怒的色調，針對著某事或某人，有時還包括自己。在某些宗教眞理的過度熱切之中，言說者會激動地或狂熱地失去他對於優雅鎮定的視覺，而開始具象地「暴動如雷」。他會提高嗓音，他嚴詞譴責，而他的熱烈意圖凌駕在自身之上。讓我們來看看一個令人折服的例子，取自奧古斯丁的：

> 但眞該爲你悲慟，喔人類習俗的洪流啊，誰應該滯留在這洪流之中呢？你何時該流乾呢？你會流得多久，帶走夏娃的子女們，直奔到海洋，而連有樹(能造諾亞方舟)的都不能倖免？我難道沒在你們之中讀過雷神朱比特的故事嗎——而他還是個姦夫？他怎能兩者皆是呢？但就這麼説也罷，這虛假的雷電就只是用來掩飾他的姦情。[46]

45 *Hamlet,* Act II, sc. 2.(《哈姆雷特》，第二幕，第二景。)

46 *Augustine: Confessions and Enchiridion*, I, 16, 25, p. 45.

這裡沒有「虛假的雷電」，只有眞實的勸勉。其中使用了典型的語詞來形容他所譴責的一方：姦情。甚至在他的假問題之後所連接的問號其實是驚嘆號。眞正的訊息是「眞該爲你悲慟！」而其他的部分至多只是一些進一步刻畫的詞藻。這一點都不讓人驚訝，因爲奧古斯丁是個修辭學的教師，他很明瞭這一行的手法，而他在這一段所處理的乃是他的教科書，即荷馬(Homer)的作品。

以下一段摘錄是要說明一種自我勉勵但也不乏狂熱的意味：

> 而我並不羞慚，我的神啊，在您的臨在之中來向您的慈悲告解，或向您呼喚——絕不比我在人前賭誓、像狗般對您狂吼，那樣羞慚。我以聰明才智讀過許多書，不用人教也可解開卷帙浩繁的千千結，但那有什麼好處？既然在這期間我一直知道錯誤而滿心厭憎，知道和虔敬信仰之下的正確讀物相比，這只是褻瀆神明？在您之下的微渺人生，若只有遲鈍的智能，這會是什麼負擔呢？既然他們不是用來與您相違的？既然他們會在您的教會巢穴中安然成長，受正當的信仰哺育，直到愛的羽翼豐滿？[47]

這一段落也包含著一些激勵與狂熱語言的古典特徵，在所有的時代都重複被指責者所用。其中有個字眼「褻瀆神明」，和「姦情」加在一起正是宗教裁判貨架上的現貨。它貶抑理性與聰明，要變成絕對的反智者，正如路德所要變成的那樣——當他把理性詆毀

47 *Augustine: Confessions and Enchiridion*, IV, 15, 31, p. 93.

成「娼妓」。其中有一種對於智能低下者的出乎意料的善意，這裡是叫做「在您之下的微渺人生」，他們會留在教會的「巢穴」中生長。但既然這段話是在自我譴責，也就有一點偷偷摸摸的驕傲在「我的聰明才智」之中。

第三段出自奧古斯丁的摘錄會對於我們累積至此的激勵和狂熱用語更增加一點典型的特色：

> 現在讓我在神的眼前把我二十九歲那年的事予以袒露。當時有位摩尼教的主教從迦太基來到，他名叫浮士德斯，正是魔鬼的大爪牙；而許多人也因爲他的口才之吸引而和他糾纏在一起。那時，雖然我也發現他的口才很令人佩服，但我已經開始分辨文辭的吸引和事物的眞理之別，而我是眞切地希望學習。他們那著名的浮士德斯雖然把我想要的一盤肉作好，端到我的眼前，我也不去理會它。[48]

他所指責的人是被比擬爲「魔鬼的爪牙」，而這人使得許多無辜的人和他「糾纏」在一起。我不知道在他之前這些語詞和人物形象是否已存在，但宗教的勸勉者在他之後就大量使用了。當他們的敵人難以對付時，他們也會賦予他一種危險的「吸引力」，以表示對他的能力之敬畏，正如奧古斯丁之對於他先前的老師。

最後，我們還看到狂熱主義如何將世界區分成兩個陣營，如黑與白，聖徒與罪人，「我們」和「他們」，譬如像奧古斯丁如何用語言的技巧來貶低「他們那著名的浮士德斯」。

48　*Augustine: Confessions and Enchiridion*, V, 3, 3, p. 96.

本章這一部分所談的宗教中的語言行爲是以提及徂爾戴作品來開頭的。所以這裡很適合再引用他的一段關於狂熱主義的中肯評論來作結束：

> 狂熱的宣稱是一種帝國主義式的語言。那是以一種信仰來侵蝕所有其他的信仰。如果被這宣稱所針對的人沒有用正確的方式來回應的話，那麼他們事實上就是應該被譴責，譬如，他們就是勞工階級的敵人，雅利安民族的敵人，是賣國者、叛教之徒、共產黨。這種取消別人資格或間接諷刺的方式不能只看成一種極端形式的不容忍。狂熱的宣稱意味著：相信某種終極重要之事正受到威脅；並且也正在作證説：他們確信每一個不崇拜者都是在逾越一條天理。[49]

我本來很想引述一段希特勒寫在《我的奮鬥》之中的話放在這一節裡，作爲當代狂熱主義語言的一例，但在徂爾戴那簡潔有力的說明之後，謝天謝地，那就沒必要了。

宗教中的言說

當路德試圖改寫羅馬彌撒，並將它代換爲*Deutsche Messe*(德語彌撒)時，他在他的註記中寫道：在「求主矜憐」經之後，僧侶們要「以單一調式的F-faut調子[50]唱念《經文選集》」，在唱念〈使

49 W.R Zuurdeeg, *An Analytical Philosophy of Religion* (Nashville: Abingdon Press, 1958), p. 79.

50 【譯注】F-faut是一種中世紀教會音樂使用的調式(tonal mode)名稱。在

徒書信〉「和《選集》要用同一調式，八度音程」，而「〈福音書〉用五度音程」[51]。在路德的改革之前，「求主矜憐」經通常要重複九遍：三遍「求主矜憐」，三遍「基督垂憐」，再唱三遍「求主矜憐」而結束。路德准許「求主矜憐」經的各句只唱一遍，因此把九遍縮短爲三遍。他還說「早期的教父們作了增加，據說他們在祝禱麵包和酒之前要**用弱音**禱告一兩篇的〈詩篇〉，這實在可佩……。」他加了以下一段註記，說明了儀式上的語言應該如何使用：

> 因爲我絕不會把儀式上的拉丁語整個地廢除，因爲我最爲關切的是年輕人。如果我可以使用拉丁語，而我們也都和拉丁語一樣熟習希臘語和希伯來語，能用來唱一樣好的歌曲，我們就可以在望彌撒時，在連續幾個禮拜日使用全部四種語言：德語、拉丁語、希臘語、希伯來語。[52]

四百年後，關於宗教中該講什麼話的問題還繼續引人關切，且其熱烈的程度不減當年。我記得我在荷蘭的童年時代，“Christ”(基督)這個字有兩種發音，一是把前三個字母念成爆音的*kr*，另一是

(續)——

和弦的音程構成中，第一音會註明 “ut”，相當於現代記譜法上的唱名 “Do”，因此fa-ut就是把F和弦中的第一個F音當作基調的意思。(此說尚不明確，還望方家指正。)

51 M. Luther, “Liturgy and Hymns,” in U. S. Leupold (ed.) *Luther's Works,* LIII (Philadelphia: Fortress Press, 1965), pp. 72, 74.

52 M. Luther, “The German Mass and Order of Service, 1526,” in B. Thompson (ed.) *Liturgies of the Western Church* (Cleveland: World Publishing Co., 1961), pp. 124-125.

濁音的*ghr*。這兩種發音是因教派而異的，但這兩個教派都屬於主流的喀爾文主義。兩教派之間天差地別，但不在於神學，而在於生活風格和對待文化的態度。從比較尖銳的*kr*到比較軟濁的*ghr*，你就可以分辨講話者的價值體系，以及他們想到的神聖和世俗領域之間會有什麼關係。

這些例子已足夠指明：一方面對於宗教中該如何言說，人們是極其在乎的，另方面則是一直企圖要把講出的話給「宗教化」，以便達到神聖的目的。不管〈詩篇〉作者們怎麼說，像是「去作歡樂之聲，以悅我主」的勸言，在體制宗教中是不能當眞的。聲音都要受到管制，音量、音調、音高、音色和其他種種性質皆然。性別長久以來一直是合唱團選角時的基本原則，至今也還統治著表演台和祭壇。爲了生產某些聲音，甚至動用到去勢[52a]。布道者使用惺惺作態的腔調是個永不褪色的笑話。在某些情況下，用些無意義音節來嘰哩呱啦一陣子，甚至會被敬稱爲「說天言」，是三位一體中的某一位格使然。有些神聖事物必須用低語來說，其他一些則需要大聲說。

想要象徵化的衝動，也就是要讓字詞現出創意或讓它變得像是來自道身，也一樣會在咬字和在其他所有的發聲上，表現爲特殊的講話方式。希伯來文學中有這麼一段話，在〈列王紀〉19：11-13：

> 耶和華(對以利亞)說：「你出來站在山上，在我面前。」
> 那時耶和華從那裡經過，在他面前有烈風大作，崩山碎

52a 【譯注】這裡說的「生產某些聲音」，是指男聲的女高音。在男童中很容易做到，但在青春期之後就很難了，因此動用去勢手術變成「產生男聲女高音」的一種方法。

> 石，耶和華卻不在風中，風後地震，耶和華卻不在其中；地震後有火，耶和華也不在火中；火後有微小的聲音。以利亞聽見，就用外衣蒙上臉，出來站在洞口。有聲音向他說：「以利亞啊，你在這裡做什麼？」

先知們都說話，但卻常像「曠野中的泣聲」。政治家稱人民的聲音為神的聲音，不只因為他們說了什麼，而是因為他們在緊要的時刻「發言」。從以上種種的考量，你就會得到一個印象：在宗教中，說出來的話具有戀物癖的性質，而說話的動作也就是一種複雜萬端的儀式。

宗教言說的第一個儀式性特徵是**重複**。在頌歌中的「聖，聖，聖」其用法就是如此。寬恕的句子在柯爾・尼德里禱詞(Kol Nidre)[53]中要重複三次。主禱文(Pater Nosters)和和聖母頌(Ave Marias)在懺悔式裡要念好幾遍。希伯來崇拜中的十八祝福在結尾時都用標準句「祝福你，主，我的神啊，宇宙之王……」，也就是這句子要重複十八次。有些重複固然是情感高漲的表現，在其中發音會愈來愈高聲和強調，但在大多數儀式重複中，主要的還是表現言說行動的機械性而已。念珠的使用正是為此機械性服務的明證。重複也可以用書寫的方式來做。西藏的祈禱輪用鼓或輪子做成，有卷軸緊貼在輪面，上面寫著禱文，所以祈禱時，禱文就好像會「散」向四方。祈禱旗也有同樣的用意，就是讓寫在旗上的禱文可以隨風飄散。

字句的重複有個古老的起源。它的理由必須在巫術信仰中尋

53　【譯注】柯爾・尼德里是猶太教在贖罪日儀式開始時所用的禱詞。

求，在其中，字句的重複可以讓它的意思變得更爲有效；字句也被當成籌碼或崇拜物，把它念出來，就可以使言說者參與它所指的力量。因爲許多重複字句的意思就是敬禮和召喚，而其原初的形式就是祭司所用的咒語，有時也是崇拜者所要唱念的。此外，許多的召喚乃是心理上的祈求。就像當代家庭中的小孩會無止無盡地向爸媽要求說：「爹地……」「可是，爹地……」「好不好，爹地……」「可不可以，爹地？」

宗教人就是這樣不斷地重複神的名字，向他的神苦苦哀求。假若神有很多，就像多神教那樣，那麼需要重複的就是更大一串的神名。還有，不可忽視的是重複具有悔罪的面向：透過此種單調的活動，崇拜者或禱告者是希望完成繁重的必要功課。重複也會被提升爲禱告的長度需求，這是在表現禱告者的懇求是非常用心的，或是強調禱告者之有心懺悔。

重複還有個角色的面向。儀式原本是僧侶祭司之流的專屬領域，他們通曉其中所需的秘密程式，並擁有發音、用字、姿態等等特殊技巧。當信眾的角色逐漸從觀禮者進入宗教劇的局部參與者時，領導者先說話，他的助手接著說，然後整個參與群眾都會重複著前面所說的字句，愈說愈大聲。在文明社會裡，崇拜儀式的領導者和會眾也許都會大聲唱念，第二部會重複第一部所說的，或只取第一部的重點來作強調，或甚至說出完全不同的語詞。

耶穌反對在禱告時用形式主義的重複，他就曾描述一些僞善者們「愛站在會堂裡，和十字路口上禱告，故意叫人看見」(〈馬太〉6：5)，還說一些外邦人「用空洞的話來堆積」(〈馬太〉6：7)。雖然有這些對於「空洞重複」的反對，但重複的機制在許多高度發展的宗教中，仍是一個不可或缺的成分。在恆常作禱告者中，很顯然的，有些具有僧侶身分的男女是以這樣的方式來表現其投入：他們借助於事發前夕這個重要時刻，用禱告來說出他們對於壓迫或絕望情勢所負的使命何在。在許多獻身的行動和懺悔的禱告中，重複就會變得很活躍。在焦慮的時刻，一個人可能會在心裡重複呼喚一些聖名，或是反覆念著兒時禱告用的第一句話。

儀式語言的第二個特徵是**準確性**。儀式的言說不是在拼出什麼優雅合理的句子，而是要念出某些公式。這公式必須是「正好對的」，而且必須一字不差。在現代宗教中，這種強迫的正確性恐怕沒有比基督教裡要求「體制語詞」表現得更甚，特別在彌撒禮和聖餐禮之中。在聖餐禮當中強調要紀念和重複《聖經》裡的耶穌如何在逾越節和他的門徒一起慶祝，其中要強調的是「耶穌在那時說了什麼」。若果要強調的是典禮中的儀式面向，則字句必須明明白白地「區分」出其在儀式表演中的神聖性。若果要強調的也在於麵包和酒會發生神秘的物質轉換，則講出的話就必須絕對正確，因為它是構成神力的公式，會在元素中引發內在的神聖超越。在以上三種狀況裡，真正的問題遠比關切到尊嚴和體面要嚴重得多。稍一不慎，就會危及神力的展布。

宗教的言說中和精準最為接近的一個觀念，就是要求特殊的發音。有一些特別內建在「耶穌」這個名字上的發音法，是用來宣稱一個人的獻身方式。全心全意獻身的人會把第一個母音拉長加重成為 “Jeé-zos”，而其第二音節則是在慢慢收尾。在詛咒或憤怒時，這個字會變得短促，收尾是尖銳的s。多數的主流、中產階級新教徒在念「阿門」(Amen)時是發音為 “ah-men”(ㄚ-ㄇㄣ˙)，但一些歡天喜地的教派信徒則傾向於發音為 “ay-men”(ㄟ-ㄇㄣ˙)，並且也比較會用高分貝。會眾們比較願意接受的布道者是帶一點鼻音，並且用有抑揚格的聲調來表示其誠心奉獻。使用17世紀英文的正式形式來演說，將「您」字的受格(thee)、主格(thou)以及古動詞的字尾-*th*都念出來，這是特殊的教會發音，凡是虔信者都要熟諳。其他帶有福音教派熱忱的團體比較偏好使用當代的語言來布道，並設定以火力全開的語調，帶著高壓和激情，來作勸勉的發言。當神學家把布道視爲一次事件時，那意思是神言正在*kairos*(關鍵時刻)發出，也就是說，在時機的最高點，或在人最能接受的時刻，進入他的生命，因此他們無疑地會認爲：布道不只是在講課或演講。那是一種特殊的言說方式，因此有些事情會在說者和聽者的雙方發生才對。在講壇上的講話不可能只是隨意的、安閒的，或帶有大量美學意味的；也不可能只是體面的或禮貌的。它必須是宗教的，也就是聲音、咬字和用語都必須有代表性的功能，因此布道者才能參與著他所用的語言象徵內涵的神力之中。

宗教言說的第三個面向是**音量**。一個人要如何禱告呢？安靜地低訴，或用對話，或高聲說？可不可以呼喊或哀嚎？在周遭有很多人時，或單獨一人在空曠沙漠裡的低聲禱告有何不同？只在心裡想的，算不算禱告？或是至少要發出哪怕一點點聲音才算？據說古代的羅馬，不論是一群人或單獨一人，總是大聲禱告，而他們對於低聲禱告總是會有疑心，因爲那是巫師在下蠱之時的念咒方式。這種恐懼可以上溯到古早時代的以賽亞(Isaiah)，他就曾說到「那些交鬼的和行巫術的，就是聲音綿蠻、言語微細的」(〈以賽亞書〉8：19)。下毒咒都是細聲低語。以利亞就是爲「靜謐的聲音」所困，而不是暴風和地震。一個人在文明的圈子裡提高嗓門，就是對於公權力的侵犯。在某種意義上，一個人使用的音量就象徵著在社會尺度上「他站在什麼地位」，以及他「知不知道自己的位置」。宗教的敬禮必須很恭順，不可用超過中等的音量。對神明爆發出來的「呼喚」可以較大聲，尤其是伴隨著禮讚的時候，或是當一個人內在的苦難壓力較高時。詛咒會用更大的音量，但通常用較沉的音調。音量的微妙自制可以發生在很多人同時崇拜之時。在輪到唱念或背誦時，一群人會刻意壓低聲音，以免聽來如雷聲般刺耳。當整群人一起進行告解時，我常注意到，語聲較受強調，音量也較高。群眾的禱告會用較低的音量，其中很多人其實只在喃喃低訴。

當個別的人從群眾面前被區別出來時，好比在洗禮中，或在接受一個教會公職的宣誓中，或在進入會員資格而公開宣示自己的忠誠時，你不只可以看到各人以各種變化的音量說「我願意」，也可以看出一般人對於當事人在這臨界時刻掙扎著把這話說出，會頗能有移情體會的了解。有所強調的宣稱通常會以大聲說出，但在這情況下也容易聽來空洞，或聽出太有自我肯定的意味，因此發言者會稍稍節制他的聲量。但在這般重要的發言時刻，音量不夠會讓人覺得是這個人對於投入此事，必是有些猶豫之故，因此發言者會傾向於提高聲音，來對抗同時所需的節制。可悲的是，這結果可能造成幾乎聽不見的聲音，或發言者突然間暫時失聲。這都是因爲一個人在努力以最誠信的方式來作宗教地發聲時，要求自己準確地合乎音量的節度，而導致了過猶不及的效果。

我們在稍早曾談過：宗教中的語詞可能含有戀物癖的性質，以及言說可能就是崇拜的活動。我們還該加上一點，那就是，從生物調適的觀點而言，所有的言說可視爲大肌肉活動置換爲聲帶、舌頭、上顎的肌肉組織活動，而其理由是謹慎和經濟。說出一事還不算是從事於該事，所以其責任還不大。說出一事也是對於作出該事的一種謹慎預期，還准許嘗試和錯誤，而不必擔負同一程度的後果。說話是做事的一種簡化形式，而說話也是一種釋放過度緊張的極佳方式。心靈充滿時，就會從口裡流溢出來。當人在緊繃著或被擠壓時，他們會渴望能「說出來」，並且會用重複講說的方式(對他人來說是會引起厭煩的，因爲這故事他們已經聽過很多遍了)，而當過度的緊張釋放過後，會使人恢復可以承受的動態平衡。

宗教利用這種「講出來」的機制，即告解，來作爲紓壓的過程。不論這是以何種方式、在何處進行，言說的動作就是能使人暫時解除壓力，尤其是當「有那麼多話說」，或是當「不可言說」都終能說出來時。當他知道談話可以和其他的位格(人或神)搭上關係，而且告解者不僅會被接受，他悔悟的態度和他所受的困阨也都能被認知時，這種講話的有益效果會變得很顯然。不論告解是用在教牧的、心理學的或禮儀的用途，事實就是言說已作爲紓壓之用，而進一步的舒洩(catharsis)還可透過儀式的反覆禱告來進行，直到衷心感受到，不管它是多麼機械性。

告解除了透過言詞講說，還含有另一個效益。若翰(Roheim)[54]曾經指出：秘密、禁忌的思想或罪的記憶一旦說出，會使他人認識這秘密，並且共同負擔罪疚感。在此之外，我還可再多說一句：因爲字句把內在生命外在化之後，會像個巫術般的「東西」一樣「懸」在說者和聽者之間。若翰還說：「罪的告解乃是罪的重新經歷，而聽告解的人則是新加入的犯罪者。」

關於字句具有巫術般的「東西」性質，我們還可進一步在文藝復興的繪畫中看見。畫題是對童貞女馬利亞的報喜。其典型的情景

54 G. Roheim, *Animism, Magic and the Divine King* (London: Kegan Paul, Trench, Trubner & Co., 1930), p. 364.

是馬利亞跪著，或坐在畫布的一角，有個天使靠近她；在對角線的上方則有個輕描淡寫的天父(用杯狀的手，或一隻眼，或在雲端一隻皺縮的嘴，或雙手放出鴿子來代表)，他把「字」用光線向下射出，或用一口氣吹出，擊中馬利亞的耳朵或身體的其他部位。鍾斯把這種景象詮釋爲「以耳受孕」的信仰[55]。這意謂字句是爲物質，情慾化之後就是精子，或是道種(*logos spermatikos*)，它可以穿透宇宙空間，而後找到一個寄身之處。在所有這些對於語言行爲的動力詮釋中，字句確實都被具體化爲物質，像是個眞實的戀物癖。

最後，宗教言說還有一種眞正特別的行爲叫做「舌語」(glossolalia)或叫做「說方言」(speaking in tongues)[56]。有些人將此崇奉爲珍貴的魅力，是神對人的襄助或鼓動；另外有些人則咒罵這種行爲，認爲是自我的喪失控制且是病態的語言。這並不只限於宗教；靈媒們也經常在從事這種活動，而這對於人類的好玩天性來說，是完全正常的一種可能性，其目的在於模仿語言的聲音，而不在於語言中確知的意思。但由於經文上指涉其發生於早期基督教會，因此它至今在某些教會的旁支中仍被放在類近於正式活動的地位，特別在靈恩派的團體中。舌語可視爲一種「類語言」，或是發音器官的僞語言活動，通常是在恍惚狀態(trancelike state)以及身體的自動或刻板動作狀態才出現。拉法爾(Laffal)[57]認爲「舌語有一

55 E. Jones, "A Psycho-analytic Study of the Holy Ghost Concept," in *Essays in Applied Psychoanalysis* (London: Hogarth Press, 1951), Vol. II

56 【譯注】英文speaking in tongues就是拉丁文glossolalia(舌語)的意思，但在漢語版的《新約聖經》上就把speaking in tongues翻譯成「說方言」或「說起別國的話」(見〈使徒行傳〉2：4)。

57 J. Laffal, *Pathological and Normal Language* (New York: Atherton Press, 1965), pp. 87-88.

部分是為衝突的願望提供一種說白的形式，它把該願望隱藏起來的方式，乃是剝除語言中的共同意義。」拉普斯理和辛普森二氏(Lapsley and Simpson)[58, 59]則認為那是在精神解離狀態之下所發生的肢體自動化現象。會發生這種狀態的人通常都強烈意識到鬼邪附身的問題。但拉辛二氏也注意到：舌語具有退轉的性質，以致聽起來會像「嬰兒的牙牙之聲」。這種發音經常起於可以理解的情緒迸射，而當它發出有節奏的嘰呱亂語時，一方面就是對於父母的原始愛意，另方面則是由幼年的關係中，對於惡魔力量的恨意與恐懼所投射出來，所以，它一方面以「就在那裡」的方式存在於宇宙中，另一方面則以「深在此處」的方式潛藏於個人心中。實際上所有評論過舌語現象的人都同意：舌語具有暫時性的舒洩效能，對於發作者和對於觀眾而言皆然。

我要在此強調一下兩種舌語的顯著的差別。第一種是群體性的舌語，有其長遠傳統，具高度儀式性，在每次聚會時都期望其成員一定會發生；另一種是發生在個體或群體，但這是屬於主流傳統的教會，這種教會一向強調秩序和體面的行為。在後者的狀況下，我們必須假定其發生有一部分的原因是以虔誠來掩飾抗議。它發作時會衝破該社會所堅持的階級分劃。這種行為中的退轉性絕對會打破由階層而形成的社會統整性。1964年的新聞曾報導，有舌語現象爆發於一個相當高社經階層的都市社會，以及在耶魯大學的學生中。

---

58 J. N. Lapsley and J.H. Simpson, “Speaking in Tongues: Token of Group Acceptance and Divine Approval,” in *Pastoral Psychology,* XV (May, 1964), pp. 48-55.

59 J. N. Lapsley and J.H. Simpson, “Speaking in Tongues: Infantile Babble or Song of the Self?” in *Pastoral Psychology,* XV (September, 1964), pp. 16-24.

我們可臆測在這些群體中的成員會有可感的壓力，且可能是在從事猶太神秘哲學，或諾斯替派的數字命理，而他們的智能在這些施作中至少是有出路的。或者也可能的是：他們遵循了路易士·卡洛爾(Lewis Carroll)在《愛麗絲漫遊奇境》中所發明的秘密語言，而這是只有受過相當教育的人才能企及的。甚至他們也可能在模仿德爾菲女神巫(Delphic Pythia)的神諭那般，撰作曖昧的語句，來展現具有挑戰性的字謎。但所有這些選擇都被「牙牙之聲」一掃而光，也就是說，他們寧願用退轉，透過語言的肌肉活動來釋放衝突的感覺，煞有介事，沒有一點幽默或好玩的性質了。

從另一角度來看，舌語代表了一個極端儀式化的言說，而在此意義下，要證明的是：宗教的強力作用勝過在語言和言說中的自我功能。在此極端形式中，所具有的是強迫性精神官能症所有的症狀：解離、作爲與去爲(doing and undoing)、重複的強迫行爲、對肛門—虐待主題之過度在意、唯法是從主義，以及易於收買的超我，如同亞歷山德(Alexander)所謂的「僞道德者的良心」[60]。

語言哲學家曾經指出：宗教的獨特性，有一部分就是來自於語言的怪異使用。宗教語言可說是信念性的(convictional)用法，這是和指示性的(indicative)用法相對而言。不管這種區分是怎麼作出來的，神聖腔調、神聖經典，和神聖名號的存在，就指出奧秘的性質可以和許多面向的語言行爲相結合。同樣的，言說的功能也可以通過儀式化而爲宗教服務。

本章試圖以多種形式的語言使用來引介其臨床上的區別，也暗

---

60 F. Alexander, *Psychoanalysis of the Total Personality* (New York: Nervous and Mental Disease Publishing Co., 1930).

示了其在宗教體驗上的個別差異。這些區別所給的線索，一方面是在於思維組織的形式面向，另方面則向我們指出了下一章要討論的人格、情緒和動機面向。

第六章　宗教中的情緒歷程
Emotional Processes in Religion

在前幾章中我們反覆問道：在各種局部的心理歷程上，譬如感知、思維、語言功能等等，是否具有特殊的宗教性質或含意。我們可發現，我們是在答案的周邊迂迴。很少有思想家會認眞地提議說：宗教就是感知，雖然有關感知的資料可以被認作宗教而吸收。更且，宗教裡本來就充滿著感知的拿捏衡量，從頌讚到藐視都有。宗教更常是用思想來定義，不論是訂立一種特別的思考公設，如信仰、敬虔、神秘的眞實感，或是藉由指出特殊的思想對象，譬如神、不可見的眞實、宇宙，或其他「眞正的眞實」。我們也看見宗教人對於思維歷程作出他們自己的評價，從肯定到懷疑都有。在過去半個世紀裡，有不少的嘗試，想要認眞地把宗教界定爲語言行爲。其做法是把現有的宗教語言拿來分析，譬如分析《聖經》的語言、神學的語言、信仰的語言，或是藉由如下的提問：何種情境才眞能叫做「宗教的」？而哪些語言可使人把自己拉進這些情境？

我們要對情感來作些同樣的事。爲了要確定我們可在現象學的直接性上接近情緒，以下一段取自珍・希里雅(Jane Hillyer)《不情願地被告知》(*Reluctantly Told*)一書的文字就作爲我們的起點：

躺在那兒，我想，我從未如此接近於一種情緒狀態而不伴

> 隨著思想。我只是在感覺。再說一次，我從未學會描述這麼一種遠離著所謂「正常」的感覺。整個來說是哀戚，是身體上的不適和低落，這不是來自於智性的概念，而是一種深沉的、肉身的、內在的狀態；一種感覺到的失落，完全地失落到對於地點時間無覺，對於聲音屬誰都沒概念，沒辦法清楚知道我自己的認同，失落於身心靈，失落於光形色；一種帶有酸苦欲嘔的自我反感——所有這些都是以一種感覺橫掃過我。但這又不能像一張圖表那樣，能把整個集合裡的各個分子描述出來。它是一整個地在那裡，而我不能意識到其中有任何知識活動在內。我的整個存有都降服於感覺。我一點也沒有防衛，無論是在內或在外。這個感覺自動地膨脹，像巨浪一樣席捲我。我喘息、掙扎；其中有濃烈、急遽的時刻，然後是融合。這情緒就變成了**我**。[1]

這也許是比任何人所能作的，都更接近於描寫感覺本身的、原始的感覺，感覺到的感覺，而不是想出來的。希里雅覺得她的體驗是不正常的，不只因為其色調是強烈的哀戚和失落，而是因為其感覺是如此純粹，沒有思想，沒有感知到的外在刺激，沒有決策過程，沒有防衛。她所用的「感覺」這字是非常純粹而帶有孕育性質，含有可能性，能喚起讀者自發地與她的體驗共振，其中也沒有防衛和智性作用。

某些情感的純粹性和直接性常被認為宗教的精髓。在1799年，

1　J. Hillyer, *Reluctantly Told* (New York: Macmillan, 1931), pp. 71-72.

神學家士萊馬赫[2]提出一篇題爲「向有教養的輕蔑者」的著名談話，在其中他以其淵博的學識而聲稱：宗教既非倫理學，也非道德，也非形上學，而是一種情感和「敏感而欣賞的觀點」(*Anschauung*)。對士萊馬赫而言，宗教包含著一種「對於無限的感覺和品味」，「一種對於永恆的情感」，以及「一種絕對依恃的情感」。那些有教養的、名義上的基督徒和猶太人之所以學會鄙視宗教遺產，是因爲他們嚴重地把宗教和哲學、倫理學搞混。宗教不是一種理性而有系統的世界觀。也不是一套秩序井然的知識，能把善惡是非清楚劃分在道德價值的系統之內。眞、善、美也許是人類最重要的追求，其本身也許就是極高的價值，但它們沒有構成宗教體驗的本質，而只可能變成與宗教相隨。能說出這些言論來的一位柏拉圖學者，得充滿勇氣才行。宗教的心靈就是心靈，而不是心智或頭腦。士萊馬赫點出以下一些他認爲特別具有奧秘性的情感[3]：

渴求	(*Sehnsucht*)
敬虔	(*Ehrfurcht*)
謙卑	(*Demut*)
感恩	(*Dankbarkeit*)
憐憫、慈悲	(*Mitleit*)
懊悔、悔疚	(*Reue*)
眷戀、激情、抱負	(*Verlangen*)

2　F. E. D. Schleiermacher, *On Religion,* trans. J. Oman (New York: Frederick Ungar Publishing Co., 1955).

3　【譯注】以下所列的右欄是士萊馬赫的原文(德文)。

他還更強烈地表示：這些情感的強度就決定了宗教性的高低程度。這些情感的根本性使得宗教成為一個圓滿人格不可或缺的面向，也使得神學成為一種經驗科學，而不是一套教義系統精緻的辯護之詞。

你可以質問士萊馬赫的所謂情感究竟真的是情緒，或只是態度。看起來它似乎不像希里雅的體驗那麼生鮮，或那麼「非思慮」。但士萊馬赫所強調的情感是對於宗教中的形式主義、儀式主義和理智主義的強烈抗議，而在他之前之後數代的這類想法都曾經相信：但凡是宗教體驗，都必須動人心弦。

沒有一種宗教心理學可以悄悄略過另一位偉大的神學家而不提，他對於宗教中的情感之角色說了很多話：他就是江那森・愛德華茲(Jonathan Edwards)，他的作品是《關於宗教情感的論文》[4]，寫作於1746年，當時洛克(John Locke)的作品已被廣泛閱讀，巴克萊(George Berkeley)的觀念正受人辯論，也就在休謨(David Hume)的《人類理解研究》、盧梭(Henri Rousseau)的《文化批判》、伏爾泰(筆名Voltaire，原名François-Marie Arouet)的《贛第德》出版前幾年，而愛德華茲要問的是：在喀爾文主義傳統之下，是否有可能界定那些自認為獲得神的恩典者，就是因為他們得到了神的寵愛？這問題的答案須通過對於宗教情感的細密檢視，而愛德華茲是個持著利刃的學者，一點也沒有浪漫主義的情調。他在傳統的「知、情、意」三分法之下工作，發現真正的宗教是在「基督的愛與歡樂」這樣的情感之下，而這會使得一個人變成在「神聖情感」

---

4 J. Edwards, “A Treatise Concerning Religious Affections,” in P. Miller (ed,). *The Works of Jonathan Edwards,* Vol. II (New Haven: Yale University Press, 1959).

中「充滿著榮耀」。他區別了情感與激情(passion)，在前者之中有理解的清晰性以及某程度的自制，而後者則沒有這些，因爲激情裡包含的是動物性的靈魂，會產生較大的暴力，並傾向於控制住整個心靈。這種區別對於批評理性主義的冷酷和形式主義，以及過度熱切的崇拜狂這兩者來說，都是必要的。復振主義(revivalism)要傳布的是心靈的宗教，但卻要避免大膽的宗教：他們偏愛生動而不是僵硬，相信而不是淡漠，

> ……因爲誰會否認：眞正的宗教是以巨大的尺度包含著靈魂中的傾向與意志之活潑而生動的演出，或是內心的熱烈練習。[5]

既然標注了神之愛的主要情感，也就是所有的情感之泉源，在此之後，愛德華茲抽出希望、歡樂、恐懼、熱心和憐憫作爲構成宗教生活的主要情感。雖然這些情感中的一些也可以發生在非宗教中，其本身也都可以超越聖俗之別，但在宗教的靈魂中，它們都從屬於神之愛的主要情感之下，而這是硬心腸的人所缺乏的。愛德華茲將情感劃分出一組，是由准許或喜愛所決定的(愛、欲、希望、歡樂、感恩、自滿)，以及另一組是基於拒絕和不准的(恨、恐懼、憤怒、哀傷)，同時又可能有第三種的混合形式(憐惜、熱心)。他建立了一系列取自聖典的情感，把參考的章節文獻都整理出來，包括：

5　Edwards, *The Works of Jonathan Edwards*, p. 99.

恐懼

希望

愛

恨

欲、渴望

歡樂

哀傷、悼念、和心碎

感懷、謝恩

憐憫、慈悲

熱心

並且把這些情感看成「人類行動的泉源」，人乃是由茲而從情緒移向動機，而這想法和現代心理學非常相似。

在情緒中，有些東西總是會對宗教論者有極大的吸引力。或者我們該更謹愼地說，有許多宗教的評論者都認爲：對宗教而言，衷心情感的缺如是一個危險的徵象。保羅曾在羅馬對當時的基督徒說：「要心裡火熱……」(〈羅馬書〉12：11)而〈申命記〉對宗教生活所定的規則是「要愛耶和華你的神，要盡心盡力事奉他。」(〈申命記〉10：12)而〈啓示錄〉作者則讓神說：「你既如溫水，也不冷也不熱，所以我必從我口中把你吐出去。」(〈啓示錄〉3：16)衛斯理曾抱怨他那時代的信徒們太過冷漠不關心；而所有的復振主義則都是或此或彼的企圖要讓宗教進入人的心肝和腸胃，其信念乃是：這才是信仰、行動和奉獻的泉源，也是關於人和神的關係之正確思想的根苗。

宗教之所以還能接受像史賓諾沙(Baruch de Spinoza)的*amor*

dei intellectualis(對神的知識愛)這樣的智性公式，是因爲半帶迷惑之故。*Amor*(愛)是很讓人滿意的，*dei*(神)則是完全正確的，至於*intellectualis*(知識的)這個形容詞則實在還令人不知所措。它聽起來就是太乾澀、太像大腦、太哲學。雖然康德(Immanuel Kant)對於基督教神學和道德有鉅大的影響，但他的信念是：倫理行爲的根基沒有一點是在激情之中，而此一立場乃是和保羅堅認的「神愛的是樂意的捐出者」(〈哥林多後書〉9：7)截然對立。宗教要求的是自發性，並對於任何只是算計或只由理性決定者都甚是鄙視。這種對於情緒的偏好，到下一章會談得更爲明顯，只是別忘了宗教也一樣強調儀式，而儀式乃是度量和算計的極致表現。但這看起來的兩相矛盾，是可以消除的，只要想一想：儀式乃是順應情況而提供的一種情緒表達結構，或是在動力上防衛著任何情緒的強力出現，或不讓它們轉爲非常令人不悅的情緒。

人的情緒與神的情緒

把情緒作出辨認、描述和分類乃是心理學最困難的工作之一。動物、孩童和心理病變的人，有時會比正常的成人更能辨識某些性質特殊的情緒。詩人和藝術家比心理學家更善於描繪和闡述情緒。科學分類則有極多變化。我們的語言中用來表達情緒的詞彙多到讓我們會瞧不起《羅傑特英文詞彙短語詞庫》[6]，而該書是把情緒區分成四大類，每一類又細分爲好幾個次類。這類詞彙描述了微妙的

6　P. M. Roget, *Thesaurus of Words and Phrases* (New York: Grosset & Dunlap, 1947).

變化，複雜的交錯，或將更微小的、更基本的情緒作罕見的組合，但雖如此，對於這些基本而原初的情感究竟有多少可以選擇，也還沒有一致的見解。書中表列了一份最常出現的基本情緒，其中有兩個無疑是具有宗教含意的：**敬畏**(awe)與**至福**(bliss)。

這兩個字眼早已在一本洞視深邃的宗教現象學作品，即奧圖的《神聖的觀念》一書，之中變成了兩大基石。奧圖承接了士萊馬赫的浪漫主義課題，但排除掉了基本宗教情感對於神只具有接受性的含意，然而他對於情感作爲宗教所要處理的終極眞實之指標，仍深信無疑。他認爲人自身感覺得到：對於超越的力量會具有偶隨性；雖然他把這種自覺視爲方法論的原則，但他仍能描述出兩個不同層次的眞實，一屬於神性，一屬於宗教人，在一系列平行的面向中同時表現出來，譬如：創造力、神秘、神怒、莊嚴、能量、敬羨性、他者性等等，每一項都對應著人類的體驗，譬如：受造性、敬畏、恐懼、謙卑、對行動的獻身、至福以及一無所是等等。

在舉出敬畏與至福作爲基本情感，來指陳和認知神聖者的臨在時，奧圖也描述了這兩種基本情感在宗教特殊性上的漫長歷史。敬畏就是德文的*Schauer*，希臘文的*deima panikon*，希伯來文的*emat Yahweh*。它是齊克果的憂懼(dread)[7]、是原始社會和童話中的魔力恐懼。它也是士萊馬赫的*Angst der Kreatur*(受造者之憂)，但翻譯成英文之後變成貧弱的「焦慮」(anxiety)或「恐懼」(dread)。如果我們眞的只能說是焦慮，那是我們這個時代所不可避免的，那麼

7 【譯注】在齊克果的丹麥文原著*Begrebet Angest*(漢語譯本，《憂懼之概念》〔台北：臺灣商務，1971〕)之中所用的*Angest*一詞相當於德文*Angst*，在英譯本中被譯爲dread(Walter Lowrie, tr. *The Concept of Dread*, Princeton, 1967)，正是作者所批評的「貧弱」翻譯。

它就得是一種特殊的焦慮，即當受造者站在不可名狀之臨在者面前時，整個地把人籠罩。奧圖覺得這是不同於自然的恐懼或宇宙的焦慮，因爲奧秘者的基本性質就是它的非自然性。神聖者的*tremendum*(偉鉅、恐怖)乃是其非自然、不可思議、莊嚴的臨在，是創造性的力量所引起的敬畏之震顫。至於至福，它的源頭在希臘文的*ethusiasmos*，是一種神在身內的迷狂狀態，有如酒神之迷醉，有如密契者的揚揚高升，有如杜斯妥也夫斯基(Dostoevsky)的小說《白癡》中的王子米希金，在他的癲癇大發作前所體驗到的不可名狀之幸福感。它也是詹姆斯在《宗教經驗之種種》一書中的幾個例子所表現的那種難以言喻的歡騰感。

敬畏和至福雖然看起來是互相對立的，卻常並排或交替出現，有時則交織在一起，如以下所引述的一段文字所指，這是出自藍迪斯(Landis)所選輯的戴維參(D. Davidson)：

> 很少人知道一段短暫的眞正瘋狂，甚至一段深沉的憂鬱，對人而言是怎樣的懲罰。我們每一個人都必須在一段指定的時刻，單獨站立而非跟群眾一起，在基督審判的寶座之前；而祂所要求的乃是內在部分的眞實。**沒有一個聖徒會感覺到更高的喜悅；沒有一個罪人會更感覺到啓示錄式的恐懼**。甚至最嗜血的征服者和最放蕩的異教徒都會猶豫，假若他知道他的生命終點將是無止盡的頭痛；而更糟的是，還不只如此。[8]【粗體爲作者所作】

8　C. Landis, *Varieties of Psychopathological Experience,* ed. F. A. Mettler (New York: Holt, Rinehart & Winston, 1964), p. 273.

在同一本選輯中有一段引述是喀司坦斯(Custance)對於自己在躁症發作時所報告的幸福感：

> 我可以從體驗中作證，這些都是眞實的伴隨著權力妄想的感覺，而這是療養院中極爲常見的。覺得自己和宇宙終極之物有完全的親近感籠罩著全身，使得在此狀態下的人會宣稱自己就是耶穌基督，或是全能的神，或是他們曾經學過的、可作爲所有權力根源的任何神明……。在其中，我感覺到完全的平靜和徹底的受到寬恕，也卸下罪的所有負擔。整個無限感似乎在我的面前展開，在此之後的幾個禮拜、幾個月，我經歷的一段體驗簡直不是筆墨所能形容。「眞實」的完全轉換，幾乎把我輸送到了天國。自然的尋常之美，特別是，我所記得的，日出日落，把我帶到越過信仰的超絕美境。每一個清晨，和我通常的懶散習慣全然不同，我跳起來凝視那些美景，還有，假若可能的話，我會出去，在迷狂中飲下清晨空氣裡的那種新鮮滋味……。[9]

在藍迪斯的選輯裡還有個非常有意思的自傳報告，作者是一位英國詩人賽蒙茲(John Addington Symonds)，他用自我引發的方式而出現一段有如氯仿的麻醉經驗。其中描述的是驚人的心情、感知、體覺的變化，在此期中發生了很突然的轉變，從迷狂的至福到恐怖的賤斥都有：

---

9 Landis, Varieties of Psychopathological Experience, p. 287.

在氯仿的咳嗽和窒息消退後，我似乎首先是一陣完全的空白：之後有幾道強光閃過，夾著幾陣漆黑，還有一種清晰的視覺在房間裡圍繞著我，但沒有觸覺。我想我大概是要死了；突然，我的靈魂意識到神，祂正在和我打交道，也就是說，正在處理我，祂強烈地親身出現爲實在。我感覺到祂像一道光流入我的體內，聽見祂用無語跟我說話，且是用手碰手般傳遞感覺，說：「我帶路，我引導你；你再也不會犯罪、不會哭泣、不會在瘋狂中哀嚎；因爲現在你已經看見我。」我的整個意識似乎被帶進了一個絕對信仰的點；我的心靈可以獨立於身體之外，也似乎在這個尖銳的精神感性事實之現象中獲得證明，這個絕對的身體感之息滅；生與死似乎只是個名稱，因爲，除了我的靈魂和神，這兩個不滅的存在之親密連結外，還有什麼東西呢？我不能說出什麼理由，而只能說：「有些人說，他們的信仰來自神蹟和精靈上身，但我的信仰來自於一種眞實而全新的感覺。」我也感覺到神對我說：「我讓你受苦於罪和瘋狂，讓你痛苦和覺得遭到遺棄，這是因爲現在要讓你知道我，並歡喜地迎接我。難道你認爲你在近日所體驗到的這種劇烈的痛苦，只是碰巧發生的嗎？」我無法形容我感覺到的迷狂。後來我從麻醉物的影響中醒來，我對於世界關係的舊感覺又開始回來了，我和神的關係的新感覺也開始消退了。我突然從我坐著的椅子上跳了起來，並且尖叫道：「這太可怕了！太可怕了！太可怕了！」意思是說我無法忍送這種幻滅……。既然感覺到這種長期無日無夜的見到神的迷狂，感覺到所有的純潔和溫柔，以及眞理和絕

> 對的愛，然後又發現我實際上根本沒接受到啓示，我只是被我腦中不正常的興奮所欺騙(這實在令人難受)。[10]

這些節引自喀司坦斯和賽蒙茲的段落，也證明了奧圖所思考的敬畏與至福體驗之中非常重要的一點：神聖臨在的高張感及其尖銳而不可動搖的眞實感。在賽蒙茲的案例中，當臨在和終極實在讓路給日常生活的接觸之後，至福就轉變爲恐怖，而這也就又轉爲受欺騙的憤怒。

對於一些視宗教爲衷心事業以及需要種種情緒(就是士萊馬赫和愛德華茲所羅列出來的那些)的光與熱的人來說，很可能沒什麼是比枯乾、倦怠、冷漠、空虛更像是無底洞般的坎陷感。在中世紀的道德神學中，這叫做*acedia*(來自希臘文：漠然無感)，並且可描述爲對於日常宗教事務的輕忽或甚至反感。以現代的字眼來說，就是對宗教的厭倦和怨恨。這尤其是指發生在修會的成員中，而這在某些熱烈的宗教情緒和活動之後，並不少見。它曾發生在一些偉大的密契者的生命中，他們不僅厭憎這種體驗，還視之爲大罪，是不信的顯現。*Acedia*被視爲罪(事實上，這是教父神學、中世紀文學和喬塞(Chaucer)的《坎特伯里故事》之中標準的「七大死罪」之一)，也被定義爲怠惰或精神上的麻木，其含意乃是神性必須經由智性來辨認，也需有衷心感覺到的忠誠。虔敬不能沒有情緒而存在。

但神明也不能沒有情緒而存在。奧林匹亞的諸神會狂笑、會怒吼、會哀泣。他們會互相憎惡，會預謀報復，會蓄積嫉妒，並且會滿心憤怒。他們會表現父母之愛以及孝心。他們會作充滿情慾的擁

---

10 Landis, *Varieties of Psychopathological Experience*, pp. 33-34.

抱。古代的希伯來神祇據說會恨會愛，會嫉妒、會有耐心、會威脅、也會渴望和平。耶和華的情感就像一個父親之於兒子，像母雞對待小雞。基督教把所有這些情感都歸於上帝，但在公義的嚴峻和憤怒的脈絡之下，比較強調愛、憐憫和溫柔慈悲。在上帝中強調或這或那的情感總是還有很大的迴旋空間，只要你一開始就肯定他有情緒性。在此觀點下，特施迭根(Gerhardt Tersteegen)著名的宣言「(只)被人理解的神就不是神」[11]就會帶有兩面的意義。它一方面是意指在人類的處境中，神不應只是被腦袋所接近，而是要用衷心的情緒反應來握捉，否則神就會轉變爲只是概念，完全可以界定和管理。另一方面則是意指：神的本身既不可握捉，也不太能理解，正因爲他們非常情緒性，也就是：不可預料、不可管理、神秘難名。奧圖所說的神聖具有充滿能量的面向，也就是說，神乃是能量的終極來源，此其中含有必然的道理，就是神的觀念中有具有充沛的情感。總而言之，情感才是人所能感覺到的能量性質。

神明會感覺，人也會感覺，而他們之間的交易乃是充滿情感的行動。他們彼此相互回應的方式是滿帶情緒的，以引誘或以退縮，以敬畏或以至福。這些情感有許多是可能和合宜的，大多是被准許的——除了冷漠不關心之外。宗教的文獻裡多的是神明接受人類的故事：憤怒的人、好色的人、不屑的人——總之，接受有罪的受造之物，不論那是什麼意思。也有許多故事裡頭是人在一輩子忍受他們的神所施加的報復，或他們的殘忍與迫害，或他們故意以嘲弄的方式偏心於他人，乃至忍受「火的試煉」。約伯(Job)還是非常有

11　G. Tersteegen 引述於R. Otto, *The Idea of the Holy,* trans. J. W. Harvey (London: Oxford University Press, 1928), p. 188. 譯者補注：引號內的(只)字爲譯者所加。

宗教性和情緒性，當他說(〈約伯記〉13：15-16)：

> 看哪，他必殺我；我雖無指望，
> 然而我在他面前還要辯明我所行的。
> 這要成爲我的拯救，
> 因爲無神的人不得到他的面前。

或是，像詹姆斯王欽定版中對同一段文字所出現的「堂皇的誤譯」所說的：

> 雖然他必殺我，然我仍將信賴他：但我要在他面前維持我自己的方式。他也將是我的拯救：因爲一個僞善者不該來到他的面前。

但當一個人要放棄對於神的任何情感，他就中止了他的「畏神」之心，而這是，一言以蔽之，對神之最簡要的情緒。他將不再是個宗教人，雖然他還有可能是個能沉思的哲學家，關切著某種第一原則，某種原初動力，或某種終極實在。佛洛依德也承認：情緒是宗教基本歷程的一部分，當他看出宗教信念的強度，亦即宗教思想(就是教條和教義)的決斷性，原是由茲而得到支持，所以他認爲宗教思想就是以願望和情感的強度爲其根基的。

另一方面，宗教並不是寬容所有的情感，也絕不只爲了情緒而提倡情緒。有組織的宗教和私下的宗教對於情緒都會採用有選擇性的態度。在宗教的原初情緒(即敬畏與至福)之外，還有某些情緒秉具著宗教的光環。譬如上文中表列的愛德華茲那些神聖情感，和士萊馬赫那些敬虔的情感或態度。有些準宗教的性質可以歸屬於上述這些情感，譬如：歡愉、樂觀、慰藉、懊悔、關懷、哀傷、拘謹或肅穆。相反地，宗教總傾向於判定某些情感爲負面，譴責之爲魔鬼。忿懣、好色、貪吃、苛薄、怨憎等就這樣被貶抑爲魔性的情緒。宗教也許會在溫和的感覺和強烈的情緒之間，以及在溫情與激情之間建立一種區別，有如愛德華茲所做的那樣，但有時也會把不管強弱的所有情感都摒除，認爲那些都不適用於宗教的靈魂。這種態度可能緣於將節制視爲美德的一種規範。強力壓制幾乎所有的情感，這是禁欲主義的典型標記，而在那種態度下，連對神的愛都不准以熱烈或騷動的形式出現，因爲情感本身就是不值信賴的。

接下來，幾乎是完全顚倒，宗教有時會過度頌揚某些情感，而這可能是一般人非常嫌惡的，譬如痛苦和哀傷。這樣反常地將一些負面情感給予積極評價，通常需要在智性上下一番功夫，甚至是智性的走鋼索功夫，才能讓它變得令人信服。這種智性化會和關於惡的無盡辯論糾纏不已。有些理論是基於這樣的假定：惡是激勵善的必要的條件——這叫做工具論。其他人則主張惡並不眞正存在，而只是一些人的奇怪幻想——這是基督科學和其他種種過度理想主義的否定論。還有一些人指陳：惡只是善的缺如——這是*privatio boni*(善之剝奪)理論，奧古斯丁就是此說的倡導者。在上兩個理論中，主要的論題是傷痛、困苦、哀戚等等，雖然這些都可以被人感受到，但理論上的企圖是要說它們不存在。在第一個理論中，痛苦和懼怖被現象學的方式所認知，但其存在則有更大、更神秘的目的，因此人必須忍受。然而這三個理論的存在本身，原是爲了要抓住負面情感的，卻反常地證明了情感是宗教體驗上最基本的重心所在，如果不叫不可或缺的話。

雖然情緒常會避開意識或意志的控制，且很容易溢出而成爲動作現象，譬如笑、哭、發抖、臉紅，但宗教卻傾向於要求其信徒對情感的表達要作些控制。其中包括感受到的情感和透過身體語言而表達的情感。後者在面對詹姆斯—朗格(James-Lange)的情緒理論時，更只像是該理論的某種抽象微妙版本而已了[12]。因爲在那理論中，情感和身體反應具有不可分割的關係。「我很悲傷—所以我哭了」這說法和「眼淚流下我的臉頰—所以我很悲傷」的說法一樣可信，因爲情緒和身體的改變是一體兩面的。但雖有這種統一性，也就是說，其中有自律神經系統的組織，但中樞神經的干預仍是可能的。情緒的表達可以有意識地壓制，而情感的口語表出是完全可以保留的。更有甚者，一個人可以用口語表達和感受相反的情感，或用中性的字句，或不涉入的活動，來掩飾其情感。所有的古典精神分析所說的防衛機制和許多路人皆知的因應之道，都可用來將情感的表達予以僞裝、扭曲、大事化小，乃至在較低的程度上也可以讓主體對情感的感受度變小。

對神聖性的追求

哪些情緒表達和情感是爲宗教所壓制的？這答案會因爲宗教體系的不同，情緒發展的階段，以及個人對於情緒評價架構的選擇而

---

12 【譯注】詹姆斯—朗格(James-Lange)的情緒理論(簡稱「詹朗二氏論」)強調身體和心理反應的不同步現象，但其先後關係和常識相反。由於詹姆斯提出此論時所用的例子是人在野營時看見熊而拔腳奔逃，在奔逃動作發生之後才意識到自己的恐懼情緒。所以，相較之下，此處所提的動作與意識之間關係就像是「詹朗二氏論」的「某種抽象微妙版本」。

有所變異。有一些關於神聖性的觀念總是居於引導的地位。早期的部落宗教傾向於以力量作爲神聖性定義：神聖者就是具有魔那的人，因此他會下咒、會使用巫蠱，或扮演驅魔者角色。因此，既然大多數這類活動都需要把神召喚出來，而神又是所有力量的根源，所以，神聖者又受選爲領導崇拜，並爲儀式群體的代表人。他們手執神聖道具，譬如鼓、崇拜物、平安符。當儀式進行到重要而複雜的段落時，有些特定的科儀會發展出來，以便讓神聖性擴延到群體中的某些成員，這些人最後就會成爲該群體的僧侶或祭司階級，由此而構成了種種的入會儀式。禁止型的科儀也發展出來，其中的要求是小心翼翼地避免魔那所意謂的危險，也就是塔布禁忌(taboo)。塔布禁忌可以發生在物體、人身、字詞、動物、地方、時間、行動等等之上，每一個塔布禁忌都意味著某種禁令，譬如「把手拿開」、「不是現在」、「小心，不然就……」，「不可說」，或只是「不可」等等。所有這些「不(可)」的禁令首先都意謂危險的力量，後來才發展成各種道德、倫理、禮貌、品味、美或精神性的動機等等的規範。雖然我們要到下一章才會再提到塔布禁忌，在此的意思只是要說：塔布禁忌或直接或間接的都會擴延到情緒中，而其途徑是透過對於神聖性、高尚品德、清淨、純潔等的定義，而所有這些都同時含有其相對面向的定義，譬如：世俗性、污穢，或不純等。最終，宗教都會通過對於善行與敗德、恩與罪而處理到人的情緒。

很顯然地，在每一種宗教裡，都存在著神的神聖性與人的神聖性這一組平行的概念。當概念的中心爲力量時，神明和僧侶都是神聖的，因爲他們都是力量的居所。當神可以從他所創的物體鬆脫時，神聖人也會鄙視他們足踏之地以及他們自己的身體。若神的概念強調的是一切事物的統一性，則在人身上的神聖性是要反映出身心之中的生命整體。像在希伯來宗教中，人和神相互訂立聖約，一整套立約的倫理體系發展出來，在其中，人的神聖性有個前提，就是社會公義的性格以及對人民福祉的關切，而這是反映了神在和他的選民面對面之時的愛和正義。若神是完美無缺的，則人的神聖性就會成功地以完美爲目標。若神是崇高而能不受宇宙中的有機物變化所沾染，則人的神聖性就會變成脫離凡塵俗務而追求解脫性的純淨。若神具有七情六慾，則對他們的崇拜就會是情慾的熱切，而神聖性就會被定義爲性的活力。父母神遵守人間的塔布禁忌：他們不可將他們和人間「子女」的關係情慾化，而人的神聖性則是要謹遵禁欲主義(asceticism)的犧牲原則。不管怎麼說，神聖就是神性，也就是說，人所要追求的乃是和神一樣，或和神結合。神人交感是所有的宗教都具有的顯著目標，正如柏拉圖之所見，而這是和德行的選擇有關，也關聯到德行之中所內涵的情緒。

在許多宗教中——南印度的巴夕派祆教(Zoroastrian Parsiism)、伊斯蘭教、希臘的奧菲崇拜(Orphism)和基督教——情感和激情之間是有區別的，且其中大多注意力都是擺在對於激情的救贖和節制。在此觀點下，因爲激情具有活力，因此也就有危險，而這是較爲平和的情感所沒有的。激情不只會導向行爲上的淫亂，連內心中經歷到一點點激情都可能造成染遍全心的效應，因此宗教必須監視著它，以免人心變得過度專注於俗事，而不能把心思和精力留給神聖之事。幾乎所有的倫理體系都會將心力投注於此，從亞里斯多德和康德，到喀爾文，到僧院運動，以及一直傳承下來的種種所謂和平教會都是如此。問題是：哪些情緒會被挑出來稱作激情，以致需要透過自我約制、群體紀律和神的襄助而能得到救贖呢？

好幾世紀以來，從有組織的宗教到個別的虔信，都提出這樣一張古典的列表，強調了：情慾的愛、憎恨、憤怒、傲慢、鄙視和其他形式的切切自戀、緊緊黏著於財產、不能自拔的焦慮和恐懼、對同胞與鄰人的厭憎、不管其他而汲汲營求的快感、矜矜自得的自我，這些都是離神聖感最遠的激情。這些就是宗教要用各種救贖之力來加以攔阻的情緒。會用上的手段包括壓抑、約制、再教育和治療程序，但除了禁止之外，也會並用有吸引力的勸勉，要人們從「舊生命」中蛻變出「新生命」來。否則，除了用其他的快樂或光輝來取代之外，誰願意、誰能夠把激情都放棄？

精神導師們都知道在節制激情之時的自我捨棄，常會帶有一種危險，就是用另一種激情來取代舊的激情。透過齋戒和禁欲來進行的克制，會和另一種危險糾纏在一起，那就是：對於自我克制的工夫會具有自我膨脹的驕傲感。禁欲是要把所有的情感做個小心翼翼的重新安排。對於這種做法，偉大的修士領袖聖巴素(St. Basil)和聖本篤(St. Benedict)曾發展出一些精細的規則，其中不乏一些心理學上的敏感度和現實感，而這些規則的文獻之前身可以在「教父格言」(Sayings of the Fathers)之中找到，以下就是其中一些最扼要的摘述：

> 潘波主教(Abba Pambo)問安東尼主教(Abba Anthony)：「我該怎麼做？」那位老人回答說：「不要信任你自己的正直。不要懊悔已經過去的作爲。讓你的舌頭和肚子都由你自己控制。」
>
> 愛窪葛利厄斯主教(Abba Evagrius)說：「有些神父常說：無味而經常使用的節食餐，加上滿腔的博愛之情，可以快

速地把僧侶們帶入一個避風港，在其中，激情的暴風雨不會進入。」

他又說：「有一位僧侶聽說他的父親死了。他對傳信人說：『不要褻瀆神明。我父不可能死的。』」

愛窪葛利厄斯主教講到，有位老人說：「我割捨我肉身的享樂，以便消除我的憤怒。因爲我知道那是由於享樂我才需要和憤怒來鬥爭，讓我心煩惱，讓我理解拋棄。」

當亞歷山卓的賽魯斯主教(Abba Cyrus of Alexandria)被問到肉慾的誘惑，他說：「如果你不會受到誘惑，那你是無望的：如果你不會受到誘惑，那是因爲你早已習慣犯罪。一個在誘惑的階段而不需和罪搏鬥的人，在他的身上已經有罪。而一個在身上已經有罪的人，對於誘惑當然不會有煩惱。」

愛窪葛利厄斯主教說有位修士身無分文只有一本聖經，連聖經都賣了，以便能濟助窮人。而他說過一句值得記住的話：「我連命令我賣掉一切來濟助窮人的那些言說，都給賣了。」

有人要一位老人接受一些金錢好在未來使用。但他拒絕了，因爲他的勞力所生產的已經夠他所用。但那人很堅持，並央求他爲了窮人的所需而接受，老人就回答說：

「我的恥辱有兩重。我不需要而竟接受；而要拿去接濟別人，我就要忍受虛榮之恥。」

艾弗拉語主教(Abba Ephraem)經過的時候，有個妓女(她是為別人拉皮條的)使盡辦法要誘他上鉤去做不法的性交；或說，就算她失敗了，也要設法讓他生氣。因為沒有人見過他生氣或爭吵。他對她說：「來吧，我要如你所願和你去睡。」她環顧四周的人群說：「這裡站著這麼多人，我們怎麼能在這裡做？我們會很丟臉的。」他就說：「如果你在人前會臉紅，那你在神前不是更會臉紅嗎？神會揭露一切藏在黑暗中的事情。」她就怏怏離開，又困惑又尷尬。

有位老人被問道：「什麼是恥辱？」他回答說：「如果有位弟兄，當他對你做錯了事，而在他對你悔罪之前，你就先原諒他的話。」[13]

雖然當代的讀者在讀這些格言時，免不了會對其妙語會心一笑，但總不能忘記：禁欲的作風仍是一種鮮活的可能性，讓千千萬萬的人在企圖控制其激情之時，仍要求助於此。當代的克制和禁欲形式仍然會碰上一些基本的難題，和當年在沙漠裡的苦修僧所覺得重要的難題一模一樣。對於許許多多人來說，阻擋口腹之欲的方法，總不外乎是杜絕酒精、排斥吸菸、禁止喝茶和咖啡、避免甜

13　"The Sayings of the Fathers," in *Western Asceticism,* trans. O. Chadwick (Philadelphia: Westminster Press, 1958), pp. 37-189.

點，或是焦慮地監視著自己的體重。其技術是從嚴格要求遵守群體規則，到選擇性和志願性的犧牲；從極權地對每一成員都強制，到單一個體的自行努力。對於成人的性活動之恐懼和鄙視的書寫，早已經汗牛充棟，即使在已婚的配偶之間，這類的禁欲形式也就不用多說了。以一個家庭為單位，對於世間的誘惑採取嚴密防守的退縮姿態，這樣的案例絕非少見。你可以從許多精神病史中找到其描述。雖然講髒話和咒罵經常不是很健康的情感表達方式，並且也確實很不優雅，有人竟會使盡力氣去壓制它，甚至到了某種禁欲的程度，想在個人語言中摒除一切稍微強烈或帶刺激性的語詞。

歷史上的基督宗教對於性慾的情感(從最粗糙的肉慾到最精細的情慾)一直抱持著懷疑態度，這是廣為人知的。有鑑於此，在臨床上對於憤怒作一仔細檢視就變得極其重要，因為當今的基督宗教也仍一直與它為敵。在虔敬運動較為興盛的地區，無論是在群體或個人，對於憤怒的壓制至今仍是很突出的特色。其最顯要的表現，在低階層的有組織教會生活中，以及在會眾之間的人與人日常相遇中，都可看得出來。人不可以動用任何會傷人的字眼和手勢。對於不滿和反對的表達乃是一種禁忌。需要包裝在軟調子之中的勸勉，和婉轉的語詞，一概不准許，以免對人造成侵犯。我曾目睹一所教會學校中的某位學童，上課時正在念聖經的一個段落，突然他在一句話的半途停了下來，目瞪口呆地看著他班上的同學，因為他要念的下一個字是「地獄」。在教會的社交場合中，會有一種強迫性的友善和用心設計的親切，其表現則是在「交誼廳」中的晚餐桌上，互相交換的僵硬微笑。大家對於沉悶的聚會都有高度的忍耐，平靜而無活動的狀態遠比生動的辯論或有爭議的活動要顯得更高級些，這都是因為懼怕觀念的提出，和意見的交換，容易引發憤怒和爭吵。這麼廣泛地壓制憤怒，其實泰半是對於情緒生活作了禁欲式的犧牲，並且也導致群體所希冀的活動和節目受損。

克制(abstinence)可以用許多不同的方式和不同的程度來實踐。專業的心理健康工作者爲了治療或訓練，而執行個別精神分析時，都不會規避這原則。禁欲方式的實務工作者也都知道，克制不只是處理道德議題的手段，也是一條通往情緒的康莊大道。然而，它不是唯一的途徑，也不是最有效率的方法。聖依納爵·羅耀拉(St. Ignatius of Loyola)的《精神操練》(*Spiritual Exercises*)一書將某些禁欲的方式和熱切而有想像力的實際激情合併在一起，如前面章節所見。閉關修行的人在情緒上，一方面是把「音調放低」，另方面也把「基調升高」，也就是並用了克制以及將整個情緒降服在耶穌基督的苦難與榮光之下，而他自己則完全朝著基督認同。在這種較爲複雜的取徑上，不是所有的激情都須禁絕。對於惡的生活，需以控制壞的激情來加以阻擋，然而善的生活之所以能達成，是要對善的、神聖的激情以有活力的方式去加以擁抱：能量充沛的愛、戰鬥性的同情、強而有力的希望、積極的博愛、對人間諸事活躍地參與，還有熱切的信仰。同樣地，世界上的宗教有許多密契者也將某些感覺克制的「負面方式」和某些野心與激情的「正面方式」結合起來。我們可以將其選擇與結合圖式化如下：

負面取徑	正面取徑
(禁制)	(踐行)
羞辱	模仿
克制	抄襲
禁欲	認同

退縮	含容
否認	內攝
壓抑	獻身
壓制	欽羡
隔開與遠離	
恐怖反應	

<u>結合的取經</u>

反向形成

情感逆轉

反恐怖

與侵犯者認同

所有的負面取徑在其核心之中都帶有禁制的意味，而其情感則是焦慮、罪疚、羞恥，這都是由於思想或行爲中發生了逾越而啓動的情緒。羞辱過去曾以窮凶極惡的方式表現爲身體的自我懲罰，譬如齋戒、飢餓、鞭撻或閹割，現在則以較爲象徵或稀釋的方式執行。你可以用多種方式進行懺悔，譬如：在教會中做些最卑微的工作，或參與慈善活動，或自願從事宗教上所需的例行雜務。在幾乎每一個宗教聚會上，你都可以發現有人排隊搶著第一個去洗上百個盤子，或爲幾百個小杯子打滿果汁，以便聖餐禮中使用，還有在會眾的座位上收拾、清洗、歸位。有組織的生活裡就是有許多繁瑣的工作，從一張一張信封貼上郵票，到一家一戶登門賣書，這些雜事爲象徵性的懺悔提供了一種出路，讓罪疚的良心中所帶著的沮喪之情可以替換成恢復的自尊和好心情。

克制與禁欲涵蓋了極大範圍的具體行爲，但千千萬萬的宗教人卻採行較輕微的方式，使其對於社會生活和個人習慣中建立的節奏及組型不致產生太劇烈的破壞。齋戒對於西半球的大多數人而言，只不過意謂換一盤食物，譬如一週一次把肉類換成魚類。有些群體或個人會遵循封齋期，就是一年中有一段短時期要作點小犧牲，譬如戒絕酒類，不吃甜點，只吃蛋類食物而不吃肉，減少抽菸，或不上電影院、不參加例行的娛樂活動等。天主教使用生育控制法中的週期計算來進行性的克制，很多人雖然可能會覺得困難，仍都遵循此法。禁欲的傾向和繳稅的理想是一致的，而有些宗教團體本就是活在一個稅收很高的社會。俗話說：「給出，直到感覺疼痛爲止。」這在宗教組織中並非不尋常，而這句話裡選用的字眼，對於教育歷程之中的動力是頗有用意的：一個人必須經歷疼痛或明顯的不快才能懲治自我，提升欲望的品質和強度。當「低等」的欲望受到馴服之後，新的、高貴的愉悅就可能會在自我控制及仁慈癖好的訓練中產生出來。當詹姆斯提道，情感會轉化事物和情境的價值，他是要人注意這樣的事實：同樣的風景對於在愛情之中的人會顯得比較明亮而柔和，對於在憂鬱中的人來說則會顯得較爲陰沉且凝窒[14]。但這歷程也可以反過來說：從平原走進山裡，可以轉化一個人的心情。這教訓都內建在目前已經描述過的種種取徑中。把個人的自然傾向代換成另一種需要極端努力或天人交戰而來的傾向，就表示這種基本情感的變化是宗教所稱揚的神聖性或聖潔。加德納(Gardner)在思考個人習慣與組織慣性時稱此爲「自新」(self-renewal)[15]，其意是說，一個人會感到熱切而活潑，且因此而意識

14　W. James, *The Varieties of Religious Experience* (London: Longmans, Green & Co., 1945), pp. 147-148, 192 ff., 256 ff.

15　J. W. Gardner, *Self-Renewal: The Individual and the Innovative Society* (New

到自己的機能變得更好。

比較不那麼戲劇性的，可能有點焦慮的，是立基於退縮的取徑。退縮的極端形式表現在沙漠苦修教父們的生涯中，而這大多已經一去不返了，但你也不要低估現今修院中的男女還保有這類的猛烈性，用來隔絕俗世文化的污染。所有的退縮和遠離之中所蘊含的亙古之意是說：世界，或其一部分，乃是一場充斥著誘惑的災殃，會侵犯到靈魂的平靜，會削弱人的性格，損害道德的細胞。就其整體而言，退縮的傾向需要一套態度和判斷來處理。這個世界或其中的一部分，譬如都會城市、娛樂中心、異性、商業乃至政治，都是危險而容易讓人失足的，毋寧唯是，連個人對自己的性能控制都是脆弱不堪的，而在面對那些誘惑時，對於其滿足的自然衝動又顯得強烈無比。更且，當事人都相信：透過社群生活形式而經常處在類似於此的心靈中，或參與在這種強烈的引導之下，則可以提供個人覺得需要的一些外在控制和增強。這種社群的增強可來自遠離文化的另一種緊密家庭式連結，或來自經常與提倡反世俗化教會成員的互相聯繫，來自生活在特殊安排之下的組織群體，來自一個封閉性的大家庭結構，或來自投身於一所修院，而其規則和組織型態定可以提供必要的紀律。

在教宗若望二十三世(Pope John XXIII)的日記裡[16]，你可以發現非常明確的規則，雖是自訂的，但卻由群體來強制執行，其中明訂著在各種誘惑狀態之下的退縮之計。在所有的情況下，低劣不值的友伴必須避免，還有找異性伴侶、談性愛之事、飲酒作樂、在酒

(續)

York: Harper & Row, 1963).

16 Pope John XXIII, *Journal of a Soul,* trans. D. White (New York: New American Library, 1966).

店逗留、尋釁吵架等等也都一樣。另外要避免的是各種賭局賽局、城裡有人閒蕩的店家，或是和一群喜歡笑鬧的人在一起。特別要注意的是不可睇視女人：

> ……要特別防守你的眼睛，不可直視女人的臉孔，或任何其他的危險之源……。[17]

在他的日記中，若望二十三世表列了一些規則是「每天」、「每週」、「每月」、「每年」，和「時時刻刻」要遵守的，而在日記中，有很多條目是在說明他對這些規則遵守的成敗，他這樣持續寫了六十七年。其中有段非常有教導性的文字，有如下述：

> 我喜歡享有健康，然而神給我的卻是疾病。好吧，就祝福這疾病也罷！從這裡開始修練那種神聖的漠不關心，也就是讓聖徒之所以是聖徒的工夫。喔，但願我能在好情況和壞情況中都能獲得靈魂的平靜，這樣才能使我的生命更為甘甜和快樂，即令是在困擾之中。[18]

上文中所謂「神聖的漠不關心」，是在面對生命中有負擔而不能退縮之時，所該強調的基本情緒態度：從你自身中，把會引起無用情緒的刺激予以消除，之後則和情感本身保持距離。不要讓擾攘的外在世界和喧囂的內在世界之中，有任何事物來激引你。要追求

17　Pope John XXIII, *Journal of a Soul*, p. 71.
18　Pope John XXIII, *Journal of a Soul*, p. 149.

的是和刺激，以及和情感，保持距離。

在退縮與否認的邊界上，有的是種種計策，用以避免實際存在(但道德上不應存在)的各種危險事物。檢查制度就是個古典的例子。它會把所有相關的事物區分爲不只是「好」或「壞」，而是「准許」與「不准」，最終則實際上是「方便」與「不便」。當檢查制度具有制裁權時，它實際上會在文化的交叉口上，把資訊和刺激予以消除。如果圖書館裡的書籍和影劇院裡的電影都被撤除，則個人或群體的退縮策略就會被「無此物」所取代，而親近的機會就被根本否決了。在檢查者的心目中，把現實中所有會引起爭論之物撤除，就相當於對現實的否認：邪惡的事物(我們檢查者所曾見者)再也不存在了(對我們的善男信女或跟隨者而言)。

在宗教生活中，更爲嚴峻的否認形式可在一種態度上發現，那就是在面對生命加諸於人且爲不可避免的種種負擔之時：痛苦、疾病、失去親友、死亡等。以懺悔的勇氣來凌辱身體，且忍受其痛苦是一回事，但要否認痛苦之痛，以及苦難之苦，則是另外一回事。用體制的形式和哲學的形式來否認，這可在「心優於身」的運動中發現，在其中，現實只是心靈或精神的屬性，把身體或其他物質都簡化成只是幽靈鬼怪。這運動呈現出一些外顯的程式，來把身體、痛苦和死亡看成非現實；但比這運動更爲常見的內隱性否認機制，乃是在喪葬和悼念儀式中。涉及死亡的語言會改用對於這些災阨名稱的避諱，譬如說「父親已經走了」或說「我們的小女兒往生了」。在最終的告別和殯葬之前，死者會被裝扮得看起來還活著，漂亮、年輕，乃至比起生前更顯得毫無瑕疵。屍體的穿著宛如要參加國宴，躺在緞子鋪成的墊席上，裝在上等木料做成的棺材中，外面還可能加上金屬盒，然後放在鋼筋混凝土打造的墓穴中。整件事情安排得好像死者實際上還活著，或不久就會又活過來的樣子。死亡的現實是如此痛苦和震撼，連宣誓過的基督徒，就是相信他們的神已經替他們承受了所有被賤斥的傷痛與絕望，並被釘上十字架的耶穌，有這樣的信仰還是無法輕易忍受。對於死亡這種令人不悅的現實要加以否認，其程度之強烈，連主流的天主教和基督教教義都會被信徒們忽視。這些教義本來是很能照顧現實的，但在葬儀工業所包裝之下的幻覺反會具有更高的安慰性，也使人們無法在葬禮之中記得宗教的教訓。

幻影教派(the docctic)的叛教論在基督教歷史中，乃是否認機制最大宗的一例。他們是和一個緊張的神學命題奮鬥，而該命題是說：耶穌既是神也是人，且兩面都是完整的。幻影派認爲耶穌實在太神聖，以致不可能眞正受到死亡之苦，所以他們最後會說：他只是**看起來**(希臘文*dokeo*)受了苦。他的痛苦不是眞的，他的死亡也未曾發生，因此，他的復活只是一場表演。這意思是說：耶穌的形象只是一個盒子裡的機器木偶，他通過一場通俗劇的劇情，只是爲了要逗人，或讓觀眾娛樂。雖然幻影派的公式在正統主流的地位中終於消失，而受到肯定的則是那緊張的弔詭，而非否定受苦的眞實性；但幻影主義的某種形式仍然屢屢在基督徒的心中復甦。

爲了要以懺悔的態度來和否認作對比，我們來看看教宗若望的一段很有教導性的日記。這個段落開始時，作者記著他的一場牙齒劇痛，他說他已有兩晚不能提筆，然後說：「雖然這使得我有機會爲耶穌受苦，但那也剝奪了我太多的思想。」[19]

教宗在面對著痛苦和以痛苦來作爲懺悔的行動時，他的態度很

19　Pope John XXIII, *Journal of a Soul*, p. 97.

有現實感；他承認疼痛會消耗掉他的心思和精力，這在心理上是很機動的。否認的機制中就不知有這種現實主義。否認機制在作動之時，會以爲這痛苦、這災難或這邪惡的狀況並不存在，或只是在諸般存有之中的一條暗溝。否認是一種非常原始的心理機制，顯現出人在享樂原則的控制之下而致不能承認現實中所包含著的許多不快、許多眞實的傷慟，以及會積極起動的邪惡。

關於壓抑和禁制在追求神聖性之中的用法，我們已經在前面幾頁中談得很多，所以就沒必要再加些新例子了。如果說，壓抑會無意識地作動，並且會像反射動作一樣地延續，則禁制就是較有意識地從思想之流中，將某些意念排除。這兩者所不能接受的思想和禁忌的衝動，都會從意識中移除，也會被排斥到記憶之外，以致在事實上變得無跡可循。所以從思想和衝動來看，甚至原初欲望的情感都已不復覺察，從現象學來觀察，就是它們已經根本不存在，除非是裝扮成症狀、失誤、說溜嘴、夢的材料，以及心智生活的種種怪異現象——而這是從個人本身來說的怪物入侵，連他自己都不能負起責任。

從人所自發的情感來說，通往神聖性的道路，需付出很高昂的過路費。有些用路人的付費方式是把思想和意念中自然聯繫的情緒隔離出來。他們逸入思想的蔭涼之處，而逃開了情感的熱度。他們內在地退縮到字詞、意象和概念的領域，而切斷了所有的情緒關聯。字詞和思想被執持爲中立、冷靜和客觀，並且是完全不帶情緒的；情感則被認作狂野、浪漫靈魂的奇異產物，而這都是因爲人「想歪了」乃有以致之。會作這種隔離的人，在面臨人類最大災難的時候，都可能不爲所動；他們可能只會有一點點情緒，或根本什麼感覺都沒有。他們可能比較會出現強迫的儀式動作，譬如睡眠時咬牙，經常不斷洗手，在教會或在家裡讀經時要準確到一字不誤。或者像影片《凱恩艦事件》(*The Caine Mutiny*)裡的艦長一樣，手裡把玩著一對軸承中拆下的鋼珠，幾乎是不自覺地不斷重複，尤其在緊張的時刻。

溫情和忿恨的軌跡最容易被隔離。這些都是危險的情感，是一個過度發揮的良心所不能接受的，因爲它們被視爲魔鬼的工作。但既然愛與恨常常會同時對同一個人發生，也就是說，那個人會被「很危險地」愛和「很危險地」恨，所以隔離也就成爲一種對付模稜兩可情緒的手段。一個男孩愛他的父親，也有很多理由恨他，於是就會把這種愛慕之情投射到善良而充滿愛意的神身上，而把俗世裡的父親留爲他所有的忿恨的對象。或者反過來說，他可以繼續崇拜他的父親，不管這父親是多麼不足愛慕，而把所有的恨都投射到撒旦，或其他種種被人格化的邪惡者身上，而一口咬定：正是這些鬼東西讓他一生變得如此不堪。

把模稜兩可的情感這樣分裂，並把它們分別歸屬於兩種不同的對象，在某些個案中可特別明顯地看到，他們會把兩種對象擺在極端的對立之中。有一種案例是有些男性把聖母理想化，對她百般崇敬，而把世間的女人都藐視之爲魅惑人的性刺激而已。只有一位女性形象聳立在高處——而所有其他的都應踐踏在足下。在先前幾個世代裡，把對於神和對於魔鬼的情感分裂開來，是極爲常見的，就像路德在他的焦慮年代中所顯示的。路德花了相當長的時間，才把這種區隔扭轉過來，之後他才承認，所謂的魔鬼乃是「神的魔鬼」。

在我們看過的許多事例之中，對於世間的危險和誘惑有一種一般化的焦慮，就是害怕自己的自然衝動，或自己的性格傾向。在奮戰或逃逸之中，他會尋求神聖的途徑，來改變他的感情，希望能臻至更好的生命，或改變他的行爲習慣，冀望能體驗到新的情感，而能覺得自己的生命很值得。但對於人來說，焦慮和人心總是如影隨形，人只要是站在陽光下，就不能把影子驅除。到目前爲止，在我們所描述的種種作爲中，你要怎麼辦，才能因應這不想要的夥伴？

恐懼反應會給人一些慰藉，因爲它可把渙散的焦慮聚集於一個特定的對象上，以此將它轉變爲有限度的恐懼。如果恐懼的對象這樣選定，使人覺得可以避免或推開它，就眞的可以讓他獲致一種輕鬆感，直到其他的人或事又逼他碰上另一種恐懼的對象，而又引發他劇烈的焦慮。宗教能認得的恐懼很多，像史塔修斯(Statius)的理解就使他說：所有的神都是由恐懼所造。但神不只是對恐懼的反應，他們一旦造出，還會造出更多的恐懼，或更特定的焦慮反應，譬如對於冒犯某種禁忌的恐懼。當神的系譜發展出來，許多的儀式會因此而建立起來，這其中也會衍生出特定恐懼症的空間。其例子就是對於魔鬼、鬼壓床、女巫的強烈恐懼，這是在中世紀後期到文藝復興時代流行於歐洲的，而當時普遍的信仰脈絡竟是有一位充滿著愛和慈悲的神。在赫胥黎的《盧頓之魔鬼》一書中，讀者可看見一些鮮明的寫照，描繪出焦慮和歇斯底里症狀爆發大流行，席捲了修道院的所有人口；歌德的《浮士德》也讓讀者看見一個女巫在山頂所作的安息日，而霍桑(Hawthorne)則寫出新英格蘭小鎭上的人如何被深邃的焦慮所包圍，竟然捏造出一個女巫來，並與之纏鬥不已。要點是在高度發展的宗教體系中，還有一大片圍不住的焦慮殘留著，它會轉變成特定的恐懼症，造出魔鬼或女巫來，好讓他們可以具體地逃開或擋開。

所謂冒犯聖靈的罪，所表現的其實是恐懼的特徵。恰恰是這種不可饒恕的罪，其效應乃是人和神都拯救不了一個人。用褻瀆的語詞或行爲來冒犯聖靈，這種恐懼的強度會使得一個人變得完全無助。因爲這種恐懼有明確的界線，所以是可以避免的，也爲其他可以拯救的罪孽和褻瀆留下極多的空間。

卡力・內遜(Carrie Nation)只有在持著手斧之時才敢走進酒店，但其他許多虔敬之徒則根本不敢涉足於酒店，或一看見牌桌就會變得膽小，甚至在街上碰見妓女就會發起哆嗦來。對於這麼多的宗教中人所具有的這般猛烈而尖銳的恐懼，你究竟會怎麼想呢？這種強度是和恐懼的對象所含有的客觀危險性一致的嗎？根本不是。這些對象與情境之所以變得可怕，只是因爲它和一大套的禁制絞在一起，以致會要求盡量規避它的誘惑、輕鬆、機巧、愚蠢的玩笑、無聊的交談、危險的好奇、閒話、打鬧，和其他種種自然的癖好。這些禁制甚至延伸到看報紙，如同教宗若望在他的《日誌》上寫的那樣[20]。正因爲所有的那些禁制把世界描繪成那副可怕的模樣，所以焦慮的程度才會被抬得那麼高，因而也得動用新的尺度來緩和它的強度和長度。就在這關鍵上，恐懼反應就滲透了進來。它會選擇某些地點和情境來作爲「邪惡之利齒」，以代表其可怕的程度，但或多或少這些都是可以避免的，這就使得一個人留有些許餘地，只要他肯和危險保持距離。

在我老家的閣樓上，有一張19世紀的老圖片，描繪著朝香客的聖地之旅，其路途既陡峭狹窄，也處處是岩石與荊棘；另外還有世上的小孩所走的欣悅之途，沿路都是泉水和玫瑰，其中好幾個地方都有完全不同的氛圍。整幅圖像都被無所不見的上帝之眼所睇視，

20　Pope John XXIII, *Journal of a Soul*, p. 107.

並被包裹在一個銳角三角形之中。這張陳腐的道德教誨圖片明明白白地暗示著：爲什麼朝香客會選擇走那陡峭的道路。因爲聖城耶路撒冷在那放眼所能及的圖景中，只不過是遠端山脊上的一塊小污斑，完全比不上近景另一條道路上的公園和情人座椅那般吸引人。這張圖全然無法描繪通往神聖的路途上其實還能包含著極多的滿足、愉悅，以及可用來和朋友乃至世人共享的深刻福祉。

在這裡，終於可以引入正面的取徑。那些禁制性的取徑就是傾向於攔阻所有的感覺，以及利用負面的情感。然而正面的取徑與此不同——宗教的勸勉和指示是要點滴灌注新的情感，並嘗試提升人的福祉，而其途徑是促進能予人積極報償的行動和態度。其基本歷程包括認同(這是人類本有的一種想與他人相同的欲望)、與人分享好的情感、對於自己所愛的那少數人予以理想化、發揮個人最高貴的潛能，並在此尋得慰藉。學步中的小孩想要在每一方面都能分毫不差地像自己的父母親；當他的年紀到了可以區分時，他的認同會變得較有選擇性，會從他的朋友、教師、文學中的英雄、宗教領袖，乃至神聖的範例中挑出一些屬性來變成自己。不論這歷程所包括的是有意識的拷貝、模仿，或是更寬泛而無意識的認同、內攝，其最重要的因素乃是這些所作所爲，都是爲了讓自己在他人和自己眼中變得更爲可愛、愛人，以及值得去愛。

所以，在教會裡，一個人會偏好母親所愛唱的頌歌。在時光推移中，一個人終能在以前被父母禁制的姿態裡看出其背後有親愛的意圖，並在自己有小孩之後，終可感覺到和父母更親愛的關係。當你受到稱讚或受到親愛的對待時，你會從過去經驗中記起好的情感，而這樣記起的愛，它就會澆灌，使之長出如繁枝般重複的行爲和態度，用來對待你的孩子。善待變成可愛，而被愛就意味著良善。道德和福祉是相互交織的。愛與被愛就是指要跟隨著佛陀，或對神要敬畏，要模仿基督，或要接受聖徒的啓發。〈詩篇〉第九十一首，對於愛力克森(Erikson)所倡說的基本信賴(basic trust)觀念而言，是無與倫比的範例，它召喚出一整個管弦樂團來演奏出原初的愛意，在其中，可愛和良善合而爲一：

> ……住在至高者隱密處的，必住在全能者的蔭下……
> ……他必用自己的翎毛遮蔽你。你要投靠在他的翅膀底下……
> ……你不必怕黑夜的驚駭……
> ……因他要爲你吩咐他的使者，在你行的一切道路上保護你。他們要用手托著你，免得你的腳碰在石頭上……
> ……他若求告我，我就應允他。他在急難中，我要與他同在……

教宗若望的《日誌》對於基本的信賴乃是個特大號的證據，不但促進了對神聖以及聖徒行止的模仿，更且每次都因此而得以擴增其力。他記下了很多他如何熱切地欽羡著聖徒，而正爲了自己眞的想要跟得上他們的表率，他會因此而獲得顯然的滿足，也因此而能使自己(在誠實的意圖下)和他們平起平坐。有一次他在冥想中把童貞馬利亞的生活想成「如同一個女嬰」[21]，而這無疑地提升了他的溫柔。他是眞心在乎耶穌，不斷發現自己對耶穌的愛是不足的，而這種愛就是要完全降服，以及完全認同，在此他也一樣完全相信，

21 Pope John XXIII, *Journal of a Soul*, p. 105.

至少他的眞誠追求是來自於他對耶穌的深刻信賴。這種經驗使他能徹底對於積極認同的直接報償感到寬心，不論最後他自己是否能夠實際達成多少的認同而感到膽怯：只要對於自己所愛的模範能延伸出自己的觸角，就足以帶來新的能量，並提升自尊。因爲能夠愛，其本身就是可愛的一個面向，而可愛就是能夠接受一點點的承認和相互的注意，而這又正是自己的愛能漸漸枝繁葉茂的原因。每一次注意或稱讚的回報，都會造成自戀的滿足，而每一次新的滿足，又都會使防禦的立場得以軟化，於是用來維持武裝的能量就可以釋放到其他新的心力投資(investments)[22]。在能量經濟上的螺旋變化就會發動，因爲每一次自覺的自由能增加一點點，就會有新的機會出現，能把愛投資到他人身上，終能對自己產生一些回報，如是而又提升了自己的熱力和浮力。

我希望讀者不要忽略在前幾段中頻頻出現的「愛」字。這不是因爲濫情而冒出來的字眼，而是因爲要指出一個基本的情緒和基本的驅力，而其動力又是所有的生命中，包括宗教中，至爲重要的。關於在宗教觀念的獲取中，恐懼究竟占了什麼角色，很多人都曾寫過，但寫的人和讀的人卻常忽略了：恐懼其實有一大部分是愛的一種功能。在佛洛依德許多有關焦慮的著作中，他對於那種令人不悅

---

22 【譯注】此處所用的「投資」(investments)一詞，在《佛洛依德全集標準版》中使用的英譯文是"cathexis"，許多漢語譯本就用了「投注」、「貫注」等語詞來翻譯。事實上，對此英譯名表示不滿者大有人在，一個顯例就是Bruno Bettelheim, *Freud and Man's Soul.* (New York: Random House, 1982).他建議改用的譯名就是"investment"，而此詞具有經濟學含意也是佛洛依德的原意(請參見第一章注36)。故在本書中，作者在討論愛與欲力的問題時不採用"cathexis而用"investment"，可見他同意Bettelheim等人的看法。譯者因此也就順理成章地使用「投資」來翻譯"investment"了。

的情感所用的模型不斷變得益發複雜，從酒精中毒理論、經過創傷理論、到信號理論，到最後才認出：最基本的情感形式乃是對於自己所追求的欲力對象的喪失。在他對宗教信仰的力作《一個錯覺的未來》一書中，甚至對於宗教的定義都把恐懼處理成一個中介變項。在恐懼的背後，存在著欲力願望，亦即與養育自己的母親融合的欲望，與善良的宇宙舒坦相適的需求，以及想要發現、並維持自己和整個流變不已的環境之生生不息、亙古長存的平衡——不論是在一個細胞之中，或是處在天地之間的人類皆然。

當宗教促使愛成爲神聖的(或聖徒性的)生活之標準情感時，其追隨者卻未必經常能知道這個令人敬畏的情緒之動力或經濟的複雜組成。他們有時也會在一種愛與另一種愛之間說出某些道德和認知上的區別——譬如肉體的愛和精神的愛；人間的愛與神聖的愛；*eros, filia, agape*(情愛、孺慕之愛與博愛)等等——而其效果是把愛的具體性稀釋成遙遠的一點點星光，且也只好一直帶著一樣遙遠的希臘式名稱。〈詩篇〉的第九十一篇之美和其心理上的寫實性，實有賴於其所描繪的神人之愛是無可分割的情感，其範圍遍及於種種直接的身體接觸，譬如用其羽翼或用其使者的手，好「在他的急難中，與他同在」。他不會責備在愛之中用了「黏附」的修辭，因爲在自然中，這就像一隻小猴把自己埋在保護牠的母猴懷中一樣。要點是，愛無論如何定義、用何名稱，都是開展性的：它會充滿於有機體之身，而這身體就以擁抱環境來充實自己。

密契者們在道說他們與神的接觸時，從不責備情慾的語言。所羅門的〈雅歌〉中，通篇都是這種愛的寓言式展現，優雅地在各種情況下保有其統一性。聖德蕾莎的迷狂般的頌讚，在臨床上可以說是帶有歇斯底里的徵象，但教會很明確地判斷這種奇特的表現無礙於將她列爲一位聖徒。重點在於那是愛，而不是妒、恨，或驕傲，才能將她與她的救主作充滿愛意的緊密相連。她造就了自己的認同，並盡其所能地將愛的對象維持住，這和我們每一個人是一樣的，雖然我們會希望她更健康一點，但她那奇特的愛意卻比我們冷漠的靈魂不知要高深多少。她的疾病在於她成爲一種過度區分的受害者，就是把肉體的愛和神聖的愛分開，以致截短了愛的表達廣度，也割裂了其一體性。

愛的道德化有其漫長歷史，在其中，有個怪異的觀念籠罩住許多宗教人的想像力。那就是愛而不求回報的想法，是一種默默無私的愛，只知給予而不知接受。我很懷疑這在人性中是否可能。更且，我很確定這種安排所表示的，多半是對於人性能量的高調假想，而不是愛的眞正動力。對於他人作愛的投資大多數都會有其回報，首先是因爲在人之間的關係大多是交易性的，其次則因爲愛的行動至少會使自己在自己眼中變得可愛，因此總是可以獲得自戀的滿足。在此之外，如果一個人所愛的是神，而神的定義就是愛的本身，這時，不論你要或不要，你總是有機會獲得大量的回報。士萊馬赫說：宗教既非哲學語詞可以翻譯，也非倫理學，他所理解的乃是：愛不可能被道德化到超過人所能認識的程度。當齊克果談到「倫理的目的論懸置」(teleological suspension of the ethical)之時，他知道：愛、慈悲、寬恕和最高貴的道德考慮，是坐落在完全不同的平面上。

要認識愛的本身就是寬允，這並非意謂准許*do ut des*(我給，你就會給)或*quid pro quo*(一報還一報)之類的協商，或是提倡以物易物的觀念，把人神之間的互動看成一座巨大的市場。以物易物是交換商品、奴隸、物件、權位——所有的東西，正因爲它們是東西，所以最多只是愛的對象之替代物而已。能使欲力得以滿足者，乃是和他者之間的相互交往，包括和神，而這種交往的最基本形式永遠是互惠的。它之所以會變成單向的、剝削的、寄生的，只是當信賴缺乏之時而然，換句話說，當兩造之間只有一方得利時，才會變成這樣。從這方面看來，我們一直聽到有種很肯定的說法，就不會顯得很奇怪了，那就是：神之需要人，正如人之需要神一樣殷切。雖然這說法會令人覺得愧對全能之神，但仔細思量後會發現，人對於神若只能像對著外太空而自言自語，則上述的那種發現，恐怕才是平衡人神關係最有效的一顆法碼。17世紀的波蘭詩人西列修斯(Angelus Silesius)曾說：

我知道，若沒有我的話，神連一刻都不能存在。

而德國詩人里爾克(Rilke)也用同樣的筆調問道：

如果我死了，神啊，那你還要做什麼呢？[23]

這兩句話非常嚴肅地看待互惠性，雖然其中回響著自我膨脹的調調，但對於滿足的動力學來說，還眞有些眞知灼見。

用愛的材料來延伸，對於神聖性的正向取徑可顯示出變化多端的關係組型和模式。大多數這些變化是因爲考量到愛的兩造之間的地位；也有些是和發展的階段有關。關於「跟隨」這個語詞在宗教

23　W. Köhier, *Angelus Silesius* (Munich: Georg Müller, 1929), p. 27. Köhier把西列修斯的話和里爾克並置在一起。

勸勉中的用法，譬如「跟隨我」，就暗示著主僕關係，或師生關係。譬如在坎普滕的托馬斯那著名的《模仿基督》中，「模仿」這個語詞則似乎意味著比較遙遠的關係，是一種在遠處的跟隨，特別是指一個人步履蹣跚地模仿著一個著名的表率。但若對「模仿」作切近的研究，它就會透顯出許多奧古斯丁式的感通——奧氏自己的講法是：「他(基督)對我做了那麼多——我又能爲他做什麼呢？」接著，另有一些密契者，其目標是認同，並且不斷努力於跨越他和神聖對象之間的鴻溝。雖然他不會達成徹底的同一，但當他能將隔在愛者與被愛者之間的障礙一一移除時，他可以感覺到愈來愈高的親近性。當他進入最後的退轉階段，並且就在此進入出神與迷狂的時刻，他會感覺到自己與神合一，但也就在此刻，他會回到反思，並發現組織、界線和區分之較高層次，實不可免。

基督教本身之不斷在神聖的內在性與神聖的超越性之間擺盪，對我們的知識甚有裨益。採取其中任何一種極端的立場都有危險。當強調的是超越性時，神和人之間的距離會拉長到令人難以接觸；當強調的是內在性時，神和人之間的親和性，如同在創造神話中的*imago Dei*(神的形象)主題所暗示的，又會把人導入完全認同及其同時並存的偉大妄想之中。因此，能意識到這類危險的神學家就被迫要同時持有這兩套緊張對立的立場，以弔詭的方式來肯定兩者同樣正確，或使用辯證法的教導，來爲當時較不流行的立場辯護。單只強調「神在人之內」就會帶有涵攝(incorporation)和內射(introjections)的氣味，會把神聖對象閉鎖在肌動覺和腸胃道之中。但是單只強調神的「他者性」則會把神聖對象推到不可觸及之處，連視覺、聽覺這些遠距離的感知都無法跨越如此廣闊迢遙的分隔。

在內在性的強度以及超越性的冷峻之外，其實還有獻身與欽羡的溫柔。這些溫情所著重的，既非同一，也非隔離；既非涵攝，也非侵入。主／僕、師／生，以及領導者／跟隨者這些模型所開導的是一種相互的享有，其中帶有極大的互惠自發性，以及增高的自由感。從基本的信賴中能夠生長出來的，即能夠將柏拉圖式的善、美、眞統合起來的獻身感和關係，乃是喜悅和希望。

但還有些其他的區別是必要的。夏賀迭(Schachtel)[24]曾經強調：情感既有統合功能，也有紛擾功能，因此就會有所謂活動情感(activity affects)和坎陷情感(embeddedness affects)的分化。活動情感是目的導向行動的一部分，維持著適量的緊張度，使得滿足需要的攝取性活動有可能。其一例是健康嬰兒之強健有力且樂欲十足的吸奶動作；另一例是學童在設法掌握一個命題時，那種專注不二的好奇心。這樣的情感和活動，很顯然不是衝突的結果，而且通常會維持著相當不受難題所困的狀態。它會提升發明性以及成就感，而人就是以此才能夠因應生命中的調適任務。然而，坎陷情感所代表的是鬆弛狀的張力流瀉，這是在無助的憂苦之中所產生的感覺。有些嬰兒在被撫育的狀態下相當笨拙，吸奶吸得很懶散，也常被其他事物所分心，其中又穿插著一些毫無規律的不安，使得他的活動目標似乎不見了。在這類行爲中顯現的憤怒、焦慮、不耐煩、過度要求等等情感，正是憂苦的信號。嬰兒透過這些情感來哭求母親的協助，或要整個大環境的救援，好讓他度過這個難以因應的處境。因此才會用到「坎陷」這樣的字眼——它意指一種退轉傾向，拒絕接受分離，也不能應付最終必須獨立的要求，而這是自從誕生以來即不能避免的。在活動情感中，我們看到的是個體之能承認分離，並

24　E. G. Schachtel, *Metamorphosis* (New York: Basic Books, 1959).

且還能因為自己有本事應付生命任務而獲得樂趣。這樣的區分並不是要嚴格地把所有的情感分成兩類；大多數的情感與行動的處境都屬複雜事態，以致難免會混合兩者。不過，夏賀迭覺得，雖然歡樂與希望不一定能完全免於某些坎陷的特徵，但它們是活動情感的最佳範例，至於焦慮，那就是最典型的坎陷情感了。

當愛德華茲讚揚歡樂是宗教中最令人嚮往的情感時，在他之前早就有一長串的作家們認為這種情感是宗教的一種目的。《舊約》文學讓猶太教信仰者們揚聲高歌；它激勵人們盡情鼓掌；它甚至讓山巒都一起歡唱，據說連沙漠也會加入合唱之列。在《聖經》中「歡樂」(joy)這個字和「加入」(rejoicing)常常連在一起。歡樂、高亢和迷狂靈入乃是密契者們的情緒目標。但有很複雜的原因，使得談論歡樂常比體驗到的歡樂要多些。在基督宗教之內，對於過度的歡樂則有時起時落的歷史，顯現在靈恩派和狂熱派運動中，因此似乎把較溫和的歡樂剝奪掉了，或至少是把這些都以危險之名而蓋在保護傘之下。早期基督教教會中有〈啓示錄〉的狂熱爆發，16世紀在荷蘭與德意志狂熱主義則引起的社會瓦解，俄羅斯的賀力斯地(khlysti)和斯構普其(skoptsi)這些公社運動所進行的靈入實踐，是以榮耀神之名義而實際從事了鞭打和去勢，至於全身抽搐痙攣的現象則是至今仍可在某些靈恩教派中看見。這些例子在在說明了歡樂如何到達迷狂的地步，而一些比較沉靜的信徒實在無法進入這種狀況。更且，在一個宗教多元的國度，譬如美國，強烈的迷狂和不壓制地表達歡樂的教派，都已經和低教育程度、低收入、受社會壓迫的團體結合在一起。

如果不是因為有些輝煌的教會藝術作品，以及絢爛的教會作曲家(譬如巴哈)的音樂，我們不會知道在主流的教會崇拜活動中歡樂的體驗能有多深刻。在聖餐禮儀中，歡樂很顯然是闕如的，但是根據聖禮的意圖來說，這應該是在視覺上要能顯現才對[25]。如果你仔細觀察這些禮儀參與者的姿態和表情，有相當多的證據顯示，憂鬱乃是其中最主要的情緒基調。這可能是因爲禮拜用語中令人噤聲的嚴肅性一直在提醒人：要對於罪作懺悔和告解；但顯然的是，在眼前呈現出受苦的基督之流血景象，並以此來爲人贖罪，這給人的深刻印象，其實遠大過於禮拜本身所宣稱的目的，那就是恩寵和寬恕的施予。在意圖上的歡樂情感和崇拜者行爲上的僵硬狀態之間，之所以會有這樣的落差，其另外一個原因是中產階級宗教所一直強調的端莊和自制。但最強力的原因似乎還在於柏拉圖式的精神遺產，它把古代希伯來式的身心合一狀態予以一刀橫切，用二分法的體系來取代情感和身體反應的一致性，反而用精神的內在性來對動作體系作高度控制。在這種觀點下，身體只是「靈魂」的「墳墓」。柏拉圖主義的另一支派則視身體爲禁欲剝奪和受虐受辱的對象。

作爲活動的情感，歡樂所維持的張力和動員的能量會使目標導向的行動變得可能。在此意義下，歡樂這種情感就使得信徒們能投身於他們在世上所希冀之事，增強做事的原因，實現社會變遷，並以種種方式「見證」了他們的信仰就是變遷發生的主因。但作爲坎陷的情感，歡樂所分享的是魔幻式的期待，變遷只能在神聖的安排之下才能來到；虔誠的信徒只能被動地等待，或只能用儀式性的禱告及其他作爲來逼迫好事降臨。夏賀迭曾經指出：歡樂也是另外一種形式的坎陷情感：熾烈地巴望自身的性格或情緒可以由神的介入

25　P. W. Pruyser, “Joy,” *Journal of Pastoral Care,* XX (June, 1966), pp. 90-94.

而發生徹底的變化[26]。這種動力好像是在宗教信仰改變的經驗中所內發，巴望能一了百了地把憂鬱轉變爲亢奮，或把罪人的身分一轉而成爲聖徒。對於神蹟的信仰，尤其是對於疾病或身體殘缺的奇蹟式痊癒，其中就有許多不現實的幻想成分，巴望能以之取代工作、努力、自律，或是對於不可改變的處境改用巫術的、超人的本事來巴望。

乍看之下，巫術式的期待在希望的動力之中似乎特別突出。當然有一種形式的希望會把現實擺在一旁，以便讓位給忘憂谷，而希望的情緒本身似乎也就在於招引它的出現。希望作爲一種坎陷的情緒，在日常生活中恐怕是太明顯了，而它和一廂情願的巴望實在太接近，或竟至是同一回事。農夫希望下雨；女孩子希望找到如意郎君；病人希望康復；信徒希望在世上有神的王國，或希望基督的再臨。在啓示錄的時代，受壓迫者不只希望得到解放，也幻想神明會對他們的壓迫者以及所有的不信者施以恐怖的報復。你可以用馬賽爾(Marcel)的話來說[27]：希望的對象愈是整全或連貫，則它就愈接近於巴望，而不是希望。用夏賀迭的說法，這種利用巫術來脫困的希望就是坎陷。它要逼使現實落入思想萬能之中，而這是一種退轉的認知。一言以蔽之，這種希望太藐視了現實。

希望作爲坎陷的情感來說，和詹姆斯所說的一度降生者(the once-born)[28]的那種樂觀主義特徵非常接近——他們覺得生命沒那

26 Schachtel, *Metamorphosis*, p. 37.

27 G. Marcel, Homo Viator, *Prolégomènes à une metaphysique de l'esperance* (Aubier: Editions Montaigne, 1944).

28 【譯注】所謂「一度降生者」(the once-born)是William James在《宗教經驗之種種》一書中用來指稱某種生來健康無憂的人類，他們的宗教取向見該書第四、第五兩講的內容。

麼糟，世界是個愉快的地方，而宇宙對於萬物之靈一概都很友善。從臨床的角度來說，你可以看見某些一向被驕慣的人就帶有這種樂觀性，他的口腔性格也許就是透過他的好客、外向、洋洋灑灑的滑稽，讓他易於得到滿足，並且也讓他成爲許多筵席和派對上最受歡迎的常客。但樂觀主義和希望並不相同，除非是那種坎陷式的和退轉需求的希望。馬賽爾覺得樂觀主義就像悲觀主義一樣，是需要和現實保持一些距離，因此，對於滿足的障礙，要不就是會以不現實的方式消失，要不就是會無限膨脹。這兩種立場都強調了自我的重要，並且以極度進取的方式肯定了「我」，也認爲這種觀點之所見就是終極的眞理。樂觀主義者和悲觀主義者常說：「要是你能看事情像我一樣清楚就好了，」或說：「如果你能站在我這個角度，」云云，而他們所強調者無非他們自己的獨特性，有時甚至不惜以相當攻擊性的方式，來和較爲平衡的、較爲寬廣的人性觀或社群觀相互對立。他們的立場容易流爲詰辯，其結果是導致爭吵而不是對話。

有些人的希望若是屬於夏賀迭式的「活動情感」，他們就不會像這樣。他們會和事物的狀態維持一致，不輕易扭曲現實，或欺騙自己[29]。當災禍降臨其身時，他要弄清楚自己的處境有多不穩當，這麼一來，以他自己的悲劇爲基礎，他才會發出希望。但要怎樣發出呢？讓我們來考慮一個關於希望的古典範例，這個處境就是：有一個人得了重病，並且也得知他的病已經沒救了——沒有人可以提供醫療，而他正往深谷滾落，也不是任何東西可以擋得住的。這病人會有的反應可能是放棄希望而降服於毀滅之力。醫師們都知道，

29　P. W. Pruyser, “Phenomenology and Dynamics of Hoping,” *Journal for the Scientific Study of Religion.* III (Fall, 1963), pp. 86-96.

這樣的反應也許可說是現實的，但也可能是讓死亡加速來臨，因爲這個有機體已經不再動員任何可以延長生命的資源了。另外一個反應是接受這個黑暗的預後(prognosis)，清楚地知曉其含意，但保持希望。醫師們知道，在這情況下，有可能會延長生命，甚至有時會讓生命得到勝利。這兩種反應的哪一種是比較現實、比較能調適的？難道第一位病人的放棄希望就是最爲調適之道？難道第二位病人之「以希望來對抗希望」就是不現實的調適不良？對於以上的問題，你不可以用任何陳腐或簡單的方式來回答，因爲希望是一件超乎尋常的切身之事，而現實則是個巨大無比的謎團。

現實的邊界是流動不居的，雖然它的內容有時清晰易辨。但正因爲現實的整體無法用一以概之的方式加以定義，所以希望才是人的最親暱而私密的特權。你不能說服一個希望者，說他的希望是建立在不良的根據上。他會希望，而我不會，這一事實表示了他和我的現實並不相同，而他有可能比平常的我還要現實。怎會這樣？馬賽爾暗示道：要和希望爭辯，只能抽取過去的經驗。有人可能這樣說：「你最好放棄希望，因爲事情從未如此。」以這樣來反對別人的希望，就是典型的利用過去經驗，再加上它對目前狀況的邏輯推論。對於反對者來說，現實就是由過去和現在來定義的。但對於希望者來說，現實的體驗具有「正在形成」的性質。把時間觀點改變爲未來導向，就意味著時間是個不斷進行的過程，是在變化中，其中帶有的可能性就是：新的事情總會發生，正因爲並非所有的現實都曾被一以概之的方式下過定義。

司考特(Scott)[30]曾建議說：希望的動力之發生，有其一定的順

---

30 W. C. M. Scott, "Depression, Confusion and Multivalence" (Paper read at

序，先是等待，然後開始巴望，之後是尋找寄託，最後才是希望。他的理論模型是從嬰兒出發，嬰兒所巴望之事總是暫時無法實現，而其困境又是完全要依賴他人來爲他提供必需之物的。用古典精神分析的思維理論來說，司考特是指嬰兒的巴望受挫，於是有個幻覺形象會出現，而那個形象就變成了能施予准許的對象。對這孩子來說，其第一步是等待這些幻覺形象轉變到現實的感官形式中。在巴望的階段，他所等待的不只是能准許，也是要得到滿足感。到了寄託的階段，他巴望能發生改變、能有滿足感，也要有對象來給予滿足。到了希望的階段，所增加的是相信這對象即將來到，而這對象本身也有欲望要讓希望者得到滿足。換言之，在希望中，我們是假定在人與人之間有複雜的情緒關係存在，而人對於滿足和溫柔的相互渴欲就是在此發生。希望是假定先有個對於良善的信仰，並由此而孳生出一種信念，那就是：在冥冥宇宙中，有個安排者的存在，會有新的事物由他創造出來，因此超越了從過去和現在所能擷取的一切知識。

在宗教的思想中，這些希望的動力經常採用的特殊形式就是對於**兩個世界**的信仰，其中一個是現世，而另一個是來世，或是個遙遠的他世。就這樣，在世上受壓迫的人才可以希望將來得到較好的對待。某些天國因此可以被靈視所見，也產生了和現世相反的未來，也正爲了讓這相反能相成，也就得有個地獄，讓此世那些特別富有的人死後有個去處。這種想像無疑是對於現實的嘲笑，並且怎麼說也都屬魔幻式的。更且，正因爲這些天堂地獄和其他來世都以

（續）

International Psychoanalytic Congress, Copenhagen, 1959).

細節來鋪陳，譬如黃金大道或磷火之路，所以它們都帶著巴望[31]的標記，有如馬賽爾所定義的。巴望有其特定的對象；希望則只有總體性的目的，譬如解放、自由、在神之內的歡樂。作爲活動情感的希望，其最大的難題在於就是要維持同一個世界的靈視——同一個現實、同一個宇宙、同一個創造和同一個神。只是這同一個世界可以視爲一個開放的歷程，而基於過去的經驗，人在其中僅能擁有極有限的知識。對於全體的知識則要留給諸神，對於任何未來之事的幻想乃是在妨礙神的安排。對於希望之爲活動情感的目的來說，這樣的態度當然預設了對於良善的深刻信賴，正如司考特所意謂的「從等待到希望」的進程那般。在啓示錄與末世論之間的神學差異，其要點就在於希望之作爲坎陷情感(有如巴望)和希望之作爲活動情感的差異。啓示錄式的幻想太過於瑣碎、太有報復性、太帶有過去導向。它假定了魔幻式的力量會帶來劇烈的改變，而人根本不必參與其活動。末世論的思想雖會避免瑣碎的幻想，會肯定同一個世界，把未來之事留給神明去形塑，但對於信仰者的期待只是很困難地維持著信賴的姿態，相信事物的終點正如其起點一樣受到神的統轄，一樣神秘，也一樣會有正確的目的。

我們曾經在好幾處引述過狄瑾蓀的詩。很少人能像這位詩人一樣看清和看透希望的模稜兩可性質：

我害怕，是以我希望，
因爲我希望，故我敢；

31 【譯注】「巴望」是和「期望」有所區分的用詞，指的就是一廂情願的那種期望。

在每一處
如教堂般獨留；
幽靈不能來傷害，
妖蛇不能來誘惑；
他爲末日作證，
而他爲此蒙受苦難。[32]

或是，像她的另一首詩這樣說：

希望是個微妙的貪食者；
他在節日上狂吃；
但是，仔細瞧瞧，
他多麼有節制！
那裡美食豐盛
除了他沒坐別人，
而他無論吃了多少
總還有滿桌的遺留。[33]

但有野心過聖徒生活的人並不總是能進入歡樂和希望這些「神聖情感」的境界。負面的禁制和正面的認同一樣，都不能保證進入那些可欲的情緒，而愛德華茲認爲對於虔信的眞正考驗就在於此。用愛德華茲的話來說，你可以被熱情所橫掃，而熱情具有「動物精

32 *Selected Poems of Emily Dickinson* (New York: Modern Library, n.d.), p. 35. 譯者的翻譯。

33 *Selected Poems of Emily Dickinson*, pp. 45-46. 譯者的翻譯。

神的巨大暴力，它常可完全壓制人類的心靈」[34]。禁制的力量太微小，或只能作貧弱的起動。即便使用全部的禁制，就是不能讓人欣然前往。認同的模範則太少見。能讓成熟的情緒生活得以建立的信賴經驗，可能根本就沒曾發生。神可能被呈現爲像個兇惡的人物；人在其中長大的信仰社群可能很冷漠、禁止這、禁止那，或是帶有壓迫性。情緒的發展和認知的成長可能在種種方式中萎縮，結果造成怨艾、急慢性焦慮、敵意或恨意、深刻的不信賴，乃至空虛和*acedia*(漠然無感)。所以恐懼和憤怒的「動物精神」因此而「完全壓制了心靈」。

然而不管熱情如何激擾，行爲仍可以顯著地改變，也許可以獲致某程度的聖徒性。事實上，因爲焦慮或憤怒的緣故，也許可由此而顯現虔信。透過反向形成(reaction formation)[35]和情感反轉的機制，可以表現出相當多的機巧，而像這樣的例子，在宗教生活中還眞不少見。經由怪異而乏人了解的歷程，一種情感可以轉爲相反的情感。強烈的恐懼可表現成極大的勇氣，這是戰場上的軍士都耳熟能詳的。對於神的原初恐懼可能轉爲益發的信賴，而對任何爭論都變得不屈不撓。富貴人家出身的子弟，譬如亞西西的聖方濟(St. Francis of Assisi)，可能自願變爲一個窮人。被人賤斥的罪人可能轉變爲熱切的傳教士，或爲某種信仰而奔波的見證人。冷漠疏忽的態度可能在一夜之間轉爲小心翼翼的呵護。但對於上文出現的各個有關強度的形容詞，讀者們要特別注意。它們都暗示著情感從負到

34 Edwards, *The Works of Jonathan Edwards*, p. 98.

35 【譯注】反向形成(reaction formation)是動力心理學的一個術語，指的是一種自我防衛機制，有如顚倒是非黑白或將一種情感轉成相反的情感，但在執行這種機制中的自我並不自覺。

正的翻轉，其程度是和原初的驅力及衝動的力道相當的。在反向形成之中，總是可證明其中含有反向補償的意味。攻擊性的原意轉爲愛意後，這種熱切性甚至可說是「很有攻擊性的愛」。咒罵可能轉變爲頌讚。立誓而成的貧賤可能變爲貧賤的崇拜，其中帶有攻擊性的乞求，而缺乏了自願貧窮者所應帶有的謙卑。

在反向形成和反轉中，原初的衝動和情緒是被壓抑的，其後隨之而來的乃是有意識地用相反的意向和情感來修補，而其所以能如此，有一部分是因爲其能量屬於不可接受的衝動。由於壓抑的發生是相當自動的，對於其欲望或必要性缺乏洞察，對其可選替的行動也缺乏充分的權衡，是以這種機制的結果和這樣的情感並不穩定。突如其來地復發成原初的情感並不鮮見，甚至在其結果經歷一段時日而穩定下來之後，其肯定正面情感的驅力也還是缺乏成熟整合的圓融和平衡。

整體來說，由反恐懼(counterphobic)機制而形成的行爲、情緒之改變也是一樣。「反恐懼」這個字眼乃是指在面對恐懼之時的一種使力方式，這樣才能讓一個人在他所害怕的情境中還能一步一步地積極現身。一個懼高的人可能會焦慮地從摩天大樓的窗口往無底深淵般的下方望去，來證明他不會掉下去或跳下去，以這樣來消除他的恐懼。最後他可能變成一個登山健將。這種機制常暗含著一種虛張聲勢的態度，人乃是由面對危險之時的表演而衍生出某種能夠駕馭危險的意味。小孩子在一次痛苦或驚擾的看醫師經驗之後所玩的「扮醫師」遊戲，就表現了反恐懼的另一面向：用照料他人來獲取主事者的角色，特別在關於自己所害怕的事情上。

用反恐懼的方式來對付恐懼，在宗教中並不少見。從對神的敬畏演變到對神的深切信賴，此其中所強調的那種忙不迭的信賴，其跡象中就保留著恐懼的根源。路德之進入修道院以便在其中與他所深深畏懼的神爭鬥，這當中也許就有一部分含有反恐懼機制的運作。他信賴神之愛，並對此作了巨大無比的強調，從此中衍生出一種對於被賤斥的恐懼所產生的「推力」，這是他在年輕時代對於神聖意象所表現的最重要特色。

在基督宗教之中的道成肉身對於反恐懼的設計提供了最有意思的應用。信徒之眼可以從可怖的父神轉到比較可親的子神，其下一步就包含了「能為耶穌做點什麼」。恐懼由茲而轉變成從事照料，就是這種角色倒反才讓自己的恐懼消失不見。聖禮的週年轉換一直重複著耶穌從誕生到釘刑、從死亡到復活、然後再到升天的週期，是以每一次的聖誕節，都提供了機會讓人的心靈與聖嬰的誕生一起休養生息。從偉鉅堂皇的神走向幼小的聖嬰，就使得信徒可以從恐懼的受害者轉變成勝利者，並且能提供足夠的理由讓他對於自己產生駕馭感，由茲而能把他的柔情放到他原先所畏懼的對象上。

反恐懼的另外一個例子是在公共的禱告儀式上，領導者把自己應受詛咒的冗長理由一一念出，還帶有相當的戲劇意味。這一長串的逾矩行為可不是什麼謙卑的懺悔，而毋寧是一種能言善道的肯定，說他自己如何罪孽深重，因此在這談話之中，他的大罪逐漸轉變成一個理由，讓他現在相信他已受到神之恩寵。他的恐懼之得以消除正是因為他故意步步邁向危險地帶，而當他意識到他所走的每一腳步都沒使他被擊倒之時，他因此在自己的艱難處境中獲得了駕馭感和慰藉。

在此例中，我們也漸漸接近宗教生活中的另一種操作：向攻擊者認同。小孩子在扮演醫師的遊戲中，不只是把自己暴露於他所害怕的對象而衍生出駕馭感，他事實上是在暫時攝取那為他帶來痛苦的攻擊者或入侵者的角色。在這遊戲中，他變成攻擊者，象徵地把針頭插進玩伴的身體裡，或剉他的牙齒，或強迫他脫下衣服——反正就是在醫師那裡受到的種種對待。認同攻擊者的那種受虐幻想在啓示錄文學之中隨處可見。其中深信不疑的是神聖力量的干預終會改變宇宙的景象：啓示錄作者們所期望的是地上的細節，敵人會完全被驅除，接著他們會受到煎熬和折磨，忠實的信徒們則終於會獲得大勝。報復的主會暈染擴大，雖然報復的力量得以釋出是由於神聖的力量使然，但無疑地，這些作者們在幻想中認同於報復的神，且對此後所發生的種種事情，就算不是興高采烈吧，至少是有滿懷樂趣的。

一方面受人歡迎，但也爭議不斷的雙重預定教義(doctrine of double predestination)之中，就摻有這種向攻擊者認同的心理機制。在〈韋敏斯德的信仰告白〉(The Westminster Confession of Faith)之中，其教義被書寫如下：

> 第六條　神既指定蒙選召者得榮耀，所以他便藉著他自己意志的永遠與最自由的宗旨，預定了達此目的的一切手段。蒙選召者，雖在亞當裡墮落了，卻被基督所救；到了適當的時候，由於聖靈的工作，選召他們對基督發生有效的信心；被稱爲義，得兒子的名分，成聖，藉著信，得蒙他能力的保守，以致得救。除了蒙神選召的人以外，無人被基督救贖，蒙有效恩召，稱義，得子的名分成聖與得救。[36]

36　"The Westminster Confession of Faith," in *The Constitution of the United Presbyterian Church in the United States of America* (Philadelphia: Office of the General Assembly of the United Presbyterian Church in the United States

這就是簡單的預先命定論，藉此而確定了受揀選者是神聖的愛與恩寵。以此，到下一章就變成了雙重命定：

> 第七條　至於其餘的人類，神乃是按照他自己意志不可測的計畫，隨心所欲施予或保留慈愛，爲了他在受造者身上彰顯主權能力的榮耀之故，他就樂意放棄他們，並指定他們爲自己的罪受羞辱，遭忿怒，使他榮耀的公義得著稱讚。[37]

現在，神聖的選擇就有兩條路走：一條走向救贖，一條走向詛咒，而每一條路都帶有它自己可取的道理。雖然〈韋敏斯德的信仰告白〉到了下一章就會說：「這種關於高度神秘的預先命定論教義必須用特別的謹慎和用心來處理……，」但被這教義所灌輸的人卻得到了機會，把自己和某種神怒的心情和動力元素認同，於是別人就可能變成了他的祭品。這種教義顯然是努力要保護神聖的正義，但它就隨身攜帶著一種模型，就是在遇到選擇之時，對於選擇的自發性所作的強調。既然每一次正確的選擇都意味著對其他選項的拒斥，則雙重預定論就假定了在神聖之內有兩極的情感存在：接納與拒斥、愛與恨、恩寵與神怒、施惠與冷酷不理。這種情感的兩極化在人類的關係之中是很普通的，只是已打造成猛烈的接納與拒斥組型。正因爲在人和神的動機與情感之間有這種暗含的平行論，信徒就可以向神聖動力中的拒斥面向認同，且因此變成了對其他同胞的

（續）

of America, 1961). 中譯文採用的是趙中輝譯，《基督教信仰的告白》(台北市：基督教改革宗翻譯社，1972)，第三章，頁5。

37　同上注。

攻擊者。

我們在本章開頭之處提出的論點是：對於神聖性的追求乃是一種努力，它要從舊生活中創造出新生活，而其方法是透過情緒來重新校正。其中包括將激情贖回。其中也包括將情感作管弦樂法的安排，選擇性地刺激與不刺激，使用外在控制和內在控制，以提供助力或握住不放之法來對付某幾種經驗，使用不同的管道，以及使用實際操作等等。但情緒和行動是緊緊相連的，其緊密的程度會造成一個有待辯論的問題，也就是使我們不禁要這樣提問：情感的改變究竟是行動或行為改變的原因，還是結果？在本章中我們採取的觀點是：宗教可以和情緒交談，使用情緒，頌揚其中的幾種，並視之為其自身的態度與行為目標之工具。宗教會這麼做也都是和行動有關，而這是我們在下一章要輪到的題目。

第七章　宗教與動作系統
Religion and the Motor System

感知、思維與情感的最終結果都是行動。雖然你可以期望直指感知、思維和情感歷程本身即爲動作，並以此來強調那些歷程都不是被動的狀況，然而這樣的動作和較大型的、可直接觀察並牽涉到動作系統的行爲序列之間是不相同的。人會以可見的方式作出事情來：他們會散步聊天、會哭笑、會吃喝、會唱歌作樂、會打鬥、會做愛、也會跳舞、禱告——所有這些都牽涉到能量的支出和一組肌肉的協調使用。

爲了對於行動及其廣泛的變化作個概覽，看看它們生動的模樣及其影響力，你也許會想先看看匹特・布呂格(Pieter Brueghel the Elder)的畫作。這位法蘭德斯畫家的每一張畫幾乎都畫滿了人，而每一個人都在孜孜矻矻地從事某些活動。〈兒童的遊戲〉一畫中顯現的是一個中世紀的村莊裡滿是小孩，他們都在玩耍；〈箴言〉一畫中則是些大人在從事一些平常事或怪事——其中有很多都帶有象徵意味——在街上、在閣樓窗口、在屋頂上，或在樹上。整個世界就是他們做事情的大劇場；他們擺出某種姿態，從事身體接觸，在空間中移動。〈婚宴〉顯現了人們在大吃大喝，或在上菜，歡樂無比、動作敏捷。〈農民的舞蹈〉複製品非常流行，讀者們一定都還記得。在他們的牆上掛著旗子，很生動地向人們昭示可以使用他們的起居間，也告訴那些一直坐著的人：生活是要動的。布呂格畫中的人即使是安靜的姿態，都會散發一種活動的氣息，像在〈安逸之鄉〉畫中躺在果樹下的人，魔幻式地接受豐饒大自然的餵食，輕鬆得很過分，近乎頹廢，但他們不只是慵懶。他們那誇示的口腹之欲中帶有拉伯雷式的歡愉。

布呂格的有些畫作畫出了宗教的主題：〈背叛天使之墮落〉，〈背負十字架〉，以及〈嘉年華與四旬齋的衝突〉。正如大多數法蘭德斯和荷蘭的宗教畫一樣，《聖經》故事都被安放在16世紀低地國的日常鄉村生活脈絡中。畫中人物都是眞實的日常所見的人，有的長著肉瘤，指關節突起，很用力地吐痰，惡毒地咒罵，兇狠地打架。讓自己有機會對於這些鮮活而日常的宗教景象感到驚異是很重要的，因爲你很容易陷入一種不經心的假定，就是認爲：宗教在歷史長河之中已經逐漸變得專屬於心靈的，而把屬於肌體的部分都遺漏了。我們現在很容易認爲宗教是情感或內心傾向，是態度或信念，但不再具有動作的面向。遊行、獻祭、殺牲、舞蹈和公開行刑的日子已經一去不返；宗教已經愈來愈像只是坐著的事情。

這種歷史觀察的眞相卻只是非常相對性的。到墨西哥市去觀光的人仍可看見懺悔者用膝蓋蹣跚地跪行，穿過瓜達魯佩聖母祭壇前的廣場。你仍然可以在地中海小村子裡看見遊行隊伍帶著各式旗幟和塑像迤邐經過。你仍然可以看見紐約、倫敦、巴黎的天主教或英國國教教堂裡有人跪在那兒。你仍然可以看見一些靈恩教派中有人在擊掌、顫抖、作出奇怪姿態，也可以在「鐵路的不正常那一側」聽見教堂裡傳出呼喊、踏足的聲音。你也可以看見各首府城市裡有主流教派的傳教士帶領遊行隊伍，在作道德的示威。長老教會和浸信會裡可以看見會眾在任何崇拜儀式上，以很有節奏的方式站站坐坐。雖然會眾已經不像古禮那樣互相親吻，但他們仍會在儀式之後和教士們握手致意，也會一起來個咖啡聚會，或來場聚餐。他們經過聖壇前面時會躡手躡腳，在合唱時會揚聲高歌，在讀經時輕聲細語，或以高度的自制，直坐著度過半小時。每個禮拜都有千千萬萬的人們至少花一小時站立、彎腰、握拳、伸開四肢、轉動念珠、翻動聖書、壓抑著咳嗽或噴嚏、一臉嚴肅、一派正經，他們心中一定感覺這樣做是有其必要，或是因爲這種活動具有宗教上的價值或相關性。宗教若沒有活動就是不可思議的，而這裡所說的活動包含著安靜的踱步沉思，或在禱告中闔上眼。

行動在宗教中的不可或缺，正如在美術、工藝、掙生計、供應個人需求等等都一樣。而宗教在其領域中之受到信條的調節，也正如藝術家、工藝家之受到專業守則的調節，或勞動、商業受到行規調節，乃至餵食、清潔都受到社會規範調節一樣。事實上，宗教對於所有的行動都以非常確定的態度來加以約束，總是會評定所有活動的價值，並指定某些行動具有特殊的宗教性。譬如說，在猶太·基督宗教傳統中，就對行動形塑了一種起始於其創造神話的特別思想，其中的神被描繪爲創造者、行動者，並成爲一切能量的泉源。他是始動者，並發動所有的自然歷程。他也維持他所作出的一切。自然的動作乃是回應性的活動，正如最初的男人之動作乃是在回應他被注入的有限條件一樣。女人降服於誘惑者而後產生了新活動，以及男人受到女人的誘惑而攪壞了整套秩序和存有的經濟，接著，在大墮落之後，由於這不是一場被動的災難，而是個新行動，一整套的行動就脫離出來，並受到特別的詛咒：生育子女、爲生計而勞動、死亡，「因爲你是從土而出的。你本是塵土、仍要歸於塵土。」(〈創世記〉3：19)。工作變成一種義務，失去了遊玩的性質——然而這是早期神話時代的人可能會有的性質；不過倒是另有一種模仿性質保留了下來，就是讓人做了先前應是屬於神的工作：開墾園地、爲動物命名、生育、增加萬物的層次。

所有的動作都需要能源、力量和權威，而宗教對此三者又有非常確定的意見。創造者乃是它們的源頭，而它們要能施行則都必須獲得創造者的同意。神聖的力量可以造人也可以毀人。只要神明是善良的，則他的能源、力量和權威在特定的界線內就都可以被人謹慎地用於增進人類的福祉。這三者的獲取只能在特定的場合，透過特定的人選，以及特定的活動。所謂場合是指節慶或崇拜日；特定的人選是指村莊裡的長老、巫師或僧侶；活動則是指儀式，而執行此活動必須全神貫注、不容出錯。凡人不能隨便啓用神的力量，而是必須懇求或禱告來分取一小部分，以便襄助他那原本只是膽小而又魯鈍的理解力。而且他還必須允諾：那多出來的力量會用到一定的目的上，譬如讓五穀豐收、六畜興旺，或用來保國安民，或用來抵禦邪靈的侵擾。如果一個人可以分受神靈的力量，則那個人就會像神一樣，而人們就會對他特別恭敬，如同對待神：頂禮膜拜他，把他放在特別圈圍起來的場子裡，用獻祭、諂媚、咒語來控制他。或者，人們最終還會把他殺了。

所以，所有的人類活動之中有一部分要特別分出來，使之來爲神做工。崇拜是工作；它就是宗教的積極活動面向。對佛教徒來說，崇拜是某種形式的給予。對古代希伯來人和現代猶太人而言，它就是服侍。希臘字*liturgy*意指「人們的工作」。德國人說的*Gottesdienst*就是服侍於神。拉定文的*cult*意指照料、維持、操作、尊崇和服侍。人所做的這種種特定的工作形式是爲了神，其中有一部分起因是他對於「人必須服侍神」有一定的理由和知識。

崇拜的工作至少有一個理由，就是要模仿。人類用儀式來進行的小規模活動，就是神以大規模的現實條件所做的。在埃及的太陽城，擔任祭司的法老和眾僧侶們會執行一場小型的太陽起落動作。現代的天主教則會執行簡短而風格化的基督教贖罪劇。在繁殖崇拜中，把人作男女配對就是在重複神聖的創生之舉。基督新教慶讚一般餐飲的象徵性，意在模仿創教者和他的門徒所用的最後一餐，而那些人又是在模仿更古老的逾越節餐飲，其所象徵者，乃是透過神的特殊行動，使以色列從埃及的奴隸身分中獲得解放。

模仿很容易以交感巫術的方式而滑轉爲認同。假若大地乾旱，則僧侶澆灑在地上的水滴就會逼使雨神對著大地灌下一場豪雨。有多少現代人在自己家裡爲草地澆水時，會有一絲念頭想到這會促使雨下得快些？把第一次結成的果實或穀子放上神壇並不只是在歌頌「萬物的給予者」，而是覺得這會有助於神明保證繼續供應食物。獻祭就是要求回報，也是一種期待的姿態。墨西哥農民常會把一個小小的繁殖神像埋進田裡，以便增進穀物收成。點亮的蠟燭不只是「光中之光」的象徵，也是在逼使太陽每天早上都要重新出現。

在模仿和巫術的程序中，都會要求高度的準確性和強迫性。模仿和巫術動作會以限定的時間、空間、格式來執行，以便提高神的活動和人的事工之間的連貫性。演出的步調很緊湊，根據的指示都涉及所有的細節，任何出岔都會被覺得是違反神咒。潦草的演出、不用心的慶讚，或任意偏離主題，就會爲演出者帶來神怒。在體態、聲音、姿勢以及道具的使用上，你必須根據既有的規制，而規制的來源乃是出於神意。這些都是契約定好的條件，使得神人交感成爲可能。

崇拜的另一個動機決定了神聖動作的形式，那就是平神怒，或謝神恩。當有人做了越軌的事情，就應當獻上犧牲，此時牲畜所灑的血就象徵了須受懲罰的個人或團體所該流的血。較老的平神怒方式是根據以眼還眼、以牙還牙的原則，但後來就不限在字面上這麼做，而是換用嚴肅的腔調、畏懼的姿態、痛悔的心情來對罪行作告解。用物件的替代可以換回無罪的自己，那就是用金錢奉獻給他的宗教團體，或捐款作善事。或也可以象徵地用自己的體力或心力，譬如操持需要花時間和精力的例行瑣事，來表示對罪行而謝神恩。

作崇拜時的另一種形式就是共同紀念。很多宗教節慶是在慶祝一群人所經歷的天地大事或歷史事件，而紀念就是以具體而微的方式把會眾帶回到注意。逾越節、光照節、帳棚節所紀念的是猶太歷史上的重要成分。新教拒絕了天主教的彌撒而改用聖餐禮，這是基於要將戲劇式的重演改換爲共同紀念。強調紀念這個面向時，就是在抗拒舊禮儀的重新發明；紀念的工作具有一種純正主義的意圖，想用慶祝來重新捕獲歷史的原初狀況。

但是禮儀的工作中也有很多致敬的成分，這就會提升行動的自發性和形式的自由度。頌讚之舉，譬如歌唱、舞蹈、遊行、以花彩裝飾崇拜之處所、穿戴正式衣帽、用花圈、作異語、奏樂和即席講話等等都傾向於發揮想像力，其結果就是讓這些舉動不太受既有形式牽絆，雖然還是要在一定限度的妥適性之內發揮。強迫性讓位給衝動性；端莊讓位給溫暖和熱情；節制讓位給能量的釋放。

這麼說來，宗教對於行動就有個確定的觀點，並且在神的動作與人的動作之間作出了區別。它會限定或指定某些人類活動具有神聖性，並堅認神和人之間的互動必須按規定或受調節。在神的與人的活動之間，最基本的區別是奠基於創造者和受造者的規模大小之不同。受造者是偶隨的，而創造者則是建立的、主動的，並且會自行延續。所有的人類能源、力量和權威都從神聖的根源衍生而出。在一個宗教的世界觀中，神聖者自行布局，自行感知，並強迫人類接招。關於神聖者，不論人把他看成自然、宇宙、創生的原則、父神、母神、神聖秩序、神權的立法者，或神聖的愛，人的活動總之就是回應性的動作。雖然這些回應包含著從硬性規定的儀式到善意的自由表達和自發的情感，它們和*mysterium tremendum et fascinosum*(迷人且可畏之神秘)的關係就要求一定的體例、卑微的受造感、服侍者的意識，以及對宇宙秩序之基本經濟的感知。

方法論的間奏曲

為了討論宗教中的行動有何角色與功能，這就帶來了基本方法論的問題，我們必須在此展開，而這問題的含意在前幾章中有時也曾提及。在豐富萬端的觀察之中若要賦予秩序的話，心理學家可以讓若干原則來引導他。他可以選用神學的標準，接受一組借助於神學思想的基本概念，譬如像天地創造、神、罪、解脫、救贖、恩典、道成肉身、基督生平與受難、聖餐、聖禮等等，並將他自己的觀察套在這些標題之下。這樣做並不會讓他變成一個神學家。但這卻意指他把神學的區別當成指標，而使得他自己想要研究的心理變項中產生一些混亂。在此情況下，他的心理學其實只是對於神學命題的某種較精心製作的註記。心理學中原有的連貫性和內在相關性就幾乎喪失了。

第二種選擇就是取出一些宗教現象，在日常交談中不斷發現其重現者，然後找出其間共同的主題。這樣做的話，他可以把自己的觀察分門別類地歸屬於各個標題之下，諸如：崇拜、祈禱、告解、上教堂、聖事上的表現、密契主義、改宗皈依等等，然後把他自己的心理學思考放到這些題材上面。這不會使他成爲一個宗教人或某宗教的信徒。但由於使用了宗教的範疇和標竿，他就冒了一種危險，像是在爲宗教作量身打造的心理學，因而很容易失去心理學的整體觀。

第三種選擇包括從宗教現象的整個場面中選出一些可能是最精要的特徵，從宗教中取出最有生機、動力或最有說服力的一些事例，然後把一些不重要的部分撇下不管。作這種選擇的人假若偏好的是信仰改變、密契主義、儀式和教義，則他所冒的危險，就是把宗教等同於這少數的幾種顯現方式。你可以提出論證說：這挑出的四個範疇確是所有宗教最精要的特徵，或是某一宗教最突出的主題。從宗教人或世俗人所表達的思想來看，你也可以論道，這些帶有顯著宗教性質的行爲，其出現頻率是否夠高，使你有理由作此偏好的選擇。像「密契論的」、「儀式論的」、「教義論的」這樣的用詞其實都帶有些不贊成的意味，這就暗示了它們所指的狀態不是宗教最常見的特徵，雖然對於研究理念型來說有其重要性。

本書的取徑是以上三者之外的另一種選擇。全書的次序原則是心理學的：用標準的心理學概念來作爲標竿。所有的章節標題都是心理學變項，在此之下，對各式各樣的宗教現象依序作了描述、分析和詮釋。宗教現象本身有許多層次，其中包含有廣泛的宗教操作和主題，神學命題，以及對於眾多特別有豐富和深刻經驗者的宗教生活所發的思考，也有些思考是由一些特別敏銳的人所作——他們即令對於很普通的經驗都會有不尋常的想法。在此也不排除從其他幾種觀點而來的觀察，譬如來自人類學、史學、和比較宗教學；確實的，我歡迎它們，只要我覺得它們可以豐富心理學的觀點，或甚至有助於宗教現象之更顯清晰。這種方法論的選擇也有其危險。你可以批評說：這樣做是否可以合理對待宗教之內的自然分野，譬如人與神、崇拜、禱告、罪、神聖者、聖徒性，或是關於不可見者的實在。你應該會問道：這樣的取徑是否留出足夠的空間來接近宗教體驗的整體？有些人若討厭把宗教等同於宗教體驗，則他們的提問就會是：這樣做到底能不能對宗教有足夠的欣賞和知識，以便能穩穩抓住宗教的眾多及複雜的顯現方式？

每一種取徑都有其危險。沒有一種聚焦的方式不會產生毛邊。每一種選擇都會有其正面和負面的含意。當宗教人本身把崇拜描述爲「宗教的積極面」時，或當一些殷勤的教會成員把宗教定義爲「生命風暴之中值得讚嘆的休眠」時，或當他們是住在同一屋簷下的弟兄時，舉出的定義就會是「在文化、社會和政治現實的十字路口上，如先知般的活動」，那麼，我們到底應當如何處理宗教的行動？就整體而言，在宗教行爲中，動作系統的顯著性似乎已經大不如前的時代，什麼才是其最顯著的行動向度？本章究竟是否應該也把教會的社會行動包括進來呢？

用「宗教行動的類型」這提法，就是把它再區分爲儀式、崇拜、禱告、恍惚迷狂等等，似乎頗有可取之處，但把所有的宗教行動安排成一條連續的光譜，從需要大量肌肉活動到只需少量肌肉活動的，這樣也似乎不錯，這也就是說，從預備性動作到投入性動作，從零散的動作到精巧的動作，從任意的動作到有目的的動作等等。還有，我們也可能區分出自然的動作和習得的動作，然後把我們得到的觀察依此來歸類。有些活動是在釋放能量，有些則是抑制能量。你可以分出「神的動作」和「人的動作」的類別。強迫動作和自發動作又是另一種區分。你還可以區分出個體活動和群體活動，單獨的動作和人際動作。

爲了和方法論上的選擇一致，也要關注宗教現象的多層次性，讓這些都可以放在心理學的檢視之中，所以我把本章有關行動的材料依照以下的脈絡來展開：

1.能量的面向
2.經濟的面向
3.控制的面向
4.發展的面向

宗教行動的能量面向

通往公誼會(Society of Friends)交誼廳的大門是敞開著的。一些男人和女人安安靜靜地走進去，在圍成中空方形的長椅上找到自己的座位，默默地保持著一種冥想的姿態。有些人閉著眼。二、三十分鐘過去了，直到其中有一人很不顯眼地從他的座位站起來，講了一段簡短的話，其主題是關於他自己或某種眞相，因爲最近他家裡有事發生。講完他又坐下了。有幾個人回應他，有些很短，其他人則比較仔細地多說了一些。也許會來一段音樂的間奏。這群人決定唱一段聖詩。作一段安靜的禱告，然後這個群體就散了。

在別的地方，有個修練瑜伽的人坐在一片硬墊子上，半飢餓狀態，他練瑜伽好幾年了，都在師父監視的眼光之下，練種種姿勢，練感官的控制，也練餓肚子。他的關節凸起、瘦骨嶙峋的身體沒有什麼生氣；他那沉沒的眼神似乎是向內轉的。他在沉思，謹守著他的誓言，也很用心記得師父告訴他的教訓。夜幕低垂了，但他已對睡眠完全斷念。

在12世紀時，有個基督教僧侶回想他自己的宗教體驗，就像這樣：

> 後來，我告解，雖然我是在愚蠢中說的，我說，道正來訪問我，甚至很常來……我覺得祂正臨在於這裡……。祂進來的方式不是從眼睛，因爲祂是無色的；也不是從耳朵，因爲祂的來臨是無聲的；也不是從鼻孔，因爲祂不是氣體而是混合著心靈的；還有祂也不是從嘴進來，因爲祂的性質不是吃喝的；最後，祂也不能用觸摸，因爲祂是摸不到的。你會問說：既然祂是根本不能尋索的，那我怎麼知道祂來了？但祂是存活著也充滿著能量，一旦進入我之中，祂會加速我的睡眠之魂，激勵又軟化又驅趕我的心，而這心從前是麻痺且硬若岩石的。[1]

貴格派信徒、修練瑜伽的人，和克雷渥的伯納(Bernard of Clairvaux)，都在追求一種體驗來使自己和新的能量互相融合，而他們認爲這能量是有神聖根源的。對貴格派來說，來臨的是光或啓明；對練瑜伽的人來說，是和諧而致融融如一，對聖伯納乃是靈魂的加速。不論那能量來源是始動者(Prime Mover)、是太陽、是會

1 St. Bernard of Clairvaux, as quoted in *The Universal God,* ed. C. H. Voss (Cleveland: World Publishing Co., 1953), pp. 259-260.

擁抱的慈愛之父、是宇宙的終極物質、是聖靈或是人自身的存有，這存有至今被鎖在休眠狀態中，不論是什麼，毫無疑問的是，宗教的工作在虔信者心中會重新對準它的投注之處，並且具有重新喚起基本生命能量之效。

也許在今日常上教堂的人已經變得稀少了，但使用一些語詞譬如「揚升」、「喚起」、「神召」和「感動」等來描述的種種崇拜經驗乃是暗示了同樣的現象：其中包含著崇拜的工作，它同時既是消耗能量，也是補給或解脫的經驗。聖禮的歷程會把能量綁在一定形式的工作上，但它也讓人得到新行動的自由，給了他新的熱情，或激起他潛在的力量。從「禱告改變你的一生」到「你裡面的力量」，從「更新」到「悟道」，使一些新的能量變成可以取及，也使人可以去從事新的工作，而用不同於從前的方式去看待事情，或能夠以新鮮的方式來欣賞自己之從屬於宇宙的大格局。

有些時候，在聖禮的工作上須先投注極大的能量。儀式的要求可能很高。你可能須擊鼓或搖鈴；你可能須「五體投地」、卑躬屈膝，或以警覺的姿態站立很久，而且用盡力氣不斷重複。你可能要親吻聖物，背誦禱告的公式。你可能要浸入水中，大聲唱念，或用力抽搐。或你只是要坐在硬板凳上，一本正經不能亂動。在以上所有的狀況中，都牽涉到肌肉系統，且或多或少，或急或緩，或散或聚地在消耗能量。使用的肌肉群可能很大，譬如下跪；或很小，譬如低語。整個歷程可能完全是內在的，譬如苦苦地默想或長長的沉思。不論該工作的性質如何，它總會帶來能量分配和張力水平的變化。如果一個人進入活動時的張力水平高，那就馬上會帶來過度張力的釋放之效。你可以把張力唱開來，或不斷玩弄念珠，或傾注在集體唱念的嗡嗡聲中。如果開頭的張力水平極高，還帶有衝突傾向，則崇拜的工作就會有滌淨之效。儀式強施秩序，也在大多情況下提供群體的支持。只有透過儀式才可能說出一些言語，用來頌讚、告解或表示哀傷，尤其是在一個人獨處時所無法準備好，或沒有公式可用的狀況下。聖禮的工作具有戲劇的性質，會逼人去「通過一些動作」，因此而帶出適當的情感、情緒之重組，這和在劇院裡觀賞動人悲劇的觀眾毫無二致。一些說不上來，或無可言說的思緒，鬱積在胸中，現在終能變成字句說出口來。如果強烈的抑制或防衛機制在製造高度的張力，則任何能消除緊張的作爲都會產生良好的副效果，可供減弱防衛性的控制。不論是否能產生洞識，在宗教之中的動作，譬如鞠躬、拱手，或吞下一些神聖物質，恰好夠從防衛或調適之用的能量中解放一些出來，其結果就會讓人「感覺好一點」。

只要在所有這些聖禮工作中，心靈被導引到一個神聖對象上(不論是直接的或是透過某些象徵再現)，這行動者就會發現他正從事於一種關係，這在他自己看來，就是一種給予和接受。在崇拜中，他是兩造交換系統之中的一個成員，而他相信另一成員乃是能量的來源。神聖的一方，無論怎麼去想它，就是力量——因此和它進行的所有交換就是力量的交換。對力量的禮敬就會使一個人變成力量的參與者，其中即暗含著力量給予者的同意，也就是說，來使用這力量是正當的。但要覺得自己有權使用力量，把它當作一種禮物，這乃是一種自戀允准[2]的開頭，也在證明自己的可愛。更且，如果一個人被教養到能相信：請求神聖之助是高貴善良的(由其特

2　【譯注】「自戀允准」(narcissistic gratification)雖然不算是一個特殊的術語，但在動力心理學的對象關係理論(請參閱譯者導讀第三節)文獻中，此語並不一定帶有貶意。

殊的酬賞來看，這同時也是一種自我貶抑)，則這「感覺好一點」的微弱開頭就會高漲成恩典的大潮，當人浸潤在其中，則其慣用的防衛機制就可以暫時撇棄。

當然，這並不必然要假定：宗教工作所產生的這種鼓舞之感，是由於外力匯入的結果，好像有什麼動能的微粒子通過空氣而竄入一個人的系統中，給了他新的填充物。假若一個人是由於偉大的繪畫作品而得到美的感動，接受了藝術家創製美感的能耐而致產生升揚之感，在這情形下，通常也不必作出上述的假定。超自然論實際上沒有什麼解釋力，而偏激的唯物論所擬想的動能微粒子能從一物體進入另一物體之說，則需要動用非常費力的幻想。事實上透過宗教的操作，一個人確實會感受到鼓舞，就像一個人戀愛時會在體能上覺得比較快活洋溢一樣。有些事情發生在一個人的能量供應與能量分配上，這也很顯然會讓別人感覺到，尤其是當這個人開始吹起口哨、動作輕盈、兩頰泛紅、臉上露出比以往更多活力時。

在面對這些觀察時，我們很難不掉回到一種詮釋，就是說：這些在身心方面的改變是由於外在的原因，所以難怪一個宗教人會把自己更新的活力歸因爲神力的匯入。這種超自然論只是當一個人先肯定有脫離肉體的、靈魂般的、非物質的神之後而然；這種巫術思維也只是當一個人有意要向他的神勒索一些力量來供自己使用而然。當一個人要表達「接受到能量」或「被賦予活力」的感覺時，這種傳輸歷程的力學也許不是很重要的，重要的是他要肯定這種更新是發生在關係之中，而這關係使得他能脫離自言自語的限制。

另外一種詮釋是基於把個人看成一套封閉的系統，有一定的能量；這就會迫使一個人宣稱：更新感純屬虛構，或每一次的改變都是由於內在能量的重新布局而然。讓人變得更爲熱情洋溢，可能只是朝向更高的秩序而發生的改變，反過來說，則是在對抗熵態所朝向的失序和死亡。這種模型有利於理解內在衝突中所涉及的各種驅力和防衛的勢力，因爲它肯定了經驗的事實，也就是能量被吸納於精神官能症式的防衛之中，而這些能量的排出方式可能迫使一個人去做些有生產力的事情。

眞理雖然很難被人理解，但比較可能的理解是在以上兩種極端詮釋的中間。活著的有機體不是封閉的系統，也不是像氣球一樣帶有秘密的開口，可以從此塡充什麼精神的氣體。它們是動態平衡中的開放系統，會和它們的環境作持續不斷的交往，通過這種接受或給予，帶著起起落落的能量水平，還有複雜萬端的調節設計，總合起來就是要生產某程度的幸福。

當幸福增加或自由感提升，則聖伯納所說的喻示「祂是存活著且充滿能量」以及「祂進入我之中」就可以看成是那永恆的愛主題所延伸而來的變奏。假若愛者實際上不能把所愛者環抱在懷裡，至少他能回憶她對他的最後一瞥，而這樣就可以讓他滿心溫暖好一陣子。由於有「她」[3] 在心裡，他可以維持較高的自視，感覺較好，行動也比較有活力。他對於她內心的傾向不會只是虛幻的。他的活力感也可能是相當眞實的。他那生意盎然的行爲也會被他人所見證。他的行爲改變和內在動力不能用虛構或「宛若」現象之類的方式而解釋掉。基本的差異就在於「可見的所愛者」，和聖伯納的不可見但可感的「活著的神」，這兩者之間的差異。

通常觀察中所謂的虛構可以和物理對象一樣產生行爲後果。幻

3　【譯注】聖伯納所用的喻示「祂」在原文中是陽性，但在此，作者特別標明這個喻示的變奏已經變成了陰性。

覺可以引發像飛翔一樣的動作。妄想式的觀念可以促使一個人去打鬥。錯覺可以造成徵象的誤判，因而導致一個人偏離他所意圖的方向。假設可以誘使人去發掘隱密幽微之處，就有可能在那裡發現新奇事物。單只是信仰就足以導致戰爭，鼓動一整個國家的人民進入狂熱的活動、傾瀉全國的能量。不論聖伯納的「活著的神」是虛構或事實，其作用在信仰者行為和能量上的效果，就像軍樂隊的音樂之作用在一群行進中的疲憊軍士一樣。在後者中，發生效力的乃是聲波和音樂的象徵。聖伯納謹慎地排除了光線、聲波、味覺和觸覺刺激，但他保留著「不可見的眞實」，以及他對於腦波有這樣的信念：「祂是活著的，且充滿能量。」他也持有象徵論的想法，這象徵論並不是第二種眞實，而是所有眞實的一種特殊觀點。它是奠基於力量的一種世界觀。正如我們在第五章之所見，象徵不只是虛幻眞實的指標，也不只是參與了不可感知的眞實的一種感官組型。它是一種語言上的眞實，習得之後就能作為個人的語意系統的一部分。象徵會把眞實區分成幾種方式，排序成力量和能源的幾個層次，從最絕對的層次到較為偶隨的各個層次。

經濟的面向

我們常有的觀察是：人們消耗能量的方式有顯著的個別差異。有一種人喜歡大規模的動作，結果是大量消耗精力。他們在講話時，整個身體會動個不停；他們寫字時，在紙上的筆畫也盡是粗線條；他們在爬樓梯時，會一步走兩階。相較之下，另外一種人的身體動作很簡約。他們比較喜歡有度量的、優雅的、小規模的姿勢；他們在講話時，可以保持身體不動——只有動嘴唇，而使用的手勢很細、很少；他們不會把自己耗盡；事實上，他們很難動到會讓人相信他們眞的是在做某件事。這些動作的變化並不是在標示人的熱切或懶惰，而是指向心理上和肌肉上的經濟問題。

這個經濟的因素會受到某些心理病理條件的影響。在憂鬱症之中，人的整個動作步調會變得很緩慢：肌肉運動變少；發動的動作減得更少；思維似乎只在慢慢爬行；講話只用慢節奏。在亢奮之中則剛好相反。你可以看到過動性：思維在衝刺；講話咄咄逼人；這個人似乎在同一時刻對多種刺激起反應。

雖然儀式在步調和動作的範圍上有諸多變化，但儀式動作特別突出的特點是：它有相當的尺度，很準確，在細節上都是特定的，有高度的刻板性，也經常重複。洗禮時在嬰兒額頭沖水不能用很快的澆灌。作連禱時也不能用滔滔不絕的方式。行進禮拜的隊伍必須緩慢而嚴肅地邁步；不能讓它變成閱兵或跑步。在祝禱時舉起雙臂必須用慢動作，與納粹式敬禮那般的快速伸手非常不同。

在儀式中，節奏和數目的觀念是重要的。約書雅必須在耶利哥城的城牆坍塌之前繞行七次。「聖哉、聖哉、聖哉」必須說三遍——再多說一遍就會破壞節奏，毀掉儀式的功效。路德把「求主矜憐」從九次減爲三次，這樣就讓它維持著儀式的作用——五次或六次就會消弱這衝擊。較長的字譬如「哈利路亞」本身就是個儀式，可以連說兩遍還保有其功效。神聖動作的重複讓儀式不只是很花時間(這就把「工作」變成了「大量的工作」)，也提拱了有尺度的、一步一步的、有節奏的能量消耗過程。從動作的觀點來看，這基本上就是經濟的命題，從意義觀點來看這命題，神聖工作和自然中的季節性是交互纏繞在一起的。冬季過後春季來了，然後是夏、秋兩季。夜晚之後是天明。播種之後有收穫。暴風過後，是寧靜。週而復始的時間對生命給了意義和目的，而這意義就以簡約的形式，戲劇化地呈現在崇拜儀式中。意義也以動作系統表現出來，用的是重複的動作、姿勢以及聲音的複合體。

自發性和效率在儀式中是被擱置的。結果，儀式是反自發性的，它也不信任衝動性。它特別強調抑制、延宕和其他種種控制機制。在許多方面，儀式都是一種強迫行爲，它透過動作的象徵，同時既隱藏又顯現一團的願望與反願望，這是人與神聖的關係中普遍存在的。在聖餐儀式中，吃麵包和喝酒之中深藏著食人主義的痕跡，就是吃人肉喝人血，但其中也顯現了一種意思：通過接受大地上滋長的食物和葡萄，而尊敬地接受生命之爲神聖的禮物。在祝禱中高舉的手既是裁判的手，也是祝福的手。洗禮既是沉下也是浮起，死去而又重生，從不潔之中洗淨而迎向清新的一天。這些母題結合而成爲一個舉動，乃是一種動作的經濟，因爲相當簡潔，所以常可重複。也正因爲它的簡約，所以人必須有週期地重複做這些事，以便能逐漸賞識它的意義。

經濟的原則可用幾種方式統轄宗教的行動。懺悔的動作，爲了平息罪疚感，必須帶有沉重工作的費力性質；或某程度的冗贅性，帶有需要意志的強烈努力才能使之持續的性質。朝聖具有以上兩者的特性。擔任瑣碎的工作，帶著一顆痛悔的心，可以象徵地達到同樣的目的，這意思是：這個人現在正從事「奴隸的勞動」，平時這種事都是交由僕人或較低階級的人去做的。念五遍或十遍「萬福馬利亞」就會對此簡單的工作加上增值效應，使其努力的長度或強度變成衡量其越軌程度的方式。

失去一個所愛的人之後所做的悼念工作，乃是驅力動力學的一個好例子。在哀傷的立即衝擊下，一個人會變得空洞而呆滯，他在心中浮出去世者的美好回憶，然後接著是一些比較不愉快的回憶，這樣一直到自己恢復平衡。在此歷程中，時間是最精要的因素，正如在哀傷的療癒過程中，其適切的長度有賴於許多動力的因素。這長度不可能用加速來縮減。時間會有療效，就是因爲它花了時間。因此，我們不會訝異於宗教體系常常指定一段時間給哀傷和悼念，以便確定哀傷者不受到不當的催促，而能從內心裡恢復過來。但宗教對於守靈和悼念期的特殊指定也把悼念工作的自然經濟給予儀式化，並賦予外在控制，以增進其效益。

在美國，宗教行動的經濟差異會隨著廣泛的社會階級差異而變動，並且也和族群差異產生互動。大範圍的肢體反應、急速的動作及高度的能量支出傾向於和較低階的崇拜組型有關，特別是和黑人的宗教。音量會提高，在這種群體中還偶爾有人眞正的喊叫出來。很多人會擺出特別的姿態。講道者的節奏比較快，常接近於咄咄逼人和觀念跳躍。鋼琴是吟唱時最常用的伴奏，他們的頌歌本身的節奏也常比大多數新教的主流教會選用的莊嚴歌曲快些。在中產階級團體中，「傳教士不會跑向他的道壇，而會用莊嚴的步調走過去」[4]，凡・德・洛以夫(Van der Leeuw)是這麼說的。爲了尊嚴和端莊的緣故，整個聚會的動作步調都慢下來，從講道時的拍子到會眾靜肅行進時的速度都是。天主教的習慣似乎落於以上兩種極端的中間。由於天主教的聖禮比較豐富也比較戲劇性，它會要求參與者較多的動作，譬如下跪、鞠躬、站起、在胸前畫十字等等，但大多數這類動作都已儀式化，因此在施行時要熟練而自制。

4　G. van der Leeuw, *Sacred and Profane Beauty: The Holy in Art,* trans. D. E. Green (New York: Holt, Rinehart & Winston, 1963), p. 37.

當我們說低階層的宗教動作有亢奮的症狀，而中產階級的動作有憂鬱的傾向，這樣說雖然是過於簡單，但無疑地，較低教育程度的教派成員遠比中產階級的弟兄們要更能忍受亢奮狀態。這兩種群體在舌語、預言和扭曲身體等動作方面的流行程度是完全不相稱的。這些動作在主流教會裡根本不被接受，不只是因爲這會破壞他們刻意維持的端莊，也因爲這種動作不適合於沉靜崇拜中的莊重嚴肅情緒組型。拉・貝爾(Weston La Barre)[5]曾經報導過的弄蛇教派是一種光看就會令人發呆的怪異崇拜形式，它所顯現的情緒狀態也會使得莊嚴崇拜的信徒產生慌亂的反應。

控制的面向

有目的的動作需要透過技巧、時間安排以及選定的目標來加以控制。踢足球或做木匠的工作所需的技巧和修手表、動手術並不相同。在以上的各種狀況下，時間安排以及選定的目標都屬於不同層次。時間有個重要的面向乃是延宕的功能。較大的目標必須分解爲一套套較小的目標，就是要把長距離外的目標拖延一陣子，好讓短程的目標可以一一達成。強烈地想要很快達到目標就等同於衝動，而這也會妨礙動作技巧的展現。「把自己按捺一下」和「等候適當時機」的能力，可以讓一個人專注於所需的技巧而適時完成一事。

和宗教行動相關的方面還要考慮其他兩組需求。凡・德・洛以夫曾經指出：在歷史的觀點上，大多數導向神聖的行動同時也是導

5　W. La Barre, *They Shall Take Up Serpents, Psychology of the Southern Snake-handling Cult*（Minneapolis: University of Minnesota Press, 1962）.

向於美的美感行動。聖和美是相互接近的；其間的關係可以在讚美主的句子中得知：主要「以聖之美」來稱頌。因此，神聖的崇拜動作也傾向於是美的動作。在宗教的歷史中，禱告、工作、舞蹈、默劇、戲劇一直都親近地交織在一起，雖然後來在文化上被分化成一方面是「宗教」和另方面是「藝術」，也都有其個別的投入者和特殊體制，但很重要的是，我們必須注意到其間的動力整體性。這在舞蹈方面是確然如此，而在遊行活動和宗教姿態之間互通的形式上尤其可見。凡・德・洛以夫寫道：

> 舞蹈之具有宗教意義並不意謂它只能表達宗教情感。相反地，所有的情感，從最嚴肅到最輕佻的，都可在舞蹈中表達。宗教感並不是有別於其他感覺的特別感覺，而是其他感覺的總和。因此舞蹈也可以爲所謂的宗教目的而服務。哈馬赫拉(Halmahera)的一位老土著，因爲不願放棄對他已死同胞的獻祭，乃以抵抗的姿態對傳教士說：「我跳舞、喝酒、唱歌，這是爲我編織一張羅網，好讓我的靈魂可以睡在精靈的世界裡。」但就算舞蹈是爲了我們心靈中純粹世俗的事情服務，它在本質上仍是宗教的，因爲透過它，神聖的力量才得以解放。原始人爲任何事物都可以跳舞，從爲他的妻子到爲永恆的生命，從獵得的勝利品到買賣中得到的利益。舞蹈不只陪伴著他生命中所有的行動，也會引導、支持並帶領到它的目的。與舞蹈伴隨著出現的，在新卡里都尼亞(New Caledonia)是展示自己的手藝，在北昆士蘭(North Queensland)是要找出壞蛋，在很多印地安部落是和老婆離婚，而在喀麥隆(Cameroons)是

送人上絞架。[6]

大衛王在約櫃的前面跳舞。中世紀文學中常可看見神、基督和天使以當時的舞步輕快地跳舞。有一種強迫性又有傳染性的顫抖可以傳遍全村人，而這叫做聖維圖斯之舞(St. Vitus's dance)。印度神濕婆(Shiva)永遠都是以舞蹈的姿態出現，好似他自己就是舞蹈的化身。

要點是：在崇拜的與美感的動作之間，透過這些古老的連結，可以了解到，許多神聖的動作是由美感的考慮和控制來引導的。典禮中的行進行列用的是神聖的步調，這也是莊嚴的節奏。盛裝遊行乃是神秘劇，既帶有戲劇性質又有豐富感情的演出。禱歌強調禱詞的重複，不只是因爲說出的詞句有其分量與重要性，也是因爲兩聲部之間的來來去去有其漂亮的節奏關係，就像舞蹈中的舞伴關係一樣。所有這些都是有規律的動作，如同凡・德・洛以夫的倡議：「由有規律動作而起的力量會延伸到會眾的全體，並且會鄙棄任何邪惡的影響力。」[7] 宗教動作的演出者常要求特殊的穿著，從前是要戴上面具或作動物的裝扮，現在則要穿上聖禮的袍子。凡・德・洛以夫所說的，舞蹈不只伴隨著原始人的生命行動，也會引導、支持這些行動，使它們走向它的目的，對於掌握現代人宗教行動的精要特徵而言，這說法具有極大的重要性。宗教行動不只是表達性的舉動，也不只是對於神聖刺激的反應。它們本身就帶有奧秘的力量，要把這力量釋放或運用出來需要以規範來作審愼的引導，這樣

6 Van der Leeuw, *Sacred and Profane Beauty: The Holy in Art*, p. 17.
7 *Sacred and Profane Beauty: The Holy in Art*, p. 41.

才能與神聖的眞實互相調和。施作宗教行動是要引導、支持生命，並帶領生命走向它認爲好的目的。它們所代表的技巧作爲動力秩序的原則而言，恰與它們所控制的能量具有一樣的奧秘性。聖禮中所用的技巧對於神聖的能量而言，就和藝術的技巧對於自然的素材一樣。它們就是使形式成形的一種原則。

總而言之，宗教不只對於人所做之事有興趣，也在乎那事是如何作出來的。宗教不只是一套觀念和情感；它也滿含著意匠。你可以堅持說這意匠是嚴肅的，但其中不無好玩的特徵。在《遊戲人》(*Homo Ludens*)一書中[8]，歷史學家暉曾迦曾用文獻來證明他的信念，就是說：我們的文化中有一大部分的規範和體制都帶有遊戲和比賽的特徵。這不是輕鬆的笑話，而是嚴肅及充滿洞識的看法。遊戲這種活動可在文明的各層次中看見，甚至在動物中亦然。它可能是生物學上的必要，而雖然有很多關於遊戲行爲的理論，但它的精華卻不能化約成其他的東西，譬如做練習、能量釋放、昇華，或教育上的準備。它具有以上所說的種種特色，以及其他，但它的*sui generis*(自成一格)在歷經最終的分析之後，仍可見其不可化約性。遊戲和嚴肅性之間的對比只算是局部的正確，因爲遊戲中自有其嚴肅性。

暉曾迦提出：一個人之所以遊戲不是爲了義務或指定，而是爲了好玩。遊戲是暫時從生活的日常結構中抽身離開，是一種在事物流動之中的間奏曲。它具有一定的開頭和一定的結尾，能把它自己和工作以及其他的生活嚴格劃開。遊戲需要一個特定的空間範圍：

8　J. Huizinga, *Homo Ludens* (Boston: Beacon Press, 1955). 譯按：漢語譯本有：成窮譯，《人：遊戲者》(貴州：貴州人民出版社)。

鬥技場、棋盤、舞台或寺廟。在那遊戲空間中，有一定的規則：就是遊戲規則。在那空間之外，那些規則是無效的，也只有在遊戲進行之中才能維持。遊戲創造了新秩序，而這秩序在它的時空之中具有絕對性：偏離這些規則就會破壞這場遊戲。它使得遊戲結束，所以在離開遊戲空間和遊戲時間之後，遊戲中的不實和不適都會變成「嚴肅」世界中的話題。遊戲有範圍、有輸贏；它會開放也會結構；它賦予節奏及和諧。總之，它會將自身固著爲一種緊貼著文化的形式，而它也能在任何時候重複，只要有人想「再玩遊戲」。

遊戲行爲的這些規格在很多要點上都能和儀式的定義符合，也相當能夠描述崇拜活動的形式與精神。宗教活動的展開也知道要有劃定的空間和限定的時間。有些特別受到尊崇的時間——安息日、禮拜天早晨、節日、晚禱——也有這樣的空間——寺廟、教堂、林間空地、舊約中的「高地」、禮拜堂、神殿。宗教活動有其開頭和結尾，在聖禮上就是由入祭到祝禱。當你在從事宗教行動時，你會進入一個新秩序，其中有一些規則指定你該有的體態、姿勢、言詞，和社會角色。崇拜會把人暫時放在自然與社會的普通秩序之外，讓他接受一組新規則，這只在崇拜之中才有效。如果規則是要一個人在禱告時低頭，那麼把頭抬起來就是「犯規」或是破壞了戲局。如果規則是要講拉丁語，那麼一個人開口講英語就會使遊戲結束。要讓遊戲成爲一個東西，則遊戲者都得知道自己正在幹什麼。

遊戲者事實上是有雙重的意識：他知道在遊戲圈子的「外面」有個世界，其中的規範他必須遵守，以便能生活下去。他也知道，只要這遊戲還繼續下去，在圈子裡面有另一個世界他必須熟悉。當他很正經地，甚至很緊張地參與在遊戲中，把他自己所有的技能、速度、力道，乃至狡獪都施展出來，他也知道「這都只是在玩」，並且他也可以「抽身離開」。進入和離開遊戲都是自願的，但既然身在其中，就會有很高的強迫性。這種遊戲者的雙重意識會變得非常尖銳，以致他一方面發現自己很嚴肅而入戲，但另一方面他也知道這不是眞的。我相信這種經驗的二元性常在最爲嚴肅而神聖的宗教活動中出現，特別是當崇拜的演出變得冗長，而參與者的注意力開始逐漸衰退之時。雖然焦點的感覺可以讓這參與者相信他是處於神聖臨在之中，但在背景的意識中也有一種模模糊糊的感覺，就是他正處身在一種「裝模作樣」的舉動之中，而他自己完全可以掌握抽身離開的力量。這不是分裂性的意識解離(dissociation)或宗教上的冷淡；而是對於儀式和聖禮形式之遊戲特性的意識。正是這意識使得新教的改革者對於天主教彌撒採取了批判的觀點。這些改革者原本是在天主教規則中被帶大的，並且這些規則對於任何想要改革聖禮的努力來說本都是*sine qua non*(無此則全無，即必要條件)的。

宗教行動的好玩性質所給予我們的啓發，也會導向關於行動與情感(或行動與思維)之間關係的觀點。儀式的可重複性以及好玩的「宛若」性格可促使一個人去帶著希望去「通過動作」，以便能逐漸企及他所欲的情感或思想，而這些都是鑲嵌在行動之中的。穆勒—弗萊恩費爾斯(Müller-Freienfels)曾作過觀察，他說：我們之所以禱告不只是因爲我們虔誠，而是因爲在禱告中才能產生或強化虔誠的感覺[9]。宗教行動也是一種實踐，而一個人愈是在從事他所

9　R. Müller-Freienfels, *Psychologie der Religion* (Berlin: Sammlung Goeschen, 1920), Vol. I, p. 69.

學得的實踐，他愈有可能獲得其中最密切相關的態度、情感和思想。

宗教行爲中充滿著好玩的特色。一個人在通過神龕之前時會躡手躡足，但一過了門檻，就會讓腳步更穩或更自然些。一個嚼口香糖的達人，在儀式過後可以把牙齒深深嵌入口香糖之中，但是在聖餐禮上要讓一小片聖餐麵包慢慢地從口腔滑入喉嚨，卻會覺得困難。在準備要禱告時，一個人的雙手要不疾不徐地合十，但當然不會擊出掌聲。孩子們知道這些事情，並且會有意識地在這遊戲中玩起自己的遊戲，譬如閉眼時閉得很緊，以致整個眼窩通紅；或是在雙手合十時，用左手的指頭和右手指頭緊緊相扣；或是在吟唱時有意地一忽兒太大聲、一忽兒太慢、一忽兒太快等等。

最好玩的宗教行動就是在節慶中。節慶乃是結合了暉曾迦的遊戲行爲和凡・德・洛以夫的美的動作。節慶中會有各色的燈光、花朵、各種裝飾，以及生動活撥的音樂，還有些怪誕的行爲，譬如在「聖灰星期三」把人的額頭抹上灰；或聖誕節時在衣服的翻領夾上一小枝冬青；或在復活節戴上一頂有花的帽子。會眾中的孩子們會特別作顯眼的動作，很多大人則會爲他們自己的作爲合理化，說在節慶時都是「爲了孩子們」。節慶需要做些額外的工作，並會讓人有衝勁去創造一些美的事物，像音樂、字句、措辭、姿勢、衣袍、圖形設計，以及整個崇拜團體的動作。有時節慶的成分會發展到相當過頭，以致神聖的意識都淡化到背景裡去了，像是嘉年華會。美感的成分可能會以高分貝發聲，以致人們會分不清究竟這是一場聖禮還是一場音樂會。但這些威脅到神聖成分的過度發展，只是遊戲感與美感的過度腫大，而這些成分原本都是內在於所有的崇拜活動之中的。

發展的面向

柯熙爾(G.E. Coghill)有個經常被人引述的實驗[10]，是關於行爲組型的發展，其中證實了：蠑螈在皮膚上受到刺激，就會促使整個身體發生有力的顫抖反應，從頭頂通過整個體幹而傳到尾部。但在較高度發展的蜥蜴身上，同樣的刺激只會引起局部的肌肉反應。譬如動一下頭部以避開刺激物，但身體的其餘部分則維持著原來的位置；或是被碰觸時只抽動身上的一肢。這是個簡單的證明，即關於肌肉活動的發展有一條通則：在生命的最初期，對刺激的反應多半是全身性的，但在成長過程中，較爲局部的肌肉群會取而代之，到了成年後，有機體就會有更能調適和更具有整體結構的反應，以有組織的方式表現接合性和流暢性。

另一個觀察是：幼兒會把思想表現爲行動。幻想和記憶非常接近於肌肉的系統：這兩者很容易溢出而成爲默劇和劇場般的表態。在前文中，我們也看見，幼兒的思想幾乎和行動具有一樣的力量：它可以巫術般地改變事物，他人可以看到我的思想，而你的歪腦袋正和你的壞行爲一模一樣。更且，當一個開始學步的小孩試著要講故事時，他的整個身體會和講話的肌肉一起動起來。要成熟到講話而不帶動肢體配件的動作，是要很長時間的。要把不隨意的身體動作轉變爲有表達力的姿勢，以便取代或支持講話，這也要花費很多成長的時間。

10　G. E. Coghill, "The Early Development of Behavior in the Amblystoma and in Man," *Archives of Neurology and Psychiatry,* XXI (1929), pp. 989-1009.

宗教通常是從孩提時代開始學習的。正如我們不會很驚訝於「迷醉於母親的奶水」這說法，宗教也一樣非常能容忍其原始的行動組型，讓它與高度風格化和成熟的動作形式融合在一起。在某種情形下，它可以接受幼兒式的嘵舌亂語，配合著脖子震顫、體幹亂舞，相信聖靈正在透過「舌語」(speaking in tongues)而顯現其自身。"Glossolalia"(舌語)[11]這個字只是這種行爲的一種非常有學問而成熟的說法而已。在地板上打滾、顫抖和抽搐的動作是神經系統的原始反應，就其整體來看，是和小孩發脾氣時的反應，或嬰兒高度興奮時的全身反應相去不遠。靈恩教派對於身體接觸的欲望是人對於觸感的一種幼稚縱欲，這和成年人只用口語和握手來表示歡迎確實大異其趣。和用風琴伴奏的歌唱相較，有節奏的身體搖擺及踏足要更接近於孩童的行爲。

整體來說，和成人的等待、思慮、默想等能力相較而言，高度的動作傾向(這和活躍主義並不相同)乃是孩童的特徵。如果對現今在美國實際發生的各種崇拜形式來作個全景式的綜觀，你會發現有些形式比其他形式的動作傾向要多些。在聖禮較多的教會中，事情總是做不完；動作從來不會停止。主持慶典的人在神龕前忙來忙去，擺出各種姿勢，其他的會眾則在旁邊一會兒站、一會兒跪、一會兒坐、一會兒又跪。這些和貴格派的聚會是何等的不同！在改革教派教會和猶太教的會堂中，其崇拜比起聖禮的宗教和公誼會來說有較多的語言，但即使在這裡也不容易發現安靜的時刻，連其中的沉思默想都會加上一些轟轟不停的刺激物。救世軍(The Salvation

11 "Speaking in tongues"和"Glossolalia"兩詞的漢語譯名確實都可叫「舌語」。請參閱第四章注8和第五章注56的譯注。

Army)常依賴快速綿延的鼓聲、管樂、歌唱和語言的見證，而整團的器樂聲中，對於失親的小孩，他們就忙著去上餐、整床、幫忙洗澡，這整個活動就是活躍主義和活動傾向的連結。在救世軍積極的福音行動之中，崇拜和日常工作幾乎是完全彌合的，和其他的告解形式有極端的差異。有些人逃逸到教會裡，是爲了在忙碌的生活中得到一個鐘頭的安寧；另些人到教會則是爲懶散的生活注入一個充滿動力的時段。有些人參與崇拜是爲了「讓自己鬆開」到一個有目的的暫時退轉；其他人則是期望在最高的莊重中獲得最像成人的智慧，並在其中施行最強的自我控制，而這是在他們的工作或在家中都不易達到的狀態。

正因爲崇拜具有上文中所描述的遊戲性格，宗教行動尤其在儀式實踐之中會引發暫時的退轉，以便讓自我能夠有復原性的(restorative)效果。以暉曾迦的話來說，遊戲不應只拿小孩的遊戲來和成人的工作相對——它常是典禮性的，也是有意識地從事於一些新規則，和生活的其他部分非常不同。儀式中的遊戲成分使人能夠做一些平常不敢做的事。如同食人餐或是圖騰餐之中所含有的口腔性(orality)，轉化成現代形式就是聖餐禮，在其中說：「吃下，這是我的身體……，」或「喝下，這是我的血……，」就因爲是在儀式脈絡中，這些才有可能表現其退轉而又不失自尊，或因爲這樣做是要在動作中承諾一些有益於人的事情。用大聲或用聽得見的聲音來禱告，而鄰座四周的人也在做同樣的事，就某種意義而言，是讓體面的成年人得以解除抑制，因爲他們一輩子的教養都要他們活在沉靜的交談以及強調內在性的生活中。雖然他們都學會「放棄孩子氣的事情」，但在儀式中突然就可以從這樣的拘謹中解放。這種遊戲規則就是可以讓人感覺很不錯。

對宗教本身來說，把某些活動組型歸類爲欲力組織的層次是很合適的，爲的是要在其中感覺到享受。上文提到的口腔性，我們還應當特別強調吃喝對於新教聚會的重要性。大家一起在交誼廳中用餐是讓會眾覺得像「一家人」的主要方式。在這種行動中還配有大約一打的宗教詞句，可用以表示同樣的口腔興趣，從「奶與蜜」到耶穌治療盲人是用一口濃痰加上土灰抹在那人的眼上(〈約翰福音〉9：6)。在宗教上，當仰賴、信心和希望是和其宣稱一樣重要時，口腔的喻示和行動就會承載極大的心理價值。對學步兒來說，把東西放進嘴裡乃是最直接讓自己信服的知的方式(way of knowing)，比從遠距的感官所得的知識還要更值得信賴。以西結(Ezekiel)很了解這一點，他寫道：

> 他對我說：「人子啊，要吃你所得的，要吃這書卷，好去對以色列家講說。」於是我開口，他就使我吃這書卷。又對我說：「人子啊，要吃我所賜給你的這書卷，充滿你的肚腹。」我就吃了，口中覺得其甜如蜜(3：1-3)[12]。

看見並不常等於相信。使徒多馬必須摸一摸復活的耶穌才能信服(〈約翰福音〉20：25)。千千萬萬的基督徒都必須在嘴裡放點東西才能相信關於救贖的語言。對他們來說，與神交會就是指吃喝，就像愛情就是指親吻。

口腔性的另一面，其攻擊性的成分，顯現在吐唾和咬嚼，而象徵一點來說就是叫罵和詛咒。因爲宗教對於攻擊性的禁忌以及崇拜

12　【譯注】就是《舊約》〈以西結書〉3：1-3。

的性質使然，神明是只能尊崇而不能咒罵的，於是大多數口頭上的攻擊必須是象徵的，並且要導向我們所反對的一方，譬如魔鬼和惡人。在當代西方宗教中所能達到的最高點就是驅魔儀式：用快速、兇猛和幾乎如同吐唾的聲音，驅魔者對著他相信是在這個可憐人身體裡的魔鬼講話。在這情況下，講話就變成咒罵與斥詈，語言就會夾雜著很多新語症般的(neologistic)發明和很多感嘆的語助詞。但就算不用這些平常少見的語詞，在激勵性的傳教語彙之中，還是帶有許多苛刻的嘲諷，這也是生動的口頭攻擊之例，在美國的廣播節目中摭拾即是。事實上，在這種迅火猛攻的講道之中，像「我要把你從口中吐出」這樣的話是很常見的。

在人類發展中的下一階段，人就會更用心於語言的乾淨、清洗、純化、秩序和允當。這些叫做肛門母題(anal motif)，在宗教中留有漫長的遺產，儀式大多是源出於此的。用火或水來把人純化，或用更換衣服、穿上白色袍子，用灑上香水，或用點香來排除日常生活帶來的臭氣等等，都是最古老的宗教活動，它仍以象徵的形式存留至今。所謂的「週日最佳(服飾、音樂等)」就是當今生活中最浮濫的例子。在儀式典禮中對於秩序、潔淨、規律、精準等等的要求以及對於規則的嚴格遵守，在在都是它在心理上的子嗣。「這是乾淨或不乾淨？」的主題乃是「這是好是壞？」或「我是有罪或無罪？」的肛門喻示。一個正在學習身體潔淨的小孩，會發展出一種秩序的意識，來對抗不潔、糞便和失序等的自然勢力。衛生的法則和社會秩序還沒有和他的肛門括約肌的法則同步，除非他的生理時鐘能和家庭的時鐘配合起來——即當他的意志就是父母的意志之時。因此潔淨的概念和秩序的意識是動力地連結到服從的觀念，以及讓自己的意志臣屬於一個更大、更有力的意志之下。因此，潔淨就是神明；秩序就是神聖；純淨就是聖徒性。在更高層次的抽象上，齊克果把這些都總合起來，並用一本書的書名來表現：《心的純淨乃是只意想一物》(*Purity of Heart Is to Will One Thing*)，而此書帶有一個顯要的副標題：《爲告解任務而作的精神預備》(*Preparation for the Office of Confession*)[13]。它所要求的乃是懺悔、思過以及對罪的告解。

懺悔者覺得自己骯髒，如果在外表上看不出如此，那他就要穿上粗麻布袍，在頭上倒一堆灰。現代的懺悔者在懺悔節只接受額頭上的一抹灰，但那意思是一樣的：他要表現出自己的不潔，並且要證明自己可以恢復潔淨。柯陵克(Klink)[14]用他自己身爲精神病院牧師的經驗報告了一位病患個案，這個人是一個濯足儀式的教派成員，他康復的轉機就發生在教派弟兄到病房來爲他施行的一次濯足儀式之時。有些新教的邊緣團體在施行其生動的儀式時會問道：「你被羔羊的血清洗過嗎？」長老會則用比較沉靜的方式說：「主啊，清洗我！」然後就可以讓儀式進行得「很得體，也井然有序」。

童年的再下一個發展階段特徵是陽具旨趣(phallic interest)，而這是自我肯定、勇敢、驕傲，及競爭性的欲力攻擊性喻示(libidinal-aggressive metaphor)。在摩西領導下的希伯來宗教曾經有一恣意投入的銅蛇時期：在一根桿子頂端有個雄性的生殖象徵，就是陽具旨趣的象徵。此一形式較微弱的版本在遊行時還持續出現在旗幟的桿頭上。拉・貝爾所描述的美國東南部弄蛇教派爲我們澄清了教派崇拜中的勇敢，以及其領導者的大膽性格。讓響尾蛇爬過一

---

13 Kierkegaard, *Purity of Heart Is To Will One Thing, Spiritual Preparation for the Office of Confession* (New York: Harper & Brothers, 1956).

14 T.W. Klink, unpublished case study, Topeka State Hospital.

個人的脖子和肩膀，讓自己暴露在毒牙噬咬之下，這絕不是什麼無所謂的怪異行為，而是危險異常之舉，需要某位天不怕地不怕的傢伙來執行，而其中一定帶有內在強迫性，要用此法來證明他的勇敢。拉・貝爾的心理速寫道出了一位領導者的陽具特徵：他喜歡以自己為餌來釣警察和其他權威當局，他喜歡飆摩托車，而他在教派活動中的玩蛇本事就是挑釁的舉動，他是以此來宣稱來自天父的權威，他說天父「曾經告訴他，可以這樣做而得以免除傷害」[15]。除此稀少的特例之外，宗教，至少在基督教化的西方世界中，是不太容忍陽具行為的，因為這是毫無疑問的傲慢和自大。就是那條蛇，在伊甸園中引誘了最初的男人和女人，使他們藐視了神聖的秩序，而竟至於企望要「像神一樣」。

如果我們把欲力的發展到了性器模式(genital mode)的組織作為發展的最高點，而相愛者會以此而作出愛的交換，則宗教中最偉大的主題就會在此浮現。密契主義使用很多的愛與被愛喻示；較不那麼能夠神出靈入的信徒則會使用父親對待孩子的語彙及態度。如果我們舉出特定的行為，譬如崇拜儀式的擁抱、行進、歌唱、尊嚴化的握手、祝福，以及致贈禮物，來作為性器期成熟的徵象，這樣的說法會顯得很浮濫，也不盡正確。所有這些舉止當然都可表現成熟性，但要點在於：在較高的發展階段，行動的模式和人所要獲得的滿足之本質，這兩者之間的關係要遠比前幾階段要來得更有彈性。要表現性器期的態度有近乎無限多的行動可選擇，正因為現在的對象可以更清楚地由人自身來辨認，更明確地愛，此時的愛者雖

15　W. La Barre, *They Shall Take Up Serpents, Psychology of the Southern Snake-handling Cult*, p. 134.

然還是有其需求，但在其滿足上則不再受限於口腔、肛門和陽具般的儀式。成熟的一個徵象就是有能力帶著彈性和發明去趨近所有的情境。

性器氣質並不會解除前幾階段的模式，而會將那些特徵安排在新觀點之下，會意識到它們的限制，也會輕鬆地認識到它們的歷史和動力性的眞實。因此，吃肉飲血的食人典禮現在會轉變爲愛宴，具有強迫性的儀式則可融合在比較好玩的態度中。清洗可變成告解；對於逾越規矩而作以牙還牙和論件計酬式的原諒，可以讓位給更長久的寬恕態度。恐怖的神聖可以軟化成爲偉大的美感。書卷不再是要塞進肚腹，腳也不必具體地用肥皀和水來洗濯。袍服變得不再那麼重要：任何穿著都可以，只要意思是高貴的而心地是正直的就好。嚴肅集會裡的喧囂之聲可以減爲沉思的靜默，可以其自己的方式傳遞訊息。姿勢可以更爲自發。迷狂靈入不再一定要求用抽搐，而可改用更爲智性或情緒上的愉悅來表現。

整體上來說(但有很多例外和附隨現象)，宗教行動的發展觀點是展現了長期的趨勢。動作的活動逐漸被語言和認知的活動取代。具體的崇拜「操作」(用手腳和東西)逐漸讓位給同情關切的象徵交換。教派的活動會漸漸變成社會活動。不論就一生的信仰團體來說或就個體來說，這些趨勢雖然有其整體性，不過，它還是會一直受到較早習慣的拉扯。天主教的彌撒劇改變爲新教崇拜的紀念會和講道形式，其中隱含的是從演員轉變爲宣教者和講師。聖禮姿態中美麗的身體語言被代換成美麗的詞藻和朗誦，而後者可以挑動情緒就像前者的視覺刺激一樣有效。是這樣嗎？在新教教會中所謂的聖禮運動(liturgical movement)乃是在尋求崇拜方式之種種基礎的更新，包括承認語言化之中有其危險，就是智性化及其所造成後果

——沉悶和枯燥。它也承認有很多講道讓人如鴨子聽雷，而語詞之能讓心靈走入歧路，就像身體動作會誤導心靈進入騷亂一樣。對於神龕中過多聖物以及宗教儀式之過多表演的批評，已經如同《舊約》中的先知所說的話一樣古老，甚至有過之而無不及。一直都有少數人提出警告說：各式崇拜的教派已經多到失控狀態，而宗教眞理的不斷更新，以及賣弄和誇示，已經使眞理消弭於無形，而不是使眞理深入人心並讓人心改變。各種各樣的先知和改革者所代表的社會行動，是要拒絕神聖與世俗之間的徹底分野，以及過度抬高的風格化崇拜形式。

但是這種成熟的趨勢只受到脆弱的支持，和比較傳統及建制化的神聖行動形式之間形成持續不斷的辯證關係。文化和政治的場域是現代宗教性的重要面向，在這些場域中，我們可見證到其借用教派崇拜的聖禮形式，只是用在非傳統的神聖場所，而它也正是神聖的形式。我們看到的不是在教會裡或朝教會走去的行進，而是在國家建築前面的遊行。神職人員用的白色衣領在崇拜場所幾乎已被捨棄了，但它卻重新出現在街上，是綁在額頭上的白布條，用來標示社會運動的人員也是屬於神的人。不用古老的神聖旗幟，而換用高舉的標語牌，也還一樣是屬於抗議和自我肯定的陽具態度。大學校園裡的咖啡屋是可以談論宗教的地方，其中有吉他帶唱的讚美詩，由有點像叔叔一樣的年輕牧師所引導，而這方式很像從前的主日學校。儀式的吸引力總是存在的，很多所謂的隨意、自發的行動，很快就會風格化而成為新的聖禮。靜坐抗議和長跪不起有很近的血緣關係。呼口號是用唱的而不是用叫的。對於不平的表達用的是呼喚的形式，並且重複如連禱。體態、姿勢、聲音以及有時在服飾上都是聖禮的重新創造，其中有些肯定是和古代的崇拜形式有其連續性的。

本章所談的行動不得不以一種最不活動的活動來作結，那就是睡眠。宗教對於睡眠很有興趣。一向都是如此。基督教的頌歌說：「睡著的人們，醒來吧！」先知以利亞(Elijah)在迦密山上嘲笑崇拜巴力(Baal)的僧侶們，暗示說他們的神可能是在睡覺(〈列王紀上〉18：27)。在上床之前禱告，是許多宗教的基本要求，早上起床時的禱告也是如此。

睡眠是一種奧秘的活動，其中是有些神聖性的。睡眠是最大的復甦與更新之力，它也是一種能壓服人的大力。從睡眠中醒來就像重生——睡著就可比擬爲一種「小型的死亡」。A・德・布克(A. de Buck)[16]曾證明古代埃及人的太陽崇拜有就寢和醒來的日課週期，其意義一方面是和天地宇宙有關，另方面也和個體有關。正如太陽有其規律的行程，另一個神*Nu*(努)也會以其週期來加入，而這是一種原始的水狀混沌之神，或是「下界」之神，和人的睡眠或死亡一樣。古代的枕頭做成彎月形，底下有個矮基座，其狀有如其象形文的*Shu*(倏)，就是空氣之神，他對人的承諾就是更新和復甦。

睡眠者不知有時間：一千年對他而言有如一日，對神祇而言亦然。我們常以爲睡眠者是在不同的世界，他們碰到不同的事境會記錄在夢中。因此，夢可以視爲另一世界的顯現，其中包含的知識在日常生活中是不可企及的。因此偉大的夢就是神對人顯現的徵象，其中一定帶有宇宙的眞義。

---

16 A. de Buck, *De Godsdienstige Opvatting van den Slaap, inzonderheid in het oude Egypte* (Leiden: E. J. Brill, 1939).

睡眠的奧秘性格在現代不像古代那般具有同樣高度的思想性質，因此也不具有它在古代神話中的地位。當《伊里亞德》(*Iliad*)把睡眠稱作死亡的兄弟，當忘川(Lethe)承諾了遺忘，且當奧林匹亞諸神偶爾打起瞌睡時，我們會進入一種神話般的世界觀，認爲人的靈魂在身體睡著時，會在一個看不見的世界裡漫遊，而在人的死亡那一刻，就可永恆地回到那世界裡。這種想法裡最重要的母題就是：有一個精神世界，事實上乃是精靈和神的世界，而睡眠是一種不尋常且需要解釋的現象。當代的睡眠研究所信奉的是相反的觀點，認定睡眠是一種原初的狀況，而需要解釋的謎題是人怎樣被激醒，其中不包含可以和人身分離的靈魂，也不會有什麼漫遊。和這觀點並行的是當代對於密契主義的研究，它有賴於使意識伸展的藥物，這種藥物可使人的意識展開到最大程度，也能使密契者保持最寬廣的醒覺，使之延伸到外在世界以及內在世界，但由於這兩者都可成爲意識的材料，因此原則上都會變爲在意識之外的事物[17]。

但關於睡眠仍有一些東西是神聖的。當一個睡眠者被粗魯地叫醒時，他會覺得這是一種可怕的侵犯。要把人叫醒確實會讓人覺得像是瀆神之舉。那是一種令人不快的工作，像是在侵犯人的奧秘性，通常只在非常緊急的理由之下才會這麼做，譬如要叫人承擔起白日的工作，或要傳達危險的警告，或是要幫他滿足他的身體欲求。在就寢前的禱告仍然是把睡眠比擬爲死亡，因此熟睡的時刻被視爲一個人把事情搞定的最後機會，並且最終能和神聖意志互相融通：

17　【譯注】作者在此的意思是指在當代的研究之下，睡眠狀態和密契狀態最終都會變爲「意識之外」的事物，譬如都會呈現爲腦波、腦部造影等等可見的數據和影像。

現在我要躺下睡去，
我禱告主能把我的靈魂接收。
如果我在醒來前死去，
我禱告主來把我的靈魂承受。

就像這段小孩子念的古老禱詞所指的，睡眠是危險的。不只是它能把人壓服，而是「它」可以意指死亡。一個人需要保持警醒，因爲他覺得世界是個危險的地方，而他也害怕自己的衝動之力道，這樣的人無法准許自己入眠。因爲睡眠會逐漸削弱他的控制力，而他自己也會被壓服，或讓自己降服而在夢中說起話來。因此，心理疾病或長期的困擾有極高的機率在初始時會出現睡眠障礙。憂鬱者覺得自己不應有睡眠——他覺得自己不值得睡眠的祝福，也不能接受睡眠之爲恩典。疑心很重的人不能准許自己被睡眠壓服——他覺得這會使自己解除警戒因此而受到攻擊。過於興奮激動的人也不能入眠，因爲他的心思過於忙碌，不能解決的問題一直在轟炸他的神經系統。夢遊的人在睡著或在出神狀態下還會走來走去，因爲他必須牽連著身體的大肌肉群。

從另一方面來看，睡眠具有很多調適和防衛的功能。當一個人覺得厭煩或覺得非常安適時，即使是在白天也會傾向於睡著。一個人可以在教會的典禮中睡著。一個人可以退入睡眠中以便關掉不歡迎的訊息，或是以接近非志願的方式來表現他對於演講者或整體會眾的敵意，即便是伴帶著「主的祝福」。

在福音書裡記載著耶穌的使徒們在他受痛苦折磨的晚上睡著了，雖然他幾度想要把他們叫醒(〈馬太福音〉26：40-43)。這是個可以理解的反應，也是非常有人味的故事。那個唯一睡不著的人完全是孤獨的，無依無靠，就像是個即將死亡的人。但睡著的人在醒來之後會有他們自己要受的苦，就是要面對自己遺棄友人的愧疚和羞恥。所以，睡眠就是具有神聖的偉鉅和令人敬畏的性質。這是個令人生畏的奧秘，也許還是所有的生物中最爲基本的一種行動。由於這種奧秘性，它還會因此帶有神聖的魅力和善意：兩個人會睡在一起，難道不是已成爲基本信賴之最爲動人的象徵？

要結束關於行動的一章，用的是關於睡眠的一節，對於那些把宗教聯想爲社會行動和倫理決策的人來說，也許會覺得很不搭調。不過，本章對於行動是以特別的意義來關切的，那就是在章名上所用的「動作系統」的行動。社會行動就某種意義來說，是比較屬於態度的，因此需要倫理的信念。而這些會比較間接地在第八章，以及更直接的在第九章，來繼續探索。

第八章　和人的關係
Relations to Persons

奧波特(Allport)在他有關宗教心理學的著作中說：「所有的人類生活都是繞著欲望而打轉的。」[1] 而他顯然是在同意鄧雷普(Dunlap)的說法之下引述了鄧氏所說的：「似乎沒有一種欲望是(或有時是)不屬於宗教中的項目。」[2] 這兩種說法都意謂宗教有個功能，就是要處理人的欲望。宗教也許可以協助欲望的實現。它也可以模塑欲望。它還可以區分該滿足的欲望和該防止的欲望。宗教更可能對於欲望作出全盤的懷疑，而改用義務和責任的調子來歌頌。聖多瑪斯・阿奎那(St. Thomas Aquinas)生活在神學而非心理學的年代，他肯定人有三類的義務：一是對自己，一是對別人，一是對神。

我們在前章中看到禁欲者，特別是沙漠教父們，曾以極強的努力來控制甚至殺滅欲望，他們用的手法則是讓他們的欲望有系統地飢渴。瑜伽修練也朝著同樣的目標，就是漠視身體的衝動、器官的需求、心靈的欲望，而視之爲低下、卑微或紛擾。但我們也看見：

1　G.W. Allport, *The Individual and His Religion* (New York: Macmillan, 1951), p. 9.

2　K. Dunlap, *Religion: Its Function in Human Life* (New York: McGraw-Hill Book Co., 1946), p. 126.

即便禁欲主義者可以引發極大的行為改變，即便他們能有力地駕馭欲望，但禁欲的方式仍有其極限。如果禁欲可以殺滅所有的欲望，他們這種舉動就會把生命本身也殺了，因而終止了這種德行方案的本身——及其滿足！對於欲望的反對乃是從欲望中生出的，甚至像「你應該」這樣的範疇律令(categorical imperative)之所以受到遵循，也是因為服從是可欲的，因而也能從此而獲得特殊的滿足。

欲望促使個人和世界發生實際的牽涉，特別是由他人和群體所組成的社會世界。你可以不必是社會學家或實踐主義者，也仍可看出艾畝斯以下這段說法的真實性，因為這是不證自明的：

> 因而宗教的意圖是實際的，這並不意指它必定有效，而只是在說它讓人覺得如此。宗教人是要些東西，也努力追尋那東西。他的態度是願望、期待、希望和有所要求。他的欲望之對象可小可大，可能屬於時間或永恆，可能屬於身體或心靈，可能是自私或不自私的。他所追求的也許不是欲望的實現而是欲望的消弭。然而，心理學上而言，他的態度是實際的。[3]

確實的，宗教言及欲望並加以調節。它判斷各種滿足並給予滿足。它對個人或群體提供「生命有目的」的觀念，不論這目的是怎麼說的，它至少給予了「事物有終」的一種令人滿足的意義。在「事事物物來來去去」的隨機狀態中加入一個有目的的秩序，它就能強調、慶賀生命的節奏：生和死、青年和老年、安康和患病、婚

3 E. S. Ames, *Religion* (Chicago: John O. Pyle, 1949), p. 37.

姻和生子，結合和分離。宗教既然牢牢抓住緣起與命運的問題，它就會把時間加以組織。〈傳道書〉作者很了解此義，所以他寫道：

> 凡事都有定期，天下萬務都有定時：
> 生有時，死有時；
> 栽種有時，拔出所栽種的也有時；
> 殺戮有時，醫治有時；
> 拆毀有時，建造有時；
> 哭有時，笑有時；
> 哀慟有時，跳舞有時；
> 拋擲石頭有時，堆聚石頭有時；
> 懷抱有時，不懷抱有時；
> 尋找有時，失落有時；
> 保守有時，捨棄有時；
> 撕裂有時，縫補有時；
> 靜默有時，言語有時；
> 喜愛有時，恨惡有時；
> 爭戰有時，和好有時；
> 這樣看來，做事的人在他的勞碌上有什麼益處呢？
>
> 我見神叫世人勞苦，使他們在其中受磨練。神造萬物，各按其時成爲美好；又將永生安置在世人心裡。然而神從始至終的作爲，人不能參透。我知道世人，莫強如終身喜樂行善。並且人人吃喝，在他一切勞碌中享福。這也是神的恩賜。(3：1-13)

在《文明及其缺憾》一書中[4]，佛洛依德也關切幸福的主題，以及人怎樣試圖在生命的勞碌起伏中維持著一點點的幸福。幸福的方案和受苦的現實似乎在反向奔跑。痛苦的威脅從三面來襲：我們的身體、外在世界、我們和他人的關係。人要怎樣才能讓得到幸福，也就是說，如何獲得滿足？佛洛依德寫下了一些典型的操作大綱，我把它簡述如下：

a.在現實原則的衝擊之下，一個人可以調節他自己對幸福的宣稱，譬如覺得適當程度的幸福並能避開大量的受苦，或能承受苦楚到相當程度。

b.一個人可以先測知方向並朝著每一種需求之最無限制的滿足前進——這當然只能維持一陣子直到現實落到這人頭上。

c.一個人可以朝著「平靜」的幸福走去，其方式是自願的離群索居，這樣就可使他免除分離或哀傷的對象失落之痛苦。

d.一個人可以加入社群，接受科學的引導而從屬於自然及其反覆無常的變化。

e.一個人也可試著透過迷醉來改變有機體的敏感性，這樣有時可以減少痛苦，乃至可以產生積極的幸福感。

f.一個人可以透過禁欲而殺滅本能，而達到「平靜」的幸福。

g.若不能殺滅本能，還可以用高級心理功能的訓練來控制本

4 S. Freud, "Civilization and Its Discontents," in J. Strachey (ed.), *The Standard Edition of the Complete Psychological Works of Sigmund Freud,* Vol. XXI (London: Hogarth Press, 1961), pp. 74-85. 譯按：漢語譯本有：楊韶剛譯，《文明及其缺憾》，載於車文博主編，《弗洛伊德文集》卷8(遼寧：長春，2004)，頁159-222。

能，而這些功能是忠於現實原則的。在這情況下，人還是在追尋享樂，只是程度較低而已。

h.本能的目標可能從對象轉向有創意的心理活動，經由此道而能在天賦優異之處尋得較能持久的滿足，獲得菁英的歸屬感，以及向文化史中有產能的部分認同。但這條途徑有賴於天賦和幸運的環境，因此只有少數人能遵循。更且，這種昇華的方式不能在多變的命運中保證不會失敗。

i.一個人可以鬆開現實的枷鎖而依靠幻想之力來獲得滿足。對藝術品的欣賞就是這種錯覺的一例，是幻想加諸於現實之上的一種輕微的迷醉，但只有短暫的力量。宗教似乎可比藝術走得更遠些，因爲它可以重造一個世界，而其中因爲有大群人共同努力造成的妄想式形塑，而讓這樣的世界加倍。

j.在改變世界和背離世界這兩種方式之外，一個人也可以採取相反的途徑而把自己投入人群，讓愛變成核心的體驗，並在愛與被愛中尋得滿足。這種途徑看來很自然，但它有顯著的弱點，因爲「當我們在愛之中，我們不是對受苦毫無防衛，也不是很無助地不快樂，正如我們在失去愛或愛的對象時一樣」。

k.對美的欣賞是通往幸福的另一條途徑。對生命的目標來說，雖然美感的態度並未提供很多可用來對抗痛苦的保障，但它可提供的是對痛苦的補償。

雖然佛洛依德並未聲稱這些說法是完備的，但這張表可是相當長而令人動容的操作指南。其中每一條都可鑲嵌在一種*Weltanschauung*(世界觀)、一套價值系統或一種生命哲學之中。每一條都意味著一個人的意象(image of man)，持守著一個目的，並說出一種終極的意義，不論是清晰或模糊。佛洛依德在這張表的前面有一段語意複雜的序言：「再一次地，只有宗教可以回答生命目的的問題。這樣的結論準不會錯，就是：生命有目的的觀念是和宗教系統同起同落的。」[5] 如果我們用第二句來作線索的話，就可知上述的操作表從a到k都是屬於宗教的，因爲它們都在證明一種生命的目的觀，並肯定了某種價値。但這樣的主張會把宗教的定義延伸得太廣。你可以主張說：生命有目的是因爲它在促進美、理性或秩序，而這些目標並不需帶有宗教色彩。第一句也須作個審視，因爲它和下一句的連結是曖昧不明的。宗教在回答生命目的的問題上，顯得比較大膽或敢於發言，或說它所作的回答都採取了特殊的形式(譬如遙指著第三方來作爲創造者、提供者或終極的目的)，但顯然從佛洛依德的表中，其他類型的追尋也設定有答案。在科學的指導下控制自然，意謂相信理性的秩序，但這並不是很明顯的直接遭逢自然。迷醉(intoxication)所奠基的信仰是心理生理的自我調節以及對化學的信賴，並在此中宣稱快樂或鎭定即是生命的目的。任何欲望的對象都是一種價値，而價値的功能也就是行爲的目標。所以，生命目的的問題都可以回答，事實上是以很不同的幾種方式來回答，而宗教的特殊性並不在於它所提供的答案中。生命的實踐在任何地方都顯示了大膽的答案，由極大的精力投注和深刻的信念所肯定。在理性上更可取的，以及在邏輯上更正確的說法是：每一種實踐上的追尋都在特殊的觀點下發生，每一種觀點都連結到某種的語

5 Freud, *The Standard Edition of the Complete Psychological Works of Siginund Freud*, p. 76.

言戲局，而每一種語言戲局都形成一套符碼，准許某些語詞和禁止另一些語詞的使用。根據最常用的符碼來說，「如何」是科學的問題；「爲何」是形上學或動機的術語；「目的」是宗教、倫理、實踐的或生物學的；「起源」是哲學、考古學或語言學的，等等。

宗教中最驚人的特徵在於它不僅准許，在某些情況下甚至是積極促進佛洛依德所認眞歸類的每一種幸福操作。這不是說宗教不作選擇，或沒有特殊偏好；事實上宗教有高度的選擇性，也特別偏好某些類型的操作，而對其他嗤之以鼻。但在這樣說的時候，我們已經從單數的宗教移到多數的眾宗教，並且從通則轉向特定的宗教事物。這裡就該由我來提出批評了：如果「宗教(單數)」要成爲那張表上可存活的操作方式，則特定的宗教系統及其特殊的教義和實踐必須也進入表列。同樣的，對於藝術也應作如是觀，因爲我也發現在該表的i項目中出現可爭議的部分。藝術可在模仿、再現和想像的類型之間作出區分，可以在野獸派和*trompe l'oeil*(錯視畫法)之間作出區分，也可以在漂流木作品和中世紀的素歌之間作出區分。佛洛依德的表列只是個心理學操作或歷程的範例，但在i項中(還有某程度的k項中)突然出現藝術和宗教範疇的對比，這是對兩者都不公平的做法。

我們已經注意到奧波特對於欲望的強調，艾畝斯對實踐性的重視，以及佛洛依德對於在凝重的苦難中追尋幸福的關切。現在就該來談談本章和接下來兩章的主題。前幾章所談的心理歷程和後面要談的，在性質和地位上都有不同之處。前面的是「局部歷程」，而後面的則是「整體歷程」[6]。這種區分是奠基於精神分析理論中的

6　K. A. Menninger, M. Mayman, and P. W. Pruyser, *A Manual for Psychiatric*

結構模型，據此，感知、思維、情感、行動、言說和其他特定的歷程是自我[7]的種種功能，透過這些，驅力和需求的要求(就是從一個人的基本生物配備中衍生出來的)才會和外在世界的要求關聯起來，而其方式是相互調適。個體爲了要生存、要茁長，其自我就變成有機體內一種特化的「官能系統」，這系統帶出的是內在要求和外在要求之間的動態平衡。它所起的作用是在和生活有關的諸現實之間作出綜合：細胞和組織的需求之現實；心理願望和情感、能力的現實；社會和文化機會與危機的現實。如果你願意在此之外還思考到宇宙的現實，那麼自我也當然會將它納入考慮，使之成爲另一個需要和自我交關的部分。

驅力、需求和願望的本質就是要求滿足。享樂就是這三者的基調。而享樂絕不可能被個體放棄。但物理世界的力量、社會的秩序、文化的組型也都可產生它們的要求：它們要求尊重、參與乃至曲從。它們也會提供機會並形成引誘。因此，現實(以外在世界的意義來說)對個體而言，也是極爲有力的基調，因爲他之仰賴於此，正如他仰賴於需求的享樂原則一樣。事實上，現實對他提供對象(包括人、觀念、物件、規範等等)，透過這些，他的需求才得以滿足。我們在第三章談過拉帕波的理論架構，現在可以用新的說法重說一遍：從內在而來的不斷推動保證了自我有不同於環境的主動性——而外在的推動則可以在某程度上保證自我有不同於有機體驅力的主動性。這種平衡是雙向的依賴與獨立，是動態的平衡。由於

(續)————

Case Study (New York: Grune & Stratton, 1962), pp. 68-76.

7 【譯注】本章中所出現的「自我」仍如第三章一樣，是指ego，也就是第二拓樸中的那三個結構層級之中的一個，而不是總稱人自身、自己的自我(self)。

這種處境使得自我成爲一個宛如行政管理和戰術施作的主事者，把多方面的參與者都拉在一起進行協商，使每一方面的聲音都能出來，並各得其所[8]。另一種說法是：自我原本是爲了服侍驅力的，但在發展的進程中逐漸成爲經驗的前兆，因此而參與了驅力與經驗雙方發展的世界。同樣的在身體方面也是如此，既是私己的也是公共的，既是主觀的也是客觀的，既是「在此」也是「在彼」。

簡而言之，自我有一部分歷程會發出內在需求所感覺到的訊號，另一部分則呈現了外在的機會和壓力。在思維或行動中，自我的綜合能量使一個人和世界揉合在一起，來了遂個人所要的滿足，同時又能對世界產生帶有敬意的順從，而這世界包含著和自己一樣的億萬人，這些人有的會被看成「外在世界」，有的則會被當成需求的「滿足者」。對於個體來說，現實包含著三大部分，其間必須互相交易，而這三大部分對於個人的需求來說都是潛在的「對象」或是「滿足者」。更仔細一點說，這三大部分都是愛的對象或恨的對象，只是程度高低不同罷了。這三大部分就是：(1)他人(2)事物與觀念(3)自己。自我對此三者都必須建立關係，一方面是因爲驅力要求它們成爲滿足者，一方面是此三者要求承認它們各自的存在，因爲它們形成了現實的幾個主要面向。我們會分別闢出一章來討論每一個現實的面向，因爲自我會以自己的有機體動機和每一面向維持一種特殊的關係。

我們首先要考量的是個體和他人的關係，在此我們要談的有如下幾個問題：

8　K. Menninger, M. Mayman, and P. W. Pruyser, *The Vital Balance* (New York: Viking Press, 1963), pp. 76-152.

a.宗教在個體和他人之間如何把關係結構起來？

b.宗教如何影響人的依附性之深度和恆常性？

c.人際關係可否遷移到人和神的關係？

人際關係的宗教觀

要把宗教對於人際關係有什麼說法全部呈現出來，就幾乎等於要寫一部關於人的教義史，一部宗教倫理史和教會史，以及一大部分的系統神學。雖然這樣，但列出這一堆卷帙浩繁的書目來也未必能滿足我們的目的，因爲書寫出來的說明和實際從事的人際關係之間還是有其不同之處。這種差異在宗教的虔信者和非信仰者之間尤其明顯，因爲書寫的宗教文件傾向於設定很高的目標，以致在文字上的肯定和實際行爲之間的差別變得非常顯眼。更且，在聖典和歷史傳統之間總還偶有些明顯的相左之處。所以我們所能做的就只是描述一些突出的特色，在其中看出宗教如何把人的關係結構起來。

神學上關於人的教義傾向於用人的起源和命運來描述人性，然後把人的關係之特殊性留給神聖力量所引導的道德系統，或留給神聖使命所建立的教會或社群。不論起源和命運如何被形塑，實際上總是還有某些面向的人生和人際關係有極大關聯。生命具有節奏，宗教最常爲之慶祝的就是這些節奏。由此我們可以立刻看出兩點：

1.在宗教興趣中的生命節奏，其本質總是節慶或是社會的危機處境；
2.「慶祝」及其相關字眼的根本含意具有極高的社會性。

「慶祝」(to celebrate)的意思是「經常來此」，「一大群人一起參加」，或「熱忱地跟隨」。「名流」(celebrity)就是處在忙碌的十字路口中間(的人)；「慶典」(celebration)就是「很多人參加的聚會」。至於其中的頌讚和尊崇的意思乃是後來衍生的。

一個有待辯論的問題是，到底是宗教逐漸認知了生命的危機並使之神聖化，或是因爲這些危機及其週期性的發生才使得人類產生宗教的追求？事實是：危機和宗教的觀念與實踐是完全相互交織的。孩子誕生是生物的事實，是對雙親而言的心理滿足，是值得記一筆的社會事件，也是對個體、社群和宇宙而言具有極大象徵價值的宗教時刻。從各種可能的角度來看，這都是充滿意義的，而宗教就傾向於把全部都收羅在一個超級象徵系統之中，並稱之爲「生命的神聖性」或「創造」。除此之外還可加上一條特性：「以神的形象而造。」這還可變成十分具體的承認：「潔西卡修女接生了一名男嬰，哈利路亞！」而這個嬰兒不久就會被帶到社群去作割禮或洗禮。不論宗教會把這事件變成怎麼樣，它就是拒絕把孩子降生看成只是例行的事情，雖然這種事可能多到讓教士們覺得尷尬。它把誕生慶祝爲父母生命的最高點，新生兒生命之旅的起點，神聖善意降臨到社群或家族，以及作爲謝恩與同歡的場合。作爲一次不尋常的發生，它彌補了事物的常規性。它是一次事件，而對於宗教心靈來說，事件就是在時間中特別的標記，這樣會讓人對於每件事都思慮起其基本的安排：時間、空間、原因、結果、人在自然中的位置，以及人和人之間的關係。

一個嬰兒的降世會讓很多宗教問題具體化。這對父母結婚了嗎？那就是說，他們有沒有接受責任來養育這小孩？以及他們有沒有承諾要互相忠實地在一起生活？他們互爲伴侶這件事有沒有受到宗教社群的認可？這個孩子是要還是不要的？他們往後是否要實施節育？如果這問題算是可接受的想法，那要用什麼方法才是可取的？這對父母是否在敬畏神明的前提下保證要養育小孩？如果他們眞的作了這保證，那他們眞的會實踐承諾而不需教會或兄弟會之助？這孩子到底是誰的：羅哲和潔西卡的？或是整個家庭的？或是宗教社群的？國家的？人類的？或是神的？誰會承接養育的責任——是國家，或教會？

雖然這些答案可以有很大的變化，但問題卻有第一級的重要性：它們把永恆的關切付諸語言，而這些就是每一次生命的危機或是生命的高點。對於個體而言，這些問題可能只是倏忽來去、不必明言、混雜著高興或焦慮的想法而已。但對於群體，這些問題卻可以構成必須追尋的價值、規範、社會安排和文化的目標。對於宗教社群來說，這些問題令人無可逭逃，令人被迫要根據傳統或神聖教義來思考。它們是關於創造和受造以及絕對者和偶隨者之間關係的基本宗教主題及其延伸的變奏。或遲或早，這個宗教社群必須明白宣稱它和這個新生兒的特殊關係，透過特殊的儀式而使這關係封存到這孩子身上，譬如透過割禮或洗禮。這個孩子將因此而被標定爲屬於一個認領他的特殊團體，包括擁有權利在他成年之後碰到一些新問題時可責問他，以及要他指明自己在生命中的位置何在。

接下來一個危機是：人必須決定孩子在什麼時候終止兒童狀態而變爲成人。人要如何進入這種決定——確實的，是誰要提出這問題而誰可以回答？是孩子自己嗎？村莊裡的長老嗎？父母嗎？戰士們嗎？僧侶嗎？是要他作愛人或丈夫的女孩子嗎？自然究竟有沒有設定一些規矩？或是某些神的命令要一個小孩放棄他的童年依賴狀態？再一次，我們必須說，這答案很多變，從生理時間表上的入會儀式(initiation rite)到心理適宜性的十三歲成年禮(可以接受神聖誡命)。有些群體要求的是可以分別的年齡，有些則要通過知識的考驗。有些把這留給個體，讓他自己在經歷過許多靈魂的探索之後，去作衷心的誓言，不管是在什麼年紀。有些要讓神聖的干涉來決定，譬如接受到聖靈的感召，或可展現的信仰改變經驗。不論作了怎樣的安排，要點是從兒童期邁入成人期要用一種方式來慶祝，使一個人和他的群體在此時要面對大難題，好讓他們可以靜下來，思考宇宙的奧秘。

也許我們也應該在此停一下。我們已經看了一下小孩和他的雙親。我們假定這雙親是相愛的，並且也已建立穩定的關係，在其中他們的基本需求都能得到滿足。我們不知他們是怎樣相配的，但我們可認定他們在相互爲伴之中發現很多的滿足。他們也時常能從性交當中獲得基本的滿足；而他們也都成功地作出異性戀的對象選擇，帶著社會的認可乃至他們的教會之認可。而現在，他們有了個小孩， 是小男孩。母親奉獻了極多的心力在這小孩身上，因爲他是這母親生命的最大實現。她也許會教他禱告。父親開始時會覺得有點受到冷落，但後來他開始看見妻子和母性有關的新面目，所以他開始建立起能包容三人的家務，期望這樣能讓父親更自在地投入。父親和母親也開始發現他們必須成爲孩子的楷模、嚮導和老師，而這個新的地位帶來了一些新的義務：他們的孩子必須正正當當地成長，走正確的道路，學會對的事情。當他長大時，他必須學會等待，小心自己使用的語言，控制自己的身體，按捺自己的脾氣，尊敬父母，避開危險，遵從權威，幫助有需要的人，要親切對待友伴，要敬拜神明。他可以親吻母親，但很快就得學會不要親吻父親。他可以對自己的成就感到驕傲，但不能自大。他不能要求太多，要學會和別人分享。他對待女孩要和對待男孩不一樣。他不可以講髒話。雖然好奇心在對待大自然或對學校功課方面是值得稱讚的，但以此來探聽別人的隱私或性方面的事情就會讓人皺眉頭。他在表達情感方面是受到鼓勵的，但切切不可任意表達憤怒。他若能防衛自己，那是值得稱讚的，但在不受挑釁之下隨意用拳頭捶別人是會挨罵的。每週一次或更常些，他會和別人一起聚集在崇拜的屋宇中，在那裡他必須有一段時間坐得直直的，並保持平常不可能的靜默。他和其他同年紀的小孩會一起聽女人，或偶爾是男人，念故事，這故事是關於一位所有人的父親，他會守望大家，關切大家，會緩慢地生氣，但這怒氣是非常凶猛的。他要像小羔羊般乖乖聽著牧羊人親愛的聲音。他必須信賴這牧羊人，因爲他會把羊帶到青青草原。他也會在每年慶祝聖誕節、復活節，或光照節和其他特別的新年，而這日子和日曆上以及報紙上的日期並不一樣。

像這樣的故事是說不完的，並且變化多端。但說這麼多已經足以表示一團典型而複雜的成長任務和難題。宗教是怎麼把人的關係結構起來的？到目前爲止我們看見了相互配合的一組生物、心理、社會、文化的規則，在統轄著一個小家庭的生活。那麼，宗教，尤其是他們所信奉的那個特殊宗教，到底爲他們添加了什麼特別的東西？你可以指說：這個家庭把兒子帶到教會；母親也會和兒子一起在床邊禱告，父親則在晚餐前說些感謝恩典的話。也許這男孩會上教區學校，在那兒學習和家裡一樣的事情，只是重複的頻率更高些，更嚴格些，而他的同伴們會使他加強動機。他在此碰上了帶有宗教意義的物品：聖經和其他的教誨書、燭台、聖杯、僧袍、十字架、聖卷、收香油錢的盤子等等。他在此遇到了某些人：神職人員、輔祭助手、修女，還有(在希伯來學校)帶頭頂圓帽的男孩。

但，在此之上，他還聽到某些語詞是在平常對話中不太聽見的，但在神聖的場合卻常聽到。把這些字眼全列出來就可寫成一部宗教辭典。由於不是所有的宗教人都會從這辭典中選用完全相同的字眼，而是會根據教派的差別使用不同的方言，所以你得准許神聖字詞的特殊性。無論如何，一個小孩會學到的字眼，有如：全能、天堂、阿門、十字架、童貞女馬利亞、告解、恩典、寬恕、罪、救主耶穌、悲憫、聖靈、律法、選民等等。他還會學到一些短句，譬如：神是愛，我們的天父，我信神全能的父……，人生的主要目的何在？等等。他會遵從一些特別的動作，譬如：下跪，雙手合十，在白日裡點蠟燭，一位僧侶高舉聖杯，一位拉比打開禮拜堂，把珍貴的皇冠從很大一卷聖書上移開，一位穿著學院黑袍的人高舉雙手用嚴肅的語調祝福說：「你可以平靜地離開了」等等。聽過這些話、看過這些事情之後，我們這位小男孩可能偶爾會覺得有點奇怪，但他也注意到，他的父母和所有其他人都對這些事情嚴肅以待，並且在做這些事情時，他們的心情、態度和生活中別的時刻都有點不一樣。

很難說這個男孩看見的不一樣是什麼。他們是否只是很專注於他們正在遵從的事情而不太注意到他們的兒子？這樣也很不錯呀。他們是不是比平常要心平氣和些？他們是不是看來很快樂？或是他們突然在更高的權威面前變得謙卑而暫時失去他們的全能氣息？他們的友善傾向在崇拜的典禮過後是不是還會逗留一陣子？所有這些都是眞實的可能，也必定會產生衝擊。討論一定會繞著所謂「做正當的事情」和「一個人死後會發生什麼事？」來打轉。這個兒子可能會很好奇自己是打哪兒來的，而他的父母可能會概括他的問題回答道：「從我們大家所來的地方」，以及「從那位創造一切者」。

他可能聽說「恨就不是基督徒」，但他也會觀察到父親每聽人提起「浸信會傳教士」就會滿足輕笑，但他媽聽到「耶和華見證人」來敲門兜售宗教小冊子時，就會變得很緊張。他們家人每提起「教宗」或「簡直像教宗」就會語帶鄙夷之氣。他可能會和玩伴們爭論「他的」教會和「他們的」教會或廟宇。他也很自然地學會洛克意齊(Rockeach)那套學識豐富的文獻所說的[9]，就是在親近教派與各種歧視(種族、信條、膚色、族群來源、收入水平)之間都有很高的相關。

雖然要看他的年紀、智能和好奇的程度，但反正他已經從這些之中作出他自己的推論。他明白他是屬於一個特定的團體，有特定的信條和特定的儀式。他已經知道在宗教方面有些人會爭論得很厲害，簡直就像是一場攸關生死的大事。他曾見過有人從宗教中退縮回去，好像碰到毒蛇的樣子。他注意到這檔事會花掉很多錢，而他的父母相信施捨、分享和奉獻都是重要的成就。他知道幫助他人並非心血來潮的事，而是很嚴肅的義務。他發現他必須感恩、歡愉、肅穆、尊崇和親切，就像他的父母所努力做到的那樣，不，就像每個人都應該那樣。他曾見過他的父母說的和做的之間有些矛盾，其中有些是令人驚訝、痛心、不解的。但同時，如果他對自己誠實的話，他也注意到自己有這些矛盾，而他自己有點感覺自己在某些時候是高貴的，有時則很低賤。雖然他不見得能說出「敬畏」是什麼意思；雖然「神聖的觀念」對他而言可能是空洞的抽象概念。但他

9 【譯注】洛克意齊(Milton Rockeach)的文獻在原文中沒有引注。洛克意齊曾任密西根州立大學及華盛頓州立大學的社會心理學教授。他的最早的成名作是*The Open and Closed Mind* (1960)(張平男譯，《開放與封閉的心理》，台北：黎明，1978)，但本文中提及的文獻比較可能是指以下三書：*Beliefs, Attitudes, and Values* (1968), *The Three Christs of Ypsilanti* (1964), *The Nature of Human Values* (1973)。

可以在自己的記憶中指出：有些時候他會對於海景、山上的景象感到驚異；在他以爲自己會被痛罵之時看見母親寬恕的姿勢；一位家人的逝世；或一場嚇人的夢。而他可能會從這些體驗中很清楚，這些遭逢之中有些有曖昧的吸引力，或有些令人厭惡。不把這些體驗像有知識的成年人那般稱之爲神聖，他自己可能稱此爲深刻、充實、可信或快樂，並且可以相信「其中是有東西在那兒」的，有些眞實但神奇的東西。當他導出這些推論並小心翼翼地和玩伴們一起分享時，他可能會發現這樣神奇的東西並不是眞的很怪異，因爲很多其他的小孩似乎也知道他想說的是什麼，或是他們也會摸索一些字句用來分享他們自己的經驗和觀察。所有這些私密的事情顯然是可以分享的，因此在某種意義上是具有公眾性的，因爲「別人也感覺得到」。所以那是人類共有的事情：情感、思維、幻想、聲明、行動——簡而言之，信仰。因此，擁有這些信仰會在人們之中創造出共同的連結，在教會、在學校、在操場，或在家裡。確實的，信仰可能在這小孩身上像是黎明一樣顯現了「人類大家庭」的觀念，雖然人和人之間還是有種種的差異。

這只是一個男孩子的成長進程。其他的孩子們也許會有非常不同的一套經驗。他們可能屬於小教派，被社群裡的人認爲怪異，被同學們譏斥。在那情況下，迫害的主題以及帶有攻擊性的自我肯定或漫長的自我防衛就會爲這種信仰染上一層色彩。或者他們可能屬於一個有錢的、高社會階層且排外的教會，在此宗教被貼上高貴的休閒活動意味，是屬於快樂的少數人。還有一些小孩的經驗主要是情感受到嚴格規則和禁忌的壓制，讓敬畏和人與人之間的距離劃上等號，其中帶有對禁忌思想和行爲之懲罰的賤斥與恐懼。作爲楷模的父母和其他教派成員或表現出高亢的能量爆發以及迷狂靈入的狀態，滿身汗水、體熱和不合於理性的行爲。或者是長期的贖罪和熱切的希望，希望這個小孩有一天會在突然的信仰改變中被神的行動所完全重造。有些小孩可能是在某種家庭中長大，這些家庭堅認宗教是完全私密和自決的，因此鄙視任何形式的群體行動、依附、聖書、儀式、禮拜或神職人員。

不過，無論是哪一種情況，有些關於人的問題還是會被提出，也被回答：他們是什麼、從何而來、往何處去、該如何行動。很多差異在此被形塑出來：信仰者和不信者、神職人員和普通人、聖徒和罪人、正統和異端、好人和壞人，通常用的字眼是「我們」和「他們」。還有其他的差異也會出現，譬如：人和自然、個體和群眾、人與神、「古人」和現代人。還有很大部分的問題是關於人的不安面向，也會被特別挑激出來，譬如：疾病、哀傷、死亡、痛苦、不公、迫害、嘲弄、瘋狂、戰爭等等。關於邪惡的問題會以很多種形式在很多情境中暈染開來，在其中，人會覺得自己受傷或渺小：在個人的情感上、理解能力上、在權力上，在對於最高貴、最佳的觀念之信仰能力上。

不論這些問題如何被回答，事實上，問題既然已提出(甚至只是驚鴻一瞥地引起注意)都會引起自我的無助感，而佛洛依德就曾指出，這在所有宗教中皆然。但自我的渺小無助並不只是個體的偶然經驗——誰能承認這一點就都能發現它也會發生在別人身上，確實地，甚至發生在那些一向被尊爲堅如磐石的人物身上，譬如：父母、老師、政治家、將軍等等。整群人都承認這一點，至少是有些時候，並會因此而組織起來，成爲互相交融的所謂信仰團體(faith group)，其中所有的思想和行動似乎都集中在渺小性的主題上，以及要如何來因應。雖然大多數這類團體都會向某種神明祈願，而神明都具有極大的力量，並且最終都會使人能從邪惡處境中脫離，但神的觀念並不是必要的假定。重要的因素是信仰，相信：渺小不是人類的最終經驗。有些人接受的教訓是智慧，及其堅定，如同佛洛依德所說的，「除非能得聽聞，否則不願罷休。」[10]另一些人所得的被告知是要信仰現在很難發覺的理性秩序，但那秩序就好端端在那裡，等人去認眞探索。佛洛依德在《文明及其缺憾》一書中所列舉的那些操作大綱中的任何一條，或其他方式，都有人主張並嘗試，假若人願意用最大的熱情和奉獻去追尋，它們就可能在個人的價值座標中臻至最高點。就在這一點上，假若最高的投注都已付出，也防止了其他的主張，還帶有實際的儀式(屬於工作的、藝術的、迷醉狀態的或斯多噶學派式的鐵齒態度)以及一些犧牲(在時間、金錢、勇氣、知名度上)，則任何操作都會變成「終極關懷」(ultimate concern)以及「人格的核心行動」(certered act of the personality)，而這些乃是田立克對於宗教立場的根本主張[11]。

但我們還要繼續追蹤我們所說的那個年輕人的生活。我們看到了一個小男孩出生、受洗並進入了信仰團體，逐漸長爲青少年或青年。他也許見過家庭之中有人身罹嚴重疾病乃至死亡。他提出過許多問題，也曾被問過許多問題。遲早有一天他會墜入愛河，並夢想要結婚。他會改變爲不只是新的社會角色，而且會進入新的生命階段，對所有的事情都設定新的角度。除了他對信仰團體專心而實際的忠誠之外，進入婚姻這一步還使他再一次面對一個合作關係新意

10　S. Freud, "The Future of an Illusion," in J. Strachey (ed.), *The Standard Edition of the Complete Psychological Works of Sigmund Freud,* Vol. XXI, (London: Hogarth Press, 1961), p. 53.

11　P. Tillich, *Dynamics of Faith* (New York: Harper & Brothers, 1957).

義(如果不說是宇宙意義)的問題，這是他必須走上的路途，他必須嚴肅看待這種決定。不論這對新人是會到一位神職人員主持的教會婚禮，或是決定要參加市民集團婚禮(或兩者同時，有些國家就是這樣)，事實就是，他們被迫要思考人和人之間的連結到底本質爲何？還有他們和這團體的關係爲何？以及爲什麼成爲配偶會要動員這麼多人來一起慶祝？不論宗教對於婚姻只是承認、准許，或是實際作撮合與介入，宗教就是把這事件以一次簡短而戲劇性的慶典安排出來，以有別於正常的時間流動。它引入一個特殊的家庭喻示，以極大的角度帶著廣延的意義：它在宣稱一個新家庭的開始，而這是被包含在信仰團體的歷史家庭之內的；它把這個新家庭視爲古老雙親家庭之目的的實現；它把新家庭放在希望與期待的新視角之下；它設定一個目的，也拉起一條線，把這趟冒險連結到存有的大鏈環之中——就是鏈入所有的家庭，從時間的開始直到地球的末日。

那麼，到底這任務的要求是什麼？當然其中有對於愛情的慶祝，肯定愛是神聖的禮物，其中還肯定婚姻是神聖的體制，因此有神聖的認可，而這是爲了宇宙的目的，只是其中包含著這對佳偶的幸福在內，但首要之務仍是在於自然的延續以及社會秩序的福祉。因此，任何婚姻的命運不能只立基於心血來潮的情慾吸引而已。它是要透過嚴肅的承諾(通常必須在會眾的面前，並且永遠有象徵性的神之臨在)讓雙方都要互相忠誠，要互相以愛來廝守，不論好歹。在此要反映的是雙方的命運，包括全部思想，認定這是天作之合，要透過生育來顯現創造的奇蹟，透過施予來獲得恩典。他們不應只是互相「黏在一起」，而是要在天地的引導和保護之下互相建立、襄助、服務、安慰、照顧。

以他們自己的方式而言，這套說法和慶祝有一部分是爲他們的未來而預備的，因爲他們未來難免會碰到必須分擔的壓力和哀愁。宗教的慶祝之所以這麼做，一部分是因爲有回顧：「我們的父母從亞當和夏娃開始以來就有過這些經驗，就像你自己的父母一樣。」也有一部分是因爲它環顧四周：「你們現在開始要進入的生活，是世間千千萬萬人同時在做的。」除此之外它還加上宇宙的向度：「在自然的萬事萬物中，和神的意志中，人就是應該結婚的。」所以這朝向未來的預備就強調了重複性、共同性、必然性。它雖然沒有排除這對佳偶的特殊性，但卻跨越到這樣的觀念：所有事情，包括這看起來像是個人境遇的愛情，都必定要遵從某些一般性的人類原則。爲什麼？宗教會以其創造與受造的基本前提來回答這問題：受造之物是偶然的；他是由生命的節奏所帶引的，只由神聖者才是自我形成的。因此宗教介入人類事物的種種觀點之中；它也認知了個體的特殊性和價值，它維持了自然的規律，它接受了群體現實的價值，從家庭到國家和全人類。每一種觀點都創造了它自己的意義，但宗教觀點的目的卻是要統攝所有的觀點，並且增加意義到眾意義之上。

孩子降生、轉爲成年，和結婚，只是宗教把人生結構起來的一些特例和較小型集中的顯現。那種結構中有一大部分是把時間拿來操作，把時間區分爲*chronos*(時間綿延，長時期)和*kairos*(短時期，關鍵時刻)並把前者用後者的範疇來加以詮釋。綿延的時間只是線性行進的「一事接著一事」，其中每一單位段落的重量都是相等的。但*kairos*則是指機會、事件、充滿性、轉捩點、危機和可慶祝的時機。如果人類的時間只是用綿延來決定的，則生命必定會變爲無想像力、枯燥乏味、沒有挑戰、沒有趣味的流水帳，其中連生死都沒有意義，使得神明都要覺得了無生趣，不知把人造出來要幹麼。這觀點和經驗之間非常矛盾，也對人的創造和幻想力造成極大的挑戰，使得用*kairos*來看待時間的需要變得不言自明，也似乎更接近於生活本身。對於莎士比亞(Skakespeare)所謂的「七段歲月」以及一連串的發展階段，艾力克森(Erikson)[12,13]還加上一個重要的觀念，叫做人的認同(personal identities)，而這是透過解決每一階段的衝突及危機而獲得的。這些認同既非階段與成長的線性進行式，也不是命定的起起落落，來產生生命千篇一律的弧線。它們是每個人對於難題的解決，而這些難題既是普遍的又是各殊的，要求人在某些時刻作出思考和決定。它們所發生的時間就是*kairos*(關鍵時刻)。而每一次的*kairos*就是危機和轉機，在其中人的關係會經過衡量而重做安排。

疾病、死亡和哀傷的時刻在宗教的生命節奏觀點上也是要受到祝禱的。此三者從某一點來看是很個別的事情，但從另一角度來看則是精緻的群體事件，需要作出轉換。宗教之所以祝禱它，讓它成爲多向度的危機，是要趁此提出終極意義的問題。它所關心的並不只是爲騷亂中的痛苦和死亡的問題找出可能的答案，而是要在通過這些難題時，對於這些有意義的問題可以注入相當程度的誠懇，使得這些問題值得提出。

在疾病、死亡和哀傷的痛擊之下，一個人首先會問：「爲什麼？」——常常是以哭喊或是啞然失聲，或笨拙而不服的尋索，要

---

12 E. H. Erikson, *Identity and the Life Cycle* (New York: International University Press, 1959). 譯按：漢語譯本：孫名之譯，《同一性：青少年與危機》(杭州：浙江教育出版社，1998)。

13 E. H. Erikson, *Childhood and Society* (New York: W. W. Norton & Co., 1963). 譯按：有漢語譯本：羅一靜、徐煒銘、錢積權節譯，《童年與社會》(上海：學林出版社，1992)。

求得到一個理由。對於這類問題，雖然宗教人可能會傾向於給出個現成的答案，並且聽起來也很像陳腔濫調，但宗教的本質並不是在於給答案，而是要在同情之下對這問題嚴肅以待。所有信仰的英雄都曾問過同樣的問題，曾經一樣地哭喊，並且在面對人類這種有如草芥般的生命偶然性時，也一樣會發呆無言。因此，在那哭喊中，要建立起一種人類的連結，首先就是要用祝禱來面對的。「臨在」(presence)這個神秘的字眼可用來理解這種處境下的宗教；它所傳達的意思是：受苦之所以要由眾人分擔，不只是因爲它不可避免，而是因爲它碰觸到存在的根源和基地。雖然受苦會把一個人分離出去，但是在「臨在」之中，他並不是孤零零地站立。但是，「臨在」的意思是模糊不清的，你也許可問：到底是誰臨在？在不同的宗教掌握、群體經驗，以及宗教系統之下，會有不同層級的回答。有些人會有一種耶穌張開雙手的影像幻覺；其他人則可能想像到一整列的祖先，或是集中營裡的煤氣室，一長串的烈士或信仰的英雄，或是所有的人類揉合成一張扭曲的臉孔。有些人可能根本沒看到任何影像，只感覺到失落的擊打，或是焦慮的恐怖。但在每一種情況下，宗教的信念乃是在那「爲什麼？」的哭喊中至少已經有了兩種形式的臨在。其中之一是和神(或鬼)的意志遭逢，因而產生了和神聖相遇的基本動力，並引導至敬畏。第二則是和現在的與以前的他人，在不必告知的情況下也能一起分擔痛苦，使得哀慟的人可以淀泊在整個人類的大網絡之中。

但這個問題遲早會從「爲什麼？」移轉到更爲個人化的「爲什麼是我？」於是在此刻，罪疚感和憤怒的動力就會發動了[14]。災阨

14 P. W. Pruyser, "The Challenge of Mental Retardation for the Church,"

如今被視爲「探視」(visitation)，且是其來有自。在這裡，宗教世界觀的**功能**變得更清楚些；其角色就是讓一個人和他自己的分內之事和解，他的處境並不是什麼命運，而是有其神聖目的。關於邪惡的神話和理論以及罪和救贖的教義具有和解的目的：它們都會應用到具體的情境中，而在此個人的偶然性是再明顯不過的。因此所謂災阨的訪視就被另一種的訪視，也就是神的臨在，抗衡過來。約伯首先是被朋友所訪，最後則是耶和華自身；悼亡者被他的牧師所訪；病患被朋友所訪，而他們帶來鮮花；臨終的天主教徒被神父所訪，還被抹上膏油。

生命的疾患、哀傷和死亡因此被視爲一種必須祝禱的時機。祝禱者是**所有的人**：不只是病人、哀傷者、臨終者，而是整個信仰的社群。前來探訪的人帶著象徵和儀式的含意不只是爲了受苦的個人，而是風格化地成爲社群中每一個人所身負的義務，這樣，整個社群的節奏才會調節到和生死同步。時間因而從漫長綿延的*chronos*調節成關鍵時刻的*kairos*。宗教在這裡的意圖就是要把來來去去的人生變成有目的、有意義的事件，而不只是命中注定的乏味折磨。個人本分的實踐就成爲社群這個觀念，反過來說亦然。「沒有一個人是一座孤島」就是其中的一種肯定。另外一個範例是具體表現在古老的羅馬墓碑銘文上，它寫道 “*Hodie mihi, cras tibi*”：「今日是我，明日即您也！」

這樣，我們已看過宗教的首要功能就是將個體整合到群體中，不論後者是大是小，是特殊或是普通。透過生命危機的觀念，宗教

(續)

McCormick Quarterly Special Supplement, XIX (March, 1966), pp. 10-25, 其中包括一些正在苦難之中的人所提的典型問題之簡述。

得以用它特別的慶祝(祝禱)歷程來將個體和群體帶在一起。相反的，由於經驗到生命危機以及感知到關鍵時刻，個人會週而復始地了解在每個人分內都有宗教的時機，必須伸手向宗教求取它所能提供的種種：慶祝(祝禱)，見證宇宙之臨在，一個寬宏的觀點來知道人從何處來、將往何處去，人在自然中的位置，一個認知・情緒架構，在其中人的無助感能找到風格化的形塑。總的來說，人的需求和滿足在所有這些宗教活動及命題中都已得到說明，而其中所含的根本刺戟乃是要把人和人之間的關係推到最高點。然而我們現在必須再邁入這些關係的細節。

宗教對於人的依附關係之影響

人是互相需要的。他們是相互的驅力和需求的對象。他們互相滿足願望。他們是相互的目的。我們因此發現人在生活、工作和遊戲時都和別人連在一起。雖然有些連結的方式純粹出於偶然機緣，但還有很多連結方式是由各種社會控制、由個人特癖的需求，和由社會體制所組構起來的。在這種連結的組型中，宗教的進入有雙重含意：一方面它本身就是一種連結的組構，另方面它教導各連結的分子一些有關一般連結的規則。很多人從一出生就連結在某種特定的宗教團體中教養長大：譬如門諾會、猶太教或聖公會(Episcopalian)。但作爲一位門諾會教徒同時也開啓了一個人的生活、就學、找到配偶、在門諾兄弟會之間找到工作，一直到最近，它還保持著是個相當均權而封閉的團體，和其他人之間有相當的情感距離。和猶太教保持連結是意謂要和同一個信仰團體的人結婚，特別強調智能、學院式的學習，以及追尋專業職涯。作爲聖公會的會員就像是一種騎牆派，坐在新教與天主教之間，整個群體都是白種盎格魯．撒克遜背景，對其神職人員都敬稱「(神)父」，享有某種社會優越性，也預告了其未來的婚配對象以及促進其野心來成爲教區委員。

簡言之，宗教調節了人類作爲對象的範圍，透過對象來獲得認可，或把自己和對象形成連結。理論上，這個對象的範圍是個連續集，從少數人到多數人，從「一個也沒有」到「全人類」。事實上，宗教常常把自身說成這個連續集的極端，一方面要求捨棄和所有生靈的連結，另方面又要求一個人要愛鄰「如己」。

在禁欲的傳統中，把緊密連結於他人視爲危險多端，因爲這是在干擾神的愛。隱士們把自己抽身離開家人和朋友，甚至離開他們所生長的宗教社群組織。遁世者除了離開之外，對於居住的空間還有特殊的安排：西勉．史岱萊(Simeon Stylites)住在一根大柱的頂上。在阿陀斯山(Mount Athos)上還有一些隱士存在，人們可認知他們自己的地位和意圖，但除了這些公認的成聖之徒以外，在每一個城鎮裡也都有各式各樣的隱遁之士，他們和人的接觸幾乎是零。其中有些可能是密契主義者，私自追尋著通往神聖之道，另外有些是聖典研究學者和冥想者，他們逐漸脫離人群以便能進行獨自的思考。還有些是在自己的配偶或家人亡故之後，他們覺得自己身受傷害，不再與人建立新的關聯，而寧可只沉浸在書本、思想以及神之中。

從完全的孤獨中往外一步就是各式修道院的生活，在此的人是要揚棄家庭而與同心同德、受同樣紀律約制的同性夥伴一起生活。他們遵循的是聖巴素和聖本篤的規則，這些男女現在被統稱爲「宗教人」，他們追尋如同專職的宗教生涯，其方式是仔細安排和引導的孤獨生活和團體關係組型。他們都私自沉思，但和社群一起進行崇拜。在地位崇高者的監護之下，他們的工作都被指定，而他們的社會互動也是被共同規則所分派，或被個別教導到能適應那些規則。對於不能選擇這種生活的人來說，很讓人困惑的是爲什麼有那麼多男男女女好像很有欲望這麼做，也能拋棄婚姻和家庭關係的酬賞。雖然像「欲望」、「滿足」這些字眼在宗教領域中似乎帶有負面價值，但正面價值則似乎和「苦行」、「寂靜」連在一起。人應該不要忽視，生命所給予的種種滿足之中，不但不能排除反而正是因爲其中含有高度的約制在內。

古迪那夫(Goodenough)對於教會整體曾說過一段話，特別適用於宗教組織裡的成員：

> 教會……應被視爲一個合作群體，優於個體，其本身是啓示的媒介，在其中個體可發現神聖的引導、保護，以及獲得恩典的方法。它既會使個體附屬於一個大的本體因而使之縮小，但也同時會使個體因爲成爲其中的成員而放大。[15]

這種會員資格使他每天在修院中可見的二十四小時都穿著制服，他的具體參與就是成爲「基督的身體」或成爲神聖者的「新娘」。對於那些害怕性的實踐或實踐之後必須投入精力的人來說，強制地和性誘惑保持距離乃是一種祝福。服從雖然難以完成，也可能是一種滿足的泉源，並且會助成自我尊重。自然的家庭是短暫

15　E. R. Goodenough, *The Psychology of Religious Experiences* (New York: Basic Books, 1965), p. 147.

的，而且其中的對象喪失(object loss)就是一個人在與配偶或親屬深刻的連結之下，所必須付出的代價；但宗教社群所提供的愛對象(love object)是一種持久的神聖層級結構，以及高階的輔導者和值得的同伴，以某種意義來說，雖然其中的成員會來來去去，但這個體制卻會永久存留。確實的，「傳移到體制」(transference to the institution)[16]本是對於在醫院中照顧的精神病患的描述，但在此特別適用於修院的連結組型，在其中，一個人就等於和教會、修士團、兄弟會「結了婚」一樣。這種體制的象徵價值就是：光只是從屬的關係就可視爲「恩典的徵象」。

在這種社群之內，雖然競爭和其他具有攻擊性的傾向都被壓制，但群體的成員卻很有機會能將攻擊欲指向世俗的權力或群體外的集團。傳教士介入其他文化或不同宗教的生活之中，就不是沒有攻擊性的侵入，而有些傳教士的努力是相當好戰的。確實的，在一個世代之前，傳教士還相當緊隨著軍事征服的浪潮。這樣的描述在墨西哥的歷史中，自從柯鐵茲(Cortez)之後就屢見不鮮。其他的攻擊性則可見諸於針對其他信仰團體或其他教派。耶穌會的組織原則上就像軍隊，這是毫不令人意外的，即使它是用教育的手段——也就是以教師的大軍——來「爲基督而征服世界」。軍事的喻示在新教的頌歌中也很常見，從「我主是堅強堡壘」(A Mighty Fortress Is Our God)到「開步走，基督的大軍」(Onward, Christian Soldiers)，而這還不包括「救世軍」在內，它的存在還頗爲弔詭的，因爲它強調的是慈悲爲懷的行動。以拉司穆斯(Erasmus)那尖銳的筆鋒常挑

16 【譯注】“Transference”一詞在本書中將採用的譯名是「傳移」，詳細的說明請見第九章注28的譯注。

出僧侶行事的攻擊性特色。他特別描述了托缽僧的行乞是又具敵意又不達目的不肯罷休的樣子；他也嘲諷了宗教人的縱欲和貪婪，雖然他們發誓要過貧窮和有節制的生活。

在15世紀，有一種不同的宗教生活形式是由共同生活兄弟會(Brethren of Communal Life)所實踐，他們建立了共同生活的住居，住在其中的成員可以進住而不必有終生誓約，也不必和任何已建制的修會有任何連結關係。這是一種比較開放的形式：封閉的社區而不是封閉的兄弟會、姊妹會。這種實驗性的宗教團體持續到現今的共融團體(koinonia groups)，其成員常是結了婚帶著家眷的，在他們的「模範社區」裡，所有人的收入成爲共有，也共同負擔工作、義務以及照顧小孩，然而這種社區不是長久的，其結構也相當鬆散。

在所有這些案例中，人與人之間的依附方式在某方面是被規約和實際上受限制的，但其嚴格的程度頗有變化。把這些現象看成只是社會學案例，或只用宗教的體制面向特色來看，都過於簡單，雖然這些面向都無可否認。他們其實都是從個體的動力學中衍生出來。即令是在建制良好的主流教會中，團體規範和團體忠誠若在其信仰的成員之中有親近關係的話，也能促進成員的舒適感。相反的，當個人和一些不同屬一個信仰的人糾纏在一起時，有很多重自動的訊號可以顯示出其中的不舒適感，如果不叫災禍感的話。甚至在多元社會中，家庭也會因爲「混雜婚姻」而遭到擾亂，因爲各成員要參與的崇拜活動各不相同，在養育小孩時不知該帶他們到哪個信仰團體才好。很多父母在知道將來的媳婦或女婿的宗教歸屬和自己相同時，會作出一種如釋重負的感嘆。因爲這樣會使得生活的安排簡單得多；擔憂和障礙減少得多；也建立起共同的語言。它還自動創造了共同的友人和共同的敵人。這特定的連結爲個人建立了認同；它會影響到超我(superego)和自我理想(ego-ideal)，而這些又會轉回來界定什麼是一個人應感到罪疚的逾越，什麼是應感到羞恥的不忠。

但是，正如佛洛依德所警示的，將一種對象依附建立爲生命核心的追求，就必有創傷發生。人會死，或會不忠誠。如果群體可以帶來極大的滿足或當對象投注(object cathexis)可以保持有彈性時，群體依附可以補償個體的喪失。但大多數人是這樣形成的：他們不會爲了保持孤獨或選擇了一個兄弟會就放棄配偶和親屬，也不致有一種感情奔放的程度，認爲只依附著全人類就夠了。感情一定要有具體的對象，擁抱要有具體的人才行。如果孤獨或修道生活要求太多的揚棄和太多的紀律，那麼把全人類視爲「同一個父親的孩子們」來愛，就只能承諾太稀薄的滿足。前者太有結構；後者則太鬆散。

宗教雖然有禁欲的傳統和密契的偏好，但也不能過於大膽地抨擊由心理性欲連結(psychosexual ties)而形成的基本家庭結構。事實上，宗教傾向於將家庭神聖化，也會頌揚之爲神聖體制。它會禁止或鄙視離婚。它包容個別的滿足，也就是希望家庭成員互相找到滿足，但由於提倡一夫一妻制以及持久的忠誠，它也將其成員之獨特的互相滿足予以固定化。然而，在宗教觀點下，婚姻和親職的滿足以及個人之間的友愛並不是最終極的價值。那些關係都可證明是短壽而且受風險所阻撓的。它們可能會耗損神的愛，可能是擴大的自戀，或是一種透過配偶和子女而來的自我偉大感。當家庭把自身安放在可供崇拜的位置時，或當它被視爲鄰人、種族乃至物種的敵對者時，家庭可能變成偶像崇拜的對象。因此，不足爲奇的是，宗教會傾向於讓人類的對象依附(object attachment)擴大範圍，並堅持愛必須針對所有的鄰人，要求人的連結應是連到所有的受造之物。但是，它也傾向於要求把愛的範圍縮小到只針對神，而這種愛因爲過於熱切以致一個人可能偶爾會捨棄他和他人的自然連結，而一心一意要完成這唯一的至高追求。不論是哪一種情況，反正舊的滿足會被新的滿足取代。愛所有的鄰人，雖然分散及於全面，但就是帶有高貴的氣息，在想像力有效地排斥所有的敵對關係後，可以把整個宇宙轉變爲一個友善的環境。對神的愛乃是一個有效的安全閥，保護我們免於喪失之慟，因爲他可以「永遠存留」。

從範圍和選擇性兩者來說，對象依附都是宗教所關切的。我們已經看到選擇性之基於性別差異的衝擊，它可以很有效地在修道院的體系下把相關的人類世界一分爲二。獨身主義在世俗的僧侶中沒有走得那麼遠，但當然都設定了男人和所有接近於他的年齡的女性之情感距離。我們也都看見，親密的人類接觸之範圍都限制在信條上的連結。在此之外，要加上一點觀察，就是顯然的選擇性以及其後的關係範圍縮小，而此結果之造成乃肇因於階級差異，而這又是教派分歧的根源了。

遠比以上所說的更要微妙的選擇性問題，是來自教義信仰以及道德特質的互動組型，而這些的具體化呈現是在家庭內的價值或家庭內的禁忌。有一段時期在聖經帶狀區裡的人都焦慮地禁止喝酒、抽菸、賭博、玩牌，或跳舞。這裡生產出來的孩子們對以上種種事情會眞正地害怕，而這些又會倒過來限制他們和具有類似道德(和焦慮)的人之間的關係。當處女被視爲新娘的根本必要條件時，婚姻在具有同樣嚴肅信仰的人之間，就會是一場結論式的關係。精神醫療的個案研究一次又一次地發現，信仰和平主義教派的家庭會對於所有的攻擊性行爲組型進行大量的壓制，從家裡的吵架，到不滿的青少年之想要「衝破」家庭的限制(但又不敢這麼做)。我們很可以相信，黏附在這些信仰之中的人會在友誼和一般接觸方面大受限制，而他們的長期關係都建立在信仰相似的人身上。

那麼，像這樣嚴格的選擇性所建立起來的，已經不只是一個團體的成員，而是個人的認同。正因如此，突然從一個教派皈依到另一個教派，除非是有意的準備和安排，譬如透過婚約，否則就一定會有臨床上的意義，也就是個人危機的警示。這種「逛教會」的行爲常常是心理疾患或困擾的早期症狀，就像突然來一場飲酒狂歡，或與人大競酒量。當這種轉換是一種社會經濟的往下流動，即從主流教會到地方教派的教會時，常會伴隨著新的信仰改變或信仰體系驚人的轉變。一個人站在最後一條壕溝中力挺正在瓦解中的軍隊，他不得不和壓抑的動力成爲同一陣線，而這條戰線所允諾的是對於自我控制的集體增強，所透過的方式乃是嚴格而且一字一句地遵行《聖經》的訓諭。良心的加強就是按照很會「說不」，但也很會照料的父母形象來行事。在其他狀況下，這個人可能覺得受到神聖教派的衝動性所吸引，這種教派很能扶助人來作壓力的暫時解放，其方式就是狂亂地投入被祝福的氣氛中。事實上，很多基本教義的教派就是結合著壓抑和發狂的特色，因此對於受壓迫者頗能合乎其長期的訴求。個人的危機也會導致轉變，從所謂陰冷黯淡的新教轉到聖禮儀式豐富也帶有母愛氣息的信仰團體。何況，改信天主教確實還有可能向一位女性的神聖仲介作禱告。

這些轉變很像青春期或青年期的危機，在這時期的人正在努力尋求獨立，可能會有幾年從他們所熟悉的教會參與中撤退，或故意違背父母而把自己連結到不同的教派。雖然後者可能是一種誠心而正面的追尋，希望找到新的連帶和新的情感關係，但也常混雜著對於父母與家庭風格的攻擊性示威。

人對人與人對神的關係

想要仔細看看作爲本章起點的對象關係心理動力學(psychodynamics of object relations)，現在應該正是時候：所有的人類生活都圍繞著欲望打轉。對象並不是因爲它們自身而被人追求，而是因爲它們之能成爲人的滿足者或願望而然。對象被人追求的方式，以及人和對象所維持的關係，可能有很大的變化，但這關係的兩造，也就是主體和對象之間，乃是由必須滿足的欲望來加以黏合的。這是個重點，因爲人常在人際關係中追求一種具有不可抗拒之力道，而那力道好像就位在他們覺得被吸引的對象之中，好像他們自己只是一根被動的鐵釘正被磁鐵所吸附。這種說法否定了主體的活動，也否定了需求、驅力、願望或渴求的力道，而這些正是讓人追求對象的原因。它否定了半個關於感知動力學的故事，而正是這種動力使那看望的人能看見；它還否定了行動的動力學，這種動力甚至使人在沒有目標的時候都還可能動個不停。因爲對於神明有某種說法，致使宗教人經常願意擁抱一套平行的說法：只有神明才有眞正的「吸引力」，能讓人無可抗拒地朝他們移動。這說法不只否定了人的自發活動，也輕忽了願望、需要、渴求在人對神關係中所扮演的角色。在任何關係連結中，主體和對象都是動力的伴侶，而其中心議題就是趨樂避苦，就算追求享樂的這件事被琢磨過度，而致在字面上看不出有享樂動機在內。

貝林特(Balint)對於對象關係的發展任務有個十分簡要的說

法：「人愈是原始，就愈需要依賴特定的對象。」[17]童稚的依賴感就是黏附在自己能感到滿足的一個對象——而成熟則表示在對象選擇上的彈性，以及可以建立妥協。因此，一個人的生命立場若要強化，有三個可能的取徑。一個人必須學會抗拒所謂的對象的吸引力，其法是要發現自己對這種吸引力的貢獻可到何種強度，也就是說，發現他自己的驅力和需求。其次，一個人可以試圖增加自己以一個對象來替換另一個對象的能力，由此減緩自己在失去一個特定對象時的脆弱性。最後，也有可能替換某一種滿足成爲另一種滿足，其法是透過昇華(sublimation)、先見之明，或精鍊。

貝林特繼續描繪關於對象關係的三種有特色的位置，對於人對人與人對神的關係都頗有些含意。第一是情感依附位置(anaclitic position)，這是回到母親和幼兒最初的連結，在其中，幼兒對母親的一切擺布可以完全依賴。可以被母親徹底照顧就是最高福祉——而當這照顧被剝奪時，或是必須等待長久才能獲得照顧時，就是冷酷可恨。在愛與恨或在至福與劇烈的不舒適之間擺盪，就是這種依賴關係的顯著特色。和分離相伴的痛苦經常埋伏在角落；其方式就總是期待的恐懼。兩種情緒的聯合是在緊張中維持的，或必須努力追求。當聯合斷裂時，就會覺得了無生趣、空虛，乃至死亡。在這種動力情境下，對於一位永久臨在的父或母作結合的渴求，或是與無所不在的神聖宇宙或自然作密契的結合，就是可以理解的，而這種生命的難題也可以預期會碰上這種宗教的解決。

第二種位置是對象的理想化。對象的缺點都被否定；其滿足被

---

17 M. Balint, *Problems of Human Pleasure and Behaviour* (New York: Liveright Publishing Corp., 1957), p. 23.

視爲完美也無窮無盡。貝林特覺得這種反應有一種極端且被移調的形式，就包含在聖母馬利亞崇拜之中。如果翻開馬利亞學(Mariology)的歷史來看的話，這是個極佳的例子，在其中，馬利亞從最初的「主的女僕」形象轉而變爲「神的母親」。這種從人到神的過渡，也例示了宗教對難題作出解決的風格，就是把崇拜的對象移置到時間與空間之外，並由茲保障了該對象的長久性及其宇宙性的無所不在。對象的理想化可使主體達到自我卑化(self-abasement)之效。在這脈絡中，更重要的是被愛而非愛；啓動的力量中有一大部分是來自對象。貝林特說：「人只要覺得他是在恩典中、被愛，那他就是快樂、高興；但若覺得對象遺棄了他，他就失落、陷入絕望。」[18]

第三種位置包含了對象的羞辱，而這常和主體的理想化並行。對象被詆毀、浪擲，其權力或可欲性也被剝除精光。其結果就是剝削性的關係。貝林特找到的例子是娼妓，而我要加上一點，就是把娼妓—嫖客雙方的關係都算在其中。貝氏說：「如果對象對我們是無關緊要，那麼眞正要緊的應就是我們自己的滿足本身。」[19]這就指出了這個位置有多殘酷無情。當然這就是所有各種偶像崇拜的基本動力，在其中，偶像就是自身的象徵延長，這裡可以包括一個人的財產、收藏、汽車、衣物，乃至孩子等等，當這些都變得具有生命中無比的重要性之時。由於大部分的人對自己的愛都不會少於他們所崇奉的神，因此這個位置也許就是所有的偶像崇拜中最爲樞紐的立足點。我們可以把這叫做最爲永恆的偶像崇拜。但對於對象的

18 Balint, *Problems of Human Pleasure Behaviour*, p. 31.

19 Balint, *Problems of Human Pleasure Behaviour*, p. 32.

羞辱也可以採取一種好戰的無神論形式，而呂姆克(Ruemke)[20]的主張雖沒這樣說，但很近似這樣，因爲他認爲不信者的心理是如此這般運作的。要羞辱對象，就要說「它不是恩典」，正如說主體對它毫無需求一般。

你沒辦法不看到：在人對人的關係中本已非常有限的依賴容受度，一旦碰上非常寬廣的人對神的依賴容受度，就很容易被抵償掉。神學家會發現這是完全妥當的，因爲人對神的依賴本身就是神聖者以及受造者這兩方的定義。簡單地說，受造物本來就是依賴於他的創造者。但當你注意到，在人對人的關係中，人以強烈的阻抗來對付成長需求，且不願放棄幼兒式的依賴組型，則很難不說：在人對神的關係中，那正是找到一個方便的補償，把必須捨棄的依賴又撿回來[21]。

除了補償之外，還有其他的可能性。首先，雖然沒有人會否認：依賴會賴在人類之中不肯離開，但重要的事實是：很多人確實會成長，而且也樂於成長，只是有時需努力對抗環境的壓力，就是那股把人拉向原始狀態的力道。雖然會有不肯成長的阻抗力，但也會有一種力量是抗拒現狀。所以，不可將所有的人對神關係都視爲被阻撓的人對人關係之補償。除了補償的組型之外，你也可發現兩組關係之間還有平行的狀態。人可以從幼稚的人際依賴中脫身而出，正如他可以用同樣的速率從幼稚的人神關係中脫身出來。其次，神學上關於受造物依賴於其創造者的這種肯定，在形式上就不

---

20 H. C. Ruemke, *The Psychology of Unbelief* (New York: Sheed & Ward, 1962).

21 作者原注：這是一種功能式的說法，不可和本體論的主張搞混。這是在描述人對於神的一種用法，但並沒說這些神是怎麼來的。

同於心理學上所肯定的幼兒對母親的依賴。母親和幼兒並不是以「創造者」與「受造物」，而是以共生單位(symbiotic unit) 的關係而關聯起來的，之後則不斷增大勞力的分化以及功能的特化。母親和幼兒只是在尺寸和能力大小上有暫時的不同而已；他們個別在成長曲線上站在不同點上——一者漸盈，一者漸虧。創造者和受造物兩者則是在不可比較的向度上，不論前者是否純屬虛構。他們之間的差異是本質上的，而不是數量上的。相信依賴感在人對人和人對神關係上只有強度差異，這正是士萊馬赫命題上的弱點，而奧圖要更正這一點，就是把問題聚焦在範疇上的差異。有了這樣的差異，就能有兩種關係上所獲得的滿足之差異了。

說得更簡明些，當人的生活只能得到貧乏的滿足時，宗教就很能提供人的對象所不能給予的補償性功能；但當人間的滿足已經很豐富的話，宗教所提供的就更可能和人間的滿足互相平行了。在豐富而成熟的生命中，譬如像巴哈(Bach)、史懷哲(Schweitzer)、麥蒙尼底斯(Maimonides)、柏拉圖(Plato)、懷海德，只提這少數幾個天才人物就夠了，你可以從其中發現他們所得的滿足極爲多樣，不論是在身體上、理性上、美學上和宗教上，都相當豐富。假若豐富性是從一個角度所得，他們還會在其上增加別的視角。這是文藝復興人的突出理想，也是分化和成長的自然結果。

但這兩套關係的滿足之間究竟有什麼差異呢？是不是神比人更永恆，他們的情感更長久，而他們的給予比他們所要求的更多？威爾斯(H.G. Wells)曾說：

> 宗教是最初也是最後的事情，而直到他發現神並被神所發現，他就在無始之處開始，也會一直工作到無終之處。他

> 可以有他的朋友、有他的局部忠誠、他的少許榮耀，但所有這些，以及整個生命，都是因爲有神同在而得以成形。只當有神同在，人才能在人間對抗盲目的勢力、權柄，以及虛無；才能對抗在人之內、之外的混亂和邪惡，對抗各種形式的死亡；神愛我們，就像一位了不起的船長愛護他的手下，他穩穩站立，要在不朽的冒險事業中用我們來對抗浪費、失序、殘暴和墮落；他才是目的，他才是意義，他才是唯一的君主。[22]

威爾斯不是個濫情主義者，也不是個教士。他所見的宗教滿足是關於人所能瞄到事物的終極目的，能在經驗的混局之中找到完整的形式，在眾多意義之中找到意義。在此觀點下，宗教聲稱自己所面對的是某種困境，而這種困境在人生中可以終其一生都存在，不論他是否出身良好或正過著好日子。聖奧古斯丁有段著名的話，在敖特勒(Outler)精鍊的翻譯之下，把重點用不同的方式表現出來：

> 然而他(人類)仍渴欲要頌讚您，而這個人只是您的創造之下的一小部分。您激使他樂於頌讚您，因爲您爲您自身之故而創造我們，使我們的心無休無止，直到能在您之中安息。[23]

---

22 H. G. Wells, "Mr. Britling Sees It Through," in *The Universal God,* ed. C. H. Voss (Cleveland: World Publishing Co., 1953), pp. 285-286.

23 *Augustine: Confessions and Enchiridion,* trans. and ed. A. C. Outler (Philadelphia: Westminster Press, 1955), I, 1, 1, p, 31.

敖特勒在別處用很特別的說法重述了這段話的最後一部分，如下：

> 您(神)爲人提供了刺激使他要頌讚您，但您把人的境況固定成如此，就是充滿了困擾，直到他能回歸到您的臨在之中的「正確關係」上。[24]

> 在此，特殊的宗教滿足乃是存在的「正確化」以及抓住「關係」這個觀念——這就是關係的本質。宗教所能給予我們的滿足，當然是對於宗教的追求能給予回應。這種追求的大部分所採取的形式，就是探問局部與全體之間的關係。曼佛的說法是這樣：

> 這些小問題雖然都有其確定的回答，但它們總和起來有個重要的實際功能：只有放到大架構中才會完全有意義。除非一切都得以安置，否則沒什麼事物可以安置。對於人的再教育就是要他能和他的終極命運談妥條件。[25]

然後，史牧茲(Smuts)這位南非的將軍和政治家，以及了不起的整體論(holism)理論家，他的說法是：

24　A. C. Outler, "Anxiety and Grace: an Augustinian Perspective," in S. Hiltner and K. Menninger (eds.) *Constructive Aspects of Anxiety* (Nashville: Abingdon Press, 1963), pp. 92-93.

25　L. Mumford as quoted in *The Universal God,* ed. C. H. Voss (Cleveland: World Publishing Co., 1953), p. 51.

> 我們就這樣得到一種關於宇宙的想法，不是把一些偶然的外在事物收攏成一堆，像人工的拼貼那樣，而是綜合的、結構的、主動的、有生命力的、有創造力的，能增加整體的尺度，其進化的發展會由其中一個特殊的但有全體性的活動促發，從最卑微的無機物開始，到最爲崇高的創造，而出現人類與宇宙的精神。[26]

這個說法暗示了宗教追求的主要特色就在於形式和風格的綜合意義：以最大的方式參與宇宙的整體性，使得現實不會變成完全的混沌。就像認知的把握、美感的精緻，以及意義感和關係性，在人類之中有全體性的活動乃是基本的自我功能，而不只是個欲力的位置。我們要對用字很小心。前面那個句子裡的「欲力」是指本能的驅力，概念化成爲有機體之內的運作，主要是由自我所引導的，它使得生存成爲可能，但目的則是整體的福祉。在這裡的「欲力」是取自佛洛依德的《自我與本我》[27]，該書引介了人格的結構模型。有些讀者可能在史牧茲的字裡行間讀到，所謂有創造力的整體活動就是指欲力，且是運行在宇宙整體之中。佛洛依德的用字就是那個意思——在他的後設心理學作品中以及他崇高而玄想的意謂中，他

---

26 J. C. Smuts, "Holism and Evolution," in *The Universal God,* ed. C. H. Voss (Cleveland: World Publishing Co., 1953), p. 223; Also: J. C. Smuts, *Holism and Evolution* (New York: Macmillan, 1926), pp. 107, 299.

27 S. Freud, "The Ego and the Id" in J. Strachey (ed.), *The Standard Edition of the Complete Psychological Works of Sigmund Freud,* Vol. XIX, (London: Hogarth Press, 1961), pp. 19-27. 譯按：有漢語譯本：楊韶剛譯，《自我與本我》，載於車文博主編，《弗洛伊德文集》卷6(遼寧：長春，2004)，頁107-155。

把欲力設想爲不只是基本的動力(如同在人的驅力中)，還同時是創造力的綜合以及形式的原則(如同在人的自我中)。

要點在於：雖然人對人和人對神的關係之間有相似性，如同許多精神分析的作者們寫了很多的，但其間還是有鉅大的差異。在對象方面的差異太明顯了，不必多談。在目的方面的差異就比較不清楚，而我們常用來描述目的的字「合一」(union)卻不是最好的用字。很多字源學家在談到「宗教」時，雖知其義是「在一」(at-one-ment)，但卻很容易滑轉爲「合一」。「在一」比較像是**置放在一起、調成一致，或是擺在正確的關係上**，而不是回到原初母子關係的統一、合一或融合。在人對人的關係上，其目的常被描述爲性關係，乃至性高潮，但人對神的關係卻遠較爲認知性、倫理性和美感性，其伴隨的情緒比較和敬畏、驚異有關，而不是情慾。

從兩種關係組型中可得的滿足之差異，無疑會因爲使用喻示的語言以致變得模糊，譬如描述人的對象卻用衍生自神聖領域的語詞，以及描述宗教對象卻使用情慾的人類經驗語詞。但在兩者重疊的區域以及喻示上的混淆之外，我們也可看到在滿足上眞正的差異：一方面是被撫育、擁抱、笑盈盈地面對、需要、安置在閒適之中；另方面則是面對著新穎、令人敬畏，以及個人的理解能力竟能穿越限制的這些狀態時，會有緊張，以及大膽的意識。就算你願承認有一部分的性享樂也許能包含某程度的好奇之滿足，在人對神的關係上所出現的清澈澄明和發現新奇的力量，其程度幾乎是在人對人的關係中不可得見的。我們也許該再加一句：對局部的好奇和對全體的好奇，兩者所需的心態是非常不同的。

我們對於關係的追求，如果有的話，在人對人和在人對神的連結上會造成三種不同的可能性。第一是補償性的關係：在人對人的情感上失敗可致使人試圖從人對神的關係上得到成功。第二是平行關係：在人對人的關係上，或多或少或成功的滿足會映射、放大，或重複到人對神的關係上。在一種組型上的成熟和另一組型上的成熟可以相配，其法就是類比的規則。第三種可能性是完全自明的：人對人的關係與人對神的關係兩者互相獨立。它們之間的差異就像白晝與黑夜，沒有相關、毫不相同。這兩條線沒有交點。

對這三個可能性，我們都要來考量一下。在第一與第二種組型上，其間都有很大的空間可以讓態度傳移，就是原先在人類的照顧者那兒得到的，移到神聖形象上。但有需要作出條件說明：只有在補償的操作上才可以使用「傳移」這個字而不犯技術上的錯誤，就是說，當無意識的渴求受挫時，原初的愛對象才會錯置到第二個對象。在我們所說的平行組型上，所謂傳移到神明身上的，比較像是正面的情感從原初對象傳布到第二對象，不是因爲缺乏滿足而是因爲過多。

我的一位同事伍考特(Philip Woollcott)曾嘗試記下這些關係之中的某幾種，他的工具是結構式的精神醫療晤談表，包括正常人和有困擾的人在內，所有的受訪者都明白表示他們對宗教信仰有專業的涉入[28]。這裡有一個段落的訪談，對象是一位年輕的傳教士，他的反思是對於他和父親以及對神的關係：

> 我的家人在家裡都不是宗教的實踐者——在用餐時都不謝恩的，等等，但他們在態度上是宗教性的。神和宗教是他

28 P. Woollcott, *unpublished data,* The Menninger Foundation, Interviews with pastors.

們生活中的大部分，但他們不太談信仰。譬如說，我從來不記得父親會詛咒，而他在家裡從來都不喝酒。我的家人對事情都很寬容。我好像很自滿自足，有很多朋友，在學校、運動上都很活躍，等等，所以他們讓我隨便怎麼做都好……。神的形象對我來說是有力、充滿愛、會寬恕、充滿恩典、無所不知、無所不見、沒有懲罰性、不會報復、不發怒、很容易親近、有人味、關心我們每一個人，像父親一樣有很高的期待，但不會因爲我們犯錯就討厭我們。我對神的詮釋很像對父親：他是有期待的，但很溫暖、關心、對錯誤可以寬容而不是懲罰。我自己和父親的關係不是最好的，不過，因爲他是個很靜的人，從來不生氣，沒有壞脾氣。他從來不談自己的事情，但他會透過以身作則來傳達他的意思。我要我的父母對我尊重、羨慕和准許，但要讓我自己作決定。父母親會在緊急的時候支持我，但也會後退一步說「這是成長的一部分」——這也就是我對神的理解。他不會把自己的意思強加在我們身上。

在這個人和他的父親以及和神的關係之中顯然有很多的類比。一般來說，對兩種對象的情感都是相當正面的，雖然在孩提時代，這人曾希望他的父親能比他實際的樣子更能直接指示一些事情。以下從伍考特的研究裡取出的第二個例子是對一位傳教士的訪談，此人的父親也是一位神職人員：

我最早的宗教記憶是去上教堂——父親是一位傳道人……。我小時候好像有幾次的小小的信仰改變，而不是

> 一次特別戲劇性的經驗……。我作傳教的職業選擇是一直到大三那年，十九歲的時候。我當時和父親之間有一段掙扎——父親比較會支配人，而我常認爲傳教的工作就是對父親的順服。然而我進入的傳教工作和我父親的是不同面向。我想，這似乎和我的伊底帕斯難題有關。我早年整個和神的經驗似乎就掉進支配—順服的組型，以我們的父子關係爲模型。我一向反對用道德化的虔敬主義來作爲宗教生活的定義；反而相信宗教是自由的經驗——你是對神的創造之中的崇高、令人驚異的和美而起反應。

這種情境遠比上一例更爲複雜。神職的父親形象暈染開來，成爲這個男孩生命之中的神聖力量；甚至到這個人成年之後仍以父親的屬性來描述神：崇高、令人驚異、美。但這個人的信仰和傳教工作卻調整到新的方面，不是他們的父子關係所給予的：一種自由，用來平反道德化的虔敬主義。在對於這兩個對象的關係中，有很多補償的組型。對這個案例，你甚至可說是分裂的傳移。對自然父親的愛傳移到神，而這是父親在這男孩眼中所不知也不能傳的道；而對自然父親的恨則是傳移到一個舊的、垂死的神。這位年輕傳道人的工作(他自己宣稱是和父親非常不同的)宣布了舊神之死與新神的來臨，整個都是在一種歷史宗教的架構之中。

這裡還有一個取自伍考特的案例，一個生在農民之家的傳教士：

> 是母親的路子使我第一次意識到宗教：她談到神如何關心我們和照顧我們。那時她是和我們一起禱告來告訴我們小

> 孩……。父親對於宗教談得很少：餐桌上的謝恩禱告都是母親說的，或是姊姊，或是我自己。父親都沒有參與，但他也不會反對或嘲笑……。在那幾年裡我對神的態度是：只要我不違背十誡，不咒罵或做那類事情，那所有的事情就都會對……。到了大約十五歲，我在田裡作莊稼、處理家畜，我變得對季節變化以及下雨出太陽很敏感，還有我們是多麼依賴神爲我們的自然需求所提供的。我開始覺得能感到神的一部分計畫，還有保護土地、照料一切，這些是多麼重要，而我相信這是神的意志。但從十五歲到十七歲，我開始對很多事情有疑問，而《聖經》的誡命不能充分回答。父親總是鼓勵我們問問題……。在我十幾歲的後幾年，我可以感覺到神在引領我們，而我深信萬事萬物都會運作得很好，只要我們不剝削人，不虐待人……。在(某一)年的春天我有了我主要的宗教體驗。那是在我跟祖父一起很長一段時間之後，讓我對於「尊重生命」的概念作了很多思考。譬如說，他反對用火燒麥田，祖父用的字是「自然」而不是「神」。

在此你可以看到同樣的主題和同樣的關係一直向外擴延，像一顆石頭丟進水裡引起的漣漪。父親根據他的計畫而管理農事，但沒有談這底層的哲學。祖父無疑地也做這樣的事好多年，但加上一個外顯的告誡，就是要「尊重生命」的信念。這個兒子還再往前一步，把這一切歸入神的計畫之宇宙架構中，而這是受到對自然和季節的觀察所支持的。情感貫穿了所有這些關係，而其間的平行是相當驚人的。這主題是參與，從做農事到成爲傳教士，從輔助自然到分享「神的計畫」。

我們現在要來注意第三個理論上的可能性：就是在人對人的關係和人對神的關係之間沒有必然的關聯，還有，這兩種關係組型是完全各自獨立的。簡單地說，這個理論位置不僅會埋沒心理動力論觀點的活力，也會讓宗教的目的萎縮。假若兩者沒有任何關聯，那麼，宗教的思想和實踐就會和其餘的生活脫節，變成虛假的演練。雖然我不認爲這個理論位置實際上就像它的外貌一樣，但它確實警示了我們：有個奇怪的現象，就是有些人一直努力要區隔這兩組關係，好像它們各自屬於不同的世界。在一個很普通的層次上，這觀點可以在兩個世界間採取蹺蹺板的形式，就是塵世的世界和所謂精神的世界，或是週日行爲和週間行爲。事實上，這個人好像是和兩類不同的對象發生關聯——神明和人類對象——並使勁地讓它們互不往來。這是怎麼做到的？

對這個位置最古典的辯護有賴於一種有趣的對待主體本身的工夫：它把人分裂成互不相干的三個領域，通常是身體、心靈和精神。它也把宇宙動了手腳，就是把宇宙分裂成相應的三部分：自然、心靈與精神世界。毋寧唯是，這些三分法也很典型地被處理成價值的層級，把身體視爲最低下，而精神視爲頂端。有一大堆方便的哲學或神學工具可以將這種區隔合理化。古代的信仰系統根植於精靈主義或泛靈主義，後來還有較爲精鍊一點的二元論如摩尼教(Manicheism)，和被扭曲的柏拉圖主義，各種形式的形上二元論，還有肥大的身心二元論，或善與惡，都可以、也曾經列隊現身爲這個理論位置辯護過。

把內在、外在的現實作乾乾淨淨的切割，當然會有重大的缺陷，無法處理統一性的問題，譬如現實的整體，以及體驗中的主體本身。我們無法充分擬想一套在整體之內可以區分出來，又可以管轄各局部的全形法則。但這種理論上的失敗，經過仔細省思，就不是刪略之罪，而是權限之罪。因爲很明顯的，這種觀點也是爲了適應，或更像是一種防衛、操作，而其施作者是個人或群體，特別在他(們)想要抓牢關係的本質之時。這種切割就是太乾淨、太嚴格地維繫、太嚴肅地宣示。他們明顯地違反了宗教的教訓中與此不同的大部分，也就是在創造之中的連續性、人格的單一性和不可分割性，以及萬事萬物之相互關聯性。

這種位置究竟能得到什麼？其中有很多是聚焦在於死亡的觀念上。人死後究竟會怎樣？是不是可以保證有某種(修訂後的)存在繼續存留？有人認爲這是可能的，只要把生命的終點作些處理就好：人的靈魂、精神或觀念，從身體離開之後，不只會繼續以非身體的狀態存留，而且會更自由，更像是他原本所欲的樣子，更合於本性，更接近神聖領域，而這是從受孕之初的自己所從出之處。這種想把自己和自己的死亡撮合起來的企圖之中有個含意，就是對於肉身存在的負面評價，對身體有所輕蔑，以及可能是對於性功能及其所有從屬官能的恐懼或鄙視。以某種看似高貴的觀點，人就可以宣示說他對於塵世本就感覺不安；以看起來對神的愛，人就可以放棄他對人世的關涉；以對於來生的懷鄉式渴慕，人就可以拒絕對此生此世的投入。「被拋入」世界以及必須面對死亡，乃是對於自戀的打擊，但由這種位置，這打擊得以由幻想來緩衝，就是認爲自己可以輕輕地脫離此世，像一隻迷失的羔羊被牠的牧人帶回家。把生命描繪成「淚之谷」可以既解脫責任，又准許他用不負責的方式說此世只是過渡，他在此表現的只是他的「較低的本質」，免除他的較高的、較持久的本質來參與此世。再加上下一步的玄想，譬如身體和心靈都已被魔鬼所占據，則其在此一理論位置附屬的獲益就近乎無限了。路德曾主張可以把身心障礙的小孩溺死[29]，正因爲有這種魔鬼信仰在他(以及當時的很多人)心中存活之故，使他認爲偏失者都是「魔鬼寄居之所在」。同樣的假定也爲有組織的活動方案奠基，譬如獵巫行動和禍及數代的宗教審判，而這些方案還是由很多浩繁厚重的經卷帙冊所背書的(譬如*Malleus Maleficarum*，《反巫之槌》)，這些東西不僅准許了上述的方案，也爲之系統化成爲「爲了榮耀神」而必要的工作。

你可以從這些歷史的過度中看出：這種位置有個清楚的滿足，就是爲攻擊性提供出口。當一個人否認了聖經上「凡創造皆爲善」的肯定，則人類的破壞性就會如脫韁野馬，殃及其他的人類。同樣的，想把邪惡轉成爲善的企圖，也可以把人在其壽終正寢之前「送回永恆之家」予以合理化，說這是一種慈悲爲懷之舉。

這種理論位置到底應該叫做什麼，其實是無所謂的。但它顯然沒曾被好好地作爲一種獨立的或不關聯的關係理論來描述。相反的，它是一種系統化的否認和合理化的極端實例，其中帶有被壓抑者之回歸(return of the repressed)的種種症狀，包括從被動的攻擊性、抽離此世，到對於世事最殘酷的干預在內。

---

29 L. Kanner, *A History of the Care and Study of the Mentally Retarded* (Springfield, III.: C. C. Thomas, 1964), pp. 7-8. The author mentions Luther's advocating the drowning of mentally retarded children, referring to: *Colloquia Mensalia* (London: William Du-Oard, 1652), p. 387, and *Sämtliche Schriften* (Ausgabe von K. E. Foerstermann, Band XXII, pp. 56 f., 69 f., 70 f.

第九章　和事物[1]與觀念的關係

Relations to Things and Ideas

詹姆斯在他關於「聖徒性」(saintliness)的一章中花了好幾頁來談他所謂的「禁欲的弔詭」。其中包括了貧窮這種德行「在任何時刻、任何信條下都感覺到是聖生活的一種裝飾」，這和「擁有乃是人的本性中最爲基本的本能」之說剛好相反[2]。但他很快就接下去說：這種弔詭會在人一旦記起「高級的興奮多容易把低級的貪欲控制住」的時候，就會消失。這些觀察可能頗有些眞理在其中——至少就目前來看是如此。我們所有的人只要是相信高貴的使命並且也會把收入的一部分捐獻出來的話，就一定比較不會是個守財奴。但是，物和我們對它的關係眞的是「貪欲」和「低級」可以說盡的嗎？我從來不覺得詹姆斯的說法可以令人心安，因爲看起來這是太容易就把他自己在《心理學原理》一書中說得很好的東西一筆勾消。他是說自我意識，或今天我們稱爲認同的，大部分都奠基於物質的自我和社會的自我之上[3]。他把前者描述爲我們的身體、我們

1　【譯注】本章標題中的“things”既可指「事」也可指「物」，在此譯爲「事物」，但在內文中則視其文意脈絡，而各譯之爲「物」、「物品」、「物體」、「某事」或「事物」。

2　W. James, *The Varieties of Religious Experience* (London: Longmans, Green & Co., 1945), p. 309.

3　W. James. *The Principles of Psychology* (New York: Dover Publications,

所穿的衣服、我們的家人、我們的家屋，以及所有的財物，譬如：工具、書本、藝術品等等；而後者則有如我們受到他人的承認、我們的榮譽、名聲、我們所擔任或被逼任的角色，以及我們所受的讚揚和責備。這些都是自我意識的依托點，除了某些戀物者和竊盜狂之外，我們和物的關係大多不會比我們和人或和神的關係更多貪欲。

心理動力論中眾所周知的法則乃是：在無意識的思想中(這不是根據理性的法則)，物和觀念常是人的象徵。在夢中，人物和物件可自由地換位。無生命的物體和看起來非人的觀念，首先都是透過我們所愛的人和我們所需要的基本滿足者而傳達出來。從誕生伊始，物件、思想和人物相互交織於和我們的關係中。其中之一給出另一；其一誘發另一；其一變爲另一的代碼。在早期經驗中，奶水、毯子、清潔和母親總是一起出現。詹姆斯就說：物變成認同的重要代碼。眾所周知的是物給予我們的是舒適、力量，以及一些自由可用來追求我們的欲望。很多物是以禮物的形式來到眼前，因此也就表達了對我們的愛，而轉過來就證明了我們的可愛。當我們要對他人表達我們的正面情感時，我們可以買禮物給他，對他們說些好話，或「給」個微笑。當我們要表示我們的不關心時，我們可以在該給禮物的時候不給。就像韋伯(Weber)在談到新教以及資本主義之興起時，物可以被視爲提拔、聖恩或中選的徵象[4]。

(續)

1950), pp. 291-401. 譯按：有部分的漢語譯本：郭賓譯，《心理學原理》共二卷(北京：九州)。此書是英漢對照本，只譯到第九章(原著共有二十八章)。

4 M. Weber, *The Protestant Ethic and the Spirit of Capitalism,* trans. T. Parsons (New York: Charles Scribner's Sons, 1958). 譯按：有漢語譯本：于曉、陳維綱譯，《新教倫理與資本主義精神》(新北市新店區：左岸文化出

事物和觀念也是恨的對象。對人的恨常會誤置(displace)到動物身上，譬如虐待寵物，或是用踢的、扯的、撕的方式來對待無生命之物。有些熱切的爭鬥常是對觀念與意識型態而發的，而其僨張和懷恨的打擊直如拳鬥。我們對物的態度常以人的語言來描述：我們殷殷對待書本；我們喜歡自己的東西；我們依偎著我們的家；我們愛穿自己的衣服。我們也會鄙視敵人的觀念，但比較中立的人偶爾也會給我們一些「思想的糧食」。喻示就是這樣混在一起。銀行的帳戶在廣告中說得像是孵卵，心理學家則常說我們如何對他人投資。

簡而言之，這次用軍事或電子的喻示來說，我們對觀念和事物的貫注就像對人一樣。我們對事物會愛會恨，會喜歡或不喜歡。它們會讓我們滿足或挫折。它們會讓我們興奮或厭煩。它們會讓我們想起所喜或不喜的人。它們會讓我們陷入某種心情；可以引起恐懼、憤怒或欽羨。我們所寓居的世界中充滿了物、人和觀念，而不論我們用什麼方式把他(它)們區分爲自然或文化、有生物或無生物、短暫或長久的對象，我們似乎有很多的彈性對他(它)們投注心力，使之成爲我們的所需。

至於宗教的公理則是說：信仰者雖然和其他人一樣需要物，但也會偶爾從很特別的觀點衡量他們和非生命世界的關係。在此，他們是受到書本、神職人員、講道、關於神意的字句，以及父母以身作則的影響，後者可能會因爲施捨或宗教戒律的理由而放棄一些自己的需求。或者，在捨棄自己的願望之外他們還可能心甘情願地接受一切與身遭逢之事，或是縱情於各式各樣的滿足，但口口聲聲說

(續)

版，2008)。

他們是領受天父所賜予的靈恩。宗教傾向於對它的追隨者灌輸一些特別的態度來對待事物、金錢、食物、學習以及跟「感謝」、「追隨」有關的觀念，或任何與此系統有血緣關係的語詞。

我們在本章中要探索的是這些對待非生命事物世界的宗教態度如何在人的認知和情緒領域中起作用。由於我們對於這個廣大的世界要用短短一章來討論，因此我們應該選出一些議題來讓我們的注意力可以聚焦：

1.占有物(附身)
2.時間與空間
3.工作與遊戲
4.權威、力量與責任
5.自然與藝術

觀察敏銳的讀者會注意到這些議題其實沒有什麼特別的宗教性。它們只是一些有用的衡量類別，可以用在雞尾酒會的交談和打量，或精神醫療的個案研究。其實，宗教人所想的大多時候和一切人所關切的事物沒什麼兩樣，只是有些時候會用到特別的觀點而已。

占有物

「占有物」(被占有，附身)(possession)是個很有意思的字眼，在宗教的意義下是指神明或魔鬼產生的力量加到人的身上，或住進人的身體裡。精神醫療史記錄過這種古老的信仰，也可延伸到動物把人抓住、住進人體裡，使那個人好像變成了牠們那個物種的一員。長久以來，狼人(lycanthropy)、男色情狂(satyriasis)和舞蹈狂(tarantism)一直和魔鬼附身一起貯存在於精神醫療的分類系統中。在世俗的意義上，「占有物」是指人有能力去持有、使用、丟棄之物(包括人，譬如奴隸)。不論是哪種意思，占有物(附身)都是指一種關係，人在其中和對象之間有很大的親密性、獻身以及力量。難怪在宗教信仰者的心中有些問題會因占有物而起。如果神就是造物主，那人的控制力可以延伸到多遠？有什麼條件？人難道不能擁有太多而變得像個主子嗎？難道熱切地依戀於物品就是從對神的愛走岔了嗎？在私人擁有物的系統之中，對世人的博愛到底可以看得多認眞？

有些宗教的勸勉會要人在原野裡看百合，不要擔憂明天的糧食和衣物，不要搜刮世上的財寶。在社會經濟理論中也有一些回響，譬如普魯東(Proudhon)就相信財產意指盜竊，還有很多烏托邦式的理論也是。他們誓願要貧窮，對個人的需求只要有社群共有的供給就好，也自願拿出自己的物品、禮物來和別人共享。社會史中充滿著各種要將占有物和秩序感與責任感結合起來的意圖，這些意圖中許多都是直接和宗教有關或具有宗教緣起的。

爲了要理解個人，有一點很重要，就是觀察他怎樣處理占有物(他自己的以及別人的)和怎樣會促使他和物品發生關係。他是不是個守財奴，把物品和錢財一直堆起來而不太去想要怎麼使用，或這麼努力蒐集到底是要幹什麼？在那情況下，他好像對於世人都沒什麼信心，更不要說他對神意能怎樣。更且，他的關係組型帶有吝嗇和固執的特質，是很典型的肛門態度，無論對生物或無生物都如此。其他人則是以無動於衷、草率乃至破壞性的方式來對待占有物，對東西的故障從不加修理，把身邊的東西隨便拋棄。這對於他們和人的關係是不是也給了個線索呢？確實的，這種態度之可能，多半是出現於財物過剩，而可用橫暴的態度來對待富有的供給者之時，或是可以寄生的方式折磨他的貧乏物資來源之時。這兩種情況都顯示了自戀的口腔性，常混雜著過度的樂觀主義，認爲世界本來就充斥著滿足。如果對所有的物都是由追求、珍惜和收藏的這些態度來對待，那也會成爲對待人的代碼，但更可能的是，其所有者會從其中獲得洞識，是關於給予和接受之間的差異，因而他會小心接物，正如他會小心待人一樣。

對於占有物的變態意識顯現在一種現象，就是從炫耀和擺架子，到人類學家所描述的北美的瓜求圖族(Kwakiutl)及其他族人的誇富宴(potlatch festivals)[5]。誇富宴是一種宴會，在其中兩個敵對的貴族(也許是部落的酋長)儀式性地互相挑戰，看誰敢把最珍貴的占有物摧毀，於是他們就會想在銷毀的物品數量上一次比一次贏過對方。在所有的這些對物品的態度上，其核心主題就是：如果你有很多，你就可以用承擔得起浪費來嘲笑別人的需要。同樣的主題在賭博上也很明顯，而這可以連結到對於命運的反恐懼態度上。從對於賭徒的說明，譬如像杜斯妥也夫斯基(Dostoevsky)那半自傳式的描述中[6]，很明顯的是，在賭徒和賭局之間的權力遊戲已幾近於巫術的邊緣：賭徒用乞求或逗弄命運女神的方式，希望能把她弄到自己這邊。一個巫術式的大膽或逗弄的因素，似乎呈現在所有引人注目的消費或炫耀行爲之中，而上述這些極端的例子就很明顯地表現

5　R. Benedict, *Patterns of Culture* (Boston: Houghton Mifflin Co., 1934).

6　F. Dostoevsky, *The Gambler,* trans. A. R. MacAndrew (New York: Bantam Books, 1964). 譯按：有漢語譯本：孟祥森譯，《賭徒》(台北市：遠景，1988)。

出：爲何宗教會一次又一次地主張服侍性的觀念，以便能調節人對物的態度，特別是對於占有物。這些對於財物的變態就是把占有物之中所含藏的危險都丟給大膽的解放：把偶像崇拜和對人的奴役都丟給了物品。從這些接下去，宗教很快就會點出其他的邪惡：人對人透過經濟手段所作的剝削，就是把人對人的關係用人對物的連結來替換，也使用「擁有」的這種虛假相似性來轉換到人對神的關係上。

曾有好幾世紀之久，基督教會認爲以金錢透過利息來生出金錢乃是罪惡。但是，雖有律法反對高利貸，卻不能因此遮蔽同樣的教會透過修院和主教管區的方式不斷累積土地的持有權，並由此產生大量的經濟利益。你不能說，對於占有物和財產的問題，宗教提出的答案總是很一致或可以行得通的。立下嚴肅的誓願來過貧窮的生活，以便能追求更高層次的依附，這種生活方式雖有某種高貴的氣息在內，但絕不能稱爲高雅。我們如果記得：宗教對於財物的禁令至少注入了讓人對物不安的態度，且總體而言，這態度和許多倫理與政治的系統是可相匹配的。更且，這種不安也在總體上是和精神醫療的勸誡可以互相調和的。1967年5月13日在《紐約客》雜誌上一則漫畫表現得很簡要，其中顯示了一間精神科醫師的諮詢室，躺椅上躺著一位病患。醫師說：「要除掉你的罪惡感，我建議你兩種辦法。第一，不要看十三頻道(這是經常在募款的頻道)。第二，給他們一點錢。」

如果宗教對於占有物的質問可以成立，人就可以把他和對象的依附關係排成等第順序：神和人居先，然後才是物。宗教所偏好的顯然是「要愛主你的神」然後「愛你的鄰人，如同愛己」。密契者和禁欲者對於占有物引人走入歧途的力量看得很清楚，知道它會搞亂那順序。聖徒般的方丈拒絕他的弟子們所要求的詩篇，因爲他猜測這些弟子接著會要每日祈禱經，然後就會要整座圖書館了。同樣的，美以美會的傳教士知道巡迴書車服務的重要性，而不可由家中的書房和藏書庫來取代，因爲在缺乏占有物的狀況下，人才會維持他對神和對人的忠誠。

這樣的服侍性，其中包括有意地戒除占有物，只有愛好沉思默想、密契修練和對自然欲望已受約制的人，才會有此訴求。對大多數信徒來說，服侍性毋寧更像是對於所有權的校正，或是對於他們已經擁有之物作有責任的使用。這種更典型的服侍性是要求擁有權受到一種反制，就是對已經接受之物抱有感恩之心，對於手段和目的不要搞混，以及受造之物不可冒充造物者的角色。這些都是神學和倫理學上極其重要之事，而這無疑也曾受到心理學觀察的影響，也就是說，長久的滿足比較會從位格(persons)[7] 的關係中產生，不管是人的位格(也就是人格)或神的位格，而不是從物的關係中產生。在此意義下，服侍性就會帶有情慾的基調，並且還進一步承認：物對人可以有助力或象徵延伸的價値。毋寧唯是，它還以愉悅之心來接受創造的充分性，在其中激動興奮，並在其中茁長壯大。在此很可能看見人類的文化和自然的展現成爲連續的狀態，肯定兩者皆善，而且充滿祝福。自然和文化都是恩典，兩者都可以支持人對人以及人對神的關係。

在此基礎上，服侍性成爲一種了悟，知道所有的擁有權只是一種替代的擁有，因此這種了悟也就成爲一種博愛的實踐。不只是像

7 【譯注】“person”一詞在前文中都只根據文義翻譯爲「人」、「個人」或「人格」，在此因爲要和神格並並用，因此特根據漢語基督教神學常用的譯法，譯爲「位格」。

堅定的義務，甚至更像效法和模仿的精神，要和有創造性與聖智的萬物給予者一樣。我們已經注意到服侍性帶有情慾的根源，而我們在此還可加上一點觀察，就是其組型和風格乃是性器人格(genital personality)。給予和接受，工作與愛，滿足自己的同時也滿足對方——所有這些過程就和創意—情慾的行動弭合，而這乃是神和人的行動之中最卓越的部分。

從這樣崇高的制高點看來，我們就更容易看出：對於物的摧毀，或把人、物、獸用來作毀滅之事，是多麼應受到反對！和平教會之信徒反對爲他們的政府去武裝殺敵，他們所服膺的乃是十誡中的第六條誡命：不可殺人。但一點也不偶然的是：這些教會也有很長的傳統在勤於農事，作土地維護，極其節儉，在經濟上保持警覺，所有這些都在表明他們對於占有物的草率和破壞非常反感。總體說來，他們似乎有一種保持、維護和建設的態度，而這態度也可匹配於反敵意、反破壞的總體態度。不過，我們還不能說這種態度組型在每一方面都是成功的昇華，因爲在臨床上值得注意的是：這些信徒在相互關係上常常都顯得冷酷、僵硬，而其中大多數成員又有輕微的憂鬱和自責傾向。然而我們仍可將這種組型抽離出來，視之爲一種大部分主流教派所做不到的成就——雖然他們在口頭上也說要捨棄浪費、敵意與破壞，還特別強調要好好服侍神。

對於物的占有性態度還可延伸到集體財產，譬如教會建築和崇拜用的設備。以實用主義或美感的理由來談建築和教會財產的維護，可能會被投資者的傲慢、因上選地段而享有的社會地位，以及炫耀式的虛榮所擊垮。獨占的感覺甚至可能延伸到神本身，讓他們變成了「**我們的**神」或「**我的**救主」。信仰者很像小孩黏著洋囡囡或填充玩具，把神變成他們的占有物，攬在他們身上，好像它們就是貴重物品。這些人會像帶飾品一樣把神的象徵帶在身上，變成護身符，因而增強其占有物的效應，甚至變成目的。十字架和神像就都遭到這樣的命運。意識到神像會有變成私有財產的危險，很可能就是猶太教戒律反對使用神像的多種理由之一。

時間與空間

巴斯卡(Pascal)承認他的宗教情懷的來由，有一部分是因爲「浩瀚宇宙之永恆靜默」嚇著了他。德國人慣於把廣大的宇宙稱爲*unheimlich*(不可居，不可名狀)，而我們大多數人則認爲蒼穹是可敬可畏。同樣的，對於時間無情地邁步前進，我們一旦對此有尖銳的意識，也會覺得自己會被徹底擊垮，而富蘭克林(Benjamin Franklin)所說的「時間就是金錢」也無法讓人對這算法感到安心。在群體和個體的情緒組織上，對時間和空間的態度都是很重要的變項，而這些態度在此必須加以探索，因爲對於宗教經驗而言也很重要。

在前幾章中我們已經看到古代宗教會製作出很多神聖時間與神聖空間，來作爲神聖與世俗區分的方式。我們注意到時間被區分成兩種面向，就是綿延漫長的*chronos*和短暫關鍵的*kairos*。我們看見沙漠居士、柱頂聖徒、修道士、隱士如何爲了情緒的目的而被古老的三層宇宙觀及其嚴整區分的空間方式所操控；還有被儀式與聖禮的動作所操控，因而使得空間變成了宗教行動的舞台。所有這些例子都顯示時間和空間不只是哲學的抽象概念，而也是具體的經驗，可以引發種種情感。更且，時間和空間也被視爲價值，人不能冷淡以待。

也許，關於空間與時間，最為基本的心理學問題乃是：宇宙究竟是個友善的居所，或是個恐怖的、不可居住的一片廣袤？對於巴斯卡來說它的維度是嚇人的，這也幾乎會讓每一個人感到敬畏。對於安全感來說，時空是個挑戰，並且會引起因應的行為。時間和空間到底如何才能使用，讓那嚇人的衝擊得以駕馭？

答案其實已經給了：要用操控來將它劃分，減小他們的尺寸，讓它們變得比較可信，讓我們可以在其中覺得像家。這樣看來人類對空間的征服似乎進展得還不錯，但時間卻持續呈現出嚴重的問題。遙遠的鴻溝被橋連起來；荒涼的土地被轉化為可以居住的區域。全球的安全已經到了相當高的程度，以致邁向外太空的冒險都有可能。然而，即令空間的舒適有增無減，精神科的症狀諸如幽閉恐懼症(claustrophobia)和空曠恐懼症(agoraphobia)也仍持續顯示由空間而來的深刻不安。人類經歷九個月著床於溫暖而有高度保護性的子宮內層中，卻突然被粗魯地傳送到一個開闊的空間，從此之後他會一直渴望生命起頭之處的安適。結果就是：他一生都要依偎於物體，以致整個家裡擺滿了家具和骨董，連要穿過房間都很困難。安適就被等同於空間上的狹窄和擁擠，而寬敞則會令人覺得冰冷或有禁制[8a]。對於新教堂的建築設計傾向於讓會眾產生強烈的反應，完全偏離理性或實用的尺度，所以會讓人想到，是不是這些意識不到的深層感覺在建築委員會中起著極大的杯葛作用。

美國西南部印地安人所使用的大地穴，就是儀典用的空間，人要通過一個洞穴的梯階走下去，如同在「地母」身上開闢出對於子

8a 【譯注】「寬敞令人覺得有禁制」，其最好的例子就是國家首府前方的廣場，平時都會有憲兵在其周邊站崗。

宮的一個建築複製品。隱士住在洞穴裡，或哲學家戴奧吉尼斯(Diogenes)所住的小箱子也許不是有意識的(女性性質的)狹窄住居，但事實上，他們拿來和家庭生活所交換的獨居小室，不就是他們對於更可信的、更安全的私密住所的渴求嗎？在他的空間安排上，住在大柱頂上的西勉．史岱萊更以傲視群倫的方式極具攻擊性地表現了他的獨立性。他的行爲實含有幽閉恐懼的因素。由此我們可以看出，當崇拜之屋持續遵守著雌性原則建造封閉空間時，它還要邁開更進一步，增加一個高塔或錐形體來增加其雄性的父親象徵，就是「堅強之塔」。

對於空間的鑑識也可以連結到動作上。參訪條堤華坎的阿茲鐵克廟宇遺址的人，對於這個巨大的典禮空間之寬廣的延伸及對水平線條的強調都會有深刻的印象(雖然還是聳立的金字塔)。其中所暗示的行進、走動和一層一層的攀爬在阿茲鐵克的崇拜中必定是重要的面向，而許多信眾的熱情也必定是由動作系統來表達的。要征服空間就確實必須要能運轉和移動，事實上，保守者都被綁在家裡或一小片土地上，然而進取者卻爲了他們的原則而向四處邁開大步，這種線索對於整套的生活風格就會有深刻的象徵意義。如果整個宇宙被視爲友好而善良的，就不難從一地移向另一地，以及讓想像力翱翔起來。

在一個竭力克服聖俗區隔的時代中，雖然古代對於神聖空間的觀念會變得不太有用，但這觀念還是連在一個鮮活的問題上，每一位相信者必須以他自己的體驗爲基礎來與此論出個判斷：神到底在哪裡？對此疑問有兩組體驗上的答案：(1)他「就在那裡」，在外面、上面或底下的空間裡；(2)他「就在這裡」，在人的心裡，或當有兩三個人聚集時的所在。用技術性的語言來說，他是超越的

(transcendent)，或是內在的(immanent)。這就是第三種答案，是由古典的猶太—基督神學所給，它肯定神聖者就是超越的，也是內在的。假若你忽視這種神學在教牧工作上的意義的話，這說法會顯得相當弔詭。但事實上那是一種教育上的設計，並對於人可能在兩種方向上犯錯早有認知，因而也知道人無法和空間的奧秘性談出個妥當的結論，且會因此而陷入巴斯卡的懾服之中。

如果超越的母題推得太遠，則神可能變得遙不可及，因而不能進入人的世界。我們在討論思維的那一章已經見到，人可以遠遠地向他們開槍，因而避免讓他們進入私人的領域；或者他們也可能因爲喪失了和人的相關性，導致他們的死亡。當今「神已死」的神學可以理解爲對於昨日新正統主義的反應，因爲新正統主義對超越性的強調太過頭，還過於使用人神之分，把神幾乎全用「他者性」(otherness)來描述，以致到了不可折返點。而當創造者太遙遠，或睡著，或死去，則有野心的受造之物很自然會反客爲主地君臨於同胞之上。

如果嚴格遵守內在性，則創造者和受造物之間的熟悉度又會淡化兩者間的區別。如果神聖是完全在人之內，像是火花，或一道光線，或其他的什麼形象，那就太容易認爲人之所思、所感、所願、所爲都含有神的認可。缺乏區分和過度驕傲可能變成牽手的伴侶。一種極端的多神論可能就是這樣的結果，在其中每一個人都有(或都**是**)他自己的神。更且，如果神眞的就在人的心裡(或在胸中、在腦袋裡、在血液裡等等)或在一小撮人(家庭、部落、共同體等等)之中，則主觀性就會過度上揚，而把世界的其他部分拋在腦後。

這「在內／在外」的問題，以空間的用語來說，就是在全體與局部之間的關係，或人與人之間的情緒、野心的關係，甚至是現實考驗的問題。那些太過於追求主體性的人，耽溺在情感之中，過度追求內在之光的人，遲早會當面碰上外面的世界，被大片的空間包圍，其中創造者之偉大力量是他們想都沒想過的。他們必須跨步走進全體的觀點，看到其中的光耀，而不是因過分敬畏而致退縮遠避。還有那些把創造者推離受造物的人也遲早會當面碰上他們自己內心的世界，其中不無神聖光輝的證據。關於禱告的諸多論文和研究反覆強調了：在禱告中的人常會覺得迷失，不知自己是在向內在的神聖再現禱告，或是向外在的神聖顯現禱告[8]。他們的困境是可以理解的，而有個很誠實卻又不太理性的答案是：兩者皆然。所以禱告才會使用靜默的語言。一方面這是靜默，言詞不必通過空間來企及外面的聽者；另一方面是語言，這是要溝通，而不只是在自己裡頭、由自己發動、只及於自己的冥想。但也因此需要兩種形式的禱告：靜默而私下的，以及出聲而公開的。在整個宗教體驗中，一方面是強調了內在的一極，另一方面則強調了超越的一極。

當今的時代是鉅觀物理學、微觀物理學，古典生物學、微觀生物學，太空物理學、核子物理學的時代，人類對於空間的觀點已經倍增。令人敬畏的神秘與力量都變得可以得見，無論是在哪種觀點上——從非常細微到非常巨大，從在物之內到在物之外。無可名狀的驚異不只在蒼穹之上，也在電子顯微鏡裡頭。也許到了下一世代，人更加受到這些雙重觀點的教育，對於神聖的內在性與超越性那種陳舊的爭論，以及和禱告歷程的接近，會產生更大的膽量，會更不覺得困擾。

8　【譯注】本句中出現的「再現」(representation)與「顯現」(manifestation)兩詞是作者有意表現的現象學差異，前者用來表示客體的出現，後者則是與客體無關的另一種出現。

宗教對於空間的思維曾經導入人體被靈魂活化的概念，這靈魂可以離開身體，並且在人的身體死後，靈魂就會出竅。這種主題有過好些變奏，從柏拉圖式的*to soma sema*(身體是靈魂暫居的墓穴)到比較瑣碎的觀點，就是靈魂好像某種有翅膀的物質，帶有神的恩典，最終會在天使的引導下進入外太空。這種二元論傾向於鄙視塵世的空間，將塵世視爲眼淚或陰影的谿谷，從其中人可以脫逃出來，而到一個充滿光輝的地方；或是從其中下降到讓人咬牙嚎哭的坑洞去。

在宗教的觀念中，空間的水平向度和垂直向度扮演相當吃重的角色。對神明的名號都會引用高高在上，或至高無上來稱說；對魔鬼則說是卑劣、低下。神和人之間的關係都會被描述爲沿著垂直軸的交易，從地上到天上。在此架構上，幾乎不可避免的是道成肉身就被想像爲神明的下凡，這正是文藝復興的畫家們所描繪的天使報喜(annunciation)景象。基督教的曆法裡有耶穌升天節，接著就是聖靈降臨節：當基督升天時，聖靈就下降。山頂在傳統上是神的居所，而密契的狀態就被描述成顛峰體驗。田立克曾提議說：在一個吸收了存在主義和深度心理學的年代裡，神聖所在之處應從天的高度降到存有的基底，而這說法仍將人神關係保持在垂直向度上。

與此對比的是：人對人的關係很典型的就是被描述爲在水平向度上，或是在同一個平面上。鄰人的意思就是站在身邊、鄰近我們，和我們同一邊。在禱告的人是向下屈身或向上仰望，但在和人接觸時，人是向前平視的。在祝禱時，手是向上舉的，對食物祝福時，手向下伸，但人和人互相握手時是在同一個水平面上。基督教的十字架永遠會被說成最適當的交叉，或是空間的兩個基本向度的結合，以便象徵古代宗教所關懷的愛神和愛鄰人，以及道成肉身。

言詞、手勢和姿態通過世世代代都在這兩個向度上建立了宗教的意義，對於空間直接而無思慮的經驗也幾乎不能另外作出別的意思來。甚至當三層宇宙觀已經被有效地去神話化之後，地面經驗的水平結構仍站在穩固的支配地位上，如我們在前文所見，神的居所已經從某一個特定的地理點解放開來，而現在比較根本的只是在內／在外的謎題，而不是高處、深處的問題了。

在宇宙論的玄想之外，對所有的人來說，空間仍然沾滿著價值和浸透了滿足感。有些人把空間視爲需要征服、冒險和探索的東西，而他們從空間的發現中導出了極大的滿足。小孩子自然是從母親的子宮開始，透過胸脯和懷抱的空間，然後到腿上，如此繼續前進，從圍欄之內到整個家屋，再進入不斷擴大的世界，直到進入成年，能夠和觀念的世界融合爲一，這就更超過地理空間的擴大了。也就是說，他們之所以會逐漸突破前一階段的限制，乃因學會了因應兒童期的恐懼，並受鼓勵去開發新的境界。他們必須信任這個廣闊的世界基本上是友善且可以容得下人的地方，以及從宗教而言，神是無處不在的，而不會只綁在家裡或神龕裡。

爲了說明這種態度，我這裡要提供兩名個案對先前提過的主題統覺測驗第十四號圖卡所作出的反應，就是那張有人看著窗外的剪影圖：

> 這是個年輕人從暗暗的房間裡向外看著月夜。他意識到空間的廣闊，特別是從他那間小小的房間看出去。他看見很多星星。但是，打開的窗户顯示著他是在看那偉大的景象，而不是自己的渺小。我想説，那結果是這個人會變成哲學家，因爲他是在嘗試想出一套生命哲學，其中可以包

含陰沉灰暗的渺小。

在窗裡那個人是男的，剪的是長髮，正在向外看。他覺得被限制在狹小的世界裡。他所關懷的事情也變小了。所以他轉向窗户——看著天上的星星就像在參與一個大世界。他體驗到他和星星所象徵的那個眞實世界有全新的溝通。

其他人則學到把空間視爲不友善的廣袤延伸，或是危險的曠野，人在其中應該取得一個自己可以立足的方寸之地，用圍牆圍起來，防止入侵者，然後要念茲在茲地想著外面是個邪惡的世界。這個立場也有個例子，是一位男性，用的是同樣的圖卡來講故事，他所撥奏的主題就是入侵。故事極爲簡短，顯示他受到恐懼的影響，阻撓了他的思緒，好似讓他的舌頭打結了：

我正要講的是說，這好像是某種的竊盜。他可能正要從窗子跳進去。

這種對空間不信賴的態度也會使神明都變成地方的保護神，或是國家英雄；也同時把他人變成陌生人、外來者或敵人。

對於這兩種基本態度，歷史對我們顯現了其錯綜複雜的結合，而成爲向外移民、流浪、放逐以及追求「應許之地」，所有這一切對於建立一種新宗教而言都是無比的重要。和移民的記憶連結在一起的，乃是聖城的觀念，使得朝聖得以可能，這樣的城市譬如耶路撒冷、麥加、羅馬和鹽湖城。並不是所有原初的流浪都來自於出外的癖好或向外探索的需求；有些群體實際上或心理上是因爲衝突而被趕出原居地。到聖城或聖廟去朝香是個非常奇特的宗教現象，如果你從那巨大的犧牲來看的話——那數以萬計的人要花掉多少錢財、經歷多少艱難才能完成那一趟遙遠的旅程？要和那犧牲來作互相平衡的話，哪裡才能有夠多的滿足呢？有個線索可以在到達目的地後的動作中找出來：親吻或觸摸神龕或聖石。如聖多馬所知，觸摸才是相信。每個小孩都曉得，觸摸就是愛和眞正的知道。每一個人都知道的是：親吻就是合一。這整套心理功能所構成的情結，到了這漫長旅程的終點時，從感知上的確定、認知上的掌握到情緒上的肯定，都找到實踐以及滿足。這行程本身以及其中所帶著的剝奪，不論是被指定的或是自己所加的，乃是對許多緊張的舒洩，也是對於罪惡感的適當贖罪方式，其中帶有一種慰人的確信，就是終於對自己的宗教眞正地「做了一件事」。進一步的滿足源自於知道自己已豎立了好榜樣，可讓別人看齊。如果這個人還有很高的好奇心，則在行程中所提供的滿足就會使他的錢包和動作系統兩方面都得到不少的支出。更且，一個人在此所作的乃是父祖輩們做過或期望要做的，這會使自己的善感增加，也增加了自己和所愛對象之價值的認同。

現在我們該來考慮對於時間的態度，這是和我們所作的解說有關的。在前面幾章中對於*chronos*和*kairos*的區分[9]已經作過描述，而我們也已注意到宗教如何透過聖禮的年度，即透過人生危機所轉化的節慶，來處理時間。時間在宗教上的意義也許沒有人比以撒・瓦茲(Issac Watts)所作的聖歌要描繪得更好，以下所引的一段是根據〈詩篇〉的第九十首的內容所作。長久以來，這首頌歌在新教的

9 J. Barr, "Biblical Words for Time," in *Studies in Biblical Theology*. Vol. XXXIII(Naperville, III.: Alec R. Allenson, 1962).

世界中都是人人愛唱的，可見它說中了千千萬萬信徒的心，所以我們應該來仔細瞧瞧：

喔神是我們長久以來的幫助者，
是我們未來長年的希望，
是我們在風雨侵襲時的遮蔽處，
也是我們永恆的家。

站立在層層山巒之前，
或在受其支撐的土地之上，
永永遠遠地，您是神，
到永恆的年代也依然如此。

千代萬代在您眼中
有如一夜過去；
短暫如錶上黑夜終止之時刻
在太陽升起之前。

時間，像永遠滾動的水流，
背著它所有的兒子離開；
他們的飛翔被遺忘，如同夜夢
到天明之前就消逝。

喔神是我們長久以來的幫助者，
是我們未來長年的希望，

願您護佑我們，當生命總要結束時，

仍是我們永恆的家。

如果我們不在意重複的話，這首頌歌裡出現了十七處時間的字眼。其中顯現的永恆像是綿長的延伸，向後也向前，還提及宇宙的時間，透過的是人類時間經驗的喻示。時間如同水流，無情地往一個方向流逝，暗指著記憶，並與希望有關。它把希望淀泊在有歷史的時間觀點中，並以「永恆的家」來給予內容。這個內容的指定其實是相當模糊的。它會讓人心自由地把「永恆的家」看成起源點，或是未來的目標；事實上，它留了個空間來包容兩種觀點，同時也還可以提供給現在當下運用。

對這首頌歌的所有字眼確實有很大的聯想自由，這也確實是它得以流行不墜的原因。但很多人忽視了一個事實：那看起來像是幻想的自由，但對於〈詩篇〉作者和瓦茲來說卻實際上是最好的節制。他們兩位都拒絕去臆測他們所提及的永恆之內容。然而千千萬萬的人都會要求他們的宗教對於短暫的生命給予更具體的安慰，並且還透過個人的幻想，以及集體的臆想，來尋求死亡之後仍得以重生的圖像。雖然會從負責任的神學規條來作節制，宗教的訴求大部分還是因爲它給予信眾有機會操弄時間概念，而至於可爲他們自己保有生命永遠存留的地步。相信人會死，對於人類的自戀來說，乃是最大的打擊。一個人的偶然性證明了自己是被拋投到世界上，且最終會在非自願的情況下被推送出去，這樣的事情實在令人難以面對。人很努力在否認或壓抑這種思想，只要人可以的話。由此，生命的終點被變爲一種轉化、過渡或重生，對於來生的形式或是在宇宙中將會占有什麼新空間，都會有非常特定的幻想。

然而，這種對於生命邊界的操弄傾向似乎並非公平地分配給同一物種中的所有成員。說眞的，不死的願望曾經被標舉出來，成爲宗教動機的最大根源。「超越」("beyond")常被用來描述神明或宗教的本質。你可以從這個字進一步推論說：

它所帶著的情緒意味其實是指「超越墳墓」。但對於宗教人或非宗教人的研究，像費浮(Feifel)[10]所報告的，對宗教有宣誓的人比沒有宗教聯繫的人更懼怕死亡。後者比較會就事論事地看待死亡，對於生命之不可改變的事實比較認命，他們對死亡所害怕的是自己所愛的人會被拋在後頭。費浮的前置研究會強化了許多觀察者所共有的一種懷疑，那就是在對宗教的需要和怕死之間，有任何確定的函數關係。這個研究的其他特徵指出宗教人的恐懼不只源於一種不確定——死後究竟會碰上他應得的報償或碰上最後審判——眞正的關切應比這些還要深刻得多。

在存在主義的影響之下，很多人對於人類可以從死亡移開注意力的傾向採取鄙視的態度。這個思潮所激賞的是一種陰森的英雄主義，敢於當面逼視死亡。當對死亡的拒斥變成過於罔顧適當的現實考驗時，存在主義式的英雄主義也會導致過度專注於死亡，而致耗損了生存的資源。這類意見雖然很多，但其實沒有任何實徵研究資料能讓我們肯定地說：對於死亡的態度會影響生活的形式；或是相反的，生活的形式及其發展的階段會影響對於死亡的態度。但我們對於一些事件有足夠觀察的話，即可得此暗示：時間觀點在一個文化內有很大的差異，會跟著年齡而變化，會受到生理、心理病況的

10　H. Feifel, "Attitudes Toward Death in Some Normal and Mentally Ill Populations," in H. Feifel, (ed.), *The Meaning of Death* (New York: McGraw & Hill Book Co., 1959), p. 121.

影響，並且會累積成爲宗教或倫理上的價值觀。

我們從直接的經驗都知道，時間在我們感到厭煩時會流動得很慢，而感到興奮時則會流得很快。根據一些報告，在某些密契狀態之中，時間會像風馳電掣般往前衝；用來描繪密契狀態的語言否認了過去和未來，而會讓現在變得很「厚」或很滿。艾克哈特大師說：

> 這個(靈魂的)代理者和別的事物沒有半點相似。它對於昨天和前天，以及明天和後天都毫無意識，因爲在永恆之中根本沒有昨天也沒有明天，而只有現在，就像千年之前，或像千年之後一樣，如同這個片刻，如同死後都一樣。
>
> ……人的精神不會休息。它只會向著漩渦直捲進去，捲入精神所發源之處。
>
> 在這種高昂的狀況中，(靈魂)會失去她的自我，會漫渙地流入神聖自然的統一體之中。[11]

「向著漩渦直捲進去」和「漫渙地流入」這些都是典型的速度語言。詹姆斯引述一個取自弗盧努瓦的個案，這個人企圖要檢查他自己的靈入狀態到底可以延續多久：

11　Meister Eckhart, 引自W. T. Stace, *The Teachings of the Mystics* (New York: New American Library, 1960), pp. 153, 155.

……我一直哭了好幾分鐘，我的眼睛都腫了，然而我不希望讓同伴們看見。這個靈入狀態延續了四到五分鐘，雖然當時在感覺上的時間要長得多。我的同伴在路口等了我十分鐘，但我卻用了二十五到三十分鐘才重新加入他們，我記得是這樣，他們說我讓他們留在後頭大約有半個小時。[12]

密契體驗顯然是相當滿的，因此它的延續在主觀上會被過度高估，這是另一種方式，用來說時間在這事件上的速度比較快。另一方面，對於密契體驗的說法也指出物理上的時間與此是不相干的。赫胥黎曾報告過他自己服用致幻劑梅斯卡靈(mescalin)會好像(時間)「有很多」，而他的體驗是一種「無限綿長或是另一種永恆的現在，由一種不斷變化的啓示錄所構成」[13]。

時間在自然區分中的過去、現在、未來觀點，可以產生有選擇性的導向，變成一個人相當重要的性格特徵。有些人可以說主要是過去導向的：他們面對現在處境時是帶著沉重的記憶包袱，也常習慣向後看以便形成比較、發現靈感，或找出是非的常規。許多宗教中都有格言式的保守主義，表現在一些個人身上，他們習於貼緊老教條，和祖父母時代的頌歌，用《聖經》時要用舊的翻譯，並常談過去好日子裡的道德，還說當時的人比較有宗教性。

記憶在悔疚中變成一種負擔；同時日子和星期都像是海水退潮，直到他們完成補償爲止。

關於嚴重罪疚感的經典小說，譬如杜斯妥也夫斯基的《罪與

12　W. James, *The Varieties of Religious Experience* (London: Longmans, Green & Co., 1945), p. 68.

13　A. Huxley, *The Doors of Perception* (New York: Harper & Brothers, 1954), p. 21.

罰》，當你在讀它的時候，會覺得在犯罪與告解之間橫跨了很長的一段時間；但在解析其情節時，你會發現故事所包含的日曆時間其實要比你想的要短得多。這和憂鬱症是一致的——其中的思想之流充滿了經驗中的老舊材料。這些並不受限於實際上的舊事件，而是包含著一整套的事實、壓抑、合理化、改善的承諾、扭曲、懲罰的期望，以及各式各樣的因應之道在內。我記得一位五十八歲的患者，由於一場自殺企圖而被收進州立醫院；好幾個禮拜，他的腦袋裡都塞滿了他自己在二十出頭時所做的一件不道德事件，就是他用了他老闆的郵票寄了他自己的三封信。後來他在說這故事時，無疑是受到他自己現在幾件不同事情的罪惡感所扭曲，而他已經用三張郵票寄還給他老闆而償清了債務。但他就是不能把這事情從心裡拔除，因此在往後幾天裡，他又寄了三七二十一張郵票到老闆的辦公室去。就算這樣，在他自己眼中，他也還是不能抵償罪過，所以後來他寫了一封匿名信，解釋了他為何又在信裡裝了二十一張郵票。後來這封信的匿名本身在他腦子裡死轉個不停，但這並沒有促使他進一步作出什麼事來，後來他顯然可以把罪惡感壓制好幾年。他是個虔誠的人，是他們教會的一根支柱，行為非常拘謹，所以你可以想像，他會有強迫症的思想方式。他的整個生活都是從內在來觀察，他活動得相當緩慢，對於自己未來的展望，幾乎完全被過去的思想所阻滯，而他無法將這思想解除。

這一個案的片段告訴我們的是一個關於罪的老舊故事，把罪放大到不能補償，這竟是個顯然很有道德修養的人，只是這樣的完美主義使他們根本無法接受恩典。我們將會在下一章中討論到更多的細節，但在此必須先強調：這種生活處境的動力顯示了一種屬於個人時間感的前後一致性。罪惡感(不論是何種來源)把人綁在過去，也把過去變得愈來愈大，因為記憶被多次反芻以致他無法把這事情置諸腦後。強迫症是一種走入死胡同的思維歷程，把可以用於當下調適的能源耗盡。因此目前處境中的新經驗變成太過貧乏，無法矯治過去的錯誤，無法幫他解除罪惡感。通往未來的路徑被過去未完成的工作阻斷，這個人沒有精力和熱情可以讓自己去探索未來所隱含的任何冒險。事實上，他害怕未來，因為他學到的是活在不太有希望的生活中，而致慣於誤將懲罰當作寬恕。最終，這個人還以自己有罪的過去當成一種驕傲，而頒授給自己一種特別變態的「偉大罪人」之封號。很不幸的是，宗教的語言之中就包含著一些語詞和典故，足以擊敗宗教本身的遊戲。使徒保羅在他給羅馬人的信函(〈羅馬書〉6：1)中就正視了這個可能性，他以不太好的修辭問道：「我們可以仍在罪中，而叫恩典顯多嗎？」雖然他以斬釘截鐵的方式回答說：「斷乎不可！」他顯然知道有些信徒會把一個合理的命題扭曲成奇怪的合理化，且竟使用了有虔誠意味的語言。

強調現在作為基本的時間導向，乃是猶太—基督宗教主流中最重要的關鍵。現在就是行動、奉獻和承諾的領域。那就是能使愛和兄弟之義得以顯現的時間。那也就是能讓倫理得以演練的時刻。強烈的正面情感，譬如歡愉和高興，所指的乃是此時此地，不像焦慮之帶有期望的面向，也不像憂鬱之受到過去的牽絆。基督教的忠告是不要為將來而煩惱，或被過去所束縛，而要過每一個日子如同那就是「滿滿的時間」。這種對於現在的正向而創意的取徑，應該和無思無慮的耽溺於現在區分開來。後者乃是由嬰兒的尋求享樂所發生的，它既沒有遠見也沒有從過去經驗中學會什麼；整個強調的都是此時這片刻驅力的滿足，而不顧一切後果。也許更好的看法是不把嬰兒的享樂症候群視為對現在的時間導向，而是把它視為一種由於碎片化而導致時間觀點上的深刻困擾。在這狀況下，時間缺乏流動；內在的時間動力破碎成一時一刻的點滴安排，因而無法連貫。相對於這種狀況，宗教的律令就是開始關照並採取批判的觀點來看待個人的過去，以便看出其中的鄙陋之處，並要個人自己對此作個交代。責任是眞正導向現在時刻的關鍵；在對於現在的破碎態度中，其實裡頭含有顯著的不負責任，以及非常明顯的現實考驗之缺陷。

正如過去可以受到壓抑及扭曲，現在可以被孤立及浪費，未來也可以用許許多多的方式操弄。雖然人會讚美能朝向未來的人，爲的是他們持有理想主義或具有不可抗拒的歡欣快慰，但很重要的是：你仍得採取批判的角度，來看待其中對於未來的特定價值何在。並不是所有的朝前看都具有建設性。

在整個生命中，朝前看可能是願望實現之後的渴望。當生活比較困苦或淒涼時，把個人的願望投向未來並期望在幻想中獲得滿足，那是生活的一劑有利的解藥。那些現在受壓迫的人會希望以後有天堂；對於他們的壓迫者則樂於見到他們的命運與此相反。雖然這是平凡無比的主題，宗教的批評家們也善於如此指出，但你可別被錯引到另一個方向上，以爲這只是個稻草人。未滿足的欲望確實會製造渴望，而挫折也易於誘發攻擊的情感和報復的幻想。奇怪的並不是未滿足的願望到時候會投射出來，而是成千上萬的人都能很耐心地接受他們的難堪處境，學會拖延他們的需求，直等到宗教領袖出現，只要他登高一呼就可以一諾千金。1930年代是經濟蕭條的時代，波乙森對於人們在那時對於其他世界的傾向感到非常震驚，他在1939年寫道：

……在查塔努卡的神的教會集會時，十一首晚禱的頌歌中

> 就有九首具有他世的主題。其中各首的第一行就是：「靈魂之家就在彼處，」「當我們跨越大分水嶺，」「有些人會被遺留在後。」在某時有個七歲大的女孩唱道：「我將不再覺得此世是我的家。」檢視他們的頌歌集可看出一百七十首中就有七十五首是和來世有關的。

我們在第六章中已看出，愈多的幻想被編織出來，就愈可看出其中只是純粹的巴望；而其中愈多只是從當下生活經驗之中推出的欲望，則對於諸神也愈會要求他們傳來所欲之物。事實上，從這種前瞻的方式來看，未來並不是開放的，而是被所要求的事物塞滿。

第二種對於未來的態度來自於抑制、怠惰或意志的困擾。未來可視爲一個蹉跎的領域，或是蹉跎的理由。每件事都拖延，拖到明天，或推到一個尚未要求行動的時間。這種的未來導向源自於一種現在感的困擾，在其中，人是居於一個無所投入之處，沒有積極性，沒有把遐想或沉思轉變爲能完成的行動。從情慾的觀點來看，這就像是只停留在前戲的階段；從攻擊性的觀點來看，就好像是一陣無能的怨懟。有些時候遐想是夠漂亮的，而沉思也顯得很高貴；其中甚至有時含有對於聖名的默想，或甚至是在字義上的奉獻。對於明日的計畫，在思想中進行，有可能接近於兄弟之義或烏托邦式的規模。但沒有一步是眞正踩下去的。在文學上對於這種心態有個古典的範例，就是岡察洛夫(Goncharov)的小說《歐布洛磨夫》(*Oblomov*)，故事中的主角不斷在做漂亮的計畫，但就是從不實行。在他自己的方式上，他是個親切可人的人物，但也是個可憐蟲，除非讀者太過度浸染在基督新教的倫理之中，否則他就無法忍受任何懶散的生活。

這種會導致蹉跎的抑制作用有時是被宗教單面強調的禁制所調教出來的。當一個小孩被太多禁忌所包圍時，當罪潛伏在每一個角落時，而當教育的規矩總是「不可以」、「汝不該」之類種種時，任何行動都帶著危險，以致一個人最好是盡量少做事來求得心安。律法主義的安息日所需遵守的規矩以及藍色法規(Blue laws)的體制不只創制了許多令人厭煩的事物，也隨之帶來各種恐懼並導致普遍的抑制。以某種更微妙的方式來說，過去「耶穌會怎麼做？」的崇拜會導致行動的僵滯，以及投入一種不經心且陳義過高的目標：當一個人不能和耶穌那深思而高貴的行爲相配時，他可能放棄所有的嘗試。人必須避免投入的危險，以致一個人最好的意念都只能保留在計畫中，留給明天再來思考，還有明天，還有明天。

我要描述第三種態度就是關於未來之爲一種希望。和第一種導向相比，就是把未來塡滿各種期待的願望，這種充滿希望的態度會把未來開放著，也讓其內容維持未定。一個人所接受的信仰若只是死亡，像生命一樣，都早在神智之中——假若一個人相信有創造者的話，這就是其信仰中相當樸素的假定。對於這種信仰，用平實的宗教語彙來說，就會用到像「允諾」、「更新」、「重新創造」或「再生」，之後再帶點警告，就會使其內容不致過於早熟地固定下來。這種態度把神聖允諾的「新生」看成一種善意，相信所有的事物最終都會往好的方向轉變，而不像是下一份訂單來遞送某種特定的物品。因爲你必須知道神的可能性，已經肯定是創造者，具有一切創新的能力以及適合神聖性。更且，把神聖性肯定爲終極權威的力量，那就會變得有點多管閒事，譬如說把一個人願望的強度跟他最後的完成其志定爲有罪。無論怎麼說，面對著開放的未來，意謂人可以面對它而帶著某種程度的好奇心，相信其中有新意，而這是過去和現在都未曾顯現的。從這種對於未來有希望的態度中所獲得的滿足，就不完全是空等的期待。既然希望所建立的信賴是在兩造間相互為善的，則其滿足是就已經是現存的——是和成熟的性關係中所具有的滿足一樣，在其中的兩方是透過心情、靜靜的溝通，以及微笑而相互享有。

很顯然地，轉往希望的未來要遠比轉往巴望的未來要困難得多。我們在第四章談到一位無線電廣播中的傳道者，他拒絕接受一個房間，因為詹姆士王欽定本[14]上說的是：「在我父的屋裡有許多華廈。」我們在第四章裡也看見在信賴與緊張之間，末世論者的思維對每一位虔信者來說都太多了，因此末世論就傾向於陷入啓示錄，在其中情慾和攻擊性的巴望就變得甚囂塵上。很多這類巴望都來自於承諾，或神聖承諾被當成什麼來獲取。而這又轉過來靠個人經驗中有力的人對自己做過什麼承諾，或是誰曾經向我們要過什麼承諾。

一個承諾，就像希望一樣，是對於未來所簽的一張支票。在希望中意圖或是態度的優雅之意必須與內心的誠意和內容的整體性一致。一旦承諾的內容是用十足的細節所作出，它馬上就會變成一種貧弱的現實，因為沒有人對於未來能那麼有把握。承諾不是預言。一個小孩如果對他的母親承諾將來她老時會給她一間豪華的大房子以及每年二萬五千美元的收入，那他就一定會食言。但若一個小孩對母親的承諾是說：將來如果有需要的話，他會給媽媽最好的經濟支援，這樣說，他就很可能實現這承諾，因為那是一種誠心的關懷，可以用很多種不同的方式以及高度的自由來實現。婚姻的誓言也是這樣；不能連要生幾個孩子或會保哪種人壽險都先說出來，而

14　【譯注】「詹姆士王欽定本」是指基督教《聖經》公認的最權威版本。

是要在意表現整體的心意，說出兩人要相愛，要同甘共苦。

同樣的，宗教體系常會讓他們的神聖人物作出太多承諾、太特定、太具體。但聖保羅對於現在和未來所作的比較中，含有可敬的整體性和模糊性，他說：「現在我們透過玻璃看得模糊不清，但到那時我們就會面對面。」[15]這個句子含有很多限制，而其中的承諾只是一種能看得更清楚的誓言——而非打光照著看得見的對象。這和歌德所說的最後一字可以相互比擬，他說：「光！」但當神聖的承諾被說得好像天堂的玫瑰園，或悠閒歡樂的生活就像可以在店裡買到一樣，你就得懷疑：那是有人把詐欺的手法用到神的身上，並且是掉回到空想裡頭。

工作與遊戲

佛洛依德認爲愛和工作是維持心理健康的兩種首要歷程。對於工作表現出這麼積極的態度，這可不是人人都能共享的。工作常被人視爲一種詛咒，而爲了支持這種主張，在宗教上不論是敵是友都慣於摘述〈創世記〉第三章第十九節：「你必汗流滿面才得餬口，直到你歸了土……。」但只摘述這段神話般的句子，就太輕視了工作之中所蘊含的深刻的曖昧性，因爲在〈創世記〉第二章中，甚至在墮落之前，亞當已經得了明確的工作指示，不管有沒有流汗。重點是：在宗教觀點之內，工作是既受責難也受讚揚。把工作賦予榮耀是在清教徒倫理之中的一種可能性，而且在文明史中還來得滿遲

15　【譯注】聖保羅的這句話出自《新約》〈哥林多前書〉13：12。其中的「玻璃」或譯作「鏡子」。

的。在基督教中它也是很晚才產生的詮釋，我們應該將它視為不只是一種企圖——也就是向創造者與供應者(也就是工作中的神)作積極的認同——同時還企圖要逃離和克服魔鬼，而魔鬼施展最大誘惑的機會就在於人的懶散之中。有句古老的諺語甚至說：懶散乃是魔鬼的枕頭。

安息日是休息的日子，是模仿希伯來的創造神而來的。在那一天，所有的工作都不可做——但聖禮卻是那一天所做的事，也就是說，那是意指「人所做的事」。古代文本和頌歌提倡*ora et labora*，就是要禱告和工作——但是米沙連教徒(Messalians)，也就是一種源起於4世紀敘利亞的一個教派，卻極端鄙視工作，他們認為禱告才是作為人的唯一正當行動。像保羅、奧古斯丁、佩拉鳩斯(Pelagius)，和路德這些名字，從宗教觀點來看，都足以暗示關於工作所具有的深刻曖昧性：就是在單數的工作(work)和複數的工作(works)[16]之間具有充滿情緒的區別。那些複數的工作(即作品)受到鄙視，因為據說它們具有能「買」到救贖的力量，然而那些「工作」其實就是指儀式和典禮！

遊戲看來比工作走得更辛苦。在宗教教育上有些狂熱信徒會無情地在地方教會中制定整年不停的教學計畫，他們為自己辯護的方式是：「神沒有假期。」其次，這種宣稱難道不是完全鄙視遊戲，也把休閒完全剔除在創造之外嗎？在第七章我們注意到聖禮和儀式本身之中就帶有很強的遊戲性質。而休閒一字的字根就是創造，這完全不是意外。事實上在耶和華的天地創造神話中，也顯示神本身在生產天地之時是很好玩的，而不像在近東的類似神話中，神要辛

16　【譯注】「複數的工作」(works)含有「作品」的意思。

辛苦苦地編織世界或像陶工一樣地燒製各種東西。還有什麼東西比神用言說來創造事物要更好玩的呢？

對於遊戲的態度受到很多因素的影響。把遊戲等同於懶散會讓遊戲變得很不認眞且形成浪費——或更糟的是變成惡魔的戲弄。把遊戲等同於童稚的活動會把遊戲變成一種不成熟的消遣——或更糟的是帶有不能像成人般工作的失敗意味。把遊戲等同於娛樂在某些人看來就會是低級庸俗。事實上，動物都會遊戲，有些人就以此而把遊戲當作是野蠻的證據，比起萬物之靈的創造眞是低級多了！遊戲有時會被連結到不用心，是所謂認眞工作的相反。遊戲也可以和好玩連在一起，但一個陰沉憂鬱的人可就無法認同了。「不要玩，去工作！」是一種勸誡，也傾向於在一個人的成長過程中變成超我的一部分。受過教育的人相信遊戲的權利(玩一下子，算是人類弱點的一點放縱)是要用努力而緊張的工作才能換得的(工作要拉得很長，直到停工的時刻爲止)。

這些態度的某些線索是來自於人認定神是在做什麼。當奧林帕斯山上的諸神在宴飲和做愛時，猶太—基督宗教的神則被強調是在努力工作，他那嚴肅的舉止、他認眞的關切，和他那無止無盡的生產力：首先是創造天地，其次是創造神的道，接下來是救贖的工作，最後還有更新一切未完成的工作。這些都是人在聖書上讀來的，也在頌歌中唱念的，也在布道時一直聽到的。而恩典，也是人人可能聽到的，卻被嚴肅化到超過人所能自發的認知，其中也沒有什麼好玩的、愉悅的，或是恩寵的成分。如果要讓費爾巴赫(Feuerbach)早期那個關於投射的假設成立[17](他比佛洛依德早了大

17　L. Feuerbach, *The Essence of Christianity,* trans. G. Eliot (New York: Harper

約一百年)，那麼，在神是工作，在崇拜者則是不斷勞動，兩者都像忙個不停的蜜蜂，並且對遊戲一定嫌惡不堪，這兩者間的相似性確實是極為切題的顯現。

這整章的價值，就像它所該有的，應在於能辨認出：對於事物與觀念的態度和對於人的態度是交錯難分的，而人對於事物和觀念所要求的，無非就是滿足。工作和遊戲應該能讓人愉快，或說，假若工作是由現實的要求和良心所強加於人之上的，那麼它也應該只造成最低的痛苦。因此工作和遊戲有很多理由：基本欲力的、攻擊性的、能提高能力以及自尊的、源自於自我本身作為調適器官的良好功能、來自良心的勸勉，以及為了能對應自身內在的理想等等。回過頭來說，這些理由就是受到宗教思想或宗教教導的影響。

舉例來說，很多類型的工作會得到情慾的滿足，不論是覆蓋著薄薄的掩飾，或是帶有高度昇華的形式。護理、餵食、照料和清洗等工作可能出於本能，但是這一類工作型態中常對於同胞流露出的高貴的善與愛的情操，所以只會受到極少量的社會約束。宗教對此是完全贊同的；事實上它就是古典教會辦公室助理工作的縮影，並且有不少的修會組織接受這類功能來作為他們的志業。宗教對這類功能的嘉勉會更加彰顯，如果參與這種工作是為了維持孝道的關係的話，你站在父母親的觀點來看待此事，就更能理解。在土地上耕種或栽培果物可以視為有助於聖道，因此成為宗教聚落最上選的活動，從早期的兄弟會社和門諾教派直到當代蘇格蘭的愛奧那團(Iona community)都是如此；而這種工作中所得的滿足有很大一部分就像父親領導眾兄弟一起耕作之中同甘共苦的意思。愛力克森曾

(續)————————————

& Brothers, 1957), pp. 29-30.

經指出路德對於歌唱的偏好，以及後來歌唱在宗教改革傳統中所占有的重要角色，很難不連結到路德身世的童年時代和母親的關係所沉澱下來的經驗[18]。

從另一方面來說，工作中的欲力元素可能正是宗教對於某些工作採取禁制態度的原因。譬如娼妓就是一個顯例，即令它在古代的神聖儀式中有其角色。在實際上更重要的是宗教對於酒館、馬戲團，以及世界上大部分的娛樂業和藝術界都很嫌惡，這信念的基礎是：大多數這類工作及其環境，說得好聽就是愚不可及，而說得難聽則是縱情聲色。對於虔信者來說，這些工作中滿帶著衝突，甚至連在旅館工作(雖然每個房間都擺著基甸版聖經)都隱隱帶有誘惑的色彩，有如德萊瑟(Dreiser)在《美國悲劇》(*An American Tragedy*)所作的生動描寫。而因爲具有放縱於情慾誘惑的危險，所以「遊戲」有時就會被用爲一個帶有貶義的字眼，來指稱一切走在情慾邊緣的工作。「工作」是保留給神聖、完整、努力而有時會有點無趣的事情；至於「遊戲」呢，就在撒旦國度的邊界上。

在整個歷史上，「汝不可殺人」這條誡律並沒有強大到可以防止人對人的謀殺，或在戰場上對成千上萬的人進行屠殺。但在另一方面，它倒是個夠強的辯詞，可讓和平教會的信徒用以免於服兵役。它也可徹底地執行，譬如像史懷哲在蘭巴瑞尼(Lambarene)的醫院裡，連蚊子和其他的帶菌傳染物都可以忍受。它也可以被完全掃除在宗教地盤之外，譬如在宣示展開「聖戰」時。帶有這麼多宗教的(和世俗的)攻擊性的曖昧含意，所以不難想見：工作和遊戲這

18 E. H. Erikson, *Young Man Luther, a Study in Psychoanalysis and History* (New York: W.W. Norton & Co., 1958). 譯按：有漢語譯本，見第一章，注47。

個組合中的攻擊性會對上極多不同的宗教評價和反應，其中有些會帶著點非常精微的調子。偏激的和平主義者反對軍事行動中的攻擊意圖，並宣稱不只要豁免於戰鬥任務，還拒絕在國防工業中工作，也不願爲支持國防而繳稅。其他人就只是拒絕參與戰役，但願意在每場戰役之中或之後照顧傷患，只要不叫他們去拿槍就好。有些實驗室的物理學家會對於自己的科學發現中所具有的破壞潛能而深深自責——其中有些還提出感人的質問說：既然人類都具有攻擊性的傾向，他們在基礎科學上所追求的東西是否可以在倫理上和應用科學的方面區分開來？

有些東西在工作和遊戲中和攻擊或敵意對上的時候，會和宗教良心產生不和諧的現象。譬如拳擊是否眞的可以視爲一種可接受的運動？「運動」這個語詞眞的可以應用於血腥的打鬥嗎？賽車帶有高度自我毀滅的傾向，這也可以放進「一切都爲了榮耀神」的說法之中嗎？一個宗教人在槍械工廠中工作，難道不會產生內心的衝突？參加有獎的擂臺賽，或在馬戲班表演肢體扭曲來娛樂大眾不也一樣？雖然這些問題的答案不會是清清楚楚的是或非，但宗教在這方面總可以成功地讓人對這些攻擊性的職業產生不安。他們會堅持說在工作和遊戲中，攻擊性的手段和目的都相當可能中性化，所以攻擊性的能量都可以導引到就算不夠建設性，至少是比較能讓人接受的形式中。現在的傳教工作都已不准許鄙視各地的習俗，或對各種非西方的本土宗教採取輕蔑的態度。從前他們跟隨著帝國主義的腳步到處入侵，去改變別人的信仰，現在則變成和平的文化諮詢者和教育者。工業的剝削和壓榨在宗教觀點下一直是染有污名的，如果這整套事業想要變成比較可以被人接受的工作，那就得使用一些福利的措施來改頭換面。在另一方面，大部分的服務業和照顧性的專業都很仰賴宗教的讚許，不只是因爲他們所作所爲會因此而含有「善」的意謂，也因爲可以避免或減輕其「惡」的意謂。

然而有一種令人尷尬的歷史連結，把「新教的精神」和「資本主義的興起」連在一起。不管你對此作何詮釋，其中至少包含新教對於競爭、比賽，以及在企業、法律和政治上的征服都有高度的寬容。顯然這些形式的攻擊性是可接受的生活形式之一部分，而只有少數大膽的道德十字軍會偶爾對他們提出質問，但也很難說服他們的整個教派都接受這樣的立場。在此時，這種宗教或倫理上的譴責有一案例就是對於少數族群的住屋問題提出公開的呼籲。美國的有些主流教派會對於房地產業者提供一些很有技巧的規避之術，以免讓他們背負起解決這種深刻社會衝突的責任，而其中只有極少數敢於公開宣稱他們的意圖或對他們施加壓力，讓人改變態度。當今關於攻擊性還有另一個議題是關於死刑的問題，以及公民即使用不著也可以任意擁有槍械，還有傳遍於法庭和監獄的報復主義，加上對於兒童的家庭暴力，和愈來愈流行的狩獵活動。卡爾・梅寧哲(Carl Menninger)[19]曾經分毫不差地看出一些證據，說明了很多看起來和平的人，其實是深愛著攻擊性的，也不願從他們的野蠻行爲中退縮下來。雖然有很多宗教的信條反對殺戮、傷害和折磨別人，但攻擊性本身的曖昧還是持續存在，即令在非常投入宗教的信徒之中。

宗教對於工作和遊戲的態度還受到第三個因素的影響：由能力、成功和自尊當中所獲取的自戀滿足。對於一件好好做完的事

19 K. Menninger, "Toward the Understanding of Violence," *Journal of Human Relations,* XIII (1965), pp. 418-426.

情，或完成一樁困難的任務，從其中一個人究竟應該對於自己的能力感到多少的自信？能力在什麼時候會變成驕傲？而驕傲又何時變成矯矜自喜？很多宗教的書籍和小冊都在反對崇拜成功的偶像，反對人們一味稱頌穩定的加薪，因爲這會和能力合併成偶像，而這些其實是千千萬萬住在郊區封閉環境中的「好教徒」都會有的心態[20]。什麼時候經營管理的知識會威脅甚至否定人的受造感？在宗教的觀點上，關於這種自戀滿足的問題其實可以劃出一條界線，用來區分人們對於成就的驕傲和對於能力的感恩。後者的態度把人的精力與技能看成恩典，而對此能善加利用，就表示那是一種神的選擇，或是特別的恩典。基本的問題在於：要把這種工作的能力指認爲來自誰或來自什麼？還有，這種成就的產出究竟是基於一種自主性，或是基於一種服侍的精神(也就是代理的產出)？詹姆斯在寫給威爾斯(H.G. Wells)的信上說到一種「道德軟弱無力的症狀，實源自於只會崇拜那隻母狗女神——成功」[21]。宗教家既然隨時在防止偶像崇拜，就會害怕那種過多自尊的症狀，也會以強調服侍性來與之對抗。人的自主性只是一件相對的事情；如果它變得自我完足，那就會取代了所有美善事物的創造者和給予者。

在這一點上，我們必須作出一種臨床上的分野，來區辨所謂的「升等憂鬱症」(promotion depression)和一種針對驕傲之罪而發生的悲傷和悔恨行爲。在升等憂鬱症中，一個人被提升到一個較高的職位上，但他對這個職位的野心雖強，卻是僞裝的。他對於前此在

20 G. Winter, "The Church in Suburban Captivity," in *The Christian Century Reader* (New York: Association Press, 1962), pp. 59-65.

21 W. James 引述在 *The Concise Oxford Dictionary of Quotations* (London: Oxford University Press, 1964), p. 113.

這一職位上的人所擁有的優越地位感到羨嫉，可一旦他的願望達成時，別人都以爲他應該會很滿足和高興才對，他卻開始憂鬱起來。用動力心理學的方式來重建這個症狀，你會發現他對於優越的父親形象一直有高度的欽羨和嫉妒，他心中有強烈但壓抑的敵意，竟致期望那個人死去；根據他自己的內在邏輯，當那位優越者退休或病倒之時，這種願望的滿足使得這個有野心的人變成了一個謀殺者。或者，假若這種羨嫉不是那麼強烈，則當那職位開缺時，那就意指恨意的對象已經移除，其結果變成他把自己轉成那個恨的對象，並覺得自己不值得獲得飲食、睡眠或其他一切在生命中的好東西。但在對於驕傲的悔恨意識中，那個人可能會突然醒轉，而發現自己生命中的道德事實：他自己把成功看得太理所當然，把有利於自己的環境條件誤以爲是自己的能力所造成的，致使自己覺得走在變得「像神一樣」的路途上。這種自覺也可能會導致一些奇怪的行爲，譬如施捨一大筆金錢，和一個很窮的女孩結婚，當著一群驚慌失措的友人面前大作懺悔，或從自己的事業中退卻下來，等等。這些舉止雖然看來很衝動，但也可以理解爲面對著眞正的創造者之時，對自己所作所爲的一種矯正，或是悔罪的行動，爲的是要澄清自己的良心。《聖經》中的大衛王在拿單(Nathan)當面質問他對待拔示巴(Bathsheba)的丈夫時使用了卑鄙的手段，這時大衛的憂鬱反應就可從此一觀點而得以理解了[22]。

工作和遊戲對於自我保存(ego-preservative)和自我防衛(ego-

22 【譯注】在《舊約》〈撒母耳記下〉，十二章中記述著先知拿單譴責大衛王爲了奪人之妻，把那人(即拔示巴之夫烏利亞)差遣去危險的戰場，因而喪命。後來大衛和拔示巴所生的第一子得了重病，大衛爲此躺在地上七日不起，向耶和華懇求恕罪。

defensive)功能也有極大的重要性。工作迫使人去接觸現實，並相當程度地攔阻了他的幻想。多數的工作都在企圖改變現實，所以在那程度上，會把生活調適的平衡擺從單純的適應擺向積極的消化吸收。我們做了很多工作就是爲了要改善現實，不論是爲自己或爲他人，所以在那程度上可以保證更多或更精緻的滿足。但現實本身也有它不可改變的特性，因此有很多工作是在迫使人來達成妥協。大多數人憑著本能也知道，是要排開自我的退轉，這也許是爲什麼帶有精神疾患的人雖然有嚴重的症狀，還是要盡其可能地讓他維持工作[23]。工作和遊戲兩者都是人類潛能的演練，所有會萌發的潛能都會奮力尋出其愉悅實踐的機會。爲此之故，亨墜克(Hendrick)[24]曾倡議一條「工作原則」，其行動像是有一種獨立的驅力，還有好幾位其他作者則強調「功能性的愉悅」，譬如小孩在剛學會講話之時，就會滔滔不決地講個不停，還有學步中的小孩在動作技能逐漸進步中，也會表現高度的活動力。

由於這種種的原因，所以有很多心理學上的實在論可支持宗教社群要求其成員表現一些規律的工作形式，譬如有些群體會追隨聖本篤的工作原則。這些群體的工作完全不是爲了經濟上的自我支持，而是要以親自動手來防止過度的理念化、退轉，或過度內向性的危險。對於工作與健康的關係還有另一種相似的認識，是來自於一些神學家的信念，他們認爲工作既是神聖的贈與，也是神聖的命令，而這是人類在被逐出伊甸園之後，維持不受寵溺的最有效辦

23　S.W. Ginsburg, “The Role of Work—a Contribution to Ego-Psychology,” *Samiksa,* VIII (1954), pp. 1-13.

24　I. Hendrick, *Facts and Theories of Psychoanalysis* (New York: Alfred Knopf, 1958).

法。工作建立一個人的品格。相反的，失業的狀態可能會把人從情緒和心智上都給毀了。人有工作的心理需求，這也可以解釋爲什麼宗教會有聖禮，也就是說：那是一群人在工作，而不只是在作虔誠的冥思。就連崇拜也不可能只是被動的、不花精力的事情，否則它會立刻衰敗成爲退轉的遐想和強烈的自利活動。和現實維持一定程度的接觸必須持續不斷，不論是在感知上，或透過肢體行動，或透過語言行動，必要的話就使用神聖的遊戲方式。

有趣的是，在這個相當在意心理的時代中，神職人員會大聲疾呼要重新安排他們的工作環境。有些僧侶希望能成爲勞動僧侶，其目的不只是要和工人分享其社會經濟生活，以便更能對他們產生同理心；更重要的是他們認爲像工人般工作可提供更好的現實接觸，強過於一天到晚在讀經和禱告。對於宗教專業者的新教規強調他們是活在世界上，在大多數人所生活、工作和互相涵容的場域之中。現在我們逐漸意識到，對於神職人員的生活所作的古典安排中，有些基本上不健康和有差錯之處，譬如要他們一直處在辦公狀態中，不論是在講道、探視、帶領公共禱告，或在做他們的「教牧工作」時。我們在先前曾經引述過暉曾迦和凡・德・洛以夫的著作，他們以極細微的方式描述過：遊戲(不論是神聖或世俗的)乃是一種能和生命中基本的時間、空間向度相互調和的手段。工作也是能把時間和空間關係結構起來的強力手段。它建立起節奏，強化也連結了從睡眠到醒覺的生物週期；它也把紛紜的人際關係區分開來，讓我們有辦法分段地去一一從事。

我不會忘記一位年輕的傳道人對我說過的以下這段話：

對其他人來說，工作的一天是從早上八點離開家的時候開

> 始的，他們會向妻子兒女道別，然後通過街上，到達他們的工作場所。但傳道人不是這樣：他住在教區牧師的住宅，這是他的教會建築體的一部分，在空間上幾乎無法區分。他整天穿著同樣的僧袍，出現在每一個場合。人家可以從早到晚打電話給他：他不像一般的工人那樣有所謂的上班時間。他在早餐後工作前沒有人可以道別：事實上，**什麼時間**是他工作眞正的開始？什麼時間是結束？他在晚上有個家可以回嗎？他很少回去，因爲他也幾乎沒有在一定的時間離開。當然在他認爲他的一天結束時，也不會有人親切地來歡迎他回家。在工作中，他毫無「家」可言，而在家中，也沒有「工作」可言。

換句話說，在神職人員的辦公處所裡，時間和空間有其結構不足之處：大多數的結構都必須由傳道人以自我規訓的方式來掌握。就算在不當的時間裡，有人發生了靈魂上的需要而來請求幫忙，他不去應和的話，也會懷有罪疚感的。

以他的最後一句話來說，我們也會想到工作的另一個面向：超我(superego)和自我理想(ego-ideal)的角色，而這是特別具有宗教意義的。事實上，這兩項在工作中對於自我的襄助扮演了很多角色。它們在某程度上決定了工作和遊戲的區別。它們協助確定該做的工作量，訂定工作所需的嚴肅性和完美度，而工作有時就是一種消除逾越規矩的辦法。我們在下一章會在超我和自我理想這兩概念上花更多篇幅，但在上文中我們已經清楚，這兩項乃是宗教對於工作的態度之最基本的承載者。

工作很容易變成強迫性，被「汝該」的態度唆使。在臨床上廣爲人知的是，出身於虔信家庭的人會很看不慣懶惰和遊戲，尤其會視後者爲愚蠢或禁不住世俗的誘惑。通常強迫性會要求大量好品質的產出。不論這種態度的歷史來源是重商主義的新教倫理，或是自然虔信的農村精神，事實是現在還有很多家庭，即使可以有餘暇來休閒，他們還是遵循著長時間勤奮工作的規律。對於工作的強調就以宗教拱架爲手段，而其目的在於榮耀神；或是手段本身半帶著空洞的意謂而變成目的，有時這就會變成一種偶像崇拜。

在神學上工作常被連結到「志業」的觀念，其意是要給所有的工作，即使是最低賤的勞力，都帶有神聖的約束力，同時也是要求所有的人，不論其貴賤，都要在神聖的召喚下對於社會和文化作出貢獻[25]。不論在哪種情形下，一個人反正就是得去工作，因爲這是神聖的要求，而反過來就強化了「懶惰是罪」的觀念。把「懶惰」這個字的意思稍微扭曲一下，就把遊戲玩耍株連在內，也變成是罪了。毋寧唯是，若一個人覺得因爲神的緣故而必須努力工作，工作成了一種與神聖認同的方式，他就會爲此說法而努力工作，並且也證明了他過的是有神的生活。

我們曾經引述過宗教改革的辯證法，把**工作**和**作品**關聯起來，弗列徹(Fletcher)用一句話就把這種事情就說得一清二楚：

> 有些神學對待〔信仰—工作問題〕是把信仰和工作對立起來，或是在信仰或工作中二擇一，有些把信仰和工作連結起來，有些則認爲信仰就是工作(也就是只說「信仰的作

25 D. J. Maitland, "Vocation," in *A Handbook of Christian Theology* (New York: Meridian Books, 1958), pp. 371-372.

品」）。[26]

把工作稱爲「作品」[26a]乃是宗教的一種特殊術語，用來指稱帶有懺悔贖罪性質的工作。一個人逾越規矩之後必須要作出補償；其做法有很多種，但對於已經相信要勤奮工作的人來說，那就意指要作更多的工作，特別是一些卑賤的工作或甚至「骯髒的工作」，這在平常都是交給別人來做的。和媽媽吵架之後的小孩會願意去洗碗盤或打掃。積極參與教會的人若覺得自己有罪過，不管是什麼理由，他會去做更多的教會工作，特別是些瑣碎而冗長的事情，以便能在良心上扯平。我們會說這是「懺悔之作」。持有工作精神價值的父母親在孩子需要接受處罰的時候，會很習慣地給他指定一些特別的家中雜事。在這種狀況下，對於工作的自我要求和超我要求都會強化，於是工作就變成不良行爲的理想贖罪形式，因爲它同時能消除良心的譴責，也強化了自我因應負面情感的能力。更且，做懺悔工作所多出來的工作時間意味著能擋住本能的願望，這會使人覺得很好，因爲這就好像增加了自我控制的能力。

一個具有高社會地位的勞心工作者卻尋求卑賤的工作，這是一種神聖性的徵象。用自己的雙手在田裡工作，或是作補鞋匠、編織工等會獲致很奇特的宗教頌揚。有很多文學小品把鞋匠捧爲賢哲或聖徒，把他們描寫爲宗教上的密契者。我們不太了解爲何有些現代的工人傳道者要去工廠當工人，而不是去當白領的辦公室業務員，除了前者幾乎是自動地會獲得宗教上的讚許。但如果讀者回憶本書

26　J. Fletcher, *Moral Responsibility-Situation Ethics at Work*（Philadelphia: Westminster Press, 1967), p. 43.

26a　【譯注】這意思在漢語中亦可用一個單字「作」來表示，如出現在下文中的「懺悔之作」。

中有關情緒的那章對於聖徒生活的描述，則這些事情自會豁然開朗。動手的工作會獲得讚揚是因爲它令人回想起「謙卑者」和「祝福堪憐的靈魂」；而正因爲這些都和謙虛之德有密切關聯，它甚至會令人認定其中含有貧窮的誓願。手工很容易連結到順服，這又是另一種美德。當然，卑下工作的一般性質有如交付給僕役所做的那些事，如果交到一些能力高強者的手中，而他們又是有意地選擇承擔此事，那就會生出一種和解的功能。

透過和秩序、乾淨、整潔、準確的種種關聯，工作可以臻於那種準道德、準神化的地位，那就是「完美」這個字眼所傳達的意思了。完美主義爲了獲得准許，都會要求達到高標準。達不到這些標準就會引起批評，這在道德或宗教的心靈中就會冒出一整串的敗壞道德：怠惰、草率、冷淡、急切、不負責、骯髒等等。而對於不完美表現的典型反應就是父母的責備，加上把愛撤回的姿態，讓人覺得自己是不可愛的人，直到他可以有較好的表現，才能證明自己的可愛。

工作的超我功能把本節的基本命題最清楚地呈現出來，亦即：對於工作和遊戲的態度，在某種意義來說，就是對於價值的態度。而對於價值的態度就反映了我們和他人之間關係的好惡，或是模稜難辨的情感。在實踐我們所習得而能投注的價值時，我們獲得的是滿足，這種動力的滿足就是能在我們所仰賴的愛者眼中，發現自己是可愛的。所以我們不會訝異於工作(它幾乎占據大多數人每一天的三分之一時間)會帶有這一節所說的那種心理上和宗教上的重要性。而我們也不會驚訝於發現：精神醫療和宗教上的領導者開始大量關注20世紀最令人心動的一項鉅大的改變：休閒時間的大量增加，使得社會大眾在情緒上、教育上和精神上都毫無預備。這項文化上的成就在不同的觀點看來可能受到讚揚，也可能受到責備，但至少我們可以說的是：它使得工作和遊戲之間的關係需要作出徹底的重新調節。

對權威、權力與責任的關係

幾年前，我訪談了一位中年的精神科病患，我們可以說他是一隻「獨狼」。因爲在現代社會中，人幾乎不可能維持一種完全孤獨的存在方式，所以他就陷入和幾乎每一個人的長期衝突之中：他的雇主、他買日常用品之處的老闆，後來，再加上醫院裡工作人員。他會住院是因爲他和他的督導者以及一連串的工作夥伴都發生愈來愈嚴重的麻煩事，多半是在擔任清潔工和夜裡值班的工作時。在晤談時，他懷念三十多年前的日子。那時他還年輕，在擔任一個煤礦的礦工。他強調那是「很辛苦的工作，但我可以完全自己來，沒有人在看守著我。」他的父親是個沉默寡言的人，以前也做同樣的工作，事實上就是父親把他介紹到那個礦場的。這位病患很帶感情地描述他們父子如何一起工作，甚至在半黑暗的礦坑深處，肩並肩地在一起，但都一語不發。但當礦場關閉之前幾年，患者就被迫出去尋找地上的工作，在光天化日之中(雖然有可能的話他還是比較喜歡夜間的工作)，要常常和別人接觸。結果是他和別人甚至自己一直都過不去，直到後來幾年，他崩潰了，其病情是強烈的疑心病和經常的焦慮感發作。

這一個案顯現出來的乃是生活的一種實情：就是人要生活在一個權威關係的網絡之中，幾乎無處可逃，而有些人一生都在聲嘶力竭地對抗這種基本的社會事實。這一個案之所以被我從許多可能的人選中挑出來，是因爲他使用了兩句特徵昭著的話：「我完全可以自己來」和「沒有人在看守著我」。每一個生活著的心靈都得要和權威、權力及責任達成某種協議。這三個範疇中其實是充滿著情感性的；它們和宗教構成一體，反過來說，宗教對它們也很有話說。權威、權力及責任披覆在組織上——其中就有宗教的組織；它們也披覆在思想結構和觀念之上——在此則有宗教信條、教規及神學。它們還披覆在政府和人爲的法律上——而虔信的個人和組織的宗教都得與它取得妥協。最後，它還披覆在文化上——而宗教在此完全可以對它的成員上下其手，教他成爲順從者或是抗議者，讓他活在世俗的城市或是虔敬的鄉村，讓他成爲一個堪負責任的自體或成爲一個威權人格，讓他帶有歧視的偏見或帶有開放的心靈。這些議題可以帶引我們展開本節的討論，雖然我只能用非常簡潔的方式來呈現，而其實每一個議題都值得各自寫成一本書。只是宗教心理學不能對此省略不提，因爲它們各自都帶有功能上的重大意義。

有組織的宗教生活中最驚人的一個面向，就是教會或教派組織可以使權威由下而上地竄升，或由上而下地流瀉。這就是所謂的「低級」或「高級」教會。用我們那位患者的喻示來說，就是指「誰在看守著誰」。會眾的組織把權威和權力披掛在盡可能低階的單位上：各地區中，人和人可以形成面對面地一起崇拜的小組，而後這小組會請來一位傳道者。至於羅馬天主教會的組織則是如同君主體制般地階序分明：權威一定是由上而下，透過中介的系統，其最高階的職位就直接代表地上的神聖者。英國聖公會的安排則像貴族政治，其權力披掛在主教團會議上，好像是個大公的議院。長老會的體系像是共和體制，其大部分權力是交付給長老們，這些長老是介於地方的會眾與全國大會之間，這樣的話，權力就會平等地分布在神職人員和一般信徒之間。這樣細細交代的目的無非在於說明：組織宗教把政體(polity)的問題看得很嚴肅，並且也賦予極高的價值；事實上，傳道權力分配的差異似乎高過於神學教義的差異。由此孳生了對於神職人員不同的稱呼：從最崇高的**神父**，到可敬的**牧師**，到比較像父母親人的**傳道人**。有些會眾對於雇用和解雇一位傳道人習以爲常；但有些則認爲接受高階的派任才是正當的。在前者，會眾會「看守」他們自己的崇拜領導者；在後者，講得極端一點，就是領導者在「看守」著他所監管的人。在大多數具體的狀況下，不管其政體是如何，在兩端之間其實都有很多授受的關係，而眞正使用的權力也是以說服居多，而不是從辦公室裡解雇，或把信徒掃地出門。

對於這些傳道體系的嚴格分類，有不少發人深省的警示。羅克意奇[27]對於美國教會成員之信仰與不信體系的研究指出：任何一個教派的成員對於所有其他教派都會有情感上的區分——覺得和某些教派接近，和某些教派則有距離，甚至敵對。他們都把無神論者視爲和他們距離最遙遠的人。我願在此加上一句：對於大多數組織宗教的成員，有兩種宗教上的說法都很陌生，那就是：一種是不和任何組織接近的單獨個人信仰；另一種是普世信徒，他們追求的是精神上的統一，不管那是在現實上屬於哪種組織政體，只是不無遺憾罷了。這兩種類型都會讓一般的信徒感到緊張——他們的行徑實在令人不解。第二個警示是和紀律有關。很多的教會和教派對於成員的信仰和行爲都有許多紀律規定，但對於這些教規的使用好像有一種不必遵從的陽謀。只當有異常聲名狼藉的極端個案，或危及教派的公眾形象時，才會讓這些教規派上用場。第三種警示是：很多成

27　M. Rokeach, *The Open and Closed Mind* (New York: Basic Books, 1960).

員對於他們的組織結構以及權威和責任的分派都是非常無知的，這就意謂那些結構反正就是讓人不太在乎，不像是從羅克意奇的研究可以自然推論出來的樣子。從一方面來說，信徒對於政體組織有種近乎偶像崇拜的態度，但從另一方面來說，信徒對於組織的態度，如果不說是抗拒或藐視的話，那就是不太嚴肅。這些種種歧異總和來說：信眾對於權威、權力和責任的態度是非常曖昧的，儘管組織內部都宣稱這些東西都具有神聖的起源，或來自神意。

這種曖昧性到底是從何而來？我們又要如何理解它？說到宗教活動具有遊戲的特徵，如前章所言，隨之而來的乃是一種雙重意識：「這是一件嚴肅的事情——只要我決定要玩這場遊戲的話。」統轄著組織宗教的權力、權威和責任只在神聖的圈子裡才有功能，而人是有可能讓自己拔足離開那個圈子，不玩那場遊戲的，就好像你也可以從外頭來加入，而開始玩將起來一樣。這種進出的可能性並不會製造出這種政體，但對這種觀念的關切卻統轄著這個政體，這是個非常曖昧的狀態。這種曖昧性的第二種來源是乃是對於天父有一種未解決的衝突情感，這種情感正好對上來自於他的形象而形成的組織政體。對於這個「父」的對立和憎恨，也配對著對他應有的信賴，於是這就在體制架構中複製成形，象徵著他的權威，而對他的愛則會採取忠於體制的方式，即令你對此體制帶有負面情感。但既然在教會和它所宣稱的神祇之間有這麼明顯的差異，則這段差距之間就會讓信徒成員有機會在其間分裂他的忠貞、區別他的情感：他可以信賴前者、懷疑後者，或反之亦眞。一個人可以覺得他是教會的義子，也忠於其神職人員，好讓自己能努力相信神，但同時他其實也知道自己對神沒有什麼由衷的信賴。相反的，他可能衷心相信天上的施予者值得他付出全部的情感，但對於宣稱以神之名所造就以及要為神服務的體制則有滿肚子怨尤。這兩種立場乃是在顯示分裂的傳移(transference)[28]，而這是一種對付曖昧性的方式，就是把情感散布在幾個不同的對象之間。

對事物獲有駕馭的能力或對生命的某些部門擁有權威，無助於讓人對他者懷有謙恭之情，不論是對自己的夥伴或對於神職中的大人物皆然。有些神學家曾說：人(包括教會的人)都會有上了年紀的時候，那就得為自己宣稱擁有一些權威以及責任。對信徒而言，孩子般地順服已經不再是他所要的，而傳道的結構也不再能一直對他強加著父母般的統治。如果當代的信徒確實覺得自己已經上了年紀，那麼，最好他們對於自己所追隨的政體要帶有寬懷的縱容，而最壞呢，就是持著硬幹的對立態度，但這兩者都是正當的。這些反應很像年輕的成人在對待自己的家庭，因為他的年紀已經幾乎超過家庭能施以管教的程度了。其結果就是那種對待體制形式與象徵的曖昧態度，而這些東西對他而言曾經是代表著神聖秩序的。在某些狀況下，啓蒙和自我檢視可能會把這種曖昧情態轉變為可以意識到的混合情感。

和這立場緊緊相連的乃是有很多人會意識到傳統的組織宗教和他們沒有什麼關係。他們既然沒和教會往來，也不再認為自己像祖父母或父母親一樣是教徒。在本世紀中，這個議題曾引起相當多的

28　【譯注】“Transference”在精神分析中是個極為重要的關鍵字。目前常見的譯法有「轉移」或「移情」，前者譯得太隨便，後者則容易和另一個重要詞彙“empathy”的譯法搞混(見第十一章注4)，所以譯者選用了一個新的譯名「傳移」。至於另一種特別的譯法「傳會」，是出現在沈志中、王文基、陳傳興所譯的《精神分析辭彙》(台北：行人，2000)一書中，他們根據的是該詞的法語發音，以及很可能是要表達像「傳心術」那樣的一點意思。

社會評論。這就好像在圍牆的兩側種樹，也就是意謂信仰和參與組織已經是各自行是；不能再說這兩者是一體兩面了。這種分離會升高對於宗教組織中所帶有的權威、權力和責任的曖昧態度。反過來說，信仰和組織參與的分離也可視爲當代人對於教會和對於神的觀念所表達的深刻曖昧感。

再差一步之隔就有可能連到上帝之死的體驗。我有意地說是體驗，因爲要肯定上帝已死，還需要走另一步。一個人可能會無法或不願採取這第二步，如果他覺得這種喪失感過於驚人，或過於傷悲，或是不敢把這意謂宣稱出來。這種立場之中的曖昧是顯而易見的，因爲人總是知道他需要用神的言說，也就是宗教語言，來描述或宣稱神之死。這樣的事情只和神學觀點有關。更且，這種思想的大膽宣示(以及體驗)是來自於一種神學家，而神學家畢竟是宗教探索的「基本科學家」；正因爲他們是組織宗教裡的教師和研究者，他們所傳出的訊息才會被視爲刺耳的音符。

你大可用其他簡單的理由舉證說，對於披覆在特殊宗教政體上的權力、權威和責任，其所屬的信徒們早就顯現了曖昧的態度。我們不該小看在鄉間的反神職主義(anticlericalism)，其中針對著大量的宗教領袖，當然都是多元主義的，但這爲數眾多的領袖們具有各種各樣的本領以及不同的專業訓練。反神職主義在市民生活中已經很顯著，但在各教派之中，還有很多更精微的形式。整套反神職主義的表現是從神職人員的低收入，對於教牧人員包養的態度，到經常讓他們變成漫畫中嘲弄的對象。不該輕視的是企業和專業社群的人對於神職人員經常的下馬威之舉，其中有很多人本身是和教會很親近的，特別在傳道人或僧侶對於社會議題膽敢採取比較不同於流俗的公開立場之時。曖昧態度有另一種顯見的理由是：選擇和教會的特殊政體階層親近，其目的就像是社會認同的標誌，很像族群背景或家族姓氏的作用。這樣一來，其內在價值就會變成一種好像骨董收藏品一樣的東西，收藏者在乎的是其外表所顯現的，譬如像特權地位、社會等級、家族榮耀，或是在市場上方便於辨認的品牌。

在猶太—基督宗教的傳統中，以及其他一些宗教也一樣，都會產生一種雙面的功能，造成蹺蹺板式的上下擺動，也就造成權威教訓的曖昧性，以及信徒心中的不確定。這種雙面功能的一面是屬僧侶的，而另一面則屬先知。這兩者互相之間不必然是對立的，但由於它們之間的取向、風格和後果是如此地不同，以致許多信徒都無法讓兩者融合起來。簡單地說，神職人員和一般信徒的僧侶面的功能所專注的是崇拜、儀式，而其奉獻的作爲所強調的是歷史的前例和傳統的規矩，因此它會促進的是保守的面相。由於強調了崇拜和聖禮，因此僧侶面的功能就主要是在教派的圈子裡執行，看起來也跟世俗世界區分開來。先知面的角色則突破了神聖和世俗的區分，並且直接探問那些令人痛苦的問題：傳統形式態度之爲何、如何以及在何處，不斷尋求深化其動機，純化其形式，並更新既已建制的宗教習慣跟那些動機、形式的關係。雖然先知面的立場也會從過去取得很深的靈感，但它總是表現出陡然的新鮮——刺耳、攪亂和挑激。既然這兩種角色要求的顯然是不同的人格特質，因此它們很少合併在同一個人身上，結果就會造成組織宗教的兩極化——在人和宗教生活風格上，其一極是僧侶型的，另一極則是先知型的。這兩型在每一個宗教團體中幾乎都會出現，因此大多數有關權力、權威和責任的問題就在於(在某一時刻)究竟哪一型應該獲得優勢，而沸騰不已。但這還不是全貌：僧侶型對於政體的觀點和先知型是迥然相異。爲了澄清之故，我再說一遍：僧侶型的政體觀是受禮節和規矩所引導；先知型的觀點則是由坦誠追求的智性和社會的相關性所啓發。由於這種兩極性是內建於宗教團體中，因此信徒們就可能會因此而選邊站，不然就只好帶著曖昧感來概括承受。很多教派領袖會試圖減弱這種兩極性的衝突以便維持整個教團的統一。但因爲僧侶型和先知型的功能都會以他們所強調的方式來宣稱神聖的約束力，因此這兩種態度的公開衝突就會變成對於政體的爭論，也就是說，對於政體本身所披戴的權力、權威和責任提出挑戰。正因此故，教會的爭吵會引發很激烈的感覺，也會躋身於最不平和的社會爭端之中。

與此兩極性有緊密連結的乃是教義的地位。宗教心理學家，除了少數例外，對於教義常只會匆匆一瞥，一方面把它當成宗教體驗的身外之物，而另一方面則是立刻把它歸結爲教士僧侶的功能。佛洛依德非常關切教義的權力地位，對他而言，教義是站在理性典律的對立面。其他人則視教義爲「死文件」，對於正在追求密契經驗的、有深厚感情的信仰者來說，是個沉重的概念包袱，然而，糟的是，他還得一直背負[29]。另有一些人覺得：心理學家必須放手不碰神學，因爲他們對這套東西無法給出什麼專業意見。但，教義本來就是宗教的概念歷程所產生的一套說法——這就會使它完全落入思維心理學和臨床心理學的視野之內——而我們已經在本書的三、四、五章裡試著將它這樣展現。「教義」這個詞彙其實是個滑溜的字眼。在我們能夠討論它和權力、權威及責任的關係之前，我們必須先考量一下它的寬鬆用法裡，包含著哪些零散的因子。

---

29 J.B. Pratt, "The Psychology of Religion," in O. Strunk, Jr. (ed.), *Readings of the Psychology of Religion* (New York: Abingdon Press, 1959), p. 29.

許多宗教都會有一種簡短的教義集，或叫做「信仰的聲明」。猶太教有「謝瑪」(Shema，意指：聽吧！)；基督教有「使徒信經」(The Apostle's Creed)，或「尼西亞信經」(Nicene Creed)，或「亞他拿修信經」(The Athanasian Creed)。這些都非書非冊，而只是些短短的個人肯定，其形式則是簡單的證詞，有如：「我相信……。」雖然這些信條都受特定的時間、地點和文化狀況的影響，因而在用字上就會出現一些有爭論的痕跡，但這卻都是徂爾戴所謂的「信念」之詞，只有一些狂熱信徒才會把它尊奉為終極的眞理。這些信條都是聖禮的一部分，所說的也無非是關於崇拜的理由。

就智性而言，比較屬於技術性的「信仰告白」(Confessions of Faith)，對某些特定的信仰團體和教派來說，就顯得要有野心得多。在其中提出的是有系統的命題，有緊密的推理，通常是使用當時所產生的概念和喻示，這就意謂它們傾向於連結到特定的哲學潮流。比起一般的信條來說，它們更會針對歷史性的衝突狀況，擘劃出獨特的路徑，來肯定或排拒某些命題。在許多教派中，這樣的告白會具有高度的權威，有助於建立團體認同。正因此故，它們會滿帶驕傲之情，也會被抬舉成絕對的眞實——不管是由律法學家、文士，或狂熱信徒。

同樣的命運也落在一些寫給小孩或初入道者的教導書冊，通常稱為「教義問答」(Catechisms)。路德在他自己寫的教義問答中有如下的序言：

> 這本布道詞的設計和寫作也許可以作為小孩和心智單純者的教導書。因此從古以來它就以希臘文稱作*Catechism*(口

> 語教導），也就是說，用來教導小孩，是每一個基督徒都必須知道的，所以凡是不知道這些的，就不能算是個基督徒，也不能讓他參加聖禮，就像一個技工對於他的行業，既不懂行規，也不知習俗，他就會被認爲不上道而被逐出那一行。[30]

教義問答有厚有薄，很顯然就是看它要引導的年齡群或理解程度而作數量和程度的調整。它們會避免使用技術性的術語。有一些，譬如〈海德堡教義問答〉(Heidelberg Catechism)[31]，就相當有福音派色彩，感情豐富；其他的，譬如〈韋敏斯特教義問答〉(Westminster Catechism)[32]，則有意用了更多的神學和辯論。它們遵循的程序是先問後答，兩者都很短以便於記誦。作爲一種教學的工具，其中並不內在地帶有權威性，但有意扮演好老師，能把東西帶進生活中，讓人能指出它原初的來源，而能就此衍生出簡短的回答。

神聖令狀、聖典及其他神聖的**原典**是和一個宗教團體的歷史與起源相互交織的，它們和前面所提到的那些文件在地位上大不相同。從《摩西五書》(*Torah*)、《摩門經》(*Book of Mormon*)，到

30 M. Luther, "Short Preface to the Large Catechism," in *Concordia, or Book of Concord-the Symbols of the Evangelical Lutheran Church* (St. Louis: Concordia Publishing House, 1952), p. 168.

31 Z. Ursinus and C. Olevianus, "The Heidelberg Catechism, (1563)," in *Reformed Standards of Unity* (Grand Rapids: Society for Reformed Publications, 1957).

32 "The Westminster Catechism (1643-1649)," in *The Constitution of the United Presbyterian Church in the United States of America* (Philadelphia: Office of the General Assembly of the United Presbyterian Church in the United States of America, 1961).

《以科學與健康的關鍵來讀聖經》(*Science and Health with a Key to the Scriptures*)，這些原典都被宣稱具有徹底的權威性，形成該信仰團體的基本資源，宛如他們的最高法院。由於這些經典都很複雜，無論就其觀念或來源而言皆然，因此它們的權威在某方面來說是難於掌握的，也因此而必須深刻地仰賴著詮釋者的外來權威。普非斯特(Pfister)對於《聖經》就這樣說：

> 《聖經》的文本不應以恐慌的神經症或法利賽的方式來誤用。《聖經》本身在誤讀字句之下，會變成死刑的宣判：「因爲那字句是叫人死，精意(或作『聖靈』)是叫人活。」(〈哥林多後書〉3：6)「主的靈在那裡，那裡就得以自由。」(〈哥林多後書〉3：17)現在該是時候了，人要自己清楚：對於經文，沒什麼叫做純然客觀有效的詮釋，或完全不受讀者主觀性的影響。[33]

《聖經》的思想和語言是混合著神話、歷史、紀錄、詩意、敘述、律法、書信，以及密契風格等等而成書，在編撰之時要倚重於宗教團體對於其自身統一的需求，因而要「成書」(在成書之前是口傳的)，並且要爲它之能成爲信仰的不朽規則而背書。《聖經》的權力和權威因此而是既內在又外在的：它是立基於文本的說服力，再加上組織體制的傳統，而來抄寫、編輯、編碼以及傳布。當那些文本被稱爲「神的言說」時，很重要的一點是：我們要記得這

33　O. Pfister, *Christianity and Fear,* trans. W.H. Johnston (London: George Alien & Unwin, 1948), p. 551.

個「神」在此脈絡下變成「**我們的**神」或「**我們的**先祖之神」的一種簡稱——這個「神」遠不是後來變成的形上學式絕對者，或僵硬的第一原則，因爲那是和哲學系統化遭逢的後果。所以，聖書的所謂「權威」乃是對許多不同的詮釋取徑而開放的：律法學家的詮釋路線總是沿著終極的法規；文士則採取文句權威主義而遺忘了精神本身的說服力；現代主義者會搜尋出一些精神上的珠璣，而把其他一切都隨意地認定爲虛構；去神話論者(demythologizers)會先區分媒介與訊息，並且試圖找出新的媒介以便讓訊息更能傳達。另外有些人對於經文的神秘性權威過於敬畏，他們就轉而相信詮釋者的權威，並就此以注解來取代經文。還有些人會完全忽視經文，轉而從事他們各自的沉思默想，他們所根據的只是從日常語言的格言警句中模糊推出的「金科玉律」。要在任何聖典之外獨立發展出個人自己的思想，這本不是什麼希罕的事，然後再從聖典文本中找出一些證據來，就可以增加額外的權威性。在以上的任一事例中，對於聖典所採取的態度，事實上就是在因應權威和權力的問題。

在神學系統化的努力之中，有一種是在組織各類的告白和教規(我們可以看出，這些都帶有見證的性格)，使之成爲一套推理緊密的認知整體。在這樣的努力中，神學家以或多或少的自由來動用權威的來源，而這是不同於教規本身在信仰上的權威，譬如用到邏輯或論證的典律，本體論上的思辯，歸納或演繹的推理，某些哲學體系上的威望，或是該時代最有力的一種表達模式。一般人對於神學的這種多元混合權威在態度上會有相當大的差異，但以下引述的一段話，出自於一位具有教牧身分的精神分析家普非斯特，其中所顯現的責備與不信的態度，就是很典型的：

> 在經常和非理性教條作野蠻的連結，而和愛卻沒有關係的教義學及其歷史，在我看來，對於耶穌的教訓及其宣言之中心意旨就構成一種逃避。我看到許多人被福音書和教會的主義所恐嚇，任何人對那些東西一提出疑問，就會被死刑台與地獄之火所威脅；我把這比擬爲對於基督之愛的無心與鄙視；而我認爲這一切都是因小失大的惡行。[34]

這些都不是在描述什麼中世紀的事件，而是普非斯特在20世紀中葉談瑞士這個文明國家裡的教區會員！但爲什麼要把這些認知上的權威言論責備爲宗教之惡行？爲什麼還這麼強烈地說那是「非理性的教條」，而罔顧神學的功能正是爲信仰上的肯定提供理性的命題呢？教義，就像其他的一切，都是會被誤用的。教義學的作品有時眞是充滿著偏執狂的特徵，這是賴克在所有的教條中都看到的[35]。不過我們要小心，不要把所有的神學教義，或稱之爲「教條」的東西，只用貶義來看待。因爲這樣做就會使人懷疑你自己是不是把宗教只定義爲情感，而不去理解：認知的歷程其實也是宗教追求(religious quest)的一部分。事實上，我們也很有理由去問說：什麼才是**正確的**情感？而這正是愛德華茲、士萊馬赫和奧圖這幾位神學家的基本旨趣之所在。頗有一些宗教心理學家由於鄙視或輕忽教義和整套神學思想，以致不知不覺地顯露了福音派(或竟是虔敬派)的熱切之意。較顯著的例子是普拉特(Pratt)[36]、佛洛姆(Fromm)[37]和

34　Pfister, *Christianity and Fear*, p. 22, Preface.

35　T. Reik, *Dogma and Compulsion: Psychoanalytic Studies of Religion and Myths* (New York: International Universities Press, 1951).

36　Pratt, *Readings of the Psychology of Religion*.

普非斯特[38]，至於詹姆斯則也些微帶有這樣的傾向。

如果本章的立論是正確的，也就是說，觀念的價值在於它是再現了人的象徵，而人又是基本的愛之對象，那麼，信仰的致命傷就不在於教義，而是在那些倡議者身上。任何一個信仰團體的成員一向都很容易完全忽視教義的說法，也不關心教條，只要他們同意遵守儀式性的義務，且合乎大家眼中的期待，那就夠了。但是，對很多人來說，要避免直接面對那些的熱切的教導者和傳道者，那就困難多了，雖然他們都可能是「因小失大」的來源。在教義本身之中可能沒什麼教條意謂(以其貶義來說)，但卻有很多教條化的導師和學生——是他們把權力和權威歸之於任何說法的字面意義上。很多人都不是因爲閱讀文本而受威脅，反而是在閱讀之前，就已受到他們早年的教導者(父母親、牧師或教師)那種無愛的態度所威脅。地獄之火和硫黃只是些無力的神話物質，但是地獄之火和硫黃的傳道者(不論是父母或宗教的神職人員)卻是眞眞實實的人物，是他們會把年幼者嚇入地獄裡去的，然而小孩子們卻又必須仰賴著他們的愛、讚許和呵護。

在另一些神學作品上，我們所說的情況會有點不同，譬如：道德神學的手冊、辯論的小冊、護教的文件、紀律之書、教宗的通諭、教牧的書簡集或各種宣告，這些都是要把信仰的命題應用到個人身處的世界，也就是具體的生活情境中。這些文件的權威就在於教會體制及其高下階序；它們的權力就是組織的權力，帶著一切神聖與世俗的紛擾。它甚至還會借助於國家的權力，譬如透過那聲名

(續)

37 E. Fromm, *Psychoanalysis and Religion* (New Haven: Yale University Press, 1950), pp. 34 ff.

38 Pfister, *Christianity and Fear*, pp. 540 ff.

狼藉的「猿猴法規」來禁止中小學講授演化論，或透過國家立法來禁止墮胎。各種各樣的制裁就隨著這些法規而來，然而事實上，對於根據這些文件而制定的絕對「對錯」規則來行事，有很多人早已發出相當不滿的嗆聲。我們已經在上文中說過，宗教社群內的紀律權威其實早已被視爲曖昧不明。不過，不是所有的教規都應被鄙視爲宗教初衷的變態，或是愛的殞落。勒溫(Lewin)和他的學生們[39,40]早在多年前就已經證實：在組織中採取放任的管理會使人的潛力萎縮，其效果正近似於威權管理。古迪那夫對於律法主義(legalism)的討論說得好：

> ……所有進步社會和大多數初民社會都是在非關系統的狀態下發展出相當細緻的規則、禁忌、民風，因此各規則時而會互相牴觸。這種衝突是很多希臘悲劇的基底。即令一個人能夠理解種種規則，並且還能把它們整合起來，這樣的人，特別是拘泥於形式的個人，會發現規則太過分歧。在這種徹底的混亂中，他會發現他經常不自覺地觸犯法規，或是他無法控制自身的「它」(id)，因爲混亂的社會化作用是力道微弱的。或者他必須作出選擇和決定，而無法說出哪個決定是「對的」。

39 K. Lewin, R. Lippitt, and R. K. White, "Patterns of Aggressive Behavior in Experimentally Created Social Climates," *Journal of Social Psychology,* X (1939), pp. 271-299.

40 R. Lippitt, "An Experimental Study of Democratic and Authoritarian Group Atmospheres" (*Studies in Topological and Vector Psychology* I, Vol. XVI, No. 3 in *University of Iowa Studies in Child Welfare* [Iowa City: University of Iowa Press, 1940]), pp. 145-193.

> 律法主義是宗教的一種型態，基本上是針對於要解決這種問題。律法主義告訴我們：一個好人可以做出對的事，如果他知道什麼是對的，而他之所以知道對錯，不是由於他個人的直覺，或天啓，或曉得在某情況下可以得到多少功德，而是由於法規能準確地告訴他何時該做什麼事。[41]

與其去問任何權威和絕對性會以何種方式發生關聯，律法主義乾脆接受特定的書或人或機構作爲絕對權威。律法學者對於這樣的結構性依賴情境感到既平靜又愜意。古迪那夫也把這樣的法規描述爲「對於巍然可畏者(the tremendum)之積極又實際的屏幕」[42]。對於律法主義者而言，**巍然可畏者**本身就具有混亂的性格，而他們必須對於這種因淆亂而來的焦慮有所因應，因此他們就把命題轉變爲規則。

以此而言，在臨床上的重要知識就是：一個人是否在其限制內恰切地使用法規，或是把一些信仰上的肯定、獻身的實踐，或論述上的摸索誤以爲法規。一個人在法規中納入愈多的教條，就愈會受到混亂的威脅，他也因此愈會把宗教變成一種只有服從與不服從的簡單圖式。

古迪那夫運用了有點相似但稍微不同的強調，來描述正統型態的宗教經驗，以下就是他對此的基本描述：

> 我們看見，絕大多數的人是從他們的社會與傳統中採取行

41 E. R. Goodenough, *The Psychology of Religious Experiences* (New York: Basic Books, 1965), pp. 89-90.

42 Goodenough, *The Psychology of Religious Experiences*, p. 100.

> 爲的型態，把隨手拿來的現成物當作藍圖；而大多數人所取得的信仰型態亦復如此。我們怎知道我們自己所信的就是眞理呢？「大家都這樣說」；或「教士或教會這樣說」；或「教條這樣說」；或「老人家是這樣告訴我們的」；或「最好的人是這樣說的」；或僅只是「我母親或父親一向都相信」——這只是些例子，來說明一般人對於多數的宗教信仰都帶有這些隱性的注腳，多數人對所有宗教題材的信仰無非如此。這並不只是心智簡單軟弱的人才會有的態度。人的心靈有時會害怕自己，我們都會從我們自己的思想中退縮。[43]

這確實就是我們的論點，但對於古迪那夫所強調的說法，即正統派用此來對付天昏地暗的混亂與恐懼，我們還要再加一點：正統派(以及律法主義者)藉此也找到他們所要的滿足。其中包括和所愛所敬的人之間的聯繫，以及當我們在他們的深刻影響之下過生活時，那就是他們對我們所代表的觀念。作爲一個正統派，就意味著被我們重要的正統對象所愛，被他們認定是可愛的，也由此而孳生了自我尊重。作爲一個律法主義者，就是透過我們的父母、教師所嚴格規定的方式而被愛，也就是當我們謹守著好的行爲時，會一次又一次聽見良心的內在聲音帶著讚許所說的「對對對」，並因此而被他們和我們自己認爲是可愛的。

上述的觀點意味著教義和神學的思維中帶有和自由解放完全不同的效益，也不能成爲求知欲的養分。然而生活在律法主義和正統

43　Goodenough, *The Psychology of Religious Experiences*, p. 120.

觀之中的年幼者卻有可能變成他們既有領域之外的大探險家，從而發現他們的童年沒有爲他們準備好的愛和自由。路德的生命史和他的神學是一個好例子；奧古斯丁則又是另一個顯例，在其中，各種衝突和糾纏逐漸地讓位給認知上的清澈以及情感上的純淨，而對於思想的權力也就漸增其自主的運用。在以上兩例中，都產生了一種新的密切配對，就是把新的解讀與新的教訓和新的愛對象及重要的友誼關係配對起來。過去二十年來，神學書籍在消費市場上的大量擴張顯示：一般的門外漢並不支持律法主義和正統論；相反的，有些自由開放的跡象，顯示人們正想從教條主義(以其貶義而言)的緊箍咒中脫身出來，我們光是瞥一下幾本暢銷書的書名就可見其一斑：《對神誠實》(*Honest to God*)、《世俗城市》(*The Secular City*)、《獄中書簡及短論》(*Letters and Papers from Prison*)，以及《信仰的動力》(*Dynamics of Faith*)等等。甚至出現了一種可能性，就是從斜面切入嚴肅的神學問題，還帶著極多的幽默，譬如：《成爲主教而不必有宗教性的法門》(*How to Become a Bishop Without Being Religious*)。

在所有對於世俗權力與文化權威的態度上，關於偏見最常被提出，因爲這是和個人宗教體驗及宗教體制最爲相關的問題。奧波特(Allport)寫了一篇簡潔而有啓發性的文章〈偏見：是社會的還是個人的？〉(Prejudice: Is it Societal or Personal?)[44]，這整篇文章的意思最適合於作本節的結論。奧波特寫出了一系列令人動容的論證來肯定偏見的社會起源，其中包括如何透過政治決策而有效地降低偏

44 G. W. Allport, "Prejudice: Is It Societal or Personal?" *Journal of Social Issues,* XVIII (1962), pp. 120, 125.

見，譬如在二戰和韓戰期間將美軍的部隊作了族群的整合，還有1954年的最高法院作出了學校中反隔離的決議。但他同時也列出一些證據，說明了偏見的個人起源，而這是從很多心理學研究中導出的，譬如關於從眾性(conformity)和所謂威權人格(authoritarian personality)的研究。

從眾性之作爲個人性格傾向，乃是因爲人類總是比較偏好熟悉的和習俗的事物，於是就會執意地抗拒改變。然而，這種情緒上的執著確有很深的根源，讓人據此而把某些生活方式作爲一套互相關聯的價值，雖然嚴格來說，這套價值之間有些其實是不能相容的。奧波特在這篇文章中就說：

> 所以一位虔誠的印度教徒就很容易依從種姓制度，雖然他所效忠的宗教對他的生命提供了更爲普世性的價值。與此類似的是，一位效忠於「南方生活方式」的人會順從於很多生活實踐的成分。他會誠心地去上教堂，擁護慷慨、榮譽以及婦女的貞潔；還會偏好從軍之德，以及偏好炸雞。他會相信白人至上論，但只把這作爲他所偏好的生活方式之一部分。這種反黑人的偏見(當然，他們自己可從不認爲這是偏見)乃是附帶於整套習慣而又令他自己滿意的價值體系的。

從眾性的另一個根源是對於社會地位的一種恐懼，譬如像這樣：「如果……的話，不知道人家會怎麼說……。」這種從眾狂是在迎合一種權力和威權階序的觀念，而這種跟隨者總是要把自己認同於地位階梯中的高階者，並拒斥其中的低階者，管他到底是什麼東西。

有好幾種不同的研究顯示，在美國，至少在1940和1950年代，偏見的態度在時常進出教會的人士之中，比起其他的世俗團體來看，要更爲深重，像史都費爾(Stouffer)的研究[45]就指出：上教堂的人比其他人更不能容忍不從眾者的行爲。這樣的發現一點也不讓人驚奇，如果你回想一下主流的中產階級崇拜者的教會生活，就會想起他們是如何強調端莊和守禮。長老教派最愛反覆重申一句取自聖徒保羅的話，就是說凡事都要「得體而有秩序」。聚會時總是須遵守《羅伯特議事規則》(*Robert's Rule of Order*)。有種廣泛流行的感覺，就是上教會的人總會貼有某些標籤，而尊嚴就是其一。教會成員會有從眾性的傾向，有一種較爲間接的理由是認爲：非從眾者可能會挑選建制完備的宗教來爲他們的主張撐腰，但他們是溜進教會裡來搞抗議的。在教會的歷史之內，曾經被多番指出的是：對於革新和改變之極度不能容忍，其中提到種種大大小小的衝擊，譬如對於正確的(合於習俗的)慶典和聖禮的舉行方式，包括在洗禮時應該用多少水；在聖餐中應該吃多少液態和固態的東西；以及在典禮上以及典禮之間，教士們怎樣穿著才是合適的。更糟的是在體制宗教所支持的戰爭史以及對於市民自由所進行的壓迫，現在回想起來，都是起因於對所謂偏差的瑣碎小事或行爲之不能寬容。在這方面更爲顯著地表現出來的事實就是：宗教的改革和實驗常常被迫要經由反對者們進行串聯的方式而爆發出來。宗教改革者常先以建立新教派的方式來預告他們的改革，使用不同於其母教派的政體，甚

45 S. A. Stouffer, *Communism, Conformity and Civil Liberties* (Garden City, N.Y.: Doubleday & Co., 1955), p. 147.

至常用完全不同的態度來對待教會權威，乃至對待政府。所以說，從眾主義在組織宗教的安排之內，總會找到肥沃的土壤，而所謂宗教整體的從眾性，就根本不是什麼迷思了。

奧波特對於威權人格的看法，可用以下一例作爲描述：

> 這種型態的從眾性最明確的是包含著一種我們所描述過的「地位恐懼」——通常稱爲「對威權的順服」。一個人以此對於最強權威形象者，以及對於能保護自己的群體而產生要與之配合的需求。在他身上也存有強烈的國族主義、對既有體制的奉承、僵硬的道德主義，以及對於明確性的需求。所有事物不是黑的就是白的，不是對的就是錯的，純粹的或不純的，全好或全壞的。中間沒有灰色地帶，沒有嘗試性，沒有判斷的懸擱。威權主義者追求的是清楚標示的安全島，在那裡他才可以抗拒民主生活中混濁交叉的亂流。他的核心主題就是權力。「我們這群好人必須控制他們那群危險的人。」是我們來決定要把什麼好東西交給那些移民和黑人。老師們不必在乎孩子們要的是什麼，只要把對他們的心靈是好的東西教給他們就對了——管它是什麼。[46]

我們引述這樣一段文字不是要把宗教人和特別威權主義的人硬配在一起，或說威權主義對於宗教會有特別的偏好。威權主義的本身就幾乎是一種宗教，看起來就像是把從俗之論、裝模作樣的虔誠

46　Allport, *Journal of Social Issues*, pp. 126-127.

當成神的發言，而且是屬於特別迂腐的那類。由於他們向著國家主義傾斜，他們常愛把「先祖們的上帝」和「建國的諸父」這兩個片語連成一氣。因此他們會對於權力、權威和責任的來源都持著冥頑的態度，不論就宗教或國家而言，皆如是也。

奧波特在上教會的人和帶偏見的人之間所發現的諸多相關確是事實，但這相關是呈曲線關係的。用他自己的話來說：

> ……常上教堂者，跟所有的不上教堂者，大多數都是會寬容的。反倒是那些上教堂頻率不規則的人和頑固分子的相關最高。……這個發現所表示的是：那些眞正的虔信者，會把他們的宗教視爲義務，那些每週都參與崇拜或比較常上教堂的人，大部分都已成功地內化了他們的信仰，在生活上也都遵奉著他們的信條。至於那些完全不參與教會的人，他們好像也多少逃開了那種休閒式宗教所提供的頑固性之誘騙。很多世俗的陷阱內設在休閒式的宗教中，其中包括俱樂部性質、用名義上的成員身分來追求社會地位，以及爲個人目的而用功利主義的方式來剝削教會。所有這些陷阱都會使得不規則參與者掉入頑固主義之中。[47]

我不敢斷定這樣說就可以完滿地詮釋統計資料之下所顯示的趨勢，因爲我們有很強的理由把論證和猜測留給律法主義、文士主義、正統派、從眾主義，和威權主義這些因素，說它們也會把人引向經常而規律的教會參與活動。但我還沒有完全被奧波特後來的文

47 Allport, *Journal of Social Issues*, p. 131.

章(1966)[48]所說服，在其中他說：關於啓示與受選的神學教義，以及神權的觀念，都是特別會孳生頑固者的土壤。不作明白宣示的神學，常可在某些宗教團體裡發現，譬如統一教運動(the Unity movement)、基督科學，以及牛津教團(the Oxford group)等，他們常是對主流教會有偏見的。有些屬於改革傳統的宗教團體，他們的歷史特別會和啓示與受選的教義發生親密的交織，他們會實際上作神權的實踐，但我們也會特別注意到，在過去幾十年中，他們生動地公開反對冥頑主義、偏見，以及各種各樣的政治偏激主義。

現在，我們對於從眾主義、偏見和威權主義的動力性比較清楚了些，這是因爲我們能夠把這些行爲視爲因應壓力的方式。他們是爲了試圖避免恐懼：對混亂、解體、失去明確性、得不到父母准許的恐懼，以及對行爲錯誤、思想錯誤和許多不可言明的焦慮之恐懼。只要是行爲，都會有適應的意圖。但若要對這些行爲的功能和起源有更充分的理解，我們就要把驅力—動力的面向拿進來一起考量：在表現各種對於權力、權威和責任的態度中，人到底獲得了什麼積極的滿足——不論那些場域是叫做「教會」、「國家」或「文化」？把痛苦極小化是一件事，把快樂極大化又是另一件事。人類在無助之下會產生需求來把事情變得可以承受，這就是佛洛依德在神的觀念和宗教的動機中所看出動力根源，而這動力也把人導向於追尋權力之源，譬如像父親，從而可以獲得保護。宗教人不只會認辨出如父親般的權力之源，會讓自己配合上去，還會把它提升爲所有權力關係的模範，以作爲「神的兒子」或甚至「像神一樣」而獲

48 G. W. Allport, "The Religious Context of Prejudice," *Journal for the Scientific Study of Religion,* V (1966), pp. 447-457.

得滿足。如果這樣的情感是存在的，那就表示從神(作爲有力的保護者)那裡有效地得到了直接、積極而自戀式的准許，並抵擋了危險。而父親不只是會保護；他還會獎勵和促進孩子們的幸福感。恩寵不只是對罪的寬恕，還會透過美、可愛、榮耀、高興、疼惜及其他的贈品而成爲積極的快樂。「我不再譴責你」和「我愛你」並不相同。

那麼，在偏見、從眾主義、威權性格及其他形式的對權力的奉承(不論是神聖的、教會的或世俗的)，其中的**快樂**到底是什麼？有一種很顯然易見的快感是在於享受特權地位，在於從屬於一個正在獲取財物或能有所得的團體、運動、家族。這些所得倒不一定是物質的所得，譬如土地或房產，而可以是包含著書本、藝術作品，以及能加入某些休閒活動的機會。快樂可以在某些有競爭性的優勢位置中尋得，在其中比較容易獲得禮物、獎賞、榮譽、公開的承認，或稀少的經濟機會。有些快樂甚至是發現能容許自己慢慢長大，沒有外在的壓力，不像其他人要受到責任負擔的催促而一直要早早地加緊成長的腳步。當你可以考量一種特別強調「被安置好」的特權，觀察他們以語文教育來作爲唯一關於社會變遷的教育(當然是強調很緩慢的變遷)，這時你就很難不作如下的推論：對變遷的阻抗(也就是抗拒用正常的步調來成長)乃是那些對於權力和權威的態度之一關鍵動機，而他們藉此想獲得的乃是要維持特權的**現狀**。上述的態度在某程度上就是被呵護的嬰兒式享樂，也就是不必面對漸增的責任，不必對於生活各方面作不斷的修訂——然而這是正常成長所一定要面對的，這一點我要特別指出來。

偏見有個很驚人的特色，就是對於新價值教育的抗拒：他們不接受這個世界每天都會對他們呈現的新事新物，而這些改變事實上可以引發許多人成爲積極的學習者，並改變他們的觀點和態度，有時可以發生很快的變化。偏見的人不准許自己受到新事實的矯正，或接受舊事實的新觀點。這種態度上的僵硬所指出的不只是恐懼，還顯示了他從該位置上究竟獲得了什麼次級的收穫。他喜歡我們剛才指出的那些快樂，他把自己掛在那上頭，而不曉得另一新層次的快樂可能會隨著他所拒絕的新責任而產生。他的次級收穫很可能來自將他對於偏見對象的攻擊傾向予以解除。攻擊性的粗糙形式就是實際的壓迫和剝削；稍稍微妙一點的方式則是否認別人也有權利和機會；其通俗的形式是用嘲謔的方式或鄙視的描述來加諸於一些替罪羔羊；還有更廣泛使用的形式則是不斷用語言的扭曲來對待事實，用不合邏輯的推論、誹謗來含沙射影。後者不只是因爲缺乏正直的思維，而是一種主動的(雖然很流行但不很嚴重)思維失調，由施虐的性格傾向而導致。

追尋權力的資源以便能將自身配合上去，以及可藉此而透過若非崇拜就是效法的方式，而獲得認同，這中間還牽涉到良心——當能依從之時，良心會施予快樂。良心其實是有正負兩面的；它包括了「該做」和「不該做」，附帶著獎賞和懲罰。假若做到了「該做」的，其基本的獎賞就是父母的微笑和疼愛；至於做了「不該做」的，或忽視了「該做」的，其基本的懲罰就是父母的皺眉或把愛撤銷，也許還加上一些鞭笞。因此對於對錯是非的原始標準就會和發展早期中的「該做」、「不該做」連在一起，也因此連上了愛的施予和撤銷。在老舊的價值和態度上穩紮穩打，其中服從規則的本身就是極高的價值，所以它不但是個受到許可和道德上正當的立場，也緊隨著一個心底裡重要對象的微笑，和其中帶來的快樂。能跟上一些「正確的人」，能使用得體的政府所用的「正確」觀點，能參與「正確」的教會，還擁有「正確」的道德——這些都在動力上意味著能「正確」對上個人良心或基本理想，因此而變得可愛並受到愛。而爲了能受到更多的愛以及內在聲音的許可，就必須不斷努力地防止去做「錯誤」的事情，或和「錯誤的人」、「壞主意」排在同列。懷有偏見的人對於他們所歧視的人總愛用一些字眼來形容：骯髒、危險、誘惑、顚覆、不文明、沒教養，或「不好」，而所有這些用字都可溯源到個人自身在早期所服從的訓練所造成的動機傾向。用別人來作替罪羔羊的現象，所滿足的不只是選到一個靶子來承接四處溢散的恨意，還幫助一個人把自己維持在他的良心所鋪設的正確軌道上。他自己很可能會禁不住誘惑而採用了被他詆毀的他人所持有的態度，但只要能把那些態度定義爲替罪羔羊之特徵，然後他就可以眼睜睜地看見牠的醜惡，並直接受到警告說：不可仿此而爲。透過投射(projection)與誤置(displacement)的這些詭異機制，他會強化他的能力來服從良心所謂的「不該做」，且因此而內在地保住了自己之可愛性的明證。

與自然和藝術的關係

在一次異想天開的實驗中，我向十二位神職人員做了羅夏克測驗，先是用標準程序施測，第二次則先暗示他們可能在墨漬中看出一些宗教的象徵。我很警覺地完全不對「宗教象徵」作出任何的定義——受測者必須根據他們自己最好的靈光去看而沒有任何引導。大多數的回答包含了通常的宗教徵兆(signs)而不是象徵(symbols)：枝狀的燭台、奉獻的燭光、耶穌受難像、聖餐杯、教堂尖塔、山頂上的十字架、鴿子、廟宇的入口、圖騰柱、王冠、卷軸和書冊、道壇的座椅、坐姿佛陀像等等。其次常見的則是一些穿著宗教服飾或有宗教姿態的人物：僧侶、修女、巫醫、儀式中的舞者、穿長袍的聖徒、跪地懇求者、傳教士在看當地人的活動。出現頻率在第三級的則是一些幻想物，譬如：皺眉的惡魔、鬼、天使、手臂上揚的抽象形象。也會有些聖經上的景象、巴勒斯坦的地理、被屠宰來當犧牲的動物。還會有些像是善與惡的抽象物，由其在卡片上的左右位置而暗示[49]，或是天堂與下界，則由墨漬的頂端或底端所描繪出來。和我的期待完全相反，就是以自然景象來作為宗教體驗的象徵者，非常罕見。

有一個人對編號VIII的卡片說：「那裡有某種……ㄟ……對自然的愛；是一種用泛神論的角度來欣賞動物穿越岩石，映照在水裡；是一種非常平靜的景象。」但在追問之下，他降低了宗教的意謂說：「那也可算是一種關於自然的浪漫觀念。」我很懷疑這種把大自然的平靜降格為「浪漫」的，乃反映出他受過神學訓練的一種癖性。第二位談及編號IV的卡片：「這裡一片斑斑駁駁的灰色給我一種雷雲的感覺，而這也可能就是神的神秘。」但他遲疑了一下又說：「但我得很努力才能看得出來。」我懷疑他承認要「很努力」，這也是一種在神學上很熟練的用詞。對於卡片VIII，他說：「這裡的感覺像是山頂；是一種很好的、愉快的感覺，我會把它聯想到宗教：是神所給的能力來讓我能欣賞美，有一種多彩的美感品質。」令我吃驚的是：這個人對於這種感知竟需要以「神所給的能力」為理由，來解除他自己的自發性。道德和社會正義是這個人的母題。

49　【譯注】在英文中的sinister/dexter既指左右，也有惡和善的意謂。

只有兩個人講出直接體驗到的自然本身的奧秘。其中一人對卡片IX說：「山和雲——在這自然現象裡面有某種會引起敬畏的感覺。」另一個人在卡片VI中看見：「一座冰山映照在水裡，對我來說是宗教性的，像是大自然所給的驚嘆。」對卡片IX：「整個形象就在象徵力量與榮耀：一個從氫彈爆出來的蕈狀雲向前打開，成為炸開的彩色噴泉，水就從中央還有從兩旁向上濺出。」在我的探問之下，他補加了一句：「我想那榮耀是藏在色彩中——這是和力量的爆開有關——是力量的美。」他在同一張卡片中的偏旁還能看到峽谷上的日落，對此，他說：「這是自然之美，是它的偉大、力量和永恆。」從其他的測驗資料中可以看出，這個人是個好沉思的愛自然者，他非常需要在樹林中獨自漫步，他能自覺到大自然的奧秘對他造成宗教性的效應。他也很喜歡音樂，在羅夏克測驗中看出好幾個撥弄音樂的森林女神，而整個的自然，包括蝴蝶和爬蟲，都加入和音，形成大歡樂的景象。

雖然自然崇拜未必是宗教的最原始形式，但自然在宗教史上是夠重要了，值得我們注意它可能就是奧秘體驗的泉源。史崔屯(Stratton)是一位幾乎被遺忘的心理學家，他對宗教有很高的興趣，他曾寫道：

> 在整個猶太信仰和基督信仰的神聖寫作傳統中，很少會遠離自然的各種面向，不論是家常的或是崇高的——耕作的田地、青綠的牧場、葡萄園；或是荒野，和沙漠，在那裡白天的太陽會向人重捶，所以人在這樣讓人疲倦的土地上會很高興能躲到岩石的陰影中。還有一場撼動人心無與倫比的戲劇，在其中，那個人，約伯(Job)，受到這樣的挑

> 戰，就是拿他驕傲的理解來和上帝較量——那上帝是爲世界和海洋打好地基的，並能用他空空的雙手把這些都撐住；他知道雪水的寶藏，可以鬆開獵户座的腰帶，還可以綁住普利亞狄絲七星(the Pleiades)，維繫著她們甜美的影響力。

還有：

> ……許多偉大的宗教領袖對於外在自然加諸於他們之上的印象之深，簡直不可度量，他們在那裡體驗到孤獨，或是被友善地支持；在知識上因此而靜默，或是在此因產生神聖的密契交往而揚升。[50]

一個人並不需要做像古代人做的事情，然後才能把自然現象轉變成崇拜的對象。暴風、洪流和雨水；空氣、日月、星辰；雷電和彩虹；白日與黑夜；江河和湧泉；山洞、礦坑和其他「大地的碗盆」；高山；火；草木和野獸——所有這些都曾經或多或少被神化或擬人化。你也不必像個哲學家常做的那樣：看出自然中的秩序、美、力量與榮耀，然後從中抽引推論而出一些基本的安排、第一因，或其他內在本性的原則。我們不必要專注於自然規律的例外，並使用奇蹟來證明超越的神聖力量，而致把宇宙當成個玩物。你也不必預設有什麼超自然的界域以便說明自然過程的規則或例外。我

50　G. M. Stratton, *Man, Creator or Destroyer* (London: George Alien & Unwin, 1952), p. 57.

們甚至可說，把自然全部轉變爲受造物，因而就需要一個造物者或大總管的前提，這也沒有什麼特別動人之處，也就是說，我們不需要證明有個有力的人物正用著父親般的智慧來看管這全部。自然本身就有其尺度、範圍，和廣袤會逼人說出像瑪格列特・福勒(Margaret Fuller)所說的：「我接受這個宇宙。」或像卡萊爾(Carlyle)的妙語：「天哪，她最好就是那樣！」[51]他們的說法雖然算是中肯的，但這也忽略了一種可能性，就是其他人就只讓宇宙自行運轉，不必經過他們的同意，甚至根本也不必對它有知識。但是，自然本身，光只談它的大小，如果你能敏銳地意識到的話，就足以產生像雅斯培(Jaspers)的說法：「世界是總體涵攝的(encompassing)。」但這種涵攝究竟讓人覺得是一種擁抱，或是一種緊緊的碾壓；還有，你到底是讓自己被護持、扶養，或是被擠扁，這實在是迥然不同的兩碼子事。

顯然地，我們這個羅夏克測驗上的反應只是來自一個很有選擇性的小樣本，但其中已經顯示了種種奮鬥的跡象：從自然進到文化，從自然進到神的觀念，從外在的自然進到人以及人造的事物與思想。這些反應的頻率分佈所暗示的乃是：至少對於當今美國的神職人員來說，自然已經不再是偉大靈感的來源，也不是基本的神聖象徵。也許我們可以說這是對於自然的除魅(disenchantment)，而其種種原因則各不相同。在科學的世紀之中，自然也許已經失去了詩人波普(Pope)所說的：

自然與自然律在夜間隱藏：

51 James, *The Varieties of Religious Experience*, p. 41.

而上帝說：讓牛頓存在！於是一切都是光。

在存在自作抉擇的年代裡，也許已經很少人能感覺得到人與自然之間的連續性，因此，存有的偉大鎖鏈(the great chain of being)剛好就在人及其反思的意識開始之處失去了它的存有。在暴力的年代，人可能比較會對於自然的混亂特徵特別有印象，雖然湯尼生(Tennyson)說：「自然，猩紅中帶著牙和爪，」但人們不再把它視爲妖魔的表現，也不會被那種猩紅的景象嚇壞。在焦慮的年代，人比較會被黏在自己的內在本質以及造成命運起伏的人際關係中，而不是和外在自然的互動。文化之所以成功也許就在於人對於自然的防衛，而佛洛依德也曾說應該就是如此；也許現在的宗教已經不需替人防衛那「壓倒性的至高無上的自然」，而毋寧是要對抗內在的人，以及由文化所造成，但卻不爲人所欲的典章制度。當倫理學家指出：人、人性和人的文化才是顯要的問題時，他們這樣說也許是對的；與此相較，那「外在自然」中的草木森林、高山深谷等等就顯得不對題了。對於個人來說，福勒和卡萊爾的宇宙算是相當無關緊要的，並且至少看出了超越論者在他們的哲學系統中所導出的秩序含有錯覺的成分。我們的宇宙比我們自己還要深入於內在，而我們也知道其中含有深刻的非理性。

在《科學》雜誌上最近有篇文章，作者懷特(White)論及人「以不自然的方式來對待自然」的悲慘結果，以及最近興起的一股關切，就是「生態反撲」現象：煙霧籠罩的城市、中毒的河流、廣告看板凌亂散布的高速公路。懷特文中的要點是：人對於自然的態度和他的宗教取向有關。在猶太—基督宗教的傳統中，人不只是自然的一部分，還是按照神的形象而造的。因此他分享了神對於自然的超越性，並且也就接受了一種凌駕於其他創造物之上的態度，而其必然後果就是征服自然，以殘酷的方式，或透過他那疾速發展的科學能力：

> 我們的科學與技術是來自基督教的人和自然之關係的態度，而這種態度幾乎被全世界接受，不只是基督徒，還有新基督徒，以及那些喜歡自稱爲後基督徒的人。雖然有過哥白尼，但整個宇宙仍然是圍著我們這個小地球打轉。雖然有過達爾文，我們仍然打從心底裡認定我們*不是*自然歷程的一部分。我們比自然優越，我們鄙視自然，也很隨意地以心血來潮的方式來役使它。[52]

由於長期的歷史發展，宗教的意識型態和實務上的活躍分子早已交織在一起，因此這就同時顯現了人與自然之間的困境。到底有沒有其他的替代方案？懷特(就在剛剛引述的文章中)很漂亮地展現出一種埋藏在歷史裡的智慧，他指出有一種稍微地下化的反向流動，而在這個有力的反向傳統中，我們可以看到像亞西西的聖方濟這樣的人物：

> 要理解聖方濟的關鍵在於他對於謙遜之德的信仰——不只是個人，還及於人類這個物種。聖方濟嘗試要廢除人類君臨於所有造物之上的狀態，而想要在神的造物之中設立一

52 L. White, Jr., "The Historical Roots of our Ecologic Crisis," *Science,* CLV (1967), pp. 1203-1207.

> 種民主的政體。對他而言，尊重螞蟻不只是在對怠惰者的說教；火焰不只是靈魂能奔向與神結合的徵象；我們現在要的是螞蟻兄弟與火焰姊妹，以受造之物自身的方式來頌讚造物者，就像人類弟兄們以他自己……
>
> 我並沒有暗示說，咱們當今美國有很多關切生態危機的人會去向狼討教，會聽鳥的勸告。不過，目前整個地球環境的土崩瓦解乃是那動力強大的技術與科學之產物，這些科技的來源乃是西方的中世紀世界，而這正是聖方濟以其原創的方式所要反對者。科技的成長很難在離開反自然的基督教義之外去尋找。其歷史來源實在是深深嵌在基督教的教義中。

懷特的說法並不是一種「回到自然」的浪漫召喚，也不是勸人回歸到單純虛幻的鄉野生活。在我看來，那是一種警告，要我們重新檢視我們的前提，就是宗教上的基本設定，而那才是一般人對於自然的態度之所本。

自然當然是個巨大而繁複的整體，而在個人的實際生活中常只會面對其中的一小部分。它的形式變化萬千，而且有很多地區性、季節性的差異。它還是反覆無常的，但在有些地方要更甚於其他地方就是了。自然的某些地方對人可說是很慷慨好客的，但它也有極多貧瘠不毛之地。有些危險的地帶，譬如火山底下，還是有人喜歡住在那裡，代代相傳，不顧偶爾出現的災禍。連荒涼的冰原和焦枯的沙漠也有好居其中者。我們當然會期望人對待自然的態度會因爲氣候和地理區域而有很大的變化，但人和自然之間就是有些奇怪而非理性所能理解的親近關係。

縱然如此，在對待自然的某些態度上，與本章的主要論旨一致的是，可以看出一些傾向，正如對待人或其他事物一樣。對自然友善的態度不只會導致保持和守護的企圖，還會讓地景的內容中產生深厚的情愫。牧神潘、酒神巴卡斯，水精靈、山鬼，以及種種人形化的象徵，讓人覺得「有什麼東西在那兒」，這些都使得自然維持著豐饒的神秘意味。對於「深愛自然的人」來說，其中的「愛」可是個認眞選用的字眼，在其中有美、善、眞的情感深刻地揉成一團。還有，泛神論(pantheism)也是有宗教傾向的人可能會作出的活生生選擇；事實上，它可以成爲過度抽象與理智化傾向的一劑解藥。相反的，對於自然的敵意與忿恨態度則會導致對它作出恣意的破壞和浪費的掠奪，然後對於破壞者就會產生懷特所描述的那種反撲性的「生態危機」。每天都有千百萬人在冒犯著對於自然的巨大罪惡，從對國家公園的掠奪戕害，到不經意的星星之火所造成的森林大火，而這些罪惡之中，有一大部分乃是從對於人的藐視態度，經由誤置而轉過來的。一個憤怒的小孩不能打他爸爸，就會去踢他的狗，對樹木丟石頭，拉斷植物，或把昆蟲拿來分屍。對一個豐足社會裡衣食無虞的人來說，把狩獵拿來當作運動實在完全說不上是在愛自然，雖然在那時刻，狩獵者一定是被迷人的自然景象所圍繞，但還不如說，更像是對於自然本身伸出了血猩的爪牙。賞鳥和野生動物的攝影活動則顯然是對於大自然更爲友善與和平的姿態。史懷哲對於保護自然的基進主義常被批評爲不符合於他作爲醫師和疾病對抗者的身分。假若你明知蚊子是個傳染源的話，爲什麼還要維護牠的生命？對於史懷哲的態度，我相信其關鍵在於他對於那種意識型態口號所選用的字眼：**尊敬**生命。他對於自然的那種身姿乃

是一種奉獻的鍛鍊，是把一種宗教的忠貞實踐在最小的生命體之上。自然對他而言具有不可丈量的價值，而他把同樣強度的價值放在他對於歷史的耶穌，而不是理想的耶穌身上。路易斯·曼佛曾經這樣說他：

> 這個(關於歷史的耶穌研究[53])把他帶入一種堅信，就是在二十世紀裡眞正信仰耶穌的人，必須自己背起十字架，並且做出一些以犧牲來完成的救贖工作。這種工作不會帶來聲名與榮耀，而更可能的是帶來蔑視、健康不良或竟至死亡，而這還沒有把侮辱和輕忽算在內。簡單地說，很多邪惡都必須靠人來使之減少：西方社會所犯的很多罪都在哭喊著要求贖罪。[54]

雖然史懷哲所表現的對生命之尊敬的程度，在從小就以征服自然爲志的西方人之中是很罕見的，不過，些微的跡象還是可以在很多人身上發現。雖然弄死一隻小蟲是個沒什麼感覺的小事，但如果有個人正想要一把弄死好幾打的蟲子，卻突然發現其中有隻幼蟲正在轉變成蛹，他可能會突然停下來——被一種驚異感所停住，而決定要幫助自然，讓這個蛹度過一段生命的假期。打獵的人也會遵守一些行規，放過正在哺育幼獸的母獸。這並不是先行根據明年的供需原

53　【譯注】參見A. Schweizer (1906/2001), *The Quest of the Historical Jesus; A Critical Study Of Its Progress From Reimarus To Wrede*, translated by William Montgomery(London: A. & C. Black, 1910, 1911. Augsburg Fortress Publishers, 2001 edition).

54　L. Mumford, "The Fulfillment of Man," in *This Is My Philosophy,* ed. W. Burnett (New York: Harper & Brothers, 1957), p. 31.

則而算計過的「保護主義」；這其中其實就有些許尊敬的因素在內。

對於一個泛神論者來說，自然就是*imago Dei*(神的形象)。對於二元論者來說，自然的奧秘具有雙面詹納司(Janus)的樣子：一面如神一面似魔。對於信守中道的有神論者來說，自然的*fascinans*(迷人之處)和*tremendum*(畏人之處)都只是一些指標，指向更爲崇高、更有秩序、更有道德、更具有美與力的超然創造者和維繫者，而這就是自然之神。在此觀點下，神的形象之所在就會從自然轉換成人，這種特殊的連帶就在創造者和受造的人之間建立起來，讓人本身就能使創造的這件事得到正當的理由：人因此能創造藝術，把美感的秩序帶進世界，並學會從美的觀點來欣賞一切事物。用波普那謎樣的句子來說：「所有的自然不過是你所不知的藝術，」而藝術已經不再是自然的模仿。較高的原則是藝術，而不論是神的藝術或人的藝術，美感的秩序都超越了自然之所能給予。

佛洛依德看出了在藝術之中有錯覺形塑(illusion formation)的面相。在創製或欣賞藝術之時，人們會有點獨立於世界之外而接獲美感的滿足，這樣就可以取代自然所不能給予的，或補償了自然所造成的挫折。藝術會透過一點「輕微的迷醉」而給人快樂和安慰。除此之外，夏賀迭還指出：通過美感途徑來接近現實，若是以藝術的**形象**作爲中介，有時反而可能變成一種障礙，讓他不能和世界上的人事物作活生生的遭逢。

藝術和宗教常常站在相互對立的緊張關係上。歌德認爲：人一旦能接近藝術和科學，那麼他就不再需要宗教了；後者只是要留給那些被剝奪了科學和藝術精神的人。齊克果在美感和宗教的生命階段之間也發展出一種尖銳鬥爭的辯證法。在對於藝術家的態度中，有一種廣布的恐懼和輕視，這無疑是教會成員所持有的保守主義之

一種根源。對很多人來說，把《聖經》當成一種「美之書」來閱讀，是和閱讀其中的不朽眞理根本互相矛盾的。當今一些新教堂的建築師和裝飾者很難獲得會眾的溫暖支持。就美感的愉悅而言，貴格派教會把他們的聚會所弄成一個完全荒瘠的地方；清教徒把教堂裡有趣的視覺裝飾簡約成只剩凜冽中性的白色洗石子牆面——但他們對於比較抽象的音樂藝術反而能讓它變得愈來愈雄偉。事實上，在音樂和新教之間的關係是個好例子，可用來看看宗教和藝術之間深切的親近性如何引發有反差的衝動。古代猶太教徒是「在神聖的美」之中稱頌神——他們追求美感和奧秘之間的連結，但在同時則禁絕「銘刻的形象」。拜占庭的東正教先是禁止宗教藝術，後來則是用儀式化的方式把藝術的自發性綑綁在嚴格規定的形式和色彩符碼中。組織的宗教是各種藝術的大贊助者，但也是對藝術、藝術家和藝術愛好者最有妒意的競爭者。

在宗教與藝術之間的緊張關係是不是應驗了佛洛依德的直覺，也就是說：藝術帶有錯覺與迷醉性質？宗教家們是不是在人類的創意中看出了受造物竟有想成爲創造者的意圖？宗教的純淨主義者是否可能會意識到藝術愛好者有被他的對象奴役的危險，也就是讓藝術作品變成了偶像？或者，宗教家對於藝術的不安乃是其禁欲主義的顯現：他們不信任所有的感官印象而至視之爲空虛、渙散、短暫、庸俗、低劣，甚至是魔鬼的產物？宗教對於藝術的矛盾態度或許可能是受到某種高張的意識所影響，那就是：藝術所選擇的題材和媒材都可能變成輕率的消遣？

對於以上問題的回答可由一種奇特的現象來提供，那就是「宗教藝術」——兩種錯覺的合金，兩種迷醉物的混合，兩種對於現實的觀點之交界。田立克是這麼說的：

> 教會使用美感領域是爲了宗教藝術的緣故。在其中，教會用藝術的象徵來表達其生命的意義。這些藝術象徵的內容(詩的、音樂的、視覺的)乃是宗教象徵透過原初的啓示經驗以及由此而來的傳統所給予的。事實上，藝術象徵試圖以不斷變化的風格來表現既有的宗教象徵，這就造成了一種「雙重象徵化」的現象……。教會知道美感的表達性不只是爲虔誠奉獻的生活增加一點美化而已。他們知道這種表達對生命所能給予的，正是生命之所要表達者——它給出了能穩定的力量以及能轉化的力量——因此他們才會想盡辦法來影響和控制那些能生產宗教藝術的人。[55]

在宗教藝術中，「雙重象徵化」是個有意思的現象。我們可以將它視爲宗教對於藝術之文化體制的回應，同時也是藝術對於宗教之文化體制的回應，而這兩者都是由人作爲中介，並由團體來制定其風格。兩種原初的精神功能，也就是宗教和美感，同時執行出來。如果在相互間覺得有衝突發生，其理由我們在前一段已經用一串問題來表示過，則透過宗教藝術會達成一種妥協，而實際上就是讓雙方的精神功能縮水和衰減，把神聖性硬綁到美感形式上一段時期，並且讓藝術的想像限制在規約的對象或風格上。其結果對於宗教和對於藝術都是一場災禍。於是就產生了蓄有流行鬍鬚而看來很濫情的耶穌像，彈著豎琴的天使，方便於放進錢包裡的死板聖母像；也爲虔敬的頌歌產生了浮濫的旋律和貧乏的韻文；還到處張貼

55 P. Tillich, *Systematic Theology,* III (Chicago: University of Chicago Press, 1963), pp. 197-198.

著虛矯的最後晚餐圖，還把有如英雄般的耶穌裝飾紋章貼在教堂地下室的牆上。不論是藝術或宗教都不會存在於這樣的妥協之中。田立克的雙重象徵化被化簡爲大量複製的符號和徽章，反過來說，這些東西也只不過標示了一群人到底屬於哪裡的認同而已。

如果兩者的功能間沒有產生嚴重的衝突，則它們的聯手演出可以使任何一方的觀點變得更豐富，對於個人就會產生更雋永、更相得益彰之效。古迪那夫在他描述美感型態的宗教經驗之時，曾辨認出這種怡人的處境。他看出某些人會在無形之中尋找形式，而這可平行於他們對於那*tremendum*(巍然可畏者)的尋找：

> 那些從不曾在生命中發現混沌可以暫時被形式，也就是美的形式，所化解的人，實在是貧乏得很，而其實他們只要試著聆聽和他們爲伴的其他受造之物，就可以從中發現的。帶著里爾琴的奧菲仍然有神聖的力量可以把我們心中的野獸給馴服。那些能夠好好認識所有藝術的人，就會了解我爲什麼會把不論是第一手或第二手的藝術表達，等同於宗教的體驗。這種體驗是這麼地溫暖和美麗，我眞希望能有個比較不呆板的詞彙，來說它是「美感主義的宗教」。[56]

在這樣的說法之中，無論如何，我們已經從宗教藝術本身移動到更寬闊的交接地帶，來看待美感和宗教體驗，對於能夠自由使用兩種途徑的人來說，古迪那夫所說的「美麗和奧秘可以合而爲一」

56 Goodenough, *The Psychology of Religious Experiences*, pp. 142-143.

者，終究是有可能的。音樂、舞蹈、視覺藝術乃至最終是性的交合，乃是這種體驗豐富性最大的濃縮，而它實在是來自於同時對神聖和對美的情慾投注。

美感和宗教觀點的互動其實是被兩者所共有的遊戲性質所提升的。我們在前幾章中已看出遊戲因素在儀式、崇拜和其他宗教活動中的重要性，以及完美主義在宗教行為的風格化之中所扮演的重要角色。藝術也有很強的遊戲性特。它所玩的是尋常的感官經驗，譬如視覺、聽覺、觸覺等等，但它是用很特殊的、別出心裁的組合方式把物體和媒材弄出一種「似假還眞」的現實性。在舞蹈和運動中，它用完美的動作，表現出準確而有意義的姿態，因而產出動作的愉悅，顯示了對空間與時間能作超凡的駕馭。這些乃是情慾之最高度愉悅，因而用「靈入的迷狂」來說它，乃是最正當的表達。

第十章　和自己的關係
Relations to the Self

一名十二歲的女孩有一天向我報告說：她最近反覆作一個夢，引起她的一些焦慮。她所能記得的只是一些字母在夢裡，隨便亂湊的，漂浮在空中。我問她是否記得看見哪些個字母，她說是一些E和M。經過進一步的一點點挑激，她自己馬上發現這些字母經過很多動畫過程，就拼成了*me*(我)這個字，而此一話題正是當時她非常在意的。人的自己(the self)經常是個謎題，是焦慮的來源，好像是一種在轉渡過程中的工作，也是一種價值。我可以想及我自己，甚至夢到我自己。但像前一個句子裡的返身代名詞(reflexive pronoun)是很笨拙而混淆的。會思想和作夢的我到底是誰或是什麼東西？還有，誰或什麼是被想到、夢到的「自己」？它們是否都像語言所暗示的，實際上都是一樣的？

在存在主義的年代，其中的「存有」(being)、「是」(isness)和「我是」(I am)都是核心的用語，以此我們可以鮮活地重新思考伍德格所提過的那段話。他是說：爲了要知道某物的存在，我們必須比這知道還要更知道一些才行。當我說「我是」的時候，我並不只是在肯定這個主體模式的存在——我也在指陳這個五呎九吋高的我，五十一歲，男性，健康良好，是個家長，還有好幾百項其他特徵，有些在我的注意焦點中，有些則比較模糊，而這就是我說的

「我是」。甚至是純粹意識的「我」，這是哲學家才會談到的，經過無止盡的還原，把它所有可能的內容都予以對象化，它仍是有好幾種本質：一種意向、一種張力、一個生命歷程、一個個人意識。這個我可能被體驗爲豐富或貧乏，強壯或衰弱，勝利者或受害者，可愛或可恨，自由或拘束，快樂或悲傷，在恩典中或在詛咒中；但以上種種體驗無論是安靜地或外顯地，都是在做某些事，因爲意識的定義就是個活動的歷程。就算它採取了前意識(preconscious)或無意識(unconscious)的形式，一時之間無語以對，這個我仍會**以某種方式**肯定它自身，譬如在癲癇發作之時的自動言說，在夢遊之中的怪異動作，或是一個遺忘症的人走進警局，說他已經完全不知道自己的姓名、身分和住址。

本章要探索的乃是主格我(I)和受格我(me)的種種意思、各種附隨其中的情感、使用返身性的我所可能伴隨而生的併發現象，還有宗教中所肯定的主格我和受格我會有什麼其他義涵。我會分成以下的幾節，來一步一步地談論：

1.自己的意識
2.自我(ego)與身體
3.超我與自我理想(ego-ideal)
4.*Cur Deus Homo*(神爲何變成人)

最後一節是嘗試要把內心的複雜性和最核心的基督教義關聯起來，以便能探索某些關於神性及其活動的神學命題如何能夠連結到人類的自我體驗之中。

自己的意識

當雅斯培還是位精神科醫師時，他把自己的意識描述成至少包含四種屬性的一個情結(complex)[1]。而詹姆斯，像雅斯培一樣後來成爲一個哲學家，他也抓住同樣這個關於自己的問題，寫下他在《心理學原理》之中極爲傑出的一章[2]。詹姆斯所作的四個範疇是「物質的自己」(material self)、「社會的自己」(social self)、「精神的自己」(spiritual self)以及「純粹的自我」(pure ego)早已爲眾所周知，也已經完全被吸收到心理學之中，所以在此毋庸贅述。雅斯培的四個屬性是在不同層次上的立論，也使得它和宗教的概念及體驗更爲相關。

對於自己的意識之第一屬性就是它和**他者**及**超越者**的對比。自己的定義就是和非我的區別，包括所有的他人、他物以及整個外在世界。在奧圖的觀念中，所謂的奧秘者就是*das ganz Andere*(全然的他者)，這不只強調了神性和受造的世界相比，乃是個徹底的他界，也把這個「他者」放在任何信徒之「我」的對立面上，並由茲而阻止人把自己和創造者之間拉上任何直接的親近性。這在希伯來與基督宗教中乃是個重要的主題。神永遠是個「非我」，而自己則永遠是個「非神」。緣此而論，則神聖性之銘印於(impress)受造

1　K. Jaspers, *Allgemeine Psychopathologie* (Berlin-Heidelberg: Springer Verlag, 1948), pp. 101-109.(譯注：英譯本*General Psychopathology* [translated by J. Hoenig and Marian W. Hamilton]. Manchester University Press, 1963: 121-137.)

2　W. James, *The Principles of Psychology* (New York: Dover Publications, 1950), pp. 291-401.

物，若果眞有此事，也是難以理解的。內在性的教義不可推得太遠而導出創造者與受造物之同一性；這種教義必須受到超越性教義的強力制衡，以維持神性之徹底的**超越性**和**他者性**。神聖的銘印必須很謹慎地描述爲*Imago Dei*(神的形象)，而在東正教中就正可視之爲被銘刻或烙印。如果像諾斯替派那樣，把神靈閃現視爲神聖的光或火進入人的心胸之中，那就接近於叛教了。爲了破譯那些神秘的符碼，已經產生過汗牛充棟的文獻。在〈創世記〉中是這麼說的：「於是神就照著自己的形象造人，乃是照著他的形象造男造女。」尼撒的聖格雷戈里(Gregory of Nyssa)[3] 對此的詮釋是說，人的本性是介於兩極之間：介於神聖的非身體性與粗糙的非理性自然物之間，分受了兩者的面向。但這只是像神，而不是神。愛仁紐(Irenaeus)[4] 就曾在*imago*(**形象**)和*similitudo*(**如眞**)兩者之間作了區別：前者是指自然特徵，因爲發生在受造物身上，因此不可避免會和原創者有所關聯；後者則是指一種特別的恩典施於亞當身上，使他能由茲而忠於創造者的目的[5]。這同一位愛仁紐還曾因爲要說明「道成肉身」而在「形象如何能復原」的問題上萬分掙扎，這才使得他說出耶穌基督「變成我們來使我們能變成他」。這種由神變成人的觀念也一樣導出了墨河紙山來論辯再論辯，以便能安全地守住其中所帶有的叛教聯想，而這也是在基督教義史上最主要的任務之

---

3 Gregory of Nyssa, “An Address on Religious Instruction,” trans. C. C. Richardson in *Christology of the Later Fathers* (Philadelphia: Westminster Press, 1954), pp. 268-325.

4 Irenaeus, “Against Heresies,” trans. B. R, *Hardy in Early Christian Fathers* (Philadelphia: Westminster Press, 1953), pp. 387, 390, 391, 397.

5 J. Pelikan, *The Shape of Death: Life, Death and Immortality in the Early Fathers* (New York: Abingdon Press, 1961), pp. 103 ff.

一。

所以，很顯然地，在自己與神聖的他者之間作出區別，乃是宗教所最爲關切的——至少在猶太—基督傳統之中是這樣。但宗教的口號像「萬化合一」或「神即是一切」則暗示了一點不同的強調，在其中，自己與非自己的界線其實是非常不鮮明的。在某些類型的佛教中，對這樣的問題，其解決之道就是先宣稱自己爲非眞實，所以要用萬法(dharmas)來取代，而這些對於西方的心靈來說，都非常近似於種種哲學範疇。不論特定的說法到底是什麼，對此一問題的深刻關切，激發了許多高張力而弔詭的敘述，譬如這一則，由艾克哈特大師所寫的：

> 神在於一切事物之中。他愈是在一物中，就愈在物外。他愈是在內，就愈是在外。[6]

這位大師也把神稱爲「眾否定之否定」[7]，像其他許多偉大的密契者一樣，他花了大半生試圖要在一個新的平面上體驗自己和他者之間的關係，而其方法則是在自己的種種尋常疆界上下手。雖然密契主義會採取多種方式，它總是在抽象梯階的最高階上玩遊戲：當意識把人注定成二分的或多元的之時，有可能體驗到合一嗎？在知識上的客體／主體之分裂可以克服嗎？而如果能暫時克服的話，這體驗本身還能叫做知識嗎？這些都可以用語言講出來嗎？

密契者們的區分不只在途徑的採取上，也在他們所期望要體驗

6　F. Pfeiffer, *Meister Eckhart*, trans. C. de B. Evans (London: John M. Watkins, 1924), p. 164.

7　Pfeiffer, *Meister Eckhart*, p. 117.

的後果上。有些會試圖徹底「空其心」，以使神聖者可以進入，並以其充足性來使之塡滿。另有些則會「開其心」及其整個機體，好讓他們可以清楚看見神聖他者之有如令人驚嘆的光景。還有些人會「伸其心」，像氣球一樣上升至極高的高空，以炸開的方式使界線抿除，並與周遭的氛圍相互消長。然後又有些人相信神性已經在他們體內，人所需做的只是仔細培養，讓它從內裡令他者充滿於自己，最後這他者就會取得終極的權威。羅曼・羅蘭(Romain Rolland)曾提及一種和宇宙萬化合一的汪洋感(oceanic feeling)[8]。佛洛依德將此詮釋爲體驗的原初形式，早在自己能夠區分他者之前就已形成；這時的嬰兒還沉迷在自戀的幸福感之中，無從知曉她的食物和居所都是來自他人的禮物，而一旦這些禮物都被撤銷時，將會爲她帶來無盡的恐懼。

幾年前有位影星把神描述爲「洋娃娃」，她也許不是把神縮小，而是把自己放大了。洋娃娃是玩具嬰兒，而那些玩弄者們會把自己變成像是製作者、生產者一樣，靠著她們的好意，那洋娃娃才得賴以存活。吹氣脹大的母熊，天曉得她是不是會生出一隻神來。這是一種極端形式的自我膨脹，把自己的界線延伸到超過了所有的地平線。

自己的意識也常依人對活動的意識而定，這是根據雅斯培的說法。自己是精力的根本，是行動的泉源。自己就是個行動者，而不只是個機械的齒輪。但有些人對這方面的意識就是衰減了——他們眞的覺得像是機械裡的齒輪，可以轉動而毋需啓動。積極行動實是

8 S. Freud, “Civilization and Its Discontents,” in J. Strachey (ed.) *The Standard Edition of the Complete Psychological Works of Sigmund Freud,* VoL XXI (London: Hogarth Press, 1961), p. 65.

意指某程度的自動自發，以及有個空間可以在其中活動，也許還有某程度的自由。但人類自己的行動到底有多少是可以獲准的？假若他能直接跟神約定，讓他以神的功能尺度來發揮的話？宗教讓它本身以自己意識來作爲行動的中心，是有些極爲有趣的方式。其中有一種是透過所謂附身的方式。一位先知會宣稱他不是以自己的語言來說話，而是說著某一個差遣者的話。講舌語的人會宣稱他所發出的聲音不是他自己的，而是由某種在他身內的精靈所流瀉出來。使人進入迷狂靈入的狀態之壓倒趨勢，是從外而來的，或融入其身的。甚至連夢也是由某種宇宙力傳送而來，它自行表現而不必有作夢者的參與。在所有這些案例中，都有某種對於自己活動的特異否認，並且總是以宗教的名義而然，這些人都覺得自己是被利用，被充滿，或是被外來的能量所擊垮。

這樣的案例會變得更微妙，假若自己的活動不是完全被否定，而是用自主對立於服從這樣的想法來重新詮釋的話。〈約珥書〉(Book of Jonah)顯示的即是一位先知的奮鬥。他的問題與其說是關於能量與活動，不如說是個倫理的問題：到底是誰的意志應得弘揚——是他的，還是耶和華的？他沒有像自動機那般作爲；他積極地爭論，或不接受神性所安排的意思。他逃離神聖的命令，他也主動地不服從，並用自己的意志當面對抗神聖的意志，而只「當他的靈魂在他身內暈去」他才「記得主」。最後，他決定要遵從命令，但他有他的使命，因爲他對於耶和華有可能變心，並饒過尼尼微這個城市，是很不以爲然的，何況他已經宣布過這個城市必定毀滅。

更微妙的案例還在後頭，譬如保羅，他會選擇性地宣稱：活動的意識只不過是自身的支架，能把它撐起，則在其中的任何善都是恩典。保羅說：「活著的已經不是我，而是基督活在我之中。」這句話的上下文是說，舊的保羅已經死了。從前的自我所做的一切活動也都歸之於虛無；一個新的自我升起，而這自我作爲活動而言乃是個禮物，新的保羅樂於從事，但這都不需再據爲己有。他認定的自我既已死去又重生爲基督，但他自己的死乃是自我引發的，而從此之後的新生，從信仰開始，其實是另一個人活在他裡面。在上面那句話中，隱藏著一個警告，以及一整套神學，是在禁制自我和他者的融合，並防止新的自我以其所獲來作吹噓。新的自我和舊的自我一樣積極活動，但他現在有個洞識，就是，大半所謂自發的活動都會朝向罪的方向。如果恩典是來自於外，那是誰在作有罪的事？保羅和幾百萬跟隨他的基督徒會覺得：把自我的意識作爲行動的中心，就會導致驕慢和自大，會過於自以爲是，最後就會生出一種自我肯定來否定受造性——簡言之，這就是罪。

關於自我意識的第三方面意義乃是基於同一性。一個人知道自己通過時間，從幼到老，即令在身心兩方都發生不少的變化，但他還是同一個人。對於這樣的同一性，你就可以用像保羅所說的那樣來作說明。他說：

> 我作孩子的時候，言說像孩子，心思像孩子，意念像孩子；既成了人，就把孩子的事丟棄了。(〈哥林多前書〉13：11)

他自覺到自己就是那個來自大數(Tarsus)的保羅，從以前到現在、到未來、直到生命的終結，不論在他的身體心靈上發生多劇烈的變化。保羅案例的有意思之處，還在於他曾有一次尖銳的信仰改變體驗，在他爲此提出說明時，他感覺到在舊的自我和新的自我之間，有充分的區別，讓他改變自己的名字。他的原名是掃羅(Saul)；在信仰改變之後他就改成了保羅。他也發展出一套神學，將神話中的亞當稱爲舊亞當或舊的人類，而耶穌基督則是新人類，所有的人只要來參與他，就會變成新亞當[9]。當生命中的某種過渡現象被人感覺到是很徹底的，那麼，改變姓名確實常常是人們會採用的一種補償行動。在立誓加入一個修會之後的宗教人就會接受一個新名字，通常取自歷代聖徒之名，而對這位新加入者有某種個別的意義。一個基督教名在洗禮中給了成年的受洗者，其原意就是，對他自己或對他人而言，要這個人的生命把從前那個自然的自我和之後象徵性的重生區分開來。在嬰兒受洗之時所給的基督教名就沒有這種劃分生命史的意義，而變成了只是個人的名字而已。

正因爲自我的連續性在配合著我們所有的活動之時，是這麼重要的背景感，所以經歷過的改變或動亂，就會取得一種轉捩點的價值，在事後回溯時定會區分出「在那之前／在那之後」。結過婚的人慣於將婚禮之日視爲如此；這種事情也會發生在嚴重的疾病或意外事件之後。我們清楚地看過它發生在信仰改變之中。在所有深刻的、轉化人心的事件中，它都會發生，而此種「發生」甚至會包括一段時日的精神疾病。克禮佛．畢爾斯(Clifford Beers)在《找到自

9　C. K. Barrett, *From First Adam to Last; A Study in Pauline Theology* (New York: Charles Scribner's Sons, 1962). 譯者補注：在近十年內出版的漢語神學著作中，讀者也許很快會發現一本由德國神學家Bonhoeffer寫於1930年代，而由王彤、朱雁冰翻譯的《第一亞當與第二亞當》(香港：漢語基督教文化研究所，2001)，可能會臆測這也許是緣起於保羅的神學。不過，事實上不是這樣。Bonhoeffer本人談的是「基督論」(今昔的基督)，以及「創世與墮落」的問題。我們可以說，這問題和保羅神學是有關的，所以譯者們把書名改編成這樣，但也可明顯看出舊教(天主教)與新教(基督教)神學的差別。

己的心靈》(*A Mind That Found Itself*)一書中寫下了這樣一段話，說明了他自己的心理困擾：

> 自從八月三十日以來，我把那天當成我的第二次生日(我的第一個生日是在別個月份的三十日)，我的心靈展現出一些性質，而在此之前，那些性質一直都是潛在的，很難辨認出來。結果，我發現自己能做些很想做的事情，那是從前我連作夢都想不到的——寫這本書，就是其中之一……。沒有人可以第二次出生，但我相信我來到了人所能最接近於此的境界。[10]

波乙森，我們在前文中引述過他，也見過他的心理疾病中的動力，和他後半生戮力從事的宗教，在性格上有確然的關聯。當他反思自己最近從一場僵直性精神病中康復的經驗，他寫信給一位朋友說：

> 在一段短短的談話之後，錢伯斯醫師說道：「很大的變化，可不是？這對我們的醫院來說，絕對是個很好的廣告。」當然，我很高興聽他那樣說。我眞的很感激他們在此對我所做的一切，但對於他的結論，我可不同意。若我果眞是康復了，如同我認爲我確是的，則我不能把這功勞歸於治療處遇，而應歸於宗教療癒的力量，而這是對於困

10 C. Beers, *A Mind That Found Itself* (Garden City, N.Y.: Doubleday, Doran & Co., 1928), p. 86.

擾我的情況特別有效的。[11]

在很久之後，他在自傳中則寫道：

> 關於自我犧牲、死亡、世界性的災難、密契的認同、重生、二度降臨，以及先知式的使命等等觀念，並不是只有在我的案例上才可發現，而是在其他急性困擾的精神分裂症患者身上也可找到。如同我在別處也顯示過，上述的那些觀念似乎自行構成一個星座，迥然不同於急性精神分裂症。我們一旦找到其中一個觀念，我們就很可能也找到其他幾個。這些觀念確實是有意義的。它們的基礎也許可以在人類心靈結構，以及精神分裂體驗的建設性方面(constructive aspects)找到。[12]

波乙森自傳的其他部分很清楚顯現他是如何全神貫注於更新與重生。他有個奇怪的念頭，就是說，整個的人種都必須以新的基因原則來重組，而他對此就提議了一種神秘的「四口之家」。他曾經接受過治療的州立醫院中，用來作水療的浴缸也就變成了他的概念圖式之一部分。那個房間裡只有四個浴缸，「這個精神科病房就是此世與彼世的相會之處，而這浴缸室就是讓損壞的人格得以再生的地方」[13]。就洗禮作爲重生的意義而言，再也沒有其他人作過比他更正面的表現。波乙森感覺到他的重生、再生，並在他精神上最激

11　A. T. Boisen, *Out of the Depths* (New York: Harper & Brothers, 1960), p. 99.

12　Boisen, *Out of the Depths*, p. 204.

13　Boisen, *Out of the Depths*, p. 119.

動的時刻皈依了宗教，雖然後來他還復發了好幾次，雖然他也坦率接受這些復發的時段被古典的精神醫學掛上「急性精神分裂症，僵直型」的標籤。但他沒有放棄自己的崩解時期。他的同一感透過時間的連續性而堅定地維繫起來，這是他的自傳所顯示的，而且他也沒有拋棄他的過去，不論那是多險惡的一場噩夢。然而他確實把他的危機慶賀成爲轉捩點，把他自己之中的舊人和新人分離開來。

他還可能作出別的一些事情，但爲此之故，我必須先把雅斯培對於自我的意識之論中的第四個面向說清。那就是獨自性(singularity)的意識：意識到我是單一的，並且在一個時間中就是唯一的一個。人通常是一個統一體，不能夠破裂成碎片。若果它眞的破裂得七零八落，那就可能變成病理學上的多重人格(multiple personality)或分裂人格(split personality)，但就算這樣，還是會有一種貌似的統一體，透過記憶的歷程而被拼湊出來，於是那個「變身怪醫」中的傑克(Jekyll)就是記不得他的變身海德(Hyde)，反之亦然。波乙森可以把自己從舊的那個瀕臨病變的自我中解組出來，而且他可以把那些噩夢時期的記憶壓下去。他所沒有作出的一些事情實應歸功於他自己的整合、綜理的能力，而這樣的成就會反過來讓他強烈感覺到他和現實之間其實並沒有完全破裂，且在其中還存在著一種有如聖十字若望(St. John of the Cross)所說的「靈魂之暗夜」。

自我之不能整合爲一體，還有很多種色調，從詹姆斯所描述的分裂自我(the divided self)[14]到附身靈入的現象，就是讓人覺得有外

14 W. James, *The Varieties of Religious Experience* (London: Longmans, Green & Co., 1945), pp. 163-185.

物存在於自身之中。分裂的自我則比較像是意識到某種不和諧，某些地方不太對勁，但想整合卻又徒勞無功。其最常見的形式就是倫理性質的，有如保羅所說的：「我所願意的善，我反不作；我所不願意的惡，我倒去作。」(〈羅馬書〉7：19)保羅接下去用棄權的方式來暗示獨自性的感覺有些許的瓦解：「若我去作所不願意作的，就不是我作的，乃是住在我裡頭的罪作的。」(〈羅馬書〉7：20)。獨自性的減弱實在非常普遍，尤其在宗教中，那簡直就是虔敬態度的註冊商標了，但好在還有懺悔來扶持著個人的責任，不然就會像「不是我作的，乃是住在我裡頭的罪作的」那樣推得一乾二淨了。在鬼神附身的狀態下，獨自性的意識會萎縮到完全把責任放棄：「在裡面的他者」會被感覺和理智一起咬定是個完全的異己者，投射成爲某種奧秘者，以其超人的力量把人玩弄於掌上。

在這兩種獨自性的減縮形式之間的某處，還藏有很多現象，是企圖把不想要的癖性解除掉，以便留住人格中那較好、較高的面向。在宗教的約束之下，整個身體都會被當作卑下、有罪，或不適用的臭皮囊，而人還得拖著它走完一趟嚮往著高處的旅程，期望在不久之後就可以抵達而變身。禁欲主義者對身體的忽視會變成對身體的嚴酷懲罰，在此，解離的機制會以很好的理由而動用，不然這施於自身的痛苦很可能會頓挫了禁欲者高尚的心意。性慾會遭到的命運也一樣。當它被認定是卑下或邪惡的衝動時，人就會想盡辦法來將它排除，而假若這個企圖失敗的話，他的整個自我形象就會受到劇烈的動搖。這個人不論是男是女都會「墮落」，而這個詞彙的來源乃是帶有奧秘意味的《聖經》，並意指此墮落乃是由蛇那般的外在原因所造成。顯然這都是在說，行邪惡之事者並非人自身，而是別有他人，於是責任的問題就被輕輕地撥開了。攻擊性的衝動以及強烈的憤怒也會造成獨自性的減縮，尤其當一個人受到的教育是要見賢思齊的話，憤怒的情緒就變得很不得體。所謂的「憤怒發作」或發脾氣的現象，就是指這樣的情形：冒火發怒和肌肉動作都不是來自於自己的。在發作或冒火時，人會覺得自己「降服」於一種超過人的力量，並稱他「不是自己」。他只是暫時地被「征服」，因外力而高漲；他有一種「不可控制的衝動」。最後這個句子甚至會帶有法律上的意謂，使法庭上的一個被告轉變成一個病人。

我們已經看到自我的意識有賴於好幾種功能的行使，也准許有某程度的彈性，但行使的範圍必須限在一個狹窄的地帶內，以便使一個人能夠維護住一個整合的一體性。我們也看到宗教的觀念會以無數的方式對自我發生影響，而宗教並不把自然的自我視爲理所當然。宗教會評估自我，對它加以考驗，企圖模塑它，並給它的前途下處方。但爲了要以更多的細節來探索宗教如何做到所有這些事情，我們必須首先考慮另外一組概念，並由茲而說出一個人的內心情結究竟有多複雜。

自我(ego)與身體

要能說「我」，那可是個不小的成就。學步中的幼兒只會說「強尼」或「珍妮」。能說「我」就預設了不只是雅斯培對於意識所區別出來的幾種面向，同時也是一個行事者(agency)之各種功能的順利發揮，譬如：感知、思維、言說，以及各種行動之能被那個小字「我」所指涉的人。能說「我」就必須要能說話：這種能力首先要能感知自己的身體和聽見自己的聲音，能把驕傲或羞怯等情感予以登錄，能運用肺部和聲帶把聲音發出來，神經起動肌肉，可以把眼神指向並維繫於聽者身上，而對思想之流的積極導引可以造成一組有意義的觀念和有道理的訊息。按照當前的目的，說出「我」來也意味著負面的行動：不太用心於呼吸而使得聲音終止，暫時不去注意膀胱的壓力，不讓一週來的記憶進入意識，不再去感覺去年的寂寞，對於說出「我」時的整套行動所造成的尷尬後果不去作自我意識。

有一個很重要的區分在於用「我自身」(self)作爲整個人的名稱，和「自我」(ego)作爲在人之內的種種執行和處理的功能，像上一段所企圖描述的那樣[15]。自我(ego)是內在心靈的一種特定的分劃，無疑地也是演化的產品，它所代表的是某些統轄的原則，以促進個人作爲整體而言的生存能力[16]。它對人提供他所需要的滿足以便生存和成長，並讓人調適到他所賴以存在的環境中。在自我(ego)之外，一個人還會沿著不同路線的原則而具有其他特定的功能。首先就是驅力(drive)和需求(need)，它們所要求的乃是獲取滿足，且幾乎是立刻就要而不顧及後果，只是其強度會受到當地文化

15　【譯注】在本書中"self"譯爲「我自身」或「自己」以便和"ego"的譯文「自我」有所區別。這在第一章開始出現這兩個字眼時就已經說明。(見第一章注37)。在精神分析的語彙中，這兩者的區分，如作者所言，是非常重要的，但在佛洛依德一生的著作裡並沒有對此作出清晰的區別，後來的學者曾作過梳理，發現佛洛依德的著作中確實在不同的脈絡中存在著這兩種不同的語意。參見McIntosh, D. (1986). "The Ego and the Self in the Thought of Sigmund Freud." *Internationl Journal of Psycho-Anaysisl*, 67: 429-448。在佛洛依德之後的精神分析學者就比較會意識到這種區別，在用語中也會有意地分別使用。

16　K. Menninger, M. Mayman, and P. W. Pruyser, *The Vital Balance* (New York: Viking Press, 1963), pp. 76-152.

的形塑。我們在第八章已經和它們有過遭逢，當時談的是能量和情感，及由此而發生的對象關係，此外在本書的其他處處，也都一直對它們有所指涉。它們是在「它」(id)的結構中組成，而這個結構區帶很少有能讓人近接之處，或說它根本就是「禁止進入」。另外一群有關良心與價值系統的功能在人之中的組成是在超我(superego)與自我理想(ego-ideal)這個結構區帶。這些就是文化規範與社會結構的內在代表，由於它們的獎勵或制裁，才襄助了自我(ego)的功能執行，就是讓下判斷之時可以自動化。我們會在下一節來仔細討論這個心靈的輔助結構。

目前我們所關切的是自我(ego)以及它所擁有的工具，以便讓它擔當一個人當中的管理者和組織者的角色。到目前為止，我們用過好幾種喻示來描述它：執行者、管理者、組織者、調適者等等。而我們還可再加上：整合者、綜理者、統一者。從商業和政治的圈子，我們也可以借用議價者、仲裁者這些角色來描述自我(ego)的基本功能。再進一步用其他的喻示，我們還可說：作為心靈這個家戶的大掌櫃，自我(ego)要作出最可能而有效的取捨功能，來應付那些吵著要求承認和酬賞的家中成員：身體的世界中有其種種不可改變的成員；社會世界中有各種機會和要求；內在的驅力和需求堅持要獲得滿足；內化的價值系統是一個人用來判斷自己的，也正在裁判著他的外顯行為和內在思想；身體有其感官動作功能，以及令人不可思議的交叉協調發生在器官系統和生理歷程之間。我們得探問的是：這些到底是怎樣在最少的努力之下而竟能獲得最為可能的結果，以及讓所有的成員一起得到全方位的滿足？

我要用的最後一組喻示是取自梅寧哲(Menninger)、梅門(Mayman)和普魯瑟(Pruyser)的《生意盎然的平衡》(*The Vital*

Balance)一書。在其中自我(ego)的角色可以形容爲有機體自身的平衡(homeostasis)。既然能連接到感覺動作系統，又能導引整個機體的能量，則自我(ego)可以把整個有機體，在其有限的容受範圍內，維持於一個動靜合宜的狀態。就像一套空調設備的恆溫器，它會登錄整個系統輸出量對於環境所造成的效應，然後在最高限和最低限之間自動開關。自我(ego)也會登錄有機體本身的效率，然後讓某些歷程加速或減速，以便維持舒適感和生產力之間的合宜程度。就像體內器官的生理活動一樣，這些大部分都是自動化的，因而不需要特別的意識來用功。呼吸、消化和動作及感官的登錄都是由反射來進行的。很多習得的技能則由習慣來進行。有些動作，如有目的的思考和問題解決，則需要意識的努力和引導。整個有機體系統以及多重的次系統都被維持在動態平衡中，而在其工作上所用到的，乃是以盡可能最低廉的支出來獲取盡可能最高的滿足——不是在孤立中，而是在各人所屬的生態超系統之內：也就是相關的自然和文化世界[17]。

自我(ego)的種種工具產生了這種平衡的效應，而這些工具就是構成本書各章標題的那些心理歷程。但這些都是被安上了相當正式的心理學術語：感知、思維、情緒等等。若用家常的語言來說，則自我(ego)所作的平衡工作就是包括了一些有特定範圍的活動，譬如醒來或睡著、觸摸、飲食、吹牛、歡笑、哭泣、禱告、講話、思考、讓肌肉運動、從事於幻想或作夢、使用象徵、改變周遭環境、抽菸、喝酒、把玩東西，和感覺到身體裡頭哪怕是一點點的小病痛。我們可以描述出好幾打的這些動作，而每一個人就從其中選

17　J. C. Smuts, *Holism and Evolution* (New York: Macmillan, 1926), p. 299.

出一些來構成自己的活動庫存。它們形構了一套因應的裝置，讓起起伏伏的日常生活得以應付。多半的活動都花費很少；不會多過日常的平均開銷。它們大多數是經過社會准許且在不同的人之間共享的，雖然在不同的文化間會有少許不同的選擇。

但總有些事情發生了，不論是內發的或外來的，會要付出高額的稅金，或把有機體扭緊到熟悉的平衡所能忍受的程度之外，因而搞亂了這套習慣的簡單因應對策(coping device)。自我(ego)因此就必須作出緊急的權衡，以便能反制這陣亂局，或在已經變動的情況下能調整有機體的功能模式——但仍是爲了得到滿足的生存目的。緊急的因應對策不但花費昂貴而且帶來風險。它們是比普通的裝置要精細得多。然後它們也附帶著人所不會想要的副作用。它們通常會引起社會騷動，在個人方面則是令人筋疲力竭。它們有可能變成習慣，並在緊急狀態消失之後竟自行滯留了下來。這時要看它們對於個人或其夥伴所造成的花費，而看它們是否已形成了症狀，並成爲某程度組織失調的訊號。

我們可以根據好幾種標準來評定這種緊急因應對策的等級。從經濟的角度來說，它們對於心靈這個家戶所耗掉的資源即是個重要的評定向度。從心理動力的觀點來說，評定的根據則是它們究竟保住了多少的滿足。從調適的角度來說，動用它們時究竟完成了多少的現實接觸，就是判斷的依據。從發展的角度來說，准許了什麼成長、導致了什麼停滯，或帶來什麼退轉，就是重要的尺度。從社會的觀點來說，這套因應對策造成了什麼特異性或困擾的程度乃是關鍵所在。從結構上來說，重點是要衡量心靈內在的幾道界線——即在自我、超我、自我理想和「它」之間——是否完好無損或已經崩解，以及身心之間的區別是否仍能維持。能使用這些標準的幾種不同組合，則所有的精神困擾從輕微的精神官能不適到嚴重的心理扭曲，乃至最後因精力耗竭或自殺而導致死亡，都可視爲緊急因應對策這個連續體上的某幾點反應。

從尋常的因應對策到較爲極端的緊急尺度，剛開始時好像是偶爾輕鬆的淺酌，後來逐漸成爲週期性的酩酊大醉，最後就變爲酗酒狂。剛開始時只是晚間有一點不易入睡，後來變成失眠，最後就變成睡與醒的週期混亂。剛開始時只是有點憂煩，後來變成只能完全專注於此事，而後成爲強迫性思維，最後變成嚴重的思想解組。最初只爲一個痛苦事件量身打造的適當壓抑，後來可能演變爲一塊遮蔽記憶的遺忘之屏幕，最後變爲對於意識內容嚴重的神志不清。輕微的頭痛會演變爲嚴重的頭痛，後來變爲每到週日就頭痛欲裂，完全不能工作。一場憤怒的情緒變成咒罵(仍只是語言上的)，但當控制漸弱，它就會轉而發作到家具、到寵物、最後就發作到別人身上。它會完全失去對於對象的選擇而變爲一場狂怒，或粗暴的破壞。原先的焦慮會擴大爲害怕，而後變爲恐懼症。或者它好像根本沒針對任何事物，只是神經過敏，到更糟的地步就變成焦慮反應或恐慌症。小心翼翼增高爲過度警覺就會讓人睡不著覺：變成永久性的害怕危險或攻擊，使他開始擁槍備用，威脅別人，而後發展成迫害妄想，也許還組織成一套妄想系統，把世界變成一場迫在眉睫的災禍。對身體的忽視可能演變爲破壞其中的某一肢體，乃致破壞整個人。所以千百種的行動可以描述爲一系列行動之中的一小部分，從相當無害乃至有益的開場，到花費昂貴的、危險的破壞行動，而其中有些會就此硬化成某一個人的性格結構。

人都是以許多方式稟賦了這些因應對策，然後以各種學習歷程來增益其中的庫存。每個人都可以說是擁有自己的工具箱，而他所擁有的工具可能成為他的驕傲或羞恥的來源。但不論這工具箱是裝備齊全或內容無幾，只要能成功地使用工具就是會令人滿足。能把自己的才能都發揮出來，總會使人心曠神怡；讓所有的功能都發動起來，人就是會快活無比。在這種結果之中，對於生命不能避免的緊張和壓力都能成功地對付，就會讓人產生一種駕馭自如的感覺。它所能讓人獲得的滿足，除了是因能充分地因應而讓驅力得以流瀉之外，更有甚者，它是因為環境中的讚譽和鼓勵而有此得。好的因應之道就意指人有此能力，也因此在自己眼中提高了自己的價值和可愛。它所提高的是自尊，而不管別人是否承認這種成功。

人的能力確實是生命中的一種重要母題，以致有些心理學家會將它的地位提升為一種特殊的驅力。

由此，我們就是在區別因應對策的本身，和較為概括的因應行動。讀者也許已經注意到：有些經常被人使用的因應對策乃是一些特定的宗教行為。譬如像**禱告**，以這種裝置來提振勇氣、鼓舞士氣、獲得自信，每天不知是幾百萬人的必循之途，用來應付一些小小的緊急狀況。當緊急的事態擴大時，人就會禱告得更勤快些、更個人化、更熱烈些。由茲而提供了機會，讓人能向別人道出一些事情，不管這「別人」是個人所信的神，或是某種模糊的力量與智慧。此外還產生了一種機會讓人能把事情再想一遍，靜靜地，在自己胸中，或在家人的圍繞中，或在一個教會信眾的團體裡。另外，和禱告緊密相接的乃是**告解**，它的範圍可以包括把自己的秘密向別人說出，或向自己的神，乃致向反觀自己的我自身(self)，或在某種典禮形式中向著一位代表宗教官方的人物，讓自己隱蔽的思想和行為傾筐而出，而這位聆聽者是帶著神職，代表著神與教會，以一種雙重的態度在聆聽——紀律與寬恕。

崇拜又是另一種因應對策。不論是每日行之、每週行之、每年行之，是有規律或無規律的、是簡單或有隆重場景的崇拜，都可以帶來撫慰、重振生機、釋放緊張、矯正態度，以及其他成打的效應，讓那些需要的人可藉此而推動士氣。本書中有關感知、思維、語言、情緒、行動等各章都已經描述過人如何在崇拜之中發現其心理學上的豐富意味，而每一個人都是以其主觀的方式來發現的。**歌唱**和音樂製作本就是崇拜之中的重要角色，它也是讓緊張鬆弛下來的極佳媒介，同時它也和其他所有的藝術一樣，具有能綜理體驗的效果。對於**聖禮的動作**，其意謂就在吃喝的基本功能中染上參與的色彩，如同聖餐儀式；還有在清洗的功能中也一樣，譬如洗禮儀式。但在此自然的原始功能之外，它們都被賦予美麗、榮耀和力量，也會給出參與同樣動作的其他人之集體支持，大家肩並著肩，形成一副團結的景象。儀式形塑了結構與支持，它能治療人心，也使人強健；就像象徵一樣，它既能顯現，也能隱藏。

要因應壓力，最基本的形式就是**幻想之形成**(fantasy formation)。如果一個人是在生氣，那麼編織出一套報復的秘密幻想就很能放鬆下來。如果生命中失去了某些東西，你只要作一作關於有錢人的白日夢，就有可能恢復一點平衡。如果滿足太少或根本缺乏，那麼在透過想像而充實之時，就會是個愉悅的時刻。如果在現有的環境中得不到足夠的力量來源，你盡可以輕鬆地或嚴肅地假定那來源還在，雖然可能跑遠了。更有甚者，當生命感到淒涼的時刻，你可以幻想這世界上的某處，有某人正以溫暖的同情想念著你，也許他就是好心，也許他甚至還有力量讓你的願望成真。想像之所以能夠變成宗教的，就是因爲像愛力克森所說的：「想像可以把人的感覺雕琢到極爲深刻的程度，雖然你無法證明。」[18]

宗教可以召喚出想像，就如同想像之可以召喚出宗教。因爲宗教通常不完全是私人的創造，而是相當客觀的現象。宗教在我們「身邊」，就如同藝術、科學和機器在我們身邊一樣。它是屬於文化和社會中最古老的既定物。說它是意識型態也好，是機構體制也好，宗教就是帶著專利權，好端端地「在你眼前」，使你很難避開它。因此，當一個人的想像力在有脅迫的情況下釋出時，它很有機會吸收到宗教觀念。這些觀念充斥在文化裡的語言、表象、行動和價值中。

根據效果律，當上述的任何一種因應對策有助於重建心靈的平衡時，或當它能釋放掉一些緊張，當它帶來一些放鬆，或當它提供一些滿足時，它就有可能會在需要之時再度使用。客觀的增強(reinforcement)可能透過社會的讚許、長者或同儕的示範，以及文化中某種共享的實用主義(就是讓每一種「有用的」作爲都可以過關)，會有助於強化這種習慣。

但就在此刻，有件非常有意思的事情發生了，就是要我們的焦點從因應對策轉向於因應者，這就意指著正在從事因應之道以便維繫個人之整體性的自我(ego)。這位使用著宗教性因應對策的因應者馬上就變成了類似行爲者所屬的體系之一員，而當他正在和其他成員分享自己的觀察和體驗時，他們就會對他加以某些導正：「那你會禱告喔，但你禱告得夠多嗎？夠認眞嗎？眼睛裡有流淚嗎？你在禱告什麼呀？」或是：「你在告解時眞的有懺悔嗎？」於是這位

---

18 E. H. Erikson, *Young Man Luther: A Study in Psychoanalysis and History* (New York: W.W. Norton & Co., 1958), p. 21. 譯按：漢語譯本，見第一章，注47。

因應者終於從這千百次的爭辯和讚賞中，學會什麼叫做「在宗教體系內成功操作宗教因應策略」的實用規則，並且也才知道，就作爲一個充分宗教人而言，這還是一個岌岌可危的指標——不論他到底因應得多成功。他會受到教訓說：對於主觀認定自己能夠操控，是要非常小心的。人家會告訴他說：不該以自己的能力爲榮。他必須把那些成功視爲來自給予者的恩典，或純粹是由於力量來源本身的完足性向他伸展而來。所以，他現在得面對一個新的難題，也是新的壓力：能力本身的危險性變成了傲慢和自大，特別是在使用宗教活動來作爲因應對策之時，會顯得特別嚴重。因爲奧秘者既是**可畏者**又是**迷人者**：它既會給予也會奪去；既會製造也會破壞；它既令人嚮往也讓人覺得危險。

當奧秘性變成一個人的生命之一部分時，它就成爲另一種現實，教自我(ego)非去向它調適不可。在尋求一種永恆的力量來源時，全面爲父的方式投射於宇宙的每一個神秘邊際，這個人馬上會發現他的投射遠超過他原先的意圖。這個投射現在以其自身來成爲一套現實——確實地，是一套總體涵攝的現實，比起感官所知的現實要更爲有力、更爲長久，並且更帶有謎樣的性質。超越者會對信徒要求內心深處的忠貞。它不但飭令你信仰，還要求你拿出信仰的證據，其中一個證據就是要你把身體和社會的現實都不再當成是指標性的現實。人必須重新調適感官的現實與不可見的現實。這可不是一件易事。很多人對此採用一種簡便之法，就是硬把這些不同的現實組裝起來，然後就區分之爲現實(即可以證實的)和理想(就是屬於高遠的要求，或是一種可以延後的選擇)。另一種區分的方式就是將所有的現實剖分成數種現實，或多或少是各自獨力互不相屬：屬於現場的世界和屬於永恆的世界；人世間的城市和天國裡的城市；禮拜天的世界和職場的世界。這些區分本身即是人對他所接觸的現實予以調適的種種方式。這也算是因應的操作，用來減低統合萬物的那種壓力。

其他的調適形式可在宗教改革者的生命史中看出來。有創意的宗教家似乎會對他所體驗到的現實作全面的重新衡量。事實上，他是採取了某種透視觀點來整合現實，但其中有很多個面向，每一個看來都是*sub specie aeternitatis*(次層永恆性之表象)。他拒絕遁入宗教既有建制的規條、機構和尋常的習慣組型。要尋求的更新不只是在**宗教之內**，而是**屬於宗教的整體**，所以那就會逼使一位追尋者寫出像齊克果那樣的《對基督教的攻擊》(*Attack upon Christendom*)。也催迫艾克哈特說出這樣的話：

> ……不要嘮叨關於神的什麼，因爲在這樣的嘮叨中，你是在說謊……。[19]

像愛默生(Emerson)這樣有先見之明的人也被迫說道：

> 我們用形形色色來試圖
> 道出神的無限性，
> 但那無邊無際者是毫無形色，
> 而宇宙的友人
> 卻可以遠遠地把天使

19 F. Pfeiffer, *Meister Eckharf,* trans. C. de B. Evans (London: John M. Watkins, 1924), p. 246.

超越成一隻蟲豸。
偉大的觀念讓機智受挫，
語言在它底下顫抖失聲，
它讓滿腹經綸的人都動搖起來；
什麼藝術、什麼權力、什麼苦功都
找不到衡量永恆心靈的那把尺，
頌讚不行、禱告不行、教會也不行。[20]

在此詩的最後一行中，宗教性的因應對策本身被看成有如一粒塵沙。或者我們也許可以說：愛默生帶著點幽默，因爲他知道那些過於認眞的用法可能造成障礙，反讓人無法去把捉無限的觀念。宗教活動有可能淪爲馬戲團表演，而宗教思想則滑落成廉價而虛僞的通俗小說。宗教改革者在某些方面像個科學家：他想把他的觀念帶去作個毫無保留的檢驗，而他情願棄絕那些由既有建制所背書，且建好防禦工事的安穩思想型態。從另一方面來看，他又像個創作藝術家，可以把感性的材料置於新觀點之下，甘冒受到誤解和藐視之險。對於奧秘作了這樣的調適，他也就是把自己對物理與社會的世界作了重新導向，而在此所謂的「社會」實際上包含著所有經過核准、認定爲有用或眞實的宗教輿論與實踐。

所有這些對於奧秘所作的調適，在精神醫學上的基本問題就是：它所提供的解決到底是充滿著衝突，或是已免除衝突的自我(ego)環境之產物。第二個問題則是：不論它多麼具有原創性，它

20 "The Bohemian Hymn," in *The Complete Works of R. W. Emerson* (New York: Sully & Kleinteich, n.d.), pp. 298-299.

到底能不能擴大那免於衝突的自我(ego)，並且能提高與社會責任相配的自由。愛力克森向我們展示的路德，他對於教會的態度起初滿是極端的衝突，而這幾乎耗掉他的大半生涯，來磨平他對於神父的、聖職的和神聖權威之衝突的尖銳稜角。在路德的案例中，他對於教宗的抨擊之中所帶著的痛恨，乃是他的衝突深度的指標，縱然他在其他方面的思想都是很有創意的。一個即將成爲改革者的人，如果把自己都消耗於世界性的浩劫威脅，滿腦子都在想那哈米吉頓以及尼尼微般的罪惡城市，那他就太不自由，以致不能有時間和精力來作出有創意的提議。喀爾文在日內瓦所作的神權主義實驗並不證明他有自由，反而是在表現他那毫無風趣的企圖，想把神聖的神秘性綁入市民的生活作息之中。當你看到一位病患拿槍射擊三個可樂瓶子，同時在唇邊咬著「以父，及子，及聖神之名」這些字眼時，你會知道他不是宗教改革者，也當然不是個自由人。更有甚者，他在另一個精神醫學標準上也是不合格的，就是說：幻想的有用之處僅限於作爲現實調適之暫時改道的功能。永久性地撤退到幻想之中，就算是進入那「不可見的現實」，也是調適失敗且沒有建設性的。你必須要回到現場，而你對於現世的狀況到底可以提供多少的改進，那就是幻想有沒有價值的唯一尺度。這樣去想，你才能理解甘地所引介的「非暴力抗拒」有多少力道，以及當它介入日常生活的政治社會現實之時，具有多少眞理的力量。這些都在在證明了甘地的自由感是多麼光輝燦爛，以及他是多麼精打細算地在提升他的追隨者心中那片免於衝突的領域。田立克有一種用神學說話的能力，而使得知識分子都能因此而得以除魅，這是另一個偉大建設成就的證明，然而他這種自由感卻是他自己在多年的知識困惑中，作天人交戰的痛苦衡量而後得出的。邦霍夫把捉住我們這個時代的理想青年狀態；布伯(Buber)以一種很挑激性的思想重新發現在「我・你」交會之中的奧秘性；還有西蒙・外爾(Simone Weil)以她那張大的眼睛來「等待神」的能力，更令人印象深刻，是因爲那眼睛所能**接收的**，而不是所**敵對的**東西。

向自己所相信的奧秘現實而作的調適，可以採取多種奇特的形式。忒瑞絲・諾以史達(Therese Neustadt)可以讓自己深深地認同於受苦中的耶穌，竟爾在她的雙手上出現釘十字架的釘痕。對於罪與惡的警覺可以變成高亢的失眠狀態，讓人筋疲力竭，以致對心對身都可以不顧。這種狀態導致獵巫行動，就是用別人的折磨和犧牲來讓「正常」信徒得到安心，因爲他們也都渴望他們所信的奧秘者可以贏過敵方(敵方的奧秘者，但被壓抑而不見)。當調適於奧秘而可以召來靈視或靈聽，或是可以產出狂亂的發作，則其顯然的含意就是：尋常的身體和社會世界完全被鄙視，而致可以暫時丟在一旁。這種對於調適問題的解決之道，其實是想從兩個世界同時獲得好處：當狂亂或靈視發生時，那個人覺得自己已被傳輸到他所相信的超越之界，而當他返回凡間時，就可以對自己宣稱那種奧秘界是很接近於神明的。這樣的靈視者不只可從兩界同時獲得好處，而當他和現實脫離或回返現實之後，他可以變成一個有權對鄰人作懷恨的懲罰者。在黑色穆斯林(Black Muslims)運動廣爲人知之前，我認得一位癲癇患者。他宣稱他每次的癲癇發作都是神聖者的造訪。但在發作之間他是個最具攻擊性，也最愛嘮叨的人，他常常闖向醫院的職員或其他病患，大發勸勉之詞，而他說這些都是從他的神聖秘密之中引用過來的。

除了因應壓力和調適現實之外，自我(ego)還將我自身(self)視爲一個愛的對象，因此而保存著自己的利益。在自己眼中，我自身

(self)不僅是有點充足和有能，也是有點可愛的。我們到後面再來處理超我和自我理想如何將愛投注在自己身上的問題。目前我們所該強調的是更基本而直接的自愛，一種有情而愉悅的自尊心，怎樣從好幾個源頭長出來。首先一個叫做功能的愉悅(function pleasure)，這是畢勒(Bühler)[21]首先提及的，而哈特曼(Hartmann)[22]繼此描述成使用自我裝置(ego apparatus)之中的感知、思維、動作性的那種愉悅。這種自愛的第二個源頭是對於人格之統整功能的歡喜，而這乃是自我(ego)之綜理能力的直接衡量尺度。第三個源頭是比較原始而穩定的：就是把情慾驅力對整個的自身作自戀的投資(narcissistic investment)。這種投資有其發展上的根源，在嬰兒早期毫無區分能力的階段，其中的主體和對象還沒有分開。在那麼早的階段，嬰兒處境叫做自體情慾(auto-erotic)：他就是自己所愛的對象，其中有一部分是對自己所作的供養刺激(譬如吮吸大拇指)，還有讓他自身的驅力能量釋放出來(譬如在拚命吮吸指頭之後就睡著了)。從這些早期的自體情慾體驗中，某程度的自愛會一生都留著，作爲一種健康、有生機的自戀，能給自己帶來熱情、活力和基本的自尊，完全不受他人意見的影響，也能從外在資源而來的愛之中獨立出來。情慾能量的主要部分會轉爲對象愛，或經過昇華(sublimated)而轉變成文化活動。

我自身(self)作爲愛的對象，如果在正常發展過程中，只是遵循著外在對象之可以愛的限度那條路線，對於宗教而言，就足以構

---

21 K. Bühier, *The Mental Development of the Child* (New York: Harcourt, Brace & Co., 1930).

22 H. Hartmann, *Ego Psychology and the Problem of Adaptation,* trans. D. Rapaport (New York: International Universities Press, 1958).

成一個謎團。如果敬愛神以及愛鄰人就已經要求一個人的全神投入了，那麼，人還能有自愛的權利嗎？人的身體，也就是我自身(self)的那可觸可摸的基底和象徵，我們對它的愛慕是正當的嗎？無我的愛是否可能？或者那只是一句高尚的口號？一個人可以欣賞自己，對自己的能力感到滿心歡喜，並且以此功能之良好發揮爲榮嗎？這些都不只是修辭上的問題——我曾經一次又一次在關於教牧關照的精神醫學研習會上，和報名參加的神職人員相逢。宗教的心靈好像很容易因爲考慮要以我自身(self)作爲愛的對象而感到震驚不已。大家似乎比較喜歡像約伯這樣的人物，因爲約伯雖然身處在被賤斥的慘況中，卻拚命在他的**創造者**之前鄙視他自己，且懺悔到陷入塵灰之中。看起來大家敬佩和首肯的是像第四福音書上這樣的句子：「大愛沒有比這人更甚的，這人會爲他的朋友而送上自己的生命。」所以，大家也就不會被路德說的這段話而嚇到了，他說：

> 人的所有自然傾向要不是沒有神、那就是敵對於自己的；因此，這兩者都不可取。我要證明的是這樣：所有的恩情、欲望，和人的內在傾向都是邪惡、腐敗和被寵壞的，就像經上所說的一樣。[23]

就是這個自愛的觀念，看來是和聖禮上常用的自我犠牲誓言「我們將自己奉獻給您」是背道而馳的。禁欲的傳統在指向這個自我奉獻的目標時，首先就是要讓身體飢餓，要懲罰它，然後就是把

23 *The Table Talk of Martin Luther,* ed. T. S. Kepler (New York: World Publishing Co., 1952), p. 158, No. 224.

心靈中的喜樂都予以剝除。

這就是宗教對於以我自身(self)作爲愛的對象所作的評價之一面。而要捕捉其另一面，則要轉往*imago Dei*(神的形象)觀念，以及對於「創造即爲善」的肯定。如果對於這些都能認眞以待，則它們就會導向對於身體的照料，以及對心靈能力的欣賞。它們會帶來適當的自豪和適當的自愛，而這裡有〈詩篇〉作者所捕捉到的章句：

> 世人算什麼，你竟顧念他，
> 人子算什麼，你竟眷顧他？
> 你叫他比神微小一點，
> 並賜他榮耀尊貴為冠冕。(8：4-5)

所以人究竟應該如何看待自己——是和藹可親，還是卑劣可鄙？答案顯然是兩者皆然，不過還是要視情況而定。但在臨床的觀察上看得出來，在自戀這方面有很明顯的個別差異。有某些人在此方面的欲力投資顯然太多以致橫梗在他的對象愛之前，妨害了他的人際關係。還有些人的自我鄙視的非常嚴重，讓人看了都會覺得要提醒他們，把自己可愛的特徵更開放出來。當然，大多數人都會在自我捨棄和自我揚升之間擺盪，然後在某方面比較過分之後，會重新回頭抓取一個平衡點。

對於我自身(self)的種種可替代的或混雜的態度，在宗教對於身體的評價中出現了多種突出的型態。很古典的一種就是把肉身與靈魂區分開來，然後鄙視前者而厚待後者。

這樣的難題就等於把一個人分裂成兩種實質來處理，也把愛恨分別在兩邊。肉身要輕視，如果可能的話，要把它從靈魂分開來，以便能把所有的照料和愛都投注在靈魂上。靈魂是珍寶，是神之所愛；就算要花較多的工夫和時間，來讓一樣東西能被琢磨到發出光彩，它本身以寶石的礦石狀態就已經是比較可愛的東西。如果有頌歌這般唱道：「耶穌，是我靈魂之愛人，」則這位頌讚者本人顯然就已經把他自己珍貴的部分，拿來參與在對於耶穌的愛慕之中。肉身只是個會朽壞的皮囊，沒什麼值得保留，或實際上被視爲寶石光彩的遮蔽物。

另一種古典的處理型態乃是把整個人視爲一體，不准使用這麼愚鈍的身心二元論。這種處理型態比較困難，如果這工作就意指要同時調和著一方面是身體之爲會朽壞的現實，而另方面則是我自身(self)之爲必須忠實以待的愛對象，雖然身體明明就是這個對象的重要來源。那麼，朽壞的性質要怎麼有意識地去接納呢？說眞的，人除了去死之外，要怎麼知道死亡，而死亡不就連那**知道**都一起消滅了嗎？這樣的謎團其實是比邏輯上的難題還要難解的，但這時宗教的語言就出現了：它要把身體重新定義後再放入。它會說到身體的復活——這是基督教義當中最引人爭議的一團謎。它還會說到教會的身體，就說教會乃是基督的神秘身體，透過聖餐的元素而參與到基督的身與血之中。

雖然「身體」、「肉身」這些用字在上述的語境中會有些許語意上的差別，還有，雖然「身體」有時就代表著「人身」(譬如「人自身」、「吾身」)，但我們可以說這些想像的產品之間含有動力性的經緯，使之互相聯繫成爲一個有意義的次序。要接受朽壞性，得先確定它不是一個理智性的觀念，而是爲死亡所作的預備，首先需要因應的是由於身體的衰敗與壞死而產生的自戀之受傷(narcissistic wound)。在可能的情況下，物體性的身體作爲榮耀和自愛的來源須先予以放棄。要接近這種境界，有一個辦法，就是實際上縮減對於身體的欲力投資，因爲疾病有時會把人的身體弄得痛苦、脆弱或變形。事實上，雖然在開始時疾病確會增高人的次級自戀(secondary narcissism)，然而其形式則是從身體局部撤回對象愛，來形成另一種的自我關切(concern with the self，類近於自我的療傷)，在這種情況下，疾病的路線常會改變，成爲穩定而逐步地對於自我之投資縮減。希望的這種動力對於臨終的患者來說，雖然死亡的腳步近了，他卻會表現出對於身體有如解脫般的不關心。像這樣的歷程也可能用另一種方式來予以提升，就是對患者提供一種媒介，讓他能將自戀的欲力轉投於愛的對象，而我們要對他提供的乃是一種永恆而耐久的對象：教會、耶穌作爲愛者、一種會照料和撫育的神的觀念。但要信仰耶穌就必須跟著肯定他的復活，而這個信仰的基石接著就會帶來信仰教會，及她所施的聖禮，會有效地在這個人身上產生同樣的復活與新生，正如在她的創造者身上所顯示的一樣。到此之時，宗教的身體／語言會有進一步的襄助。對於自己的身體之愛取而代之的是教會的身體、眞誠信仰者的身體、基督的身體，還有在聖禮之中的身與血等元素可供他去投注。這些都是帶有養育性的「眾身體」，它們不但餵養，而且給予暖暖的、柔柔的體驗，讓人絕對不會忘記：那根本就是他一生最初的愛的關係。教會、基督與聖禮都可能會敷上一層情慾的色彩，就像密契主義者所創造的文學中常愛說成「新娘」和「新郎」那般親密的關係。

除了要把自戀的愛轉成直接的對象愛之外，宗教的身體語言讓人可以對自己的身體重新作象徵的投資，並且是浸潤在更爲開闊的義涵中。他不必完全放棄自己擁有身體的觀念；關於復活的神聖示範以及參與到更爲恆久的集體身體中，這都可以讓他延續相信他本有的個體性，即令他的物理身體就要撒手而去。

當其時也，若果這種心象(imagery)還可進一步純化，則將是這樣的景象：在遙遠的大審判日之後，此身終將從墳穴中起身而出。所以就會期待著將欲力投資於一個新的身體上，免除了腐敗或坑陷，於是而成爲一個眞正值得引以爲榮，並值得追求的東西。

超我與自我理想

對我自身(self)的意識如何出現、如何維繫這問題作過一遍綜覽之後，我們就會知道：自我(ego)有賴於它能意識到自身(self)與他者的不同，有活動的意識，有同一性的意識，還有獨自性的意識。然後我們辨別出自我(ego)之爲我自身(self)之中的一個特殊分化[24]，然後看到它會促進人整體的幸福感，而它使用的方式就是透過因應、調適以及將我自身(self)視爲愛的對象而表現出來。但我自身(self)還有其他的性質：這幾乎一直是和道德的評價歷程及其後果捲在一起的，因此而深刻地影響到一個人的情感和行動。要評價就需要有標準，而在此所謂的標準就是**價值**。

價值和宗教兩者間的親密性實在不用多說，我們只需引述古迪那夫的一段簡潔說明就好：

> ……人的行爲和他的社會之法律結構以及他的是非感，在人由宇宙神話和儀式所要求的崇拜所共同形成的宗教結構

24　【譯注】再提醒讀者注意，這裡的ego是特指整體人格之中的一套特殊心靈裝置。

> 之中，占有極爲深沉的地位。人不能生而不具是非感，而每一個社會也都在其習俗中有其對錯。個人可以突破此限而自稱非道德，或覺得自己完全獨立於社會慣常規則之外，有如一些希臘的暴君，而詭辯者自會替他們辯護——或者就像希特勒。但人之所以能夠如此，是只當他堅信凡俗之所謂正確實是錯誤，尤其在那些有精力、有能力之人，他們要作出更高級的正確，是爲了要嘲弄那些低級的。[25]

在此意義上的是非，宗教家和心理學家的看法可就南轅北轍了。雖然用「是非感」這字眼已經夠小心了，然而宗教比較傾向於認定那種「感(知)」是由神種在人的骨髓裡的，其中帶著是非的知識，隨時待命開機。因此，當早期的精神分析作品提到：有證據顯示人的良心是在發展的相當晚期才在心靈中發達，譬如說是在學齡期開始之時，然而這說法簡直就像是個醜聞，而且還說在那之前的好幾年裡，人是相當不道德的，他只能降服於社會壓力之下，因爲他自己顯然還太弱小而必須依賴。乍一看下，這是極爲非康德(un-Kantian)的主張，如果你記得康德對於那無上的範疇律令(categorical imperative)是怎麼說的：「那是人之作爲事物本身對於人之作爲表象所給予的指示。」毋寧唯是，康德對於「在我之上的星空和在我之內的道德律」之敬畏給我們的暗示乃是：堅實的良心對於許許多多需要它的心靈來說，是必須從一降生就得備好其功能。

---

25 E. R. Goodenough, *The Psychology of Religious Experiences* (New York: Basic Books, 1965), p. 20.

佛洛依德認爲良心是在伊底帕斯階段(Oedipal phase)接近終了之時才興起的。價值的內化是透過對於父親的認同歷程，而這是由於這個男孩子發現他自己對於母親的內在情慾是有危險的，因爲她的丈夫會以恐怖的鐵絲網來攔阻他。男孩於是壓抑了他的情慾，他所憑藉的乃是認識到這種困頓之境確實是因爲他的軟弱和不成熟才銃著[26]他而來。父親擁有報復的權力，而母親無論如何最終還是會站在父親那邊。但孩子對父親還是既愛又羨的，因此，變得跟他一樣，可能就是最好的長程計畫——即便這意味著等待。於是這男孩就開始模仿他的父親：他一面在具體傷害(閹割)的威脅之下克制自己的願望，一面也得借助於諂媚。他使盡渾身解數來練就克己的工夫，他也學會延宕他的願望，他吸收了雙親的規範和理想，他也發展出一套內在的價值系統來引導他的行爲，即令外在的控制闕如之時依然如此。他的自我(ego)，也就是他的調適行動之統轄者，現在得到了一個盟友之助，那就是超我，這盟友會幫他建好選擇的管道，並讓他的行動變得自動化，以便產生某種的可信度。雖然這種來自超我的外在增強物仍然是必要的，勸勉和禁制仍源源不斷地流入，「好的」和「壞的」範例一一呈現在眼前，但現在他的自身之內產生了控制力，提供他嚮導和判斷，即令沒人監視著他，即令在他最爲私密的思想角落，乃至在他的夢裡都是如此。

對於兒童的觀察已愈來愈多，也愈來愈精緻，也有更多的幼兒受過精神醫學的衡鑑，所以對於價值的行爲必須加入新的觀念。特別對於發展上的肛門期出現了極有意思的新資料。雖然如廁訓練聽

26　【譯注】「銃著」常被寫成「衝著」，但從語音(讀爲第四聲，「ㄔㄨㄥˋ」)及意義上就可知它是「像用槍(銃)般指著」的意思。

起來跟倫理學頗有距離，但它實際上會引出幾個非常基本的道德課題。誰該聽誰的？就連要如何以正確的時間、地點和儀式來排放體內的廢物這種事情也算在內。什麼叫做乾淨？什麼叫做骯髒？哪一種時間算數——孩子的生理節奏或是社會生活的時間表？哪一種才是比較有力的——生理的需求，或是社會的習俗？誰的意志最後會獲勝——父母的，或是孩子的？社會有權力或有能力來管制一個人的括約肌嗎？我們只要引述一句俗話「乾淨就在神聖的隔壁」即可證明上述的幾個問題都帶有共同的、宗教的言外之意。很多宗教儀式都是由潔身和排出自己體內的東西這些事情的精緻化而來。服從也是宗教的核心觀念之一，正如意志也是如此。純潔不只是個好習慣，也是一種美德。父母們慣於將孩子的肛門期說成是要對孩子小小的意志「收放」的機會。對於寵物被「教養」得懂得在家中特定的地方大小便，這說法也會從排泄的靈巧性引伸到禮貌、懂得自己的身分地位，和一般的自我管理，而以上種種都帶有一點尊重社會原有習俗的含意。

當我們把焦點轉向年紀更小的孩子，我們看到的是嬰兒會靠近或離開母親，會笑或會哭，吞下或吐出，安靜或吵鬧。這些關於口腔期的觀察就產生了這麼一個觀念：嬰兒會區分「好媽媽」和「壞媽媽」。前者給孩子帶來快樂，後者則會扣押快樂或給予挫折。嬰兒愛的是前者，恨的是後者——然而她卻是同一個媽媽，她和嬰兒無論在生理或心理上都還很難分開，所以還不太能有主體／客體的區別。對於嬰兒來說，所謂的「好」，就是好吃、溫暖、快樂、安適，以及可以讓他快快而順利成長的一切。所謂的「壞」就是難吃、冷酷、痛苦、不舒服，以及一切阻撓其發展的。即令我們承認這樣的區別還不是穩定的概念區分，而最多只算是前概念

(preconcept)或情感反應的雛形，但會讓人吃驚的是：某些價值評斷已經發生了：是一種模糊的好壞圖示之最初顯現，而其執行則是用心靈在母親孩子關係之間作反覆演練。

我們現在面臨的幾乎只是一種語意的選擇：我們是要繼續嚴格區分超我及其前驅者，或是要把超我的發展擴大到整個過程，以便能包含價值的內化，以及超我在心靈結構中與此的結合。人在誕生之初即已有證據顯示他是帶有「是非感」的，用情感的語言來表達的話，那就是「好」與「壞」——很像《聖經》上說的「你們要嘗嘗主恩的滋味，便知道他是美善」，還有「流著奶與蜜」的應許之地，還有要用「純淨的靈奶」來爲人預備其救贖。

超我發展的每一個緊要階段都充滿著與奧秘的關聯，不論是連到教育者，或是連到學習者。善是以照料和撫養爲其意義，善是以清潔和秩序爲其意義，還有善是以衝動的控制和情慾的昇華爲其意義——這在在都喻示著神聖，或喻示著有信仰的人。更有甚者，在宗教的家族中，這些基本的價值和道德的前概念都是在宗教實踐的脈絡下，用語言和行爲來教導的。它們通常都會在宗教的約束之下而強化。

值得注意的是，在價值學習的早年裡，由於孩子在身體和心理上的脆弱，使得他會全心全意並且毫無分別地認同他所仰賴的父母。他把自己全面地認同父母，希望能完完全全地和父母一樣。早期的認同形成過程中，有很多是使用著原始的身心模式(psychosomatic modes)：內射、涵攝，以及其他基本上是無意識的方式，來把外在之物變成自己的。同樣的，在教育者這一方所動用的程序也大部分是無意識、非語言的：包括皺眉、微笑、喜悅或噁心的表情等等。一聲鼓勵的「很好」，或一聲讓人洩氣的「眞糟」就等於把語言標籤貼在一套複雜而零散的行爲之上。使用道德上的勸勉或禁制，有時就和威權式的可與否相差無幾；它們之中經常包含著自發的情感，比起那些遣詞用字還要表現得更多。就連讀過葛賽爾(Gesell)和史波克(Spock)那些教養手冊的聰明父母們，在發現孩子做錯事的時候，也掩藏不住他們臉上的嫌惡或憤怒的表情，雖然他們可能在幾分鐘之後會表現出耐心或了解。事實上，很多父母對孩子行爲的反應，就在顯示父母本人的超我活動，彼其時也，自我(ego)的控制還不足以產生約束。在自我能豎立起更有知識、更平衡的方法之前，他們的檢查作用就像反射般地出現了。

當超我在發展時，對於外在權威的恐懼就會變成一種特殊的焦慮，而這焦慮乃是人內在步調設定的教練，或是工作的領班[27]。焦慮具有很特殊的情緒調調：它是一種罪疚感。它帶來特殊的威脅或刺戟：「我該受罰，因爲我不好。」就連這種懲罰的威脅也是很特殊的，因爲它是源自伊底帕斯式的恐懼，就是身體的傷害或是閹割。罪疚感不只和外顯的行爲錯誤有關，它還會出現在私底下的思想中。超我的這種特別力量來源是孩子對於父母親或神聖全知的觀點。一隻無所不見的眼睛本來是外在的權力，現在它變成了無所不見的內在之眼，它不會饒過任何隱密的思想或已經抑制的動機。

既然承擔罪疚感是令人痛苦的，人就會設法將它排除，通常會透過贖罪的方式來達成。正常地來說，贖罪的模式是和被逼著進來的價值系統一起學到的。有些小孩會先作一場口頭上的告解，然後要嚴肅地承諾他會變好。另外一些孩子會讓他們自己顯現出自己「有多壞」，然後接受各方的責備。有些人會接受身體上的懲罰；

---

27 P. W. Pruyser, "Nathan and David: A Psychological Footnote," *Pastoral Psychology,* XIII (1962), pp. 14-18.

另些人則會接受剝奪一些快樂，或放棄一些享受。有些小孩會去工作，即勞苦或卑下的工作，以便贏回父母的親愛。另有些人則會小心翼翼地做些特別好的表現，來作爲行爲錯誤的報應。反正人要尋求補償，就是可以用買禮物、表現特別的友善，或對人灌迷湯，或以非常正當的名義來工作，或向慈善機構作些捐獻等等來達成。一個有創意的心靈，若能浸潤在無憂無慮的愛和基本的信賴之中，他會發現好幾打的方式來緩和罪疚感。但也有些心靈會被綁在特別的「以其人之道還諸其人」的規則中，所以他們只會以眼還眼、以牙還牙。

很多贖罪的操作本身就是建立在宗教的實踐裡。禱告就是其中的一例，尤其是強調於對自己的罪、失誤，或錯誤行爲的告解時。犯行之罪和不行之罪都可能導致懺悔式的禱告。每一個週末，世上會有千千萬萬的人集體而大聲地說出有如以下的言說：

> 教士：
> 如果我們說我們無罪，我們是在欺騙自己，眞理就不會在我們之中。如果我們把罪告解出來，因爲祂是誠信而正義的，祂會寬恕我們的罪並把我們所有的不義清洗乾淨。
> 眾信徒：
> 全能且最慈悲之父：我們錯了，也像迷途的羔羊一般迷失了您的道路。我們太隨興、太隨意去做事情。我們侵犯了您的聖道。我們讓一些該做的事留著不管；卻盡去做些不該做的事；我們心中沒有健康。但是您，我的主啊，請垂憐我們這些悲慘的犯上者。神啊，請饒了我們這些承認錯誤的告解者。請您以您作爲耶穌基督，我們的主，依您對

人的承諾，恢復那些懺悔者。最慈悲的父，請看在祂的分上應允我們，教我們從今而後都能過著如神一般正直而節制的生活；爲了榮耀您神聖的名。阿門。

教士：

主的慈悲是永永遠遠的。我以耶穌基督之名向你們宣布：我們已經受到寬恕了。阿門。

在這種情況下，告解本身就已經是贖罪的行動，隨之而來的宣布又給了立即的寬恕，因爲能訴諸於耶穌的聖名，從而能在教士的宣布中得到救贖。告解者在禱告中所引用的那些罪名大部分都是些態度，而不是要立下什麼契約，去從事特別的懺悔行動，譬如投入慈善工作，點很多蠟燭，唱念多重的儀式禱詞，穿上粗麻布衣，灑滿一頭灰，或是去作一趟朝聖之旅。在這告解中甚至還沒承諾要變得更好，像很多父母要求他們的孩子那樣。取而代之的是信賴神聖的承諾，並請求神能給予懺悔者更多的力量。

所有牽涉到清洗和純化的儀式都可用來作爲贖罪的操作，以減輕罪疚感。所有的奉獻和犧牲也都可爲此目的之用。古代宗教的身體語言中有斷舌、挖眼、閹割等等，也都是用戕害身體來作爲贖罪行動的道理。我們在前面已看過，宗教的數字巫術可以產生犯一次錯誤就造成七重罪的說法，依此而言，也會產生被犯行所攻擊者要給七次寬恕，或七七四十九次寬恕的說法。

但在我們更深入宗教的種種併發症候以及內在價值系統的意義之前，我們應該要先考量自我作爲評價者的問題，從結構理論模型來說，就是自我理想的問題。道德發展不會在伊底帕斯階段就結束。確實的，當學校生活開始時，活動力也增加了，一個小孩就會因此而現身在更多的新模範之前：教師、同儕、商人、警察、社團領導人、醫師等等，不一而足。這些人都會說出他們的可與否，會露出他們的微笑和皺眉，以及他們爲「好」與「壞」所講的課。他們會獎勵也會懲罰。所有這一切都會給是非感帶來形式與內容。甚至虛構的或已經逝去的人也都可以成爲模範：小說裡的主角，歷史書上的重要人物，電影、電視上出現的角色等等。他們可以是偶像或是壞蛋，也就是正面或負面的認同模範。和超我的發展相較之下，自我理想可以依靠更多的選擇來形成認同：有趣的特質、講話的神色、藝術的品味，或文化的追求，都可以拿來當成一個可複製的項目，可使用一段時間，直到下一個模範冒出來。於是，一個八歲大的小子突然開始模仿他的班導師講話的習慣；一個十二歲的突然改變他的書寫方式，開始實驗某種筆觸、斜線、角度；一個急切的閱讀者半夜裡還在看他的小說，因爲裡面有個角色把他迷住了。這些都只是局部的認同，而這個人自己也很清楚他在幹什麼。他們可以公開討論，正反雙方的意見都可以拿出來辯論。一整個世界的人類理想就從這許許多多的碎片拼湊起來，可以有意識地複製或模仿，可以品頭論足，並且可以和來自無止無盡的模範所帶來的新觀念交換，人就這樣長大了。

自我理想和超我一樣，是在協助自我(ego)作倫理上的選擇和決斷。它提供的引導是以設定值得朝向的目的爲標準；它也設定抱負的水平以及特定的抱負內容。它設定的價值帶有引誘的性質，就是誘人去趨近或實現。假若一個人遠遠掉在這些價值之下，則自我理想會產出一種帶有獨特情緒調調的特殊焦慮：一種羞恥感。它所傳遞的內心訊息乃是：「你這個不值得的傢伙！」它也描繪出一種獨特的情境：「我沒有達成目標——我離棄了我自己的英雄——我失敗了。」羞恥感帶來的刺戟乃是對於被鄙視的恐懼，是一種羞於見人的威脅，而最終則是遺棄感。所以，羞恥的語言是這樣的：「我眞想在地上鑽個洞躲進去。」而羞恥的身體語言則是：人會本能地掩蓋住身上任何帶有表達意義的部位：臉孔、胸部和性器官一帶。一個人眞的可能會「羞死人」。

爲羞恥而死並不是不可能。有一位最先是傳教士，後來成了個人類學家，最後又變成生理學家的坎能(Cannon)[28]，他曾經描述過澳洲原住民當中的一種叫做「骨指」(boning)的儀式施行之後猝死的幾個案例。那是一場盛大的典禮，巫師從一堆燒焦的屍體中抽出一根骨頭。他把骨頭指向部落裡的一個成員，於是就等於用儀式把他「標定」，並意謂「這個人必須死」，而在二十四小時之內，這個人眞的死了，不用任何人對他動手。在《舊約》的〈使徒行傳〉中有關於亞拿尼亞(Ananias)和他的妻撒非喇(Sapphira)的故事，很可以用類似的方式來詮釋。亞拿尼亞和其妻曾經發過誓並作了承諾，但後來他們沒有照此過活。他們遇見了使徒彼得，而他們在道德上的失敗被彼得直接質問了，他們就死在當場。

當然罪疚與羞恥之間，在動力論上是有其連續性的，而我們的簡略描述還來不及把它說清楚。很多理論家會把超我和自我理想連在一起，並認爲它們只是同一個內在心靈結構的兩個不同面向，其中一個所指的是較早期、較爲無意識的根苗，另一個則是指較晚期、較有意識的源頭。但從現象學來說，我們已經在前文中指出這兩者之間更有意思的差異。這裡也有個問題，就是：人要如何恢復

28 W. Cannon, "Voodoo Death," *Psychosomatic Medicine,* XIX (1957), pp. 182-190.

自己的價值感，以及在羞恥過後，人要如何重新讓別人接受？人是爲了羞恥而作贖罪補償嗎？懺悔是可能的嗎？人到底要怎樣才能「重修舊好」？通常，一個人所能做的，就是在痛苦中現身，並在被遺棄的威脅下，試圖證明自己在下一次會做得更好。因此，羞恥便成爲改善向上的激勵。人必須證明自己會忠實地跟隨自己的偶像，遵照著他們的價值和標準而努力把自己做出來。

人類學家把人類的文化分別出「恥文化」和「罪文化」。我們也一樣可以在宗教體系中分別出恥面向和罪面向，特別在強制執行的所謂「基督徒生活」、「猶太的生活」和「穆斯林生活」中。在下一節中，我們會看到教義的說法有時就是奠基於罪的語言和恥的語言而表達出來的。但在同時我們也得到一種觀點，那就是：人和我自身(self)的關係會嚴重地受到超我和自我理想的內在聲音所影響，我們的一舉一動、一思一念都一直是在這樣的倫理命題評估之中。有賴於這樣的價值評估，我自身(self)才能提升出自我價值感、自尊心，以及「能與一切善而尊貴者同在」的感覺，不然的話，我自身(self)就會在罪疚、羞恥、不值得、卑下等等的罪惡感之中受到動搖乃至完全洩氣了。

從調適的觀點來說，自我(ego)負有駕馭和因應的重任，它就是要把外在的現實和內在的現實之間建立起和諧的關係，包括驅力和本能的需求，以及超我和自我理想的要求。對於超我和自我理想的因應乃由茲形成了自我(ego)在對付其他部分之時相對的強度。沒有哪個部分是可以忽略的；每一部分都各司其職，並且是在永遠的施與受之間得其綜合之果。在最好的情況下，超我和自我理想的功能會變成自我(ego)的助力，並以此不斷重複著什麼是可、什麼是否，以及如何得到自己所愛慕或接受之爲權威者、自己所仰賴者

(也就是自己的愛對象)之微笑或皺眉。但在某些人之中，你可以看到一些證據，說明了他們的超我或自我理想之過度活躍，而其表現則為長期的無價值感、自卑感、沮喪和自暴自棄。它會發生在某種完美主義者身上，因為在他們的眼中，自己永遠達不到自己的標準。這並不表示他們的標準太高。比較可能的是，這些高標準都和威脅、責備混在一起，而不是附帶著誘導和讚揚。更常見的是，這種人自己的一部分攻擊性黏到超我之上而益增其嚴峻的性質。超我的過度活躍也會發生在一些很拘謹的人身上——他們所背負的罪疚感讓他們非得去製造一些假假的失敗或有罪的處境，以便用來交代他們自己是如何地匱乏和不足。一些奇怪的事情和弔詭的處境乃是隨著超我的那個內在領班功能而產生的。一方面，你可以發現有些正直的人，是社會或教會的梁柱——別人以為他們是無懈可擊的人物——但他們卻陷入罪疚感之中而一直想要自殺。另方面，你也可以發現一些壞蛋，他們在道德上和法律上滿身是罪，但他們卻根本沒有**感覺**到什麼罪惡。有些人是覺得自己太罪惡(其實也沒有作出什麼不規矩的事)以致到處尋找懲罰，最後終於作出一些犯行，為的是讓警方來逮捕他。在這樣的案例中，罪疚感是先於他們的罪行，而不是產生於後。

我們雖然冒著擬人化的危險來談一種心理學上的構設(construct)[29]，但我還是要指出：有些超我似乎比較常說「否」而不是「可」。它們的功能多半是否定性和禁制性的，結果這樣的人即使做了好事，也難有好的感覺。他常有不好的感覺是因為他太常

29 【譯注】「構設」(construct)一詞在漢語心理學教科書上常譯為「建構」，顯現不出這是一種假設構想的意謂，因此譯者要將它改譯為「構設」。

聽到「否」。他只會得到內在的責備而沒有稱讚。有些超我經常在說「否」，而不說怎樣才可以變好，這就使得一個人一直被丟在罪疚感之中。他們會設定各種各樣的限制而沒有畫出一點點贖罪的出路。這個人對於罪疚感不知道能怎麼辦，因爲他從未知曉撫慰的形式，從而未能學會對於寬恕的信賴。另有些人的超我會嚴守一報還一報的規則，也就是絕對的報復主義。還有些超我可以給予大量的「愛」[30]，而對正義卻毫無所求，這樣一來，也就不能對自我(ego)的調適工作提供什麼助益，因爲內在和外在的環境是不能顧此失彼的。也有一些超我可以既嚴格又寬諒，並在意念和行動之間作出絕然的區分。雖然我在本段開頭時就提到對於超我會有「擬人化的危險」，現在看來，這危險就不再那麼嚴重了，因爲我們已經清楚：超我的功能就是在反映生命情境中的眞人眞事，同時也告訴了我們：就是那些人在教我們各種標準以及維護標準的方法。當我們發現自恨和自虐的內在傾向會實質地加入超我的殘暴性之中，因此我們就不能從既有的超我中直接推論：當初那個人的父母對他作了什麼要求和什麼約束；然而超我仍然是從養育和規範的過程中導源而出的，其中永遠含有外在的指涉。超我就是人和對象的關聯，以及社會化和涵化(acculturation)的產物，並且以愛恨的體驗使它顯現了它的極限。

在種種會內化的勸誡和禁制之中，有很多無疑是屬於宗教的項目。譬如堅稱要愛神也要遵從神的誡命，或是要愛鄰人(「如同愛自己」)。這樣的勸勉會特別指出哪些事該做，以便能把天國建立

30　R. Schafer, “The Loving and Beloved Superego in Freud’s Structural Theory,” in *The Psychoanalytic Study of the Child,* XV (New York: International Universities Press, 1960), pp. 163-188.

在人世間：首先就是要崇拜和禱告，其次是要支持信仰團體的活動和方案，並且要忠於教派的傳統，或許更進一步要從事一些社會活動，來改善人類的命運。這一組進程只是大致如此。眞正的實施還是要看一個教派或一個家庭怎麼做，有些會比較強調社會行動而少強調形式上的崇拜。有很多模糊的勸誡會把重點放在要跟「好人」在一起，或要根據「(道德)黃金律」來過生活。有些家庭會強烈堅持小孩加入信仰團體的時間愈早愈好；另有些家庭接受的勸勉則是要先讓孩子知道此事，然後到成年的某一不特定時間才確立此信仰。有些家庭會對孩子施以壓力，要他們立志以宗教爲業。他們接受的勸誡就會以德行爲核心，不但要實踐還要把德行表列背誦。他們可能隨時會使用這樣的句子：「要是耶穌的話，他會怎麼做？」有些特定的禱詞會成爲主題，而教育過程就是環繞著這些主題而進行，譬如說：「你要人怎樣對待你，你也要這樣對待人。」「不要判斷別人，這樣你自己才不會被人判斷。」

但所有勸勉之詞都是片片段段的，因此一定要有些關鍵的觀念或母題來把它們串成一個有層級組織的結構。生活本身是複雜無端的，要在眾多的事物之中選出一件好事，就需要有優先順序和價值高低的引導。如果有一條神聖律法教人不可在安息日工作，那人可不可以去照顧一隻生病的牲畜呢？可以不可以從樹上摘下一顆蘋果以慰飢餓？假設所有的規則律法都是絕對的，並且要求人完全遵守，那麼，有沒有哪些規則是高於其他規則的？這樣才能使人在困難的選擇處境下，還能得到一些神魂安定。這裡有一套宗教體驗的分類法，對於生活經驗中的價值組織提供了具有描述性的答案。這是古迪那夫所作的分類法[31]，其中包括了律法主義、超律法主義、正統主義、超正統主義、美學主義和象徵主義—聖事主義(symbolism-sacramentalism)，這樣一來，不僅把宗教體驗都賦予了形式，也整合出了價值的階序。超我和自我理想可以習得的就是那些價值原則。

律法主義者把基礎建立在一些規條、禁忌、習俗或其他種種他們認爲可以幫助個人或團體「作出正確的事」來。律法主義者的規條不只是行爲的指導，也是一張有意義的毯子，把人罩住以免直接面對那*tremendum*(巍然可畏者)的恐懼。**超律法主義者**也關切正確的行爲，但他們要接近建制規條時，會使用創意或初發的臆想，有時甚至會因此而取消原有的規條，以便企及更新的或更高的理想。路德在律法與福音之間所用的辯證法是其一例；齊克果的目的論式的倫理懸宕又是另一例。像「完美的愛自會拋棄恐懼」這樣的說法就屬於此一類型。**正統主義者**所關切的是要擁有眞理，還要有「正確的知識」和「正當的思維」：以此，它把人從巍然可畏者那兒包覆開來，但同時准許人可以參與其力量。這裡所強調的是要有正確的信仰，這樣一來就要人向信仰的正當權威來源依偎過去：信條、僧侶、「父親常說的是……」，或傳統。**超正統主義者**所賴以存在的乃是對於舊意義的新整合，或對建制教義的創意批判。對他們而言，正確的信仰不再是「人家怎麼想」，而是個人透過啓蒙的體驗而自己發現的，在其中他所獲得的其實是個新的觀點。對**美學主義者**而言，「正確之事」意謂完美的形式和形式上的實踐。美的價值高過一切，對美的感受有時會導致於對其他感知的鄙視，不管它們

31　Goodenough, *The Psychology of Religious Experiences*, pp. 88-158.

是否已經灌入了超我和自我理想。在象徵主義和聖事主義之中的價值在於參與神聖儀式，以便使個人由茲而連結到力量的神聖來源，但因爲那力量之高高在上，使得其他價值自然都會在尺度上落於其下，或甚至在碰到選擇的當下，必須先把它們都擺在一旁。譬如說，聖事主義者有時會對慈善的社會行動表現冷漠，因爲他們的是非感把個人的救贖擺在第一優先，並且一定要先透過這樣的禮儀來和神聖的對象直接接觸。

到此爲止，我們一直浸潤在積極的勸勉之中，雖然它們也都可能會被吸納到內心的檢查系統之中。我們講了這麼長，是因爲「檢查」這字眼常常只是超我和自我理想的簡稱，而它的含意總是以否定的行動居多。但事實遠非如此。超我和自我理想不只是個領班，而是自我(ego)的得力助手，並且還常能把愛施予超過社會讚許和對象關聯經驗中所指的人之上。有時，當外人要前來侵擾，或圈內人要把他逐出，則來自超我所准許的愛會有足夠的力量，讓人往敵對者的方向走去。人能說「雖千萬人吾往矣」，像路德那樣，乃是個非常戲劇性的範例。

然而更眞實的是超我中的禁制力顯然更爲繁多而強大。在良心的禁止面向中，無數的「不可」和「不行」會輕易找到它們的出路，在這些當中有很多就是直接披掛著宗教的外衣。人人引以爲經典的「十誡」之中，很多都是以「汝不可」的語言來表示的。所有能表列出來的美德都被一樣長的惡行表給比了下去。禁忌和界線都是很特定的禁制，人如果膽敢忽視，則來自神聖力量的質問以及來自宗教團體的約束就馬上會隨之而至。罪會複數化而成爲很多種的罪，然後以範疇區分爲兩類：一類是該死的罪，另一類是可原諒的罪。這些禁制包含著特定的行爲和特定的態度傾向。它們一方面指向偷竊、褻瀆、殺人等等行為，另方面也指向尋求享樂、自視過高，或受到誘惑等等內在傾向。它們還可以指向情感，譬如怒與恨，並宣稱這是人所不該有的。它們甚至會聚焦在生物性的活動，譬如性交或飲食，要求這些都應由克制或齋戒來予以範限。一個人所碰到的一切「不行」最終會總和出「錯誤」的風味，然後被吸納到不可置疑的否定規條之中；但凡有所逾越，一定有制裁緊隨而來。這些成百上千的錯誤可能會圈圍出一種嚴峻的格調，而把生命中很多的生機都給掩蔽。它會製造出過度警戒的態度以及對所有自然好惡的懷疑，這就形成了坎普滕的托馬斯那種版本的*Imitatio Christi*(模仿基督)，譬如承擔起艱辛而可怖的工作。

但即令有這麼多的不行和這麼強的制裁，這張圖像並不都是晦暗不堪的。因為超我通常也會給出贖罪的處方，讓罪疚感減輕而提高自尊心。我再說一遍：很多這類的處方本身就是宗教的實踐。喃喃自語的告解，懺悔的禱告和參加集體告解乃是最廣為採取的手段。在宗教專職人員的指令下，它們還可升級為特殊的懺悔行動。犧牲和奉獻是古老的贖罪形式，這通常意味著一定數量的罰金，視其犯行的嚴重程度而定。但使用犧牲來作為罪疚感的贖罪之道，這種原則是會擴散開來的；很多方式都要看一個人怎樣去發明：放棄享樂、致贈禮物，或去做一些違反自然傾向的事情。宗教機構要做的事情可多了，它所需的工作、物資或經費實在太多，所以一個人會有極多的機會來實踐他的犧牲，只要他來參加機構的活動就是了。他可以誓願擔任義務工作，或承諾捐款。他可以光是坐在一場又一場冗長的會議上，犧牲他的時間，讓他無法去做更令人興奮的事情，這樣就可以產生一種奉獻的感覺，從而補償了他在道德上的缺失。他可以承接一些很卑下的工作，譬如打掃房間、整理大批信件，這樣就能讓他覺得能重獲「恩寵」。事實上，雖然「恩寵的手段」這說法在技術上指的就是種種聖事，但任何一種贖罪，只要具有心理上減低罪疚感的形式，對個人而言就是獲得恩寵的手段。在過往的時代，有些宗教領袖會把哭泣讚美爲「眼淚的禮物」，但這種說法的古老調調可不要讓你低估了哭泣在釋放罪疚感而致能「讓人謙卑」之中的角色。千千萬萬的人都會循此途徑，如果不是公開的，也會在私底下這麼做；而如果眼淚很難出來，則「泫然欲泣」也會有一樣的效果。

自行懲罰和自我剝奪也很常使用，就是用禁食、禁欲的方式。當一個心靈被自身的罪惡所折磨時，剝奪自己的睡眠是一種典型而自然的方法；而果然這個人失去了許多睡眠，他在回顧那些不眠之夜時，會認爲那是他對於自己的道德犯行所需付出的代價。在臨床的憂鬱症中，當罪疚感宣告出來之同時，失眠和失去食欲幾乎就是標準的症狀。這不只表示這個人相信他自己不值得睡眠和食物，同時在某程度上也意味著他正以此而贖罪。雖然公開的折磨和死刑台上的焚燒已經不再見於我們的日常生活中，但自我折磨卻仍是任何一張贖罪單上最顯眼的項目。它會以無止無盡的循環來形成強迫症式的無解思考，乃至造成頭痛的症狀。它也會以不停的洗手儀式反覆弄到滿手皮破血流。他會忍著頭痛或任何疼痛，雖然用很簡單的藥物就可以很快減輕這種疼痛。甚至用鞭撻來對付自己，也不全然只是過去的人才使用的方式。

我們知道忍耐是一種有德行的態度，但當它忍到遠超過義務或高貴的召喚之上時，它就會帶有爲自己的悲慘道德而贖罪的性質。寬恕別人七次已經很超過大多數人可以忍受的程度，但如果一個人的目標是寬恕七七四十九次，那就已經不只是英雄主義所可形容了。它所要求的是一種非常爲別人顧慮的良心，而其目標甚至可說是要「任人踐踏」了。讓自己暴現於別人的嘲謔之中，讓別人拿自己的不幸來尋開心，乃是羞恥的一種顯像方式，也是暫時一肩挑起心靈上的痛苦，來達到贖罪之效。

到此，我們看見的是：愛自己的能力，或像那些案例那般貶低自己，乃是大部分依賴著超我和自我理想的功能。雖然這兩套結構不是奧秘能向個人顯示的唯一形式，但它們卻特別具體化了很多承載著傳統重量的宗教觀念。在超我發展的早期所獲取的價值，幾乎都會和得到或得不到准許的情緒交織在一起，而這當然是源起於父母的超我活動，也就是說，是**他們的**罪疚感、**他們的**羞恥感、**他們**對於遭受誘惑或對自身之軟弱的恐懼。這些表現都只能是自然的強調，而不是用充滿智慧的方式，因爲其核心大部分是無意識的，而這樣的父母形象所攜帶的價值系統也多半是以前語言的模式來習得。所以這樣就產生了一種現象，佛洛依德曾明白地指出：這樣的基本道德和宗教價值就是代代相傳，但其速度卻落後於自我(ego)所需面對的快速文化變遷，即自我(ego)對於這種文化的追求本來還可以有直接取用的機會，譬如透過藝術科學與技術。

以上的發現不僅描繪出一些宗教人的保守主義，也揭開了一些所謂宗教本身的保守主義之帳幕。其中很大一部分可歸之於宗教觀念的特殊傳遞過程，並且這過程都受到超我的干預。這些觀念中首先就是包含著很多勸勉與誡命，然後就轉變成良心中的肯定價值與否定價值。但它也包含著各種約束和制裁，而這乃是直接的或象徵的愛恨之施予方式。同時，這些愛恨的約束會和一種鉅視觀點的愛恨權力糾纏在一起。如果父母形象所施的愛恨意志會和他們所設定或強調的規則連在一起，這本身會牽涉到奧秘嗎？他們就是神嗎？

或者，他們也只是他們的長輩以及神施予愛恨的對象？這些問題可以無限延伸，直到我們完成最後的分析，並且解決了最基本的問題，就是權力與愛恨的關係：神的力量究竟是慈心善意的？還是不怒則不威的？這樣的問題就把我們引入下一節了。

Cur Deus Homo(神為何變成人)

在本章之初，我們談到奧秘會變成個人生活的一部分，而這也就是自我(ego)所必須爲之而調適的另一種現實。人「以父之名」而投射的一切，會被視爲或感受爲有助益的力量來源，但也會成爲苛求的形象，總是堅持要求忠貞、正直和善用人類的潛能。它有權要求信仰，以及給予信仰。關於這個「他」其實一直都留著某種曖昧性，而保羅對此的捕捉就是說出：「深哉！神豐富的智慧和知識！他的判斷，何其難測，他的蹤跡，何其難尋！」(〈羅馬書〉11：33)就這樣，要把奧秘辨認爲「父」，要在自然與歷史中發現他的作爲，要在人事的紀錄中聽出他的言說，並不是一件輕鬆快樂的事情。他可能給人致贈大禮物，然而他的要求也巨大無比；他的愛可能讓人感覺源源不絕，但他的憤怒也一樣不會休止。對於一個信仰者而言，當他身陷於*fascinans*(所迷者)和*tremendum*(所畏者)的兩端之間時，這尺度中可不可以沾上一點有利於安全和快樂的味道呢？那個*tremendum*，現在既然是顯現爲父親的*tremendum*，那麼，用古迪那夫的說法，是不是可以蓋上一張有保護性的新毯子呢？到了這地步，基督宗教所設定的耶穌基督之道成肉身，和他之爲世人贖罪，就是當人類處在宇宙的悲慘境地中，所能仰賴的最主要解決之道。我們必須來看看這種解決之道在心理學上的含意何在——我們先拿贖罪來作為我們的切入點。

幾乎每一本綜述型的神學手冊都會簡單地說：對於贖罪多加思索之後，必定會產生好幾種模型或理論，每一種都使用它們自己的喻示、類比、歷史事件和文化意象[32,33]。我們可把它們大致分成三類，但在歷史發展上，它們經常發生互相重疊的現象：原罪贖身理論(the Ransom theory)、滿足理論，以及道德影響理論(the Moral Influence theory)。對於宗教心理學家來說，這三個關於贖罪的理論構成了三類主題的材料，三種對神聖意向作思考者的思想結構，三種宗教意念的片段，以及三種象徵系統。關於這些，心理學家可以問的是他想探問哪一種心理資料：它的結構、功能、目的何在？它的動機如何興起？在心靈的家戶之內，它所扮演的經濟角色是什麼？如果有的話，它可以解決什麼衝突或難題？其主題或象徵究竟來源何處？在個體生命史或宗教體系的發展史上，其興衰起落的狀況究竟如何？

讓我們先從每一個主要的主題來開始作個簡要的探索和描述。在想到東正教裡的父親形象時，「黑暗的力量」會扮演極重要的角色。不論是擬人化而成為撒旦、魔鬼或是敵對者，或甚至就被描述為「死亡」、黑暗界域，或關於朽壞的觀念，在希臘化的基督教思想中有一個主要的趨勢，就是力量的二元論：其中之一是關於真誠的存有，但在另方面則無。人被異化於他的真實存有基礎之外，因

32　J. K. Mozley, *The Doctrine of the Atonement* (London: Gerald Duckworth & Co., 1915).

33　P. W. Pruyser, "Anxiety, Guilt and Shame in the Atonement," *Theology Today,* XXI (1964), pp. 15-33. 以下幾頁是取材自這篇文章，也得到出版者的同意。

而墮入了虛假的「力量擁有者」之囚牢，讓他的力量盤據在他之上。他是外來的主子之囚徒，不能自求解脫。在這樣的宇宙設定之下，贖罪就被戲劇化而成爲一套關於人的正直主人與邪惡主人之間的權力交換，在其中的基督有很多不同的強調，分別針對著他的降生、生命、受難和死亡，但也有同樣多的強調是放在他的神人二元存在，作爲贖身的意義來理解。在教父俄利根(Origen)的作品中，我們看到了對於這種宇宙力鬥爭的簡潔描述，基督之死就是神對於撒旦之以身爲贖的償付，這樣才能讓人以原罪之身從撒旦手中解脫出來。人終於可以取消作爲外來統御者的囚徒身分；他對神的異化終得重新導引到存有之基礎的路途上。但黑暗的力量在這場以物易物的交換之中被愚弄了，因爲基督這位完美的神人，踩過撒旦的誘惑，在他生時以及在他復活時都獲得了勝利，因之能在原則上取消終極的死亡。

這幅圖像會讓我們想起奴隸市場上的交易，但透過東方教父的精緻陳述，特別是尼撒的聖格雷戈里，把神對於撒旦的精巧欺騙添加了上去。既然神不願使用暴力來重申他對於受囚者的所有權，於是，他就使用了一種更完美、更誘人、更讓人心動的交易物，而撒旦掉入這個圈套卻毫不自知。確實地，聖格雷戈里很自由地使用釣魚鉤的意象來描述基督的雙重性：撒旦看見這個人餌，想一口把他吞下，卻發現他後面帶著根本無法下嚥的沉重神性。

這一套贖罪理論中的要點在於其二元論的假定，因此之故，他就和主流的一神論立場背道而馳。同時它也暴露了它的魔鬼論，認定有一種有力的假神性之存在，敵對著天地人，而其主要目標就是毀滅——死亡。但這種神的意象之最值得注意的乃是這樣的語境：他被視爲創造者以及人的正當擁有者，他垂憐於他的受造之物所處的困境，即異化、奴役、背離以及成爲外來統御者的俘虜和囚徒。他對於人的愛遠超過他對於人的腐敗之忿怒。他的拯救工作是與人認同，並訂下誓約，透過他的聖子，教他變成人。他的拯救工作是以道成肉身來開始的，並以復活爲終，其中所帶的承諾乃是*parousia*(再臨)，當其時也，人將會在最終的再造之下得到完全的重生。在這樣的圖示中，要點是強調了神人的道成肉身以及復活，而與此平行的乃是人在偶隨的過程中會發現兩個選擇點：降生與死亡。在海德格(Heidegger)[34]的存有論中，人的*Geworfenheit*(被拋投性)，也就是人覺得自己在全無選擇之力的狀況下被擲入世界，就被體驗爲存在的焦慮。用田立克的話來說，焦慮乃是我們對存有基礎的異化。

贖身理論似乎是讓自己面對著焦慮，當人覺得自己是被外力所統御時，讓焦慮激發，因爲他要面對的終局實爲死亡。這種力量的來源是宇宙性的，它可用撒旦或以他所受的折磨爲形式，或是以內在於人但卻與自我(ego)異化的力量出現，特別是他無意識的反社會本能衝動，正在向著毀滅而傾斜之時。無論是哪種狀況，其所強調者乃是這些力量的魔性，而這種強調在古老的宇宙論神話中都可見其蹤影：它堅信黑暗勢力的眞實性，因爲那是從神力中失手而流放出來的。

但人類的關係並不只限於奴隸市場，而人類的經驗也不只限於焦慮。我們有可能選用其他的喻示來描述救贖以及如何從邪惡中解放出來。從文化的觀點來說，拉丁的教父們會捕捉到往古的另外形

34　M. Heidegger, *Being and Time,* trans. J. MacQuarrie and E. Robinson (New York: Harper & Brothers, 1962). 有漢語譯本：陳嘉映、王慶節譯，《存在與時間》(台北市：唐山，1989)。

象，就不甚令人驚奇了。他們一方面是從《舊約》中轉化而來的犧牲體制作爲延伸，另方面則是從羅馬的審判體制來取材。這兩條路線最後的匯合點就在於滿足的觀念。他們所導源的神形象是正義而神聖的，是個握有君權的統治者，是最高法院的法官和立法者，他所坐鎮的地方用神職的語言叫做祭壇，用市民的語言就叫法庭了。雖然滿足這個主題是跟基督教的歷史一樣源遠流長，也可以和贖身的觀念一起在保羅的行傳中發現，但它最清晰、最精緻的表達則是要到稍晚的安瑟倫(Anselm)[35]作品裡才能達到。他的*Cur Deus Homo*(神爲何變成人)之論，我認爲是個典範。

滿足論所要描繪的最根本之處，乃是神之既正義又寬容，既憤怒又慈悲，既被冒犯又長期受難。這神怒所針對的乃是冒犯、逾越他的神聖性與律法的人，並強令他們來作補償、滿足、受罰和懺悔。它把人描繪成對律法的冒犯者、對神聖的褻瀆者、對統治的反叛者、對規則的違逆者，因此他就等著要受到懲罰和矯正。根據這個主題，所謂的「罪」基本上就是逾越規則與界線，並且還帶著叛逆的傲慢之姿。用巴特(Karl Barth)的論述來說，那就是拒絕讓神爲神，也就是拒絕至高的存有。原罪的結果，在此詮釋之下的生命乃是要在受詛咒中勞苦，而死亡則是不可避免的懲罰。

在安瑟倫的思索之中，最重要的乃是他向他的對話者所給的忠告：「你還沒考量過罪到底有多沉重」，而他所強調的核心乃是意願——對於犯罪者以及對於能拯救的神人皆然。他用精微至極的邏輯推論並證明基督之死的必然性，然而他卻也說：他死得很自由，

---

35 Anselm of Canterbury, "Cur Deus Homo," in *A Scholastic Miscellany: Anselm to Ockham,* trans. and ed. E. R. Fairweather (Philadelphia: Westminster Press, 1956), pp. 100-183.

完全因於他自己的意願，爲的是要在受冒犯的神的要求之下，爲人而犧牲。但在這種滿足理論中，最重要的乃是懲處和刑罰的觀念：犯罪就像是竊盜，但把偷竊的東西送還給神，這只能得到復原，還不能讓他滿足。因爲神的尊嚴與榮耀已經被危及，所以，需要回復的絕不只是那一點點。他的正義是必不可缺，但他的慈悲則是有選擇性的。

在這滿足的主題下，隨之而來的變化會對懲罰的元素更加強調，致使人子耶穌變成了爲達成和解而必要的犧牲品，或用其他的版本來看，也還是要讓古老的犧牲主題重現而已。這些都具有的效應乃是讓滿足理論連結到血和受難。這樣的理論會引起一些思想家的某種合理反應，譬如索西納斯(Socinus)[36]就認爲：對於神的慈悲與正義作此描繪而產生的緊張是令人難以忍受的，因此他拒絕了這種連結的可能性。

在整套滿足與懲罰的理論中，罪的模型就是不服從、驕傲的叛逆、逾越和違逆神的律法，而與此平行的強調則是以基督作爲服從的模範，他使自己成爲該理論之各種版本中的犧牲、罰金、受懲者、神的羔羊，或是替代人類的受刑者。在這樣的贖罪過程中，神的榮耀得以回復，而死亡得以取消，因爲要讓人毀滅的那種懲罰性理由已經由於神的寬恕而撤除了。人現在已被導向正義，所以他已經有可能過著正直的生活。

能孳生這個主題的體驗母體是什麼？它的情感基調是什麼？毫

36　【譯注】這裡所說的「索西納斯」是指Laelius Socinus(?-1562)和Faustus Socinus(1539-1604)叔姪兩人所繼承而發揚的「索西尼恩」學派(Socinianism)，大約在新教的改革運動前後發生，以波蘭的Rakow爲基地，後來被天主教會逐出波蘭。

無疑問的，最具有壓倒性優勢的就是罪疚感，連帶著逾越和不服從的感覺，就構成了人類悲慘處境的本質。相較之下，贖身理論是奠基於對死亡這種不可名狀的現象之焦慮，而滿足理論的基礎則在於對不當行爲的罪疚感。贖身理論中的救贖那一面是要把焦慮通過接受拯救而轉變爲歡樂；滿足理論中的罪疚感之解放則是要通過正義的制裁與贖罪。人類自身感覺到的內心衝突會以很高的程度形塑出這些主題，而贖身理論乃是自我(ego)與「它」之間的衝突之典型表現；至於滿足理論的典型則是來自於自我(ego)與超我的衝突。

我們還有第三組的贖罪教義，跟前述兩者一樣古老，也都可以在保羅的著作中找到其胚胎，但卻花了較長的時間才能清楚地成形。它的核心主題是取自於另一種神聖不可侵犯的社會體制，那就是政府和公共的法律，投射於神的身上，於是神就化身爲總督或社會秩序的行政長官。它的先驅是另一位東方教父，納西盎的格列高利(Gregory of Nazianzus)，通過亞伯拉德(Abelard)的士林哲學，到達一位極有系統化能力的格勞秀斯(Hugo Grotius)，而他也是後日國際法的鼻祖。還有另一根源是來自亞他那修(Athanasius)，他堅信贖罪的後果(若不說是目的的話)是要回復在人之中已經面目模糊的*imago Dei*(神的形象)，這樣才能讓道德和社會的改善接續發生。此一理論中有兩個要點：在神的屬性中的至高者是善，因此慈悲是必要的，而正義則只是一個選項(滿足理論正好與此相反)。神的懲罰並非起於憤怒，而是爲了共同的善。格勞秀斯就說：除此目的之外，懲罰就毫無讓人願意接受的性質。其次，它把基督樹立爲人所當遵循的典範，而不是贖罪用的犧牲，雖然後者的元素並未完全消失。

政府理論的影響甚至延伸到密不沁水的喀爾文教派，以及持刑罰論的江那森・愛德華茲——他的理論是說：神是個統治者，他在他的王國內維護秩序與儀節，而基督則是仲介者，他是以他的受罰作爲奉獻，來償付人類福祉所需的代價。基督是因爲同情與慈悲而認同於人，而不論他對神的功能爲何，由此產生的一種道德效應，就是讓人會甘願向基督認同：認同他的生命、他的教訓，以及他對完美的追求。在這種種版本的道德影響和政府理論中，其實一直都迴盪著奧古斯丁那充滿同情的聲音：「基督爲我們做了這麼多——那我們能爲他做什麼？」

大多數政府論與道德影響的教義都會以某種方式維持滿足理論的基本主張，但他們會加上一些很根本的新東西，也就是說，慈悲與善在神的屬性中仍然最爲優先，然而他也是正義的，只是他不會被自己的律法綁死，因爲有智慧的行政長官常會爲了公共利益而把正義暫時擺在一邊。這樣一來，古典的*summum ius summa iniuria*(極端之法即是最大的不義)的陷阱就可以避開了，不管這是不是偏離了索西納斯的條理。

雖然這些理論中都包含著因罪而受罰的恐懼因素，以及對於罪疚感的意識(不管是哪一種滿足理論都難免要摻雜上一些)，但他們所派生出來的人類體驗之新層次中，對於基督之作爲認同和遵循的模範，對於歸屬於他的欲望和新生命，以及對於羞恥的感覺，都是有選擇性的。用心理學的語言來說，內在的衝突情境變成發生在自我(ego)與自我理想之間，而羞恥則是其最要緊的情感。

以上對於神學理論構設的鋪陳應該足以支持我們的論點，就是：我們所描述的三組贖罪理論和人類內心衝突情境的三種類型是互相平行的。和贖身理論密切相關的是自我(ego)／「它」的衝突所產生的焦慮，在其中自我(ego)覺得是被奇怪的症狀所俘，而導致了自己和人格中的動機基礎失聯。對此種衝突情境的治療就是要降低這種焦慮，原則上的治療程序就是要向患者顯示他所懼怕的衝動其實並不如他所想像的那麼危險，而要想對它作出較好的控制，就是要能夠對此賦予更多的意識，而非把自己的意識蒙蔽。相反於成爲自發衝動的囚徒，我們可以有更好的辦法來駕馭它，且能因此帶來更大而全面的滿足。在此基礎上，新的情愛關係變得可能產生，並帶來更能持久的回報，然後能因此而使恐懼得以平息，不論是現實的或非理性的皆然。贖身理論最有意義之處在於它描繪了舊生命之爲異化，而新生命則是透過神的**拯救**(*deliverance*)和**領養**(*adoption*)來獲取，而神對人的這種態度乃是**憐憫、同情、關切的同感**。

滿足與刑罰的理論也確然是平行於來自超我的嚴厲禁制而產生的衝突。它們最強調的是罪疚感與越界的恐怖，不論是在思想、言語或行爲上。自我(ego)覺得被內在的那個領班罩住，被逼迫著要譴責自己，要過著被厄運所注定的日子，並且滿腦子都是眞實的或想像的腐敗、違逆、越界以及其他種種窮兇極惡的敗德犯行。對於超我的無情要求，犧牲是必要的，淨化要不斷進行，罰金和刑期都不減少，希望這樣做可以緩解那緊迫盯人的罪疚感。總之就是要一肩挑起種種苦難，才能通過整個人得到矯治的效果。

對於這類衝突的治療，通常的程序是要把自我(ego)和超我的距離拉近，原則上可以辦到的是一方面利用澄清、緩和，或對於所受的要求作更精細的分析，另方面則是強化容受力、效能、才藝等等。在這處境中，把愛和正義區分開來是個很重要的治療目標，另外，寬恕的現實性也必須加以學習，以便對抗那已經固定住的受罰恐懼。有些時候這些目標難以達成，而在治療上最後所能提供的就是一些有可能的象徵性贖罪方式，用來對付那頑強的罪疚感。

凡是知道憂鬱症與強迫症的症狀與機制的臨床治療師，在讀到關於贖罪的古典滿足與刑罰理論時，一定能完全熟悉那樣的思想氛圍。其中所描繪的神怒是把愛完全藏匿在深處，而神所堅持的是他至高的統治權、他的榮耀與神聖性，以及高亢的義憤；他堅持索取的是犧牲與刑罰，甚至要用流血才能回復他可接受的關係。在這種治療架構中的救贖目標，典型上的說法叫做「辯正法」(justification)，而若不是有了他替代的犧牲，這個神的愛確實是藏在他的怒顏之後，不易看見的。

那麼，關於羞恥感又能如何呢？這是在道德影響與政府理論中最大宗的項目，而其強調則在於行爲的約束與制裁。神的心中有公義，並且是個善良的行政長官，他安放了一個典範來供眾人效法。他有個相當樂觀的假定，就是人皆可以學習。當滿足理論所假定的是人必須在恐懼中接受訓練，道德影響理論卻額外地(或相反地)保證了人可以被積極導向於有約束的生活，因爲神既已給了機會，讓人能去**認同於一個啓蒙的範例**，而人可以因爲愛的緣故而朝向那個圈子移動。

不能達成自己的理想，或讓模範者失望，就會產生羞恥，這確是一種讓人覺得虛浮的體驗，如果你也能憶起：在那種困境中的感覺是不是很接近於完全被遺棄？但是羞恥之中孕育著改善的種子，它有可能讓人興起一種對於模範者的愛慕，然後在自己的行爲改變中證明自己的意圖。它是一種未來導向的情緒，並讓人活在希望之中。

現在可以明顯看出的是：對於這些衝突的範疇化多半是出於學院派的手工。你可以提出反對說：內心的衝突很難只限於兩組心靈結構之間的不諧和。更常見的是整個人格跟自己過不去，其中包含著整套更複雜而交纏的結構。這樣的說法沒什麼不對。不過範疇類型的理論不可推得太遠，或最後只剩下一堆停滯不動的理論實體，這樣就無法和人的生活發生關係。心靈的衝突雖可說是複雜萬端，但在臨床的事實上，即在每一個個案身上，都會在複雜的背景之下，現出幾條清晰而可聚焦的衝突路線。

到目前爲止，我們已經指出一組緊密的平行關係，出現在三類典型的內心衝突情境與三類典型的贖罪論述之間。我們主要的根據是象徵結構、凸顯而常見的喻示、占著支配地位的情感狀態，以及角色認同的行爲。在這裡會被考量的基本角色就像是主子與奴僕、法官和被告、行政長官和市民。心理學家並不需要因此而認定這個*analogia entis*(實存的類比)：就是在於人的結構、神的本質和基督的位格之間的類比關係。不過，我要提醒讀者的是：在某些哲學脈絡下，譬如極端的位格論(personalism)、士林哲學，和某些形式的諾斯替派思想中，會強調小宇宙和大宇宙在結構上的同一性，於是他們就會應用這種實存的類比，來以人的自我體驗而肯認神的本質。在心理學家之中有一個例子就是榮格[37]，他對於神的沉思使他能逐漸解決自己的內心衝突，因爲他是緣此才能對於無意識中的奮鬥稍有覺察的。

對於這組平行關係——在人類體驗的動機與假定的神聖者之動機、情感和目的之間的——仔細觀察之後，可以用來確認佛洛依德的懷疑：大多數宗教的思想和意象乃是由人類自己的內在體驗投射到一些外在對象而形成，不論這對象是眞的或是想像的。尤其是當

37 C. G. Jung, *Answer to Job,* trans. R. F. C. Hull (London: Routledge & Kegan Paul, 1954).

這三種贖罪的模型都是興起於基督教中的很長一段時期，而那段時期的思想，坦白說，就是超自然主義思維(而這是從平信徒到神學家都共享的思維方式)，會自然產生「天上有個老人」的神意象，所以投射的假設首先很有力地解釋了神的意念是如何產生的，其次才經由神學的整合來轉變成教義，但仍然保持著神話的(乃至是自閉的)前提。此一假設的另一面則是說：所有這類思想都是一種錯覺——而佛洛依德對於這個字眼給了個帶有非常特別專技含意的說法：「是人類最古老、最頑強和堅持的願望之滿足；而其強度的秘密即在於這個願望的強度上。」

我們知道，某種的超自然主義本就是一直持續滲透到許許多多的平常信徒之中的，而既然佛洛依德對此的心理學詮釋在一定程度上是有效的，那麼我們就不禁會想要再問：關於一些贖罪教義的傳播和心理健康會有什麼關係？乍一看下，我們也許會覺得這樣說是正當的：既然每一種贖罪的象徵都只是人類體驗的一個面向而已，那我們何不把這三種模型平均結合在一起，來增加它們有益的豐富性？想要得其利而拒其弊，很可能不但只會導致宗教發展的阻滯，並造成其系統上封閉的思想，而且也會過度刺激某些情感，最終只會導致他們的無暇他顧，甚至最糟的可能是強迫症，而帶來極爲病態的後果。譬如說，你可以想像那解決不了的罪疚感會使人鞭撻自身、自我閹割、自殺或去殉教；你也可以看到某些個人或團體帶著長期的慢性羞恥感和不足感；或是對於邪魔來侵、迫害、惡鬼上身的妄想，導致集體瘋狂地進行獵巫行動，或是殘酷無比的宗教審判。確實的，任何人只要曾經知曉這些歷史性的心理疾病，或是當代某些地區所散布的宗教性心理疾病，必然了解事情就會這樣發生，或至少是一陣一陣地發生。

不過，除了知道贖罪理論有這麼強的存活率之外，更重要的是要承認每一種象徵體系對於各種相關的教義、宗教實踐，以及虔信者學到的體驗會造成多大的衝擊，即使不透過語言上的教導，而只是經由緩慢的滲透。因爲沿著每一種特殊的贖罪觀點，都會有某種經過選擇而實際的強調，環繞著基督生命的各個面向而進行，譬如他的誕生、教訓、神蹟、言說、受難、死亡、復活、升天或*parousia*(再臨)。而在其結果中還有更進一步選擇性的強調，放在某些聖事週期的細節上，或對於某一聖儀的特殊詮釋上，尤其是對於聖餐的種種元素。在這些林林總總之間，一個信徒到底要特別認同什麼？他究竟是該歡慶聖誕，還是逾越節？甚至根本該不該慶祝耶穌受難日？確實的，這些歡慶到底是在歡喜什麼？他是否可承受對於五旬節的忽視，或能准許自己對它過度強調？在復活節有什麼特別的情感是需要強調的？聖餐禮當中的各個元素對於當今的信徒而言究竟是意謂什麼？那紅酒所象徵的到底是濺出來的鮮血？是一陣混亂的刑罰和殘暴的攻擊？或是新生命，溫和的餵食，以及豐盛的生機？或許等於是爲承諾的新誓約而簽章？教義對於這些問題所能給的答案，和一個人自己的邏輯敏銳度或對於眞理的掌握相比，其相關性實在太低，也比不上一整批串聯在一起的心理學、社會學、經濟學、神學、教派和意識型態的因素所決定了的個人具體宗教認同。這種相關性的力道大小，是取決於每一位信仰者一直浸潤著的那整團象徵體系所環繞而既定的贖罪母題。

從我們聚焦於贖罪議題至今，我們還漏掉了一個更基本的道成肉身觀念。*Cur Deus Homo*——神爲何要變成人？或是：爲什麼需要一個「神人」？我們已經了解：贖罪主題就是一套象徵體系，人們透過這套象徵體系而證實他們自身的認同，但這條途徑是改道行駛而經由神與人的形象來思考的。贖罪的母題會進一步引出道成肉身的假定嗎？或者道成肉身是一個獨立的觀念，只爲它本身而存在，但它會發生在一個特別的生命中，並帶來不可預見的後果？

比較宗教學者常會指出：在宗教史上，拿撒勒人耶穌並不是道成肉身的唯一案例。神會隱密其神性，裝得像普通人一樣微服行走於人間，這個觀念古已有之。神話式的想像幾乎是無所不能，只要那願望夠強烈的話。人可以很自由地變成神，神也一樣會自由地變成人。這種*metamorphosis*(變形觀)是拉丁詩人奧維德(Ovid)詩作的主要題材。任何一個不尋常的人都可以成爲奧秘性的載具：國王、先知，乃至瘋人和癲癇患者。整個部落都可以自認是從神界降臨到世間。索德卜洛(Soederblom)[38]認爲基督教的道成肉身觀念之所以特別，是因爲它「只限於一個神成爲肉身」。我們可以加上一句說：是在一神教概念之下的單獨一神。

我們目前的興趣並不在於特別說明道成肉身機制與過程的附屬教義，譬如有天使報喜和童貞女生下耶穌。我們所關切的只在於基督教的道成肉身觀念如何成爲人們對於自身之情感與思想的喻示，以及他們和他們所崇拜的神之關係的喻示。即令我們只作這麼狹窄的聚焦，你還是得念茲在茲地想：在耶穌隨身門徒那裡所開始的觀念，和後代人經過象徵的教導而成形、而教條化、而體制化之後的觀念，這兩者之間的差異何在？這種差異之大，實有如創作藝術家和藝術愛好者之間的差異。

我們可以先肯定有一個神，他已經被崇拜爲萬物的創造者，已

---

38 N. Soederblom, "Introductory Article on Incarnation," in J. Hastings (ed.) *Encyclopedia of Religion and Ethics,* VII (New York: Charles Scribner's Sons, 1955), pp. 183-184.

經被一個民族尊奉爲立有誓約的神聖夥伴，而且被人民敬之若父，知道他從人到麻雀都一概賦予關切，那爲什麼在此之外還需要從自然的力量，或從神秘的知識中，獲得更多的安全保障？神的地位是由他自己自指的原初之「是」(*is*ness)而安立的——他說「我是自有永有者。」(I am that I am.)他的言說已經深嵌在律法與先知的言說之中。他和人的關係已經如此親密，而致能知道每一個人的最深之處，如心靈、如臟腑。他的意志與關切都已經在人類的歷史事件中一一展開。服事他的機構都已經建立：宗教生活都已經組織了起來，僧侶與教士也都各盡其職，還有數不盡的文獻對他極力頌讚。

在如此的知識之下，你可以試作猜測：是什麼理由讓人還再需要別的，或不同的？如果神聖的超越性已經被強調到超過了心理的距離，那麼人就會開始渴望更親密的關係。如果神聖的自我揭秘還是讓人覺得模糊得有如謎團，那麼人就會要求更進一步的清晰性。如果神聖的言說過於理性，或甚至太高調，那麼人就會渴求更帶感情的展示。如果是太抽象，或標舉了太高的倫理目標，那麼人就會要求有個具體的實例。如果他的言說聽起來太多禁制、太過嚴峻，那麼人就會要求他給出恩寵的證據。如果他太強調自己的父親角色，那麼人就會想到人子的角色是否也應被充分地放入考慮。如果人的兒子們互相起了爭執，那麼有些人就會問說，誰才是「眞的」兒子。如果神聖的父親變成了高高在上的管理者，那麼人的後代子孫就會寧可來認個更有生命力的父親。如果人子們覺得他們的聲音已經進不到父親的耳朵裡，他們就會找出一個特別的人來當代表，去爲他們作仲介；附帶於此的觀念乃是：那個代表本身也具有神的使者身分。

我們也可以從一個認知的問題來開始：眞理究竟是什麼？在這

問題背後可能散布著很多需要除魅的古典答案，譬如：眞理乃在概念中；眞理即是遵守規則；眞理是鐫刻在大理石碑上，或寫在法典及其注解中；眞理就是知曉神聖的意志；或眞理即是神諭。對於那些曾受理性主義和精巧的邏輯所除魅過的人來說，如果仍要尋求眞理的話，他們可能會得到一種見識，那就是：眞理乃是指人！眞理是一種存在的姿態，一種過生活的方式，一種投入的行動。這個立場的附帶命題則是：眞理的語言不可能只是指示性或分析性的，而是必須帶著信念。信念的言說之中帶有生命和創意。事實上，希伯來的創造神話中就有這麼一位創造者，他把萬物創出，所憑的僅僅是這樣的言說，有信念的言說，也同時肯定一切事物皆爲善。而在那場道成肉身的短暫生命之戲劇性發展的末端，沒有什麼是比皮拉多(Pilate)的問題更爲巧妙的戲外戲，因爲其中傳出的回音正是任何虔誠的追求者最想問的問題。

接下來還有權力(力量)的問題。如果偉大的力量本身就是奧秘(如同所有的宗教似乎都以爲然)；還有，如果這力量會從自然轉置而爲位格神(如同在猶太教)，那麼你可能會開始懷疑：是不是有任何力量恰切就是屬人的？這不是說什麼特殊的人類，有如國王、僧侶或先知之類的，而就是普普通通的、沒什麼特別的人。就算他被告知說他是天父之子，難道他不會覺得他最多只是個二流的兒子，因爲這世界上的強權早已把神聖的力量占爲己有？難道這所謂「人子」的身分早已經變成個空洞的詞彙？有沒有任何人願意拾起棍棒來保護圖騰柱最下層的低賤人？或說，如果這不是要去展開一場戰鬥的問題，那麼他是不是仍能對自己有好的感覺？若果如此，那他應該完全對他的超我言聽計從嗎——就是嚴格服從他所習得的一切規則和價值？他是否有可能因爲感覺到：他就是個擁有自身認同、有個能夠發揮功能的自我(ego)，還有某程度上的自主性，因此而感到自己的熱忱、有勁、驕傲和快樂？

我們可以相信所有上述這些母題，或其中任一個，都可能扮演某種角色，來產生對於神人的渴望，也可能繼續持守著這個道成肉身的觀念，一旦這種思想能夠達到完成之境，並且也能傳遞到歷史事實之上。要達到這種思想境界，在兩千年前是很容易的，因爲當時有各種各樣與此相似且生機盎然的前導思想存在於地中海及其東岸的文明中。到了現在，要產生這種思想，以及找到同情的聆聽者，都極爲困難。但從另一方面來說，對於當代的個人，卻很容易把道成肉身的觀念理解爲既傳統又仍存活的象徵，而可以去思索它可能的種種意義。

但不論我們想的是兩千年前或是當下的處境，最顯然可見的是在道成肉身的象徵之中，人會把他自己作爲人子的角色投射於這張已經以「父親」影像爲底色的螢幕上。這就會把原初的「父親」形象修飾成爲「生父」——他既表現了他的生育力，也展現了他生產新鮮事物的能力。而這同時也把「父親」的語言修飾爲人的語言：他現在講的話就是像你我這麼具體的人話。言說就是人，而人就是言說。更且，這個人會很一致地把「父親」稱爲**他的**父親，而他自己就是那父之子；但既然「兒子」[38a]也是神聖的，所以整套語言就會變成父親言說與父親之被提及，以及兒子言說與兒子之被提及。「兒子」也堅持權力已經被重新分配：「天國就在你裡面。」他堅認力量本身的善良，因爲它更新與再創一切，而其方式是原有

38a 【譯注】原文中的「兒子」確實是用“son”，但我們有理由相信作者在此段所發的質問應該包含所有的「孩子」——sons and daughters——只是在1960年代的著作一向還沒有如同今日這般清楚的性別意識。

的最高權力者所從未夢想過的。古老的*imago Dei*(神的形象)既已變得模糊也已逐漸退到邊緣，現在所要重建的就不再是讓他吸收更多的超我規則，而是豎立一個自我(ego)的認同，一塊許可和欣賞的徽章。這就是愛仁紐的意思——他這樣寫道：

> ……我們的主耶穌基督透過**他**超越的愛而變成了我們之所是，而**他**也可能把我們帶向**他自己**之所是。[39]

愛仁紐寫的這些話是針對他當時的叛教者，他認爲那些人是被他們的哲學與道德藩籬而把簡單的事情搞混。他覺得那些人因此而迷失了道成肉身的要點：那是一種透過愛而產生的觀點——那是質變中的自己(self in transformation)，也是更新的自己(self renewed)。

我們到目前爲止設法要區別的是神聖贖罪的觀念和道成肉身的觀念，但也試圖爲兩者找到自主性的心理學解釋。但其中的分別是有點人爲的，不論就歷史或就心理學而言。在基督教的案例中，贖罪與道成肉身是並肩而行的，其中之一就是另一者的明證。但贖罪的效果必須仰賴著道成肉身之中的生機，以及其中的基進實在論(radical realism)，以此來肯定其中的雙本質弔詭(two-nature paradox)：亦即一個神人，既是個整全的神，也是個完整的人。這兩種教義之間是相互依存的，但道成肉身要放在邊緣的位置上，這樣一來就會和人的內心情境及其複雜的內在關係形成了恰切的類比。我們對於內心結構可以直接接觸的只有自我的部分。要走向超

39　Irenaeus, "Against Heresies,"引自W. Walker, *A History of the Christian Church,* revised C. C. Richardson, W. Pauck, and R. T. Handy (New York: Charles Scribner's Sons, 1959), p. 63.

我、自我理想和「它」的通路，都只能經由自我的感知、情感和行動來迂迴達成。在我們最後的分析之中，這就意謂自我的熱忱和有效的功能乃是健康和人格整全的量尺。當一個人具有積極的自尊而沒有不當的自戀時，還有當一個人的自由是因自主的自我功能而得以擴大的，那麼他就已經獲得了努力的成果，也達到了某種的成熟。我們所說的那三種贖罪模型都會自行以不同風格而忙著出現，並且就是針對著三種內心結構，而自我就必須去分頭應付：超我、自我理想以及「它」。它們要在一起處理的乃是罪疚、羞恥和焦慮。道成肉身的模型就直接在自我最緊要的行動向度上生效：其所產生的新角色乃是父親和兒子們都可以歡歡喜喜地在一起。

第十一章　一些不斷重現的難題
Some Perennial Problems

對宗教下定義的困難

在這本書裡，我們從頭到尾都一直在使用「宗教」這個語詞，而未曾給它下過任何定義。這種隨意的態度也許是時代的一個徵候，因爲在半世紀以前，當一些重要的宗教心理學被筆之於書時，有很多的努力是放在爲宗教下個能令人滿意的定義，而那些作者也相信任何人如果要談「什麼什麼」的心理學時，就必須要有能力對他所探究的領域下個堅實的定義。在這脈絡下，柳巴[1]於1912年就討論了不下於四十八個不同的定義，還加上他自己的幾個。在另一方面，詹姆斯就只縝密地強調一個定義：「對於一個不可見秩序的信仰」[2]，這種反應就是由他開始表現在他那輝煌的《宗教經驗之種種》一書中。

即令是奉姆(Ferm)所編的那本簡短而不造作的《宗教百科全

1　J. H. Leuba, *The Psychological Study of Religion: Its Origin, Its Function, Its Future* (New York: Macmillan, 1912).

2　W. James, *The Varieties of Religious Experience* (London: Longmans, Green & Co., 1945), pp. 58 ff.

書》(*Encyclopedia of Religion*)[3] 也包含著成串的各類定義，但他在這條目的開頭之處，就寫了很有批判性的導言：「宗教一詞係屬於一大類的普通用語，用在平常的溝通之中似乎都能爲人接受，但一經仔細檢視，就會發現它承受不住準確的意義。」同樣的情形也可用來形容「藝術」。美學的理論和美感的定義多得不得了，但對於想爲「藝術」領域劃清研究界線的學生來說，也是無甚幫助。說實在的，使用空間的語詞像是「領域」和「界線」本來就是不足的，因爲藝術和宗教都不是什麼疆域之類的事情。攝影術中的用詞「聚焦」會比較好，因爲它除了指向清晰的中心點之外，也留了很多空間給模糊的邊緣，因此才能有足夠而必要的不清晰性，出現在「同一張圖像」之中。

我們的整個知識取徑是觀點論的(perspectival)，不只是說我們所使用的心理學，也涉及本書所處理的題材：宗教。我們把宗教視爲對事物的一種觀點，或某種對於世界和所有的現實界的觀看方式，包括看我們自己。再說一次：我們所看的乃是從心理學觀點來觀看起於宗教觀點的現象(包括宗教看待事物的方式)。我們因此可說是在處理觀點的觀點。此外，我們研究心理學的人有時會看到和宗教人所見的同一件事，因爲相同的現象確實會同時存在於兩種觀點之下。這樣的用心之所以能算數，是因爲其中含有一種能力，一方面能讓自己認同於宗教觀點，以便能「用宗教人的看法來看待事物」，另方面又能肯定宗教信仰只恰切屬於宗教人，而不等於心理學的觀點。移情(empathy)[4]、同情(sympathy)、反情(antipathy，即

3 *An Encyclopedia of Religion,* ed. V. Ferm (New York: The Philosophical Library, 1945), pp. 646-647.

4 【譯注】“empathy”一詞在台灣的心理學界常被譯爲「同理心」，但此

冷漠無情)並不意指把另一個人的觀點或處境全盤接收過來——它們只能表示局部的、暫時的，以及有一點點遊戲式的認同。

我們剛剛用了「遊戲式的」一詞，其實是個很要緊的字眼。它潛藏在我們的用心之中，並且帶著許多很有意思的含意。其中最明顯的一個乃是：我把科學思想視爲訓練與修補之有趣的結合，在其中，人可以玩出很多「宛若如此」的遊戲。宗教的心理學或社會學可以和宗教玩耍，也時而修補它一下，再好奇地看看它，不只是從局外人的角度，也能從圈內人的角度，因爲心理學家或社會學家都可以用宗教的態度和他們所研究的對象「兜著玩」。他可以隨意進出於戲局，只要他自己曉得他每次都是在依從不同的遊戲規則。

第二個含意是說：這種夾雜著好奇心與樂趣的演練會帶來某種的滿足，它本身就是一種愉悅，而這大部分是由於它的開放性使然。科學的用心從來都不是要完成什麼。一次前進一小步即足矣，而就算是這一小步，你還是要在其中反覆以懷疑爲樂——好玩的懷疑。因爲科學和幽默及開心都有密切關係。事實上，如果科學變得過於嚴肅，那就會出現冥思、儀式化和神職化的危險。簡言之，它就變成宗教了。說到這裡，我們就可引入「遊戲」的第三個含意。

(續)

詞最早作爲一個美學詞彙被翻譯成「移情」，是出現在朱光潛，《文藝心理學》(台北：台灣開明，1946/1967)中。我們一方面要尊重前輩的用心，另方面，在字面上，也是「移情」比「同理心」更接近原文的意思。另外要提醒讀者的是：很不幸的，坊間有些精神分析著作的漢語譯本把「移情」拿來翻譯“transference”，即本書中譯爲「傳移」者(見第九章，注28)。這些翻譯用語之間的淆亂現象是漢語讀者們的共業，譯者在此只好用提醒的聲明來爲此消除業障了。

宗教有一個顯著的特點，就在於它的嚴肅性。不管宗教是被定義爲信仰、行爲、情感或態度——宗教的信仰是嚴肅的信仰，宗教的行爲是嚴肅的行爲，宗教的情感是嚴肅的情感，而宗教的態度是嚴肅的態度。它要處理的是嚴肅的事情，譬如現實界的本質是什麼，以及它爲什麼會是這樣。它要處理的是嚴肅的問題，譬如生與死的意義，爲何會有邪惡、痛苦與災難，以及人怎樣才可從其中脫離。它處理的是嚴肅的課題，譬如生活該怎麼過，人要扛的是什麼責任，還有，人可以有權於什麼和多少的享樂。宗教的嚴肅性倒也不一定是沉重、悲哀和陰鬱的，雖然它通常都會帶有這樣的情感色調。更準確地說，這嚴肅性應該是意味著極高的關切，極深的投入，及很在乎的態度，或像田立克的說法：「是人格的中心行動。」即令在強調著喜樂和希望，這也是在嚴肅中的考量，以有別於輕浮或恣意開心。假若可以把幽默加入宗教的架構(當然幽默不是宗教最顯著的特色)，它很快就會轉變爲一種神聖的幽默，就是神有時也會有莞爾或善意的微笑，但絕不是開懷大笑。你可以取悅他、調侃他，但不可以開他的玩笑。

我常覺得對於佛洛依德寫的這一段話頗爲偏愛，這是出於他的《一個錯覺的未來》一書：

> 論者們總是把能在面對宇宙時自承是個無意義且無能之物的人視爲「深切的宗教者」。然而這種感覺並不構成宗教情緒的精髓，反倒是它的下一步，即針對此感覺會採取的反應，也就是會爲此感覺而尋求救濟的才是。但凡不肯踏上這一步的人，也就是甘心謙卑地默認人在宇宙中之無意義地位的人，才相反地——以該名稱眞正的意義而言——

是個非宗教者。[5]

這才是對的：宗教並不只是衡量人在自然中的地位，而是會去尋求救濟。診斷(diagnosis)所關切的乃是要建立起改變的機制，而其最好的後果乃是治癒。只有診斷就會停留在*gnosis*(知)之中，以此而言，則指示性的語言就綽綽有餘了。但若是要尋求救濟，那就需要緊急的尋找，而要建立改變的機制，則需要嚴肅的投入；這兩者都必然後隨著一種祈使的語法或假設的語氣。它會帶出的語句應像是這樣：「你現在必須……」，「但願我是……」，「那會很好的，如果能夠……」，「能不能就讓它變成……」等等。在面對宇宙時的那種無意義感和無能感，乃是需要以激切的行動來加以掃除的。它所需要的救濟，以佛洛依德原用的德文來說，乃是一種*Abhilfe*(此字是預設人在喊著「救命！」)。要默認一種處境時用的語句是：「事情本即如此。」但要求救或尋求援助時，乃意謂該處境被認定是個困境：「事情不該這樣！」或「幫我找個出路吧！」救助的工作確是嚴肅的工作，無論就施救者或被救者而言皆然。

有些人會不同意佛洛依德的區分，而認為「謙卑默認」也是一種宗教態度。事實上，佛洛依德選用的德文詞彙是*demütig*(翻成英文就變成比較扁平的「謙卑」)，它的意思並未免除虔敬的言外之意。它甚至還跟斯多亞學派(Stoic)的哲學精神頗有親屬淵源，而斯多亞主義正好就坐落在一個完美的交界地帶，人們在後世還不斷爭論它究竟是應屬於宗教、哲學或是倫理學。很明顯的事實是：佛洛

5　S. Freud, *The Future of an Illusion,* trans. W. D. Robson-Scott (Garden City, N.Y.: Doubleday & Co., n.d.), pp. 56-51.

依德本人並不把它視爲宗教，所以當他以此而把自己抽身在任何宗教的姿態之外時，他對於宗教和哲學之分野的判斷和很多專家的判斷是很能相符的。

在前面幾章中，我們一直苦苦地不要讓宗教的認定落入任何單一的面向。我們對於宗教的知識取徑是相當寬廣的，也就是不要讓不當的強調只放到密契主義、皈依(或改宗)、儀式、禱告，或神的觀念之上，而這些都有可能成爲宗教心理學中某一本書的書名，或是標準的篇章標題。的確，有些讀者可能會覺得這些題目都只被輕輕帶過，因爲它們每一個都早已存在於我們徵引過的那些汗牛充棟的文獻中。每一個題目都可能受過更深入、更細緻的處理，而且也必定曾經被拿出來呈現，如果其目的是要產生一本很權威的教科書，把整套宗教心理學知識都合併進來的話。我們也沒有把宗教等同於任何一種特殊的心理歷程，雖然它確然在其中扮演了一定的角色，譬如：思維、情感、意志、信仰或價值。在這方面也一樣會有些讀者希望我們把宗教處理到更多的細節中，譬如信仰、實踐，或甚至世界觀。它們也指向極特別的一大套文獻，早已論及以上每一個題目，並都會要求我們能將它們納入考量。

我有好幾個理由，選擇了不同的路線。首先我必須引述詹姆斯《宗教經驗》書中的這句話：

> 雖然有些人所瞄準的是知識的純度和簡潔性，然而其他人要的則是豐富性，且要其中充滿超高的想像和要求。[6]

6 James, *The Varieties of Religious Experience*, p. 449.

我讓自己留給讀者去判斷，看看我是屬於詹姆斯認知分類中的第一類或是第二類，但我自己清楚意識到，我的目標是朝向豐富性而不是純潔性的。這樣做其實對於宗教的操作定義是有一定含意的，而我已將它表現在全書的字裡行間了：它已經包含太廣、納入太多，遠超過一個純度論者的要求。這是一種品味的問題，不論是天生的還是後天習得的，更且，這是會隨著該生命階段中有興趣的題材而發生變化的。其次，關於宗教定義的困難，我還使用了一個母題，是以下這段古迪那夫所說的話所表現的：

> 那些自認他們已經非常清楚了解宗教「是」什麼的人，不論是要贊成或不贊成，似乎都很少承認這個字眼即令是在合法的指示之中，它對於人類生活中所指的面向到底已有何等驚人的差異。所以，我們對於宗教的最佳接近之道，應是進入人們所稱爲宗教心靈的各種體驗之中，而不是我們認爲理想上應該如何稱其名。[7]

這樣的聲明所賴者，只是普通家常話中所用的「宗教」，但在它所指的林林總總現象中，我們挑選了我們有興趣的部分來談。這樣做並非出於幼稚天眞，也不是不負責任，而是根據精思細量的知識以及學術上的細膩要求。把「宗教」一詞用來指定義嚴謹的概念是一回事；但若要對人們主觀宣稱並肯認的這個或那個宗教體驗稍微敏感些，那又是另一回事了。前一種態度所冒的危險是會變得教

7　E. R. Goodenough, *The Psychology of Religious Experiences* (New York: Basic Books, 1965), p. 2.

條化，後一種則是變得鬆弛且無紀律。前一種態度比較是非經驗性的，但無疑是比後一種要乾淨整潔得多。再者，在操作上，前者比較會有排斥性，而後者則有較高的包含性。這些選擇反正都是無法避免的，故只要在理性的基礎上，和自己的目標維持著共量性的關係，才是最要緊的。

第三點，你也得要把用語的問題納入歷史變遷的考量：一個詞彙究竟是個專技的用詞，或只是個通俗的用法。昨日的巫術變成今日的宗教。今日的宗教可能變成明日的偶像崇拜。昨日的離經叛道可能成爲今日的正統。「原始宗教」在史前的意義用來詮釋今日美國的「原始教派」時顯然並不合適。這些考慮的結果之一，就是對於「宗教」這個用詞的定義必須是在時代特殊性以及文化特殊性的脈絡下才行得通，如果你眞是希望做到純淨準確的話。但反過來說，這也可能會使得發展的觀點變成一團糊，而這是在宗教的生命史上不可或缺的考慮。

我的第四個導引乃是認識到：宗教既是隱私的，也是公開的；既是個人的，也是機構體制的；既在於主體，也在於對象的。宗教不只是個人深處親密的情感，或只是個人癖好的信仰。它具有可見的機能，呈現在建築物、書籍、學校、組織、節慶假日、道具、藝術作品，以及在大傳媒體上有它自己的節目。在大學裡它也有專屬的科系、學位，以及浩如煙海的學術研究。它有中心正統體幹，也有一些比較自由派的羽翼。它有無以數記的圖書館藏。所有這些特色都應加入考慮，才能形成一個有用的宗教定義。還有，不論如何，宗教的隱私面和公開面之區分並不與心理學、社會學的區分相符。因此，宗教心理學不能自限在宗教體驗的私己面向中，譬如孤獨的禱告和密契的時刻，而是必須掌握一些公共的現象，譬如：神學論述和典禮儀式。宗教現象之一切專有的、可見的和幾乎可觸的呈現，都必須收入宗教心理學的視野之中。所以我會有意地避免過於強調宗教的**體驗**，因爲這個語詞暗示了人只專注於私己而遺漏了宗教的集體面向。私己的「體驗」這個字眼，過去一直被層層保護著，用來指明心理學和宗教之接觸的唯一合法管道，以便有別於客觀集體的現象，譬如聖典內容和教會生活。這個語詞也曾經從19-20世紀初極受偏愛地用來描述宗教的本質所在。這有一部分是來自士萊馬赫的遺產，並且形成了浪漫學派的大潮。很多事情在那之後就對宗教本身的定義發生了改變，尤其值得注意的是基督新教，而其中至少是指它們對於宗教生活之集體面向的概念是愈來愈欣賞。

第五點，要爲宗教找出簡便的語詞定義，看來雖然令人絕望，但這並不意謂宗教會向混亂投降。人可以在一個傳統之內謹守著它所隱含或明示的說法，或它自身所選擇的焦點而工作。在有些思想學派中，某種整全的觀念正逐漸接合起來。我雖然不宣稱自己是哪個學派的成員，但在這段路途中，我心裡明白我是靠近哪些信念，並且也變得忠心於其中幾個有領導性的觀念。這些就是我現在要加以表明的，以便顯現我自己的思想來自何處，以及將往何處而去。

幾個偉大觀念的遺產

在接近於《宗教經驗之種種》的結論之處，詹姆斯再次考慮了他在該書中已經處理得很好的主題，那就是說：有千千萬萬的人所過的生活宛如他們是有「某些多於」[8] 尋常感覺的材料。他們甚至

8　James, *The Varieties of Religious Experience*, p. 502.

相信這種「多於」是客觀存在的，並且，人可以與之融合，這就是他的偉大主題。他問道：這是否可以特別地辨認爲某一神祇，譬如耶和華？但他認爲，更有智慧的想法是維持著廣闊周延，而避免對某一特殊信仰團體過於盲信。他把這「多於」區分出**彼處**和**此處**的兩面，然後建議道：「在宗教體驗中，我們覺得與自己有所相連的這『多於』，從此處來講，乃是我們的意識生活之潛意識(subconscious)[9] 的延續。」他所看見的「潛意識自己」乃是在神學與科學之間的概念橋梁。對於像詹姆斯這樣的科學家來說，潛意識是已經成立的事實，可以禁得起進一步的科學探究；對於神學家呢，他論道：這個事實也會滿足他們對於宗教人是受到外力所感動的主張。因爲潛意識確實會產生客觀上的顯現，而詹姆斯在他的書中已經竭力加以描述了。是否有可能從意識的門檻更向外踏出一步而到達那「多於」的彼處呢？詹姆斯就暗示道：這一步正是那過度信仰者才會踏出的：那些有過起信、改宗經驗以及有過密契狀態的人所報告的，正是那「多於」的彼處，也是那短暫的接觸把他們有限的自己連到了無限之境。但詹姆斯也坦率地敘述了他自己的過度信仰狀態，並且還加上自我調侃的一句，說即使有此，對於他的某些宗教聽眾來說，這些體驗聽起來還是「令人遺憾的低度信仰」哩！

詹姆斯所堅持的周延觀念，譬如那「多於」及其此處與彼處面向，以及他用及潛意識心靈來作爲意識心靈之有延續性卻仍能令人感到「客觀」(我們現在會說是自我異化或外在化)的說明，乃是天

9　【譯注】詹姆斯確實是比佛洛依德更早使用了「潛意識」這概念，但在他的原文中就是用“subconscious”，而不是當今許多佛洛依德的譯者們所用的“unconscious”(無意識)。

才的一筆。除了他那具有作家的文采，以及他也很得體地使用的許多研究案例之外，他搭起一座概念的橋梁，好讓進一步的探險可以緣此而步入那不可見的現實之中。這個通道乃是個漂亮而有用的意象，因爲它結合了連續性和不連續性。你可以把它打開或關上，門面大開或半開半掩，給它加栓加鎖，或讓它輕推即開。在詹姆斯之後多年，赫胥黎也說到「感知之門」，而用藥上癮者則很貼切地說這是個「(魂遊的)旅程」，不論好壞，那就是他們所顯示的現實之「彼處」的面貌，很有趣地把事情同時感覺成既是內在也是外在的。

但「多於」是個表示欠缺的字眼；它的意思不只是說「可能還有更多」，而更是說「人們就是要更多」。是不是在這門檻的一邊有豐饒，另一邊則是荒瘠？這些資源可以重新分配嗎？那麼它要動用什麼經濟原則呢？是不是透過熵態原理，讓豐饒的一邊向荒瘠的一邊吐出，或是下層階級徒然望著富有者益發富有？而那扇門到底是開向哪一邊？它的鉸鏈和門鎖是怎麼設計的？是在此處還是在彼處？

士萊馬赫對於人之需要神是這般強調，他說那是人出生即帶來的原初依賴感，以致對某些人來說，所謂神聖的現實最多不過是個二流的現實，乃至是個虛假的現實，是爲反應人的感覺強度而捏造出來的。而費爾巴赫還更進一步說：神就是以人的形象而造的。爲了回應這樣的問題和觀念，奧圖的作品就像一座紀念碑般出現了。《神聖的觀念》一書我們在本文中曾多次引述，它變成了一個方法論上的典範。如果「神聖」是個原初而不可化約的體驗範疇，且它恰好是詹姆斯所謂「某些多於」現實之中某面向之一屬性，那麼，透過精細的現象學研究，將可對於原始材料達成兩條平行的理解系列。其中之一系列會描述「神聖」這一觀念所包含的所有精深性質，而在特有的揭露之下，「神聖」就會自行顯現出來。另一系列所要描述的乃是一組對於「神聖」之敬畏態度的精微細節，而其揭露的方式則是透過宗教的情感、語言及實踐。構成「神聖」的各方力距(moments)及其所對應的人類體驗，是相互依存、交互預設的。士萊馬赫所謂的「無物之感」(feeling of nothingness)並不是指孤立的無物，而是相對於和那能被人感知的「多出的某物」之間的關係。體驗中的神秘性質後來變成了奧秘，這並不是什麼邏輯謎題或科學難題，只要用現成的解題之法就可使之消失的，而是根本內在地被體驗爲既是對象，又是主體構設之物，而其相關地引發的情感，也是根本內在地被體驗爲反應性的。奧圖在他後續的知識論和本體論假定中都表現得很謹慎。像他這般堅信「神聖」的觀念與敬畏的情懷乃是人類的原初能力，他也贊同其中有很多都是受到體驗的刺激而作動起來的，譬如有機體當中任何功能的*Anlage*(培植)一樣。

奧圖還作出一些其他極爲重要的觀念，使他能成爲**現代的**、心理學上敏感的世紀思想家。他把奧秘從只投資於愉悅、積極的情感狀態中解救出來。作爲神秘而言，奧秘的神秘乃是同時具有*tremendum*(巍然可畏)和*fascinans*(令人著迷)這兩面。它常同時引發顫怖和欽羨。它同時既吸引又排斥。它引人獻身又害怕。它點滴灌入畏懼和信靠。它既危險又能撫慰。它開啓了敬畏與至福。更且，奧圖還申論道：在宗教的起源之處，比較顯著的其實是*tremendum*，而其尺度逐漸被縮短，以利於*fascinans*的發展。從敬畏到信靠之間可是好大一步的距離，或從怒之神到愛之神的距離也一樣。敬畏作爲動力的核心是持續存在的，無論後來加上的是什麼修飾。只要「神聖」維持著其神秘性，那它就是*tremendum*。一旦它失去了神秘性，它也就不再是神聖了，只空留下一個概念或一種理性的見解而已。力量永遠是神聖之中的精髓，因爲神聖不是概念而是象徵，其中充滿著能量。

在奧圖的作品中，那扇門的裝法好像是從遙遠的彼處向著此處而張開。因爲彼處好像才是力量的偉大資源，並且它會以其意志而自行開顯。但那扇門也可以從此處推開，因爲在人原初的敬畏之情中就擁有開門的鑰匙，即令是很小的一把。如同奧圖所說的，人秉具著一種**天分**，能讓自己跟奧秘發生關係[10]，而雖然他只是以一個受造物的身分來行動，力量微渺又帶著依賴，他在這過程中仍不完全只是被動的。事實上，那種天分在某些人身上有時甚至會帶有驅力的強度！只不過人較常從事的乃是在門邊的其他活動：他也許更關切的是他的門被關著，而不是開著。因爲那*tremendum*實在太強大，所以人只能感覺到被撲天蓋地的力量所籠罩。爲了自保的緣故，那扇門必須要關好，可能的話更要從此處這邊將它緊緊鎖牢。

奧圖是用「掩護」(*Bedeckung*)來表示一個人在未受保護、未加武裝之下，不敢去面對「神聖」。在俗世之中不想自找麻煩，就無緣遇上神聖。我們在上一章中已經碰過那種把自己蓋住的姿態，作爲羞恥的表現，或對於暴現的恐懼。在「神聖」之前，人要蓋住自己的臉。在獻身的儀式上，或在使用「恩典的途徑」時，就有這種象徵性的掩護，外加著一種信念，就是掩護乃由神聖者本身所施

10 R. Otto, *The Idea of the Holy,* trans. J. W. Harvey (London: Oxford University Press, 1928), pp. 119 ff. 關於奧秘體驗的「天分」這概念，在德文版的pp. 140 ff. 表達得更清楚。(1936年修訂版：*Das Heilige*, 23-25 Auflage. München: C. H. Beck'sche Verlagsbuchhandlung.)

予。

掩護的觀念和門的意象比起來，可能更像是個幸福的喻示。它是由另一位作者所使用，而我們在本書中也經常引述他，那就是古迪那夫。一方面有來自奧圖的知識，古迪那夫擷取了保護性的掩蓋觀念；另方面又由於接受了佛洛依德心理學的影響，他就將兩者加在一起，以下述的方式而獲得增益：

> 人在他自身和*tremendum*之間蓋上一些屏幕，然後就在這些屏幕上投射了一些關於他如何來到世上的說明，或超過人類力量的神聖圖像，或是某種能夠控制宇宙和人類的存有，以及有關道德、行爲和儀式的規條，這樣才能爲他帶來恩寵而不是災禍。而世上到處的人就這樣用著宗教，來保護自己。[11]

我認爲這是一幅非常得當的圖像。遮蓋的屏幕有兩種用途：一是作爲保護的毯子，一是用作投射的螢幕。這是把東方宗教中扮演巨大角色的古老意象加以修飾而成的：有一大張的帷幕遮住了神聖的神秘，而這是意味著：神不能夠，或還不能完全地顯現他自己。這張帷幕乃是一件神聖的布袍用來包住秘密；或是一塊毛毯，作爲人類自保的工具。帷幕指的是隱藏，而毯子則是安全。但除了作爲一套安全的裝置之外，這塊布幕還是一片讓人驚豔的背景，在其上，人們可以畫出各種圖樣，代表著某種示意圖，暗示那些隱藏著的究竟是什麼東西。

---

11 Goodenough, *The Psychology of Religious Experiences*, p. 8.

古迪那夫受到佛洛依德的影響還有另一要點：他認識到的*tremendum*並不只是個外在的或總體涵攝的現實。在人裡面也有個*tremendum*，那就是動力的無意識，其中包括一些非常重大的自然力，而人必須要對它加以控制。這個*tremendum*包含著「恐怖的所有來源」，和存在著或感覺到的所有的威脅。對於這個內在的*tremendum*我們也一樣要把我們自己遮住，就是朝它擲過去一張布幕，一張壓抑的布幕，在其上也出現了許多示意圖：有我們的罪疚感、我們的傳移傾向、我們自己檢查過的動機。雖然古迪那夫並沒有特定地提及，但他的文本中並未暗示有兩塊屏幕在蓋著兩種*tremendums*；和詹姆斯一樣，他所打開的思想似乎比較像是說：無意識乃是以某種方式「在此處」連結著那「多出來之物」。

第三個主題的來源是古迪那夫對於比較宗教學和精神分析的後設心理學這兩者的知識。那就是說，在一些偉大的東方宗教中，*tremendum*不但不被擋開，反而是受歡迎的。虔信的印度教徒和佛教徒希望自己能被吞噬在*tremendum*之中，最終讓自身的個體性完全寂滅。而無論東半球或西半球的密契者們也都無非如此。古迪那夫看見，這種傾向也以稍微稀薄的方式出現在參與彌撒的信眾身上，而他認爲這就是死本能(death instinct)的顯現。他在文中指出，依他的意見，認爲典型的西方對於死本能的概念總是過度抗拒。

無論怎麼說，在帷幕上用投射或用畫，所出現的那麼多意象，譬如天地創造的故事、死後的世界、道德律、諸神、贖罪儀式、不可褻瀆的觀念，以及對於眞理的社會安排和各家理論，這些種種都是在幫我們自己來適應*tremendum*。這張帷幕以及所有映畫在上的東西，很顯然就是最廣義的因應策略，不論它是帶滿衝突或是相對地免於衝突。但在此之後，使用帷幕意象的好處都已經說過了，古迪那夫在他的書末作了一次極有意思的移調演奏：

> 最後我們終會發現，帷幕和圖案的喻示只是一種對於象徵的多彩多姿談法。我們能想的不是**那東西**……而是象徵——言說或形式之能召喚出心靈中的實質對象者。在物理學和在宗教中都用這同樣的語言：我們可以去想現實界，怎麼想都可以，但不是以事物本身，而是以其象徵……。作爲*Homo religiosus*(宗教人)，人類可能或必須仍然靠這些象徵來過生活，而這些象徵就是爲*tremendum*賦予意義，而就在賦予意義時，把其中的恐怖排除。這不是個新的現象。天主教徒用不上濕婆的意象；而印度教徒也用不上瑣法(Sophar)[12]。我們大家，特別是西方人，慣於排斥別人所用的象徵。現代人並不因爲不用傳統的象徵而變成非宗教性的；他仍是宗教性的因爲他還是要透過象徵來擬想或動用*tremendum*，並安撫它的恐怖。假若他沒有那塊畫滿象徵的布幕，那*tremendum*還是會在他內心騷動不已的。[13]

好了，在使用過種種意象諸如：開關的門扇、遮身的蓋子、隱藏秘密的帷幕、還有一大塊布幔，又可以保護又可用來作螢幕，等

---

12 【譯注】也作 “Zophar”。在《舊約》〈約伯記〉中(2：11，11：1，20：1，42：9)，有三位朋友前來安慰約伯，而瑣法就是其中之一，他們告訴約伯說他所受的苦難是不值得的。

13 Goodenough, *The Psychology of Religious Experiences*, pp. 179 ff.

等之後，我們必定會被問道：如果不用這麼感受式的說法，而改用認知或抽象的理解來談象徵對於生活的意義，那又該怎麼講？象徵也是一體兩面的：它既要隱藏，也要顯現。它結合了藏住的和掀開的；它結合了光明的知識和陰暗的不知。談到這裡，令人不禁想起田立克所謂的「向象徵開放」以及「諸神之後的神」這些觀念。詹姆斯看見的是無意識延伸到那「多於」的此處，還偶爾會瞥到一點點彼處。奧圖看見的是神聖正在面質著一個被掩蓋的人，而他對於奧秘的思想及行動之天分也正受到引發。古迪那夫看見一個怕怕的人在他自己和可怖的無知之間丟了一塊布幕，但他和詹姆斯一樣深信布幕背後的「某物存在」是滿的而不是空的。田立克[14]也看見那既害怕又好奇的人把一些想法投射在屏幕上，但從此處望著他的，乃是諸神。只是田立克所看到的屏幕本身乃是外緣的輪廓，而那輪廓所顯示的終極現實，這麼說吧，就是神。這個神是自行構成的，其中沒有人的投射。相反的，是神本身顯與隱的活動使得人類對於種種神祇的投射成爲可能。因爲象徵(這裡是指諸神)自會參與到它們所指涉的現實界之中。

在這段取自幾位重要思想家的知識性說明之後，我覺得我已經作了一點挪移而給出了稍稍有些改變的意象論(或你要叫它象徵主義也可的)版本。我沒有宣稱說我知道終極的現實界是什麼。我更不敢肯定要如何找出一條通路。但我知道我自己，以及其他人，正在使用那布幔和屏幕以便獲得保護，而免於那「多出來之物」的驚嚇，但也以此而得到對它的肯定。即令那「多於」只不過是我們自

14　P. Tillich, *Systematic Theology,* I（Chicago: University of Chicago Press, 1959), pp. 211 ff. 有漢語譯本：龔書森、尤隆文譯，《系統神學．第一卷》(台南：東南亞神學院，1980)。

己的恐懼，或是受到賤斥的無助感，但它仍具有心理學上的厚度，讓我們藉此而得以體驗到奧秘的現實。不論那*tremendum*是什麼，或不論它在哪裡，我們立起一扇門，或鋪上布幔、帷幕的行動有助於我們之視它為「它」。「它」究竟是什麼？要回答這問題，你必須使用任何可行的方法來尋找。假若科學的假設和檢證可為它澄清，那是再好不過。假若倫理的思想和行動可以讓我們親近它的性格，我們也都會因此而獲益。假若藝術可以暗示出它的形式或捕捉到它的訊息，我們就都會樂在其中。假若神話和詩的想像可以助我們探測到它的深度，我們至少可以從中學到如何欣賞它的崇高。假若宗教思想可以將它特有的眞理接合至更有意義，我們也可以從中獲得智慧與了悟。我看不出任何理由，可說人類整體不能同時使用所有的這些取徑。其實，我也看不出任何理由，可以反對一個人同時使用這全部。

現在，我只剩下一個意象可以提供給諸位。假設我們把所有的門扇、布幔、帷幕，和終極的外緣輪廓等等都簡約成一個螢幕的功能。投影機可以從兩面投射到這片螢幕上。但人類還是只會繼續用他所能有的光，把古迪那夫和佛洛依德所描繪的所有圖像，都從一面投射。那些圖像倒不一定只是簡單而靜止的幻燈片，它也可以是聲光效果齊備的電影。我可以想像從另一面投影的第二場演出。詹姆斯的「多於」，奧圖的奧秘，田立克的終極，叔本華的意志，或是阿拉、耶和華和三位一體，還有「它」，都會忙著去把他們的圖像用或顯或隱的方式從另一面投射出來。我們不用管是誰把螢幕立在那兒；因為每一個參與的角色都會有他們在此處或彼處的代理人。我們也不用管這螢幕是立在哪一個平面：水平面和垂直面都一樣管用。任何角度都可以。但我們唯一該管的是——從本體論、認識論、心理學、神學來說——就是，在這兩面的投射之下，哪一面能用得恰恰合適(goodness of fit)[15]。這兩者到底會顯出相同或差異？保羅沒辦法回答這個合適性的問題，雖然他對此是關切而好奇的，但他留著讓答案開放。既然他是生活在攝影術發明之前，他只好用鏡子的原始光學來作比喻：「我們如今彷彿對著鏡子觀看，模糊不清，到那時，就要面對面了。」[16]

15　合適性(Goodness of fit)是個統計學的概念，意指「一組經驗觀察和一個標準的，或一個期待中的(或理論上的)分布情形之互相符合的程度……。」這是取自於以下一本工具書的定義：H. B. English and A. C. English, *A Comprehensive Dictionary of Psychological and Psychoanalytical Terms* (New York: Longmans, Green & Co., 1958), p. 209.

16　【譯注】這是出於《新約》〈哥林多前書〉13：12。在《聖經啓導本》上還可看到該句插著一個補注：「模糊不清，原文作如同猜謎。」在前文中也曾出現此句摘述，譯者指出「鏡子」也可譯作「玻璃」。

中英譯名對照表

*有括弧的人名表示只出現在註腳，未在正文中以漢語譯名出現。

一畫

一神教　Monotheism

二畫

七大死罪　Seven deadly sins
人生危機　Life crises
入會儀式　Initiation rites
十誡　Commandments

三畫

凡・德・洛以夫　G. van der Leeuw
士林哲學　Scholasticism
士萊馬赫　F. Schleiermacher
大地穴　Kivas
大衛王　King David
小約瑟・史密斯　Joseph Smith, Jr.
工作　Work
　—工作的攻擊性的特徵
　—工作的自我保存和自我防衛功能Ego-preservative and ego-defensive functions in work
　—工作中的情欲滿足　Erotic satisfaction in work
　—工作中的自戀滿足　Narcissistic satisfaction in work
　—工作中的超我和自我理想的角色　Super-ego and ego-ideal factors in work
工作原則　Work principle

四畫

不朽的幻想　Fantasies of immortality
不關心　Acedia
五旬節　Good Friday
五旬節　Pentecost
允諾　Promising
內在的　Immanence
內射　Introjection
分裂　Splitting
分裂的自我　Divided self
(切德維克四世)　O. Chadwick IV
反向形成　Reaction formation
反恐怖　Counterphobia
反神職主義　Anti-clericalism
天主教　Roman Catholic, Catholicism
太陽城的儀式　Rituals at Heliopolis
巴力　Baal
巴夕派祆教　Parsiism
巴克萊　Bishop Berkeley
(巴坎)　D. Bakan
巴哈　J. S. Bach
巴特　Karl Barth
巴特勒　Samuel Butler
巴斯卡　B. Pascal
(巴瑞特)　C. K. Barrett
(巴爾)　J. Barr
幻想之形成　Fantasy formation
幻影主義　Docetism
幻覺　Hallucination
心理治療　Psychotherapy
心理疾病　Mental illness
心理測驗　Psychological tests
心智遲滯　Mental retardation
日內瓦　Geneva
牛津教團　Oxford group

五畫

主題統覺測驗　Thematic Apperception test
〈以西結書〉　*Ezekiel*
以利亞　Elijah
以拉司穆斯　Erasmus
以撒・瓦茲　Isaac Watts
(冉姆濟)　I. Ramzy
出神　Ecstasy（同「靈入」、「迷狂」）
〈加拉太書〉　*Galatians*
加德納　J. W. Gardner

布克　A. de Buck
卡力・內遜　Nation Carrie
卡夫卡　F. Kafka
卡西勒　Ernst Cassirer
卡帕多西亞教父們　Cappadocian fathers
卡洛爾　Lewis Carroll
卡索邦　Meric Casaubon
卡萊爾　T. Carlyle
去神話論　Demythologizing
古迪那夫　E. R. Goodenough
《古蘭經》　*Koran*
司考特　W. C. M. Scott
史本塞　P. J. Spener
史壯克　O. Strunk
（史岱斯）　W. T. Stace
史波克　B. Spock
史牧茲　J. C. Smuts
史威登堡　E. Swedenborg
史崔屯　G. M. Stratton
史畢茲　R. Spitz
史都費爾　S. A. Stouffer
史塔修斯　Statius
史構普斯判案　Scopes trial
史賓諾沙　Spinoza
史懷哲　A. Schweitzer
「它」(舊譯：「本我」)　Id
尼尼微　Nineveh
尼西亞大會　Council of Nicaea
尼采　F. Nietzsche
尼撒的聖格雷戈里　Gregory of Nyssa
布伯　M. Buber
布呂格　Peter Breughel the Elder
布洛以爾　Marcel Breuer
布特曼　R. Bultmann
弗列徹　J. Fletcher
弗萊　J. R. Fry
弗盧努瓦　T. Flournoy
本體論　Ontology
末世論　Eschatology
正統　Orthodoxy
瓜達魯佩的聖母　Our Lady of Guadalupe
甘地　Gandhi
生命危機　Life crises

六畫

〈申命記〉　*Deuteronomy*
皮拉多　Pilate

自然　Nature
自戀　Narcissism
舌語　Glossolalia
(色勒斯)　W. Sellars
艾克哈特大師　Meister Eckhart
艾克曼　J. P. Eckermann
(艾里亞迪)　M. Eliade
艾畝斯　E. S.Ames
艾蜜莉・狄瑾蓀　Emily Dickinson
(艾德華茲)　D. L. Edwards
西列修斯　Angelus Silesius
西勉・史岱萊　Simeon Stylites
西蒙・史特芬　Simon Stevin
西蒙・外爾　Simone Weil
西蒙・德・波娃　Simone de Beauvoir

七畫

亨利・詹姆斯　Henry James
亨墜克　I. Hendrick
位格論　Personalism
(佛司)　C. H. Voss
佛洛依德　Sigmund Freud
　—《文明及其缺憾》　Civilization and Its Discontents
　—《自我與本我》(《自我與「它」》)　The Ego and the Id
　—《一個錯覺的未來》　*The Future of an Illusion*
　—《夢的解析》(或《釋夢》)　*The Interpretation of Dreams*
　—〈一個十七世紀的鬼邪神經症案例〉　"A Seventeenth-century Demonological Neurosis"
　—《圖騰與禁忌》　*Totem and Taboo*
佛洛姆　E. Fromm
佛教　Buddhism
〈何西阿書〉　*Hosea*
但丁　Dante
作爲宗教之源的無助感　Helplessness as a source of religion
克制　Abstinence
克拉弗特—艾賓　R. von Krafft-Ebing
克拉克　W. H. Clark
克雷渥的伯納(聖伯納)　Bernard of Clairvaux
克歷司雅尼　L. Cristiani
〈利未記〉　*Leviticus*
助理工作　Deaconate

divine persons
改宗　Conversion（同「皈依」、「起信」）
改革的傳統　Reformed tradition
攻擊(侵犯)性　Aggression
李文虎　A. van Leeuwenhoeck
(李彼特)　R. Lippitt
杜斯妥也夫斯基　F. Dostoyevsky
沙漠隱修教士　Desert Fathers
沈思　Contemplation
沉思(冥想)　Meditation
汪洋感　Oceanic feeling
(沃克)　W. Walker
災異反應　Catastrophic reaction
狂熱　Enthusiasm
狂熱主義　Fanaticism
良心　Conscience
言說　Word, *logos*（同「道」、「邏各思」）
貝林特　M. Balint
身份認同、同一性　Identity
—認同和從屬關係　Identity and affiliation
—人自我認同的意識　Consciousness of Self
—使用語言來促進認同　Identity as fostered by language use
—耶穌作爲認同典範　Jesus as identity model
身體　Body
身體的復活　Resurrection of the body
身體的復活　Resurrection of the body
身體姿態的習慣　Postural customs
辛普森　J. H. Simpson
邦霍夫　Dietrich Bonhoeffer
里爾克　R. M. Rilke
忒瑞絲・諾以史達　Therese Neustadt

八畫

亞他那修　Athanasius
亞西西的聖方濟　St. Francis of Assisi
亞伯拉德　Abelard
亞里斯多德　Aristotle
亞拿尼亞　Ananias
亞歷山卓的克列蒙特　Clement of Alexandria

九畫

保羅·田立克　Paul Tillich
俄利根　Origen
勇氣　Courage
(哈地)　E. R. Hardy
哈米吉頓　Armageddon
哈特曼　H. Hartmann
(威廉·詹姆斯的)「多於」(William James) "More," "something more"
威廉·布雷克　William Blake
威廉·詹姆斯　William James
威爾斯　H. G. Wells
威權主義　Authoritarianism
封·欽岑多夫　Count N. L. von Zinzendorf
封齋期　Lent
幽閉恐懼症　Claustrophobia
幽默　Humor
律法主義　Legalism
思想控制　Thought-control
思維　Thinking
—自閉性的思維　Autistic thinking
—辯證的思維　Dialectical thinking
—實在考驗性的思維　Reality-tested thinking
拜占庭對藝術的看法　Byzantine attitudes toward art
拯救　Deliverance
拯救　Salvation
政體　Polity
施洗者約翰　John the Baptist
柯以　G. A. Coe
(柯勒)　W. Köhler
柯陵克　T. W. Klink
柯熙爾　G. E. Coghill
(柏內特)　W. Burnett
(柏克)　J. J. Burke
柏拉圖　Plato
柏拉圖主義和新柏拉圖主義　Platonism and neo-Platonism
柳巴　J. H. Leuba
洗禮　Baptism
活動情感　Activity-affects
洛克　J. Locke
洛克意齊　M. Rokeach
狩獵　Hunting
珍·希里雅　Jane Hillyer
皈依　Conversion（同「改宗」、「起信」）
盼望　Hoping (同「希望」)

科學　Science
紀律　Discipline
(紀爾)　M. Gill
〈約伯記〉　*Job*
約拿　Jonah
約書雅　Joshua
約翰福音〉　*John*
美以美會信徒　Methodist
美感行動　Aesthetic acts
美學主義　Aestheticism
耶穌　Jesus
耶穌會的組織　Jesuit Order
致幻劑(梅斯卡靈)　Mescalin
若翰　G. Roheim
(英格利希與英格利希)　H. B. English and A. C. English
重生經驗　Rebirth experience
韋伯　Max Weber
《韋敏斯特教義問答》　*Westminster catechism*
《韋敏斯德的信仰告白》　*Westminster Confession of Faith*
音樂　Music

十畫

個案的描述　Case illustrations and vignettes
—畢爾斯的重生經驗　Beers' experience of rebirth
—克雷渥的伯納對聖靈臨在的體驗　Bernard of Clairvaux' experiences of the divine presence
—波乙森心理疾患的自傳說明　Boisen's autobiographical accounts of mental illness
—卡索邦的個案：一個有癲癇、迷狂靈入和靈視的男孩　Casaubon's case of a boy with epilepsy ecstasies and vision
—喀司坦斯在躁症發作時的幸福感　Custance's beatific feeling in a manic episode
—戴維參的敬畏和至福體驗　Davidson's experience of bliss and awe
—弗盧努瓦　Flournoy's case regarding the duration of a mystical state
—希羅多德說明法老王薩美逖葛斯的語言實驗　Herodotus'

的男人被無法償還的罪疚而困擾　A middle-aged guilt-ridden depressed man obsessing about unexpiated transgressions

—一個孤獨的前礦工因爲在地面從事需要與人接觸的工作而生病　A lonely ex-miner who became ill in aboveground human contacts

—一個小女孩的身份認同之夢　A young girl's identity dream

—一位年輕的傳道者在他的工作中反映出時間和空間的不適合　A young priest reflecting on the inadequate structure of time and space in his work

個體化　Individuation

倫理辯論　Casuistry

原型　Archetypes

哥白尼　Copernicus

哥林多人　Corinthians

〈哥林多前書〉　*I Corinthians*

〈哥林多後書〉　*II Corinthians*

埃及文書　Egyptian scribe

夏賀迭　E. G. Schachtel

恐懼　Fear

恐懼反應　Phobic reaction

悔疚感　Remorse

拿破崙　Napoleon

拿單　Nathan

時間　Time

格勞秀斯　H. Grotius

殉教　Martyrdom

海勒　F. Heiler

海德格　M. Heidegger

《海德堡教義問答》　*Heidelberg catechism*

（烏西努斯）　Z. Ursinus

特施迭根　G. Tersteegen

特異性　Eccentricity

眞實世界　Reality（同「現實」）

破壞　Vandalism

神(諸神)　God(s)

神之死　Death-of-God

神的形象　*Imago dei*

神的羔羊　Paschal lamb

神的教會　Church of God

神的意象　Images of the divine

神爲何變成人　*Cur Deus Homo*

神聖　Holy

神聖　Sacred
神聖性的追求　Pursuit of holiness
神聖情感　Holy affections
神聖教派　Holiness sects
神話　Myth
神話學　Mythology
神學　Theology
—道德神學　Moral theology
—教牧神學　Pastoral theology
—系統神學　Systematic theology
神職人員　Clergy
神蹟的信仰　Belief in miracles
神權統治　Theocracy
索西納斯　Socinus
索德卜洛　N. Soederblom
純化的儀式　Purification rites
《紐約客》雜誌　*New Yorker* magazine
納西盎的格列高利　Gregory of Nazianzus
納粹　Nazi
虔敬主義　Pietism
記憶　Memory
起信　Conversion（同「改宗」、「皈依」）
迷狂　Ecstasy（同「靈入」、「出神」）
迷狂的靈入　Ecstasy enthusiasm
迷信　Superstition
退縮　Withdrawal
退轉　Regression
酒神巴卡斯　Bacchus
〈馬太福音〉　*Matthew*
馬可斯　Markos
馬克・吐溫　Mark Twain
馬利亞學　Mariology
馬賽爾　G. Marcel
高夫曼　I. Goffman

十一畫

偉大(感)　Grandiosity
偉鉅可怖　*Tremendum*
偉鉅可怖之神秘　*Mysterium tremendum*
偶像崇拜　Idolatry
偏見　Prejudice
勒扣姆・都・努玉　Pierre Lecomte du Noüy
勒溫　K. Lewin
動態平衡　Equilibrium dynamic

基本教義派　Fundamentalism
基督科學　Christian Science
基督教　Christianity
基督教幻影教派的叛教論　Docetic heresy
基礎信賴　Trust basic
婚姻，作爲慶祝的場合　Marriage as occasion for celebration
寇克斯　H. Cox
密契主義　Mysticism
密契體驗　Mystical experience
崇拜　Worship
康德　E. Kant
強迫性　Compulsivity
（強斯頓）　R. L. Johnstone
強森　P. Johnson
從眾性　Conformism
情感　Feelings
情感逆轉　Reversal of affect
情緒　Emotion
悼念工作　Griefwork
排組測驗　Sorting test
敖特勒　A. Outler
救世軍　Salvation Army
教父格言　Sayings of the Fathers
教宗若望二十三世　Pope John XXIII
教區學校　Parochial schools
教條　Dogma（同「信條」）
教義　Doctrine
教義　Doctrines
　—贖罪的教義　Doctrines of atonement
　—創造的教義　Doctrines of creation
　—雙重命定的教義　Doctrines of double predestination
　—無染的受孕的教義　Doctrines of immaculate conception
　—道成肉身的教義　Doctrines of incarnation
　—人的教義　Doctrines of man
　—神意的教義　Doctrines of providence
教義問答　Catechisms
啓示　Apocalypse
〈啓示錄〉　*Revelation*
敏司特主教　Bishop Mynster
梅門　M. Mayman
（梅特勒）　F. A. Mettler

梅寧哲　K. Menninger
欲力(力比多)　Libido
　—對佔有物的欲力態度　Libidinal attitudes toward possessions
　—對工作與遊戲的欲力態度　Libidinal attitudes toward work and play
　—欲力的發展　Libidinal development
清教徒　Puritans
混合主義　Syncretism
涵攝　Incorporation
(淮特)　R. K. White
(理查參)　C. C. Richardson
現象學　Phenomenology
現實　Reality (同「眞實世界」)
現實的考驗　Reality testing
畢勒　K. Bühler
畢爾斯　Clifford Beers
眾意義之上的意義　Meaning of meanings
統一教運動　Unity movement
終極關切　Ultimate Concern
羞恥感　Feeling of shame
羞辱　Mortification
莎士比亞　W. Shakespeare
(莫特)　E. Mote
責任　Responsibility
(陸波德)　U. S. Leupold
(麥可派恩)　I. Macalpine
(麥特藍)　D. J. Maitland
麥基拉　P. McKellar
(麥爾斯)　C. A. Miles
麥蒙尼底斯　Maimonides
象徵　Symbol(s)
　—贖罪教義　Symbol(s) in the atonement doctrine
　—崇拜教派的姿勢象徵　Cultic gestures symbol(s)
　—象徵的功能　Functions of symbol(s)
　—觀念之爲象徵　Ideas as symbol(s)
　—細描象徵　Illustrative symbol(s)
　—人之爲象徵　People as symbol(s)
　—宗教體制機構之爲象徵　Religious institutions as symbol(s)
　—在羅夏克測驗中的宗教象徵　Religious symbols in Rorschach test

—書冊之爲象徵　Scriptures as symbol(s)
—對人作爲象徵的事物與觀念　Things and ideas as symbols for people
象徵主義　Symbolism

十二畫

(凱普勒)　T. S. Kepler
(創世紀)　*Genesis*
創造　Creation
創意、創造力　Creativity
博愛　Love, *filia, eros, agape*（同「愛」、「愛慾」）
喀司坦斯　J. Custance
喀爾文　John Calvin
喀爾文主義　Calvinism
喀爾曼　O. Cullmann
單一神　Henotheism
喬塞　G. Chaucer
富蘭克林　B. Franklin
寓言手法　Fabulation
尊敬生命　Reverence for life
復活節　Advent
復振主義　Revivalism
悲觀主義　Pessimism
(惠特沃施)　W. Whitworth
提歐提華坎(墨西哥)　Teotihuacan Mexico
斯多亞學派　Stoicism
普拉特　J. B. Pratt
普非斯特　O. Pfister
(普菲孚)　F. Pfeiffer
普魯東　P. J. Proudhon
普魯瑟　P. W. Pruyser
智性化　Intellectualization
替罪羔羊　Scapegoat
朝香　Pilgrimage（同「朝聖」）
朝聖　Pilgrimage（同「朝香」）
湯尼生　A. Tennyson
湯林森　Bishop Tomlinson
(湯普生)　B. Thompson
焦慮　Anxiety
焦慮的年代　Age of anxiety
無染受孕　Immaculate Conception
無神論　Atheism
無敵太陽　Sol Invictus
猶太(人)　Jews, Jewish
猶太成年禮　Bar Mitzvah
猶太教　Judaism

猶太教堂　Synagogue
痛覺　Pain
發狂　Abreaction
發展的面向　Development aspects
童貞女的生育　Virgin birth
童貞馬利亞　Mary Virgin
舒洩　Catharsis
華滋華斯　W. Wordsworth
著迷　Fascinans
(萊森剛)　H. Leisegang
虛構　Fiction
詛咒　Cursing
詛咒　Cursing
費浮　H. Feifel
費葛　H. Feigl
費爾巴赫　L. Feuerbach
(費爾威熱)　E. R. Fairweather
貴格會教徒　Quakers
超正統主義　Supra-orthodoxy
超自然主義　Supernatural, supernaturalism
超我　Super-ego
超律法主義　Supra-legalism
超越的　Transcendence
逵司特勒　A. Koestler
雅斯培　K. Jaspers
〈雅歌〉　*Song of Solomon*
馮德　Wilhelm M. Wundt
(黑嘎特)　B. Hegardt

十三畫

傳教團　Missions
傳移　Transference
〈傳道書〉　*Ecclesiastes*
嗅覺　Smell
《塔穆德經》　*Talmud*
奧古斯丁　Augustine
奧古斯丁的《懺悔錄》Augustine's *Confessions*
(奧立維安努斯)　C. Olevianus
奧波特　Gordon W. Allport
奧秘　Uncanny
奧秘(性)　*Numen*, numinous, numinosity
奧秘性的情感　Scriptural affections
奧菲　Orpheus
奧菲崇拜　Orphism
奧維德　Ovid
意志的困擾　Disturbances of the

will
感官　Sensory
感謝、感恩　Gratitude
想像　Imagination
愛　Love, *filia, eros, agape*（同「愛慾」、「博愛」）
愛力克森　E. Erikson
愛卜那　F. Ebner
愛仁紐　Irenaeus
愛因斯坦　Albert Einstein
愛色尼人　Essenes
愛奧那團　Iona community
愛慾　Love, *filia, eros, agape*（同「愛」、「博愛」）
愛默生　Ralph Waldo Emerson
敬畏　Awe
敬虔性　Piosity
《新約福音》　*New Testament*
新教　Protestant Protestantism
新意中的信仰　Belief in novelty
暉曾迦　J. Huizinga
會眾的政體　Congregational polity
極樂　Bliss
概念形構　Concept formation
溝資坦　K. Goldstein
溫度感　Temperature sensations
（溫特）　G. Winter
瑜珈　Yoga, yogi
禁忌(塔布）　Taboo
—在神的名字上的禁忌　Taboo on the divine name
—對於逾越禁忌的恐懼　Fear of transgressing a taboo
—禁地的禁忌　Taboo as forbidden space
—律法主義的禁忌　Taboo in legalism
—感知的禁忌　Taboo on perceiving
—禁止型的科儀禁忌　Taboo as prohibitory rite
—觸摸的禁忌　Taboo on touching/ touch
禁欲的弔詭　Ascetic paradox
禁慾主義　Asceticism
節育　Birth control
節慶　Celebration, Festivals
節慶　Festivals
經典的字面解釋主義　Scriptural

literalism
罪　Sin
罪疚　Guilt and guilt feelings
聖十字若望　St. John of the Cross
聖公會　Episcopalian
聖公會(安立甘宗)政體　Anglican polity
聖巴素　St. Basil
聖本篤　St. Benedict
聖多瑪斯・阿奎那　St. Thomas Aquinas
聖事　Sacramental acts
聖事主義　Sacramentalism
聖依納爵・羅耀拉　Ignatius of Loyola
聖典的權威　Authority of scriptures
聖保羅　Paul
聖約翰大修道院　Saint John's Abbey
聖維圖斯之舞　St. Vitus's dance
聖德蕾莎　St. Teresa of Avila
聖誕節慶典　Christmas celebration of
聖餐　Sacred meal
聖禮　Liturgy (同「禮拜儀式」)
聖禮彌撒　Liturgy Mass
聖靈　Holy Ghost
葬禮　Funerals
(葛里利與羅西)　A. M. Greeley and P. H. Rossi
葛哈特　P. Gerhardt
葛理果聖歌　Gregorian chant
葛賽爾　A. Gesell
補償　Expiation (同「贖罪」)
〈詩篇〉　*Psalms*
誇富宴　Potlatch festivals
詭辯者　Sophists
詹姆斯—朗格的情緒理論　James -Lange theory of emotion
(詹森)　R. C. Johnson
資本主義和新教的精神　Capitalism rise of and spirit of Protestantism
路易斯・曼佛　L. Mumford
路德　Martin Luther
路德會(密蘇里宗教會議)　Lutherans Missouri Synod
運動　Movements
遊戲　Play (同「玩耍」)

遊戲和儀式中的雙重意識　Double consciousness in play and ritual
道　Word, *logos*（同「言說」、「邏各思」）
道成肉身　Incarnation
達爾文　Charles Darwin
過度信仰　Over-belief
逾越節　Easter
隔離　Isolation
預言　Prophecy
頑固　Bigotry
頌歌與唱頌歌　Hymns and hymn-singing

十四畫

圖像的爭議　Picture controversy
圖騰信仰　Totemism
壽本　E. J. Shoben
夢　Dreams
實存的類比　*Analogia entis*
對宗教知識的阻抗　Resistance to religious knowledge
對哀傷的反應　Reactions to bereavement
對疾病的反應　Reactions to illness
對教會的不滿　Dissent in churches
對象　Object
對象的情感依附位置　Anaclitic object relation
對象的理想化　Idealization of object
對象的羞辱　humiliation of object
對象關係　Object relations
—對神的關係　Relations to God
—對人的關係　Relations to persons
—對象的範圍　Scope of objects
—選擇性對象　Selectivity in objects
—對自己的關係　Relations to the self
—對事物的關係　Relations to things and ideas
對聖徒而奉獻　Devotion to Saints
榮格　C. G. Jung
歌德　J. W. von Goethe
演化論的教授　Teaching of evolution theory

ation with the aggressor
認知歷程　Cognitive processes
誤置　Displacement
赫胥黎　A. Huxley
齊克果　S. Kierkegaard
齊唱　Singing

十五畫

儀式　Rites, ritual
儀式中環狀的世界觀　Cyclical world view in ritual
價值　Values
寬恕　Forgiveness
德拉克羅瓦　H. Delacroix
德萊瑟　T. Dreiser
憂鬱(症)　Depression
摩尼教　Manicheism
摩西　Moses
《摩西五書》　*Torah*
《摩門書》　*Book of Mormon*
撒旦　Satan
撒非喇　Sapphira
暫時失聲　Aphonia
模仿　Imitation
樂觀主義　Optimism
(歐斯卡・懷爾德)　Oscar Wilde
(潘乃德)　R. Benedict
衛斯理　C. Wesley
衝突　Conflict
誕生作爲慶祝的時刻　Birth as occasion for celebration
賞罰理論　Satisfaction theory of atonement
賭誓　Swearing, cursing
(鄧恩)　J. Donne
鄧雷普　K. Dunlap
魯道夫・奧圖　Rudolf Otto

十六畫

整體論　Holism
激情　Passions
盧梭　J. J. Rousseau
穆勒—弗萊恩費爾斯　R. Müller-Freienfels
諾斯替派　Gnosticism
賴克　T. Reik
錯覺　Illusion
霍夫　B. L. Whorf
霍亨史叨芬家族的菲德列三世　Frederick III of Hohenstaufen

Doubt as co-determiner of faith
禱告　Prayer, praying
羅夏克測驗　Rorschach test
〈羅馬書〉　*Romans*
羅曼・羅蘭　Romain Rolland
(羅彬森)　J. A. T. Robinson
《羅傑特英文同義反義詞彙詞庫》　*Roget's Thesaurus*
關鍵時刻　*Kairos*
獻身　Devotion
獻祭　Sacrifice（同「犧牲」）

二十畫

懺悔　Penance
懺悔儀式　Penitence, penance
觸感　Tactual sense
犧牲　Sacrifice（同「獻祭」）

二十一畫

藥物和藥物成癮　Drugs and drug addiction
護身符　Amulets
「辯正法」　Justification
驅邪術　Exorcism
魔幻式的改變　Magical change
魔那(魔力)　mana

二十二畫

權力　Power
權威象徵　Symbols of authority
歡樂　Joy
聽覺　Audition
聽覺　Hearing *see* Audition
贖身理論　Ransom theory of atonement
贖罪　Expiation（同「補償」）
贖罪教義　Doctrine of atonement

二十三畫

邏各思　Word, *logos*（同「言說」、「道」）
顯靈　Apparitions
體內的平衡　Homeostasis
體育運動　Sports

二十四畫

癲癇　Epilepsy
靈入　Ecstasy（同「迷狂」、「出神」）
靈恩派團體　Pentecostal groups

現代名著譯叢

宗教的動力心理學

2014年2月初版 定價：新臺幣650元
有著作權・翻印必究
Printed in Taiwan.

國科會經典譯注計劃

著 著 Paul W. Pruyser
譯 注 者 宋 文 里
發 行 人 林 載 爵

出 版 者 聯經出版事業股份有限公司
地 址 台北市基隆路一段180號4樓
編輯部地址 台北市基隆路一段180號4樓
叢書主編電話 (02)87876242轉211
台北聯經書房：台北市新生南路三段94號
電 話：(02)23620308
台中分公司：台中市北區崇德路一段198號
暨門市電話：(04)22312023
台中電子信箱 e-mail：linking2@ms42.hinet.net
郵政劃撥帳戶第0100559-3號
郵撥電話：(02)23620308
印 刷 者 世和印製企業有限公司
總 經 銷 聯合發行股份有限公司
發 行 所：新北市新店區寶橋路235巷6弄6號2樓
電 話：(02)29178022

叢書編輯 梅 心 怡
校 對 吳 淑 芳
封面設計 沈 佳 德

行政院新聞局出版事業登記證局版臺業字第0130號

本書如有缺頁，破損，倒裝請寄回台北聯經書房更換。 ISBN 978-957-08-4340-8 (平裝)
聯經網址：www.linkingbooks.com.tw
電子信箱：linking@udngroup.com

國家圖書館出版品預行編目資料

宗教的動力心理學/ Paul W. Pruyser著．宋文里譯．
初版．臺北市．聯經．2014年2月（民103年）．616面．
14.8×21公分（現代名著譯叢）
譯自：A dynamic psychology of religion
ISBN 978-957-08-4340-8（平裝）

1.宗教心理

210.14 103000171